毛泽东品先秦诸子

董志新 著

Mao Zedong
Pin Zhuangzi

毛泽东品

庄子

北方联合出版传媒（集团）股份有限公司
万卷出版公司
2021年 · 沈阳

ⓒ 董志新 2015

图书在版编目（CIP）数据

毛泽东品《庄子》/ 董志新著. — 沈阳：万卷出版公司, 2015. 2
（2021. 9重印）
（毛泽东品先秦诸子）
ISBN 978-7-5470-3391-3

Ⅰ.①毛… Ⅱ.①董… Ⅲ.①毛泽东思想研究②《庄子》—研究 Ⅳ.①A841.63②B223.55

中国版本图书馆CIP数据核字（2014）第246286号

出 品 人：王维良
出版发行：北方联合出版传媒（集团）股份有限公司
　　　　　万卷出版公司
　　　　　（地址：沈阳市和平区十一纬路 25 号　邮编：110003）
印 刷 者：辽宁新华印务有限公司
经 销 者：全国新华书店
幅面尺寸：170mm×240mm
字　　数：420千字
印　　张：22
出版时间：2015年2月第1版
印刷时间：2021年9月第2次印刷
责任编辑：朱婷婷
责任校对：高　辉
装帧设计：范　娇
ISBN 978-7-5470-3391-3
定　　价：58.00元

联系电话：024-23284090
邮购热线：024-23284050
传　　真：024-23284448

品读卷

引用卷

逍遥游

齐物论

养生主

人间世

应帝王

胠　箧

天　运

秋　水

附录卷

争鸣是诸子百家

——毛泽东谈春秋战国"百家争鸣"与先秦子学

放眼三千年思想文化波澜壮阔的历史长河，毛泽东特别钟情于春秋战国之时诸子百家自由讨论热烈争鸣所涌起的波光浪彩……

先秦诸子是春秋战国时代思想界"百家争鸣"的主体，"百家争鸣"是先秦诸子创立和传播学说的广阔平台。

儒家、道家、墨家、法家、兵家、农家、名家、杂家、阴阳家、纵横家、小说家，《论语》《孟子》《老子》《庄子》《列子》《孙子兵法》《墨子》《管子》《商君书》《鬼谷子》《荀子》《韩非子》《吕氏春秋》……先秦子学开辟了中国思想文化史上的"黄金时代"。

先秦子学在年深日久的流传中，渐渐形成了中华民族根深蒂固、约定俗成的文化心理。

哲人常讲：儒家拿得起，道家放得下，墨家挺得住，法家做得彻，兵家干得成！

人们常说：入世则孔孟，出世则老庄；儒家重修身，道家讲炼养；儒家治世，道家济世……

一生中从先秦子学中不断汲取精神营养的毛泽东，评论"百家争鸣"和先秦子学也是他口中笔下的经常话题。

春秋战国时代"百家争鸣"

两千四百余年前"百家争鸣"的学术运动与新中国成立之初制定的"百家

争鸣"学术方针，有一种血缘式的内在联系。

1956年夏初，中共中央提出"百花齐放，百家争鸣"（史称"双百"方针）这一繁荣和发展我国文化和科学事业的基本方针，这个方针所以能够提出，其前提包括总结了春秋战国时代诸子百家学术争鸣的历史经验。

"双百"方针的提出有个历史过程。

1951年，毛泽东为中国戏曲研究院成立题词"百花齐放，推陈出新"。

1953年，毛泽东提出，历史研究工作的方针是"百家争鸣"。

1956年4月25日至28日，中共中央召开了有省、市、自治区党委书记参加的政治局扩大会议。4月28日，毛泽东在会议上做总结讲话，正式提出把"百花齐放，百家争鸣"作为繁荣和发展我国文化和科学事业的一项基本方针。他讲道：

> 百花齐放、百家争鸣问题。艺术问题上的百花齐放，学术问题上的百家争鸣，我看应该成为我们的方针。……"百家争鸣"，这是两千年以前就有的事，春秋战国时代，百家争鸣。讲学术，这种学术也可以讲，那种学术也可以讲，不要拿一种学术压倒一切。你讲的如果是真理，信的人势必就会越来越多。（《毛泽东文艺论集》，中央文献出版社2002年版，第143页）

5月2日，毛泽东在最高国务会议第七次会议总结讲话中又说：

> 在艺术方面的百花齐放的方针，学术方面的百家争鸣的方针，是有必要的。这个问题曾经谈过。百花齐放是文艺界提出的，后来有人要我写几个字，我就写了"百花齐放，推陈出新"。……百家争鸣，是说春秋战国时代，两千年以前那个时候，有许多学派，诸子百家，大家自由争论。现在我们也需要这个。（《毛泽东文艺论集》，中央文献出版社2002年版，第144页）

作为提出"双百"方针，尤其是提出"百家争鸣"的历史借鉴，毛泽东在五天的两次讲话中，都特别提到春秋战国时代的诸子百家的学术争鸣，这是为"百家争鸣"方针的提出寻求历史根据。换句话说，春秋战国时代先秦诸子的"百家争鸣"的学术活动，为当今提出"百家争鸣"方针的正确性提供了历史佐证。

毛泽东谈历史上的"百家争鸣"，讲清了三方面内容：

一、"百家争鸣"发生在春秋战国时代

这是两千年以前就有的事情。关于"百家争鸣"发生的历史时期和社会背景，有两种提法：一种说发生在春秋战国时代，一种说发生在战国初期到西汉中期汉武帝时。这两种提法，只是后一种说法比前一种说法在时间上后延了八十年（秦统一到汉武帝继位，前221—前140），"百家争鸣"结束于秦焚书坑儒，还是结束于汉"独尊儒术"，二者并没有本质上的区别。笔者的意见是"百家争鸣"经历了三个阶段：

春秋末战国初为发轫期。随着老子、孔子、孙武子在此时期的出现，随着《老子》《论语》《孙子兵法》的编撰流行，儒家、道家、兵家开始创立成型，这一时期各家主要是创立学说，互相辩驳的情况并不明显。

战国之时为兴盛期。此期儒家的孔子诸弟子、子思、孟子和荀子，道家的庄子和列子，墨家的墨翟，法家的商鞅、申不害和韩非子，兵家的吴起、孙膑和尉缭子，以及名家、农家、杂家、阴阳家、小说家、纵横家的各类代表人物纷纷登场，各家争相授徒讲学，著书立说，辩驳攻讦，激浊扬清，高潮迭起，持续不断。秦、齐、楚等大国发动一统天下的争霸战争，使鬼谷子、苏秦、张仪、鲁仲连等纵横家登上历史舞台，纵横之术左右学术历史几十年。齐国"稷下学宫"的出现，使文化精英东移，会聚齐鲁，形成了"百家争鸣"的文化中心和鼎盛时期。

秦统一到西汉中期为衰落期。秦始皇焚书坑儒，儒家遭到重创，百家萧疏，法学独秀是凭借专制的力量而得以短暂的独尊。汉初与民休息，用黄老之术，实际上是道家崛起，成为学术领袖。汉武帝用董仲舒之策"罢黜百家，独尊儒术"，儒学独领风骚成为"在朝"学派，其他各家被打入冷宫成为"在野"学派。

春秋战国时代是中国历史上的重要过渡时期，由于封建主义经济和私有制的发展，复杂多变的政治斗争的演变，以及士阶层的形成，在思想文化战线出现了"诸子百家"和"百家争鸣"的灿烂时代。这个时期新旧阶级之间、各诸侯国之间、各阶层之间的斗争复杂而激烈，代表各阶层、各派政治力量的学者或思想家，都企图按照本阶层或本集团的利益和要求，对社会对万事万物做出解释或提出主张，于是出现了一个文化思想领域里的"百家争鸣"的局面。

二、"百家争鸣"有许多学派，史称"诸子百家"

参加"百家争鸣"的各种学派，史称"诸子百家"。其言"百家"，形容学派之多、著作之众，并非实数。"鸣"指有所抒发或表达。"争鸣"指自由论辩，各抒己见。"百家争鸣"指我国古代春秋末至西汉初儒、道、墨、法、兵、名、杂、农、阴阳、纵横等各家在政治上、学术上展开各种争论，形成诸子蜂起、学派并作、学术繁荣、自由论辩、相互争鸣的盛况和局面。

战国和秦汉时期的思想家评述过"百家争鸣":

庄子探讨了诸子百家的成因和特点，有论述为:"百家之学，时或称而道之。天下大乱，圣贤不明，道德不一，天下多得一察焉以自好。譬如耳目鼻口，皆有所明，不能相通，犹百家众技也，皆有所长，时有所用。"(《庄子·天下》)

荀子亦言:"今诸侯异政，百家异说。"(《荀子·解蔽》)是说"百家异说"的出现，实则因为"诸侯异政"的现实需要。

庄子和荀子只说"百家"，并没有区分哪一家。《庄子·天下》和《荀子·非十二子》对其所论及的学派，都是只举人作为代表，而未标家名。若以后来所分家数核之，二者所论皆不外儒、道、墨、法、名五家。

直至西汉太史令司马谈在《论六家要旨》中，将百家概括为六家，即阴阳家、儒家、墨家、名家、法家、道家，并对各家学说之短长进行了剖析。(《史记·太史公自序》)

班固在《汉书·艺文志》中据刘歆《七略》，又将百家分为十家九流，除六家外，增加纵横家、杂家、农家、小说家。除小说家外实为九流。班固说:"凡诸子百八十九家……皆起于王道既微，诸侯力政，时君世主，好恶殊方，是以九家之术蜂出并作，各引一端，崇其所善，以此驰说，取合诸侯。其言虽殊，辟犹水火，相灭亦相生也。"(《汉书·艺文志》)班固并就十家的起源及其学说的优劣短长问题进行了探讨。

诸子学说的主要代表人物有孔子、老子、墨子、庄子、孟子、宋钘、彭蒙、田骈、慎到、杨朱、孙武、孙膑、惠施、商鞅、兒说、许行、公孙衍、张仪、邹衍、韩非子、荀子等。

诸子履历，简述如下:

孔子（前551—前479），鲁国人，儒家创立者，春秋末期教育家、思想家。曾经周游列国，推行政治主张，不被接受。晚年归鲁，专门授徒讲学，整理典籍。他的主要思想是"仁者爱人"的学说，主张"重民""教民""富民"。在政治上，主张"为政以德"，以礼治国，维护君臣、上下、贫富之间的等级秩序。提倡"中庸之德"，认为不偏不倚、无过无不及是最好的道德和方法。一生"弟子三千，贤人七十二"。孔子及其弟子言论被门人后学编辑为《论语》。孔子逝世，儒家分为八派，有子张、子思、颜氏、孟氏、漆雕氏、仲良氏、孙氏、乐正氏之儒。

老子（约前580—约前500），姓李名耳，一说姓老氏，名聃。道家创始人。只当过周朝"守藏室之史"，孔子向他问过礼。他提出"道"的范畴，"道"是虚无，它产生天地万物。阐发了"反者道之动"和"贵柔守雌"的辩证法思想，蕴藏着无比精湛的智慧。政治上主张"无为"，憧憬"小国寡民"的理想社会。

其著作为《老子》。

孙武（约前535—前480），齐国人，兵家创立者，所著的《孙子兵法》十三篇，是我国最早的兵法。提出"兵者，国之大事""知彼知己者，百战不殆"（《孙子兵法》）等军事思想。曾参战西破强楚，北威齐晋，南服越人。

墨子（前478—前392），墨家创始人，鲁国人，出身于小生产者的士。他博通古书，创立墨家团体。有十大主张：兼爱、非攻、尚贤、尚同、节用、节葬、非乐、非命、天志、明鬼。中心思想是"兼爱"，主张"爱无差等"，不分轻重厚薄，一视同仁地爱人。兼爱还要利人，有力量帮助别人，有财物分给别人，有道德学说教化别人。墨子相信老天爷有意志（"天志"）和小鬼赏善罚恶（"明鬼"），这是墨子思想的局限性。其著作为《墨子》。

孙膑（约前378—前302），齐国著名军事家，是孙武的后裔，因受庞涓的忌害，被处以膑刑（去膝盖骨），故称孙膑。马陵之战，他协助田忌统率齐军，大败魏军。于是，庞涓自杀，太子申被俘，十万魏军被歼。1972年4月，山东临沂银雀山出土的汉墓发现竹简本《孙膑兵法》。

孟子（约前372—前289），鲁国贵族孟孙氏的后裔，曾受业于孔子的孙子子思的门人，为战国时代儒家学派的代表人物。他的政治思想主要继承孔子的"仁"，并且在主张性善论的基础上，发展成为"仁政"学说。其具体内容就是要求当权者注意改善劳动者的生活处境，使"民有恒产"，即不失去土地，实际上就是要巩固耕织结合的小农经济。他的"仁政"学说以重民思想为基础，认为民、社稷、君三者相比，民最重要，因此他特别强调统治者得民心的重要性。他与万章之徒整理编辑成自己的著作《孟子》七篇。

庄子（约前369—前286），名周，道家思想的集大成者。提出"道"是"自本自根，未有天地。自古以固存"（《庄子·大宗师》）的精神本体。论证了万物齐一和区分事物不可能的相对主义认识论。主张"不谴是非，以与世俗处"（《庄子·天下》）的人生观。庄子传世著作为《庄子》一书。

杨朱（约前395—前335），魏国人。其学说的中心思想是"为我"，即"贵己"。《孟子·尽心上》说他"拔一毛而利天下，不为也"。《韩非子·显学》也说他"不以天下大利，易其胫一毛"。他重视生命，即"贵生"，要求适当地满足人的欲望要求，反对过分纵欲。认为"侵物"即掠夺别人的财物是下贱的事。

慎到（约前395—前315），赵国人，以区区布衣，在齐湣王时游说于齐之稷下，后世多道其学。（《史记·孟子荀卿列传》）在稷下学宫讲学时提出"以道变法"（《慎子》佚文）和"事断于法""势位足恃"（《韩非子·难势》）的思想，属法家重势派。慎子亦学黄老道德之术，曾发明序其指意，著十二论

（《史记》之《田敬仲完世家》《孟子荀卿列传》）。至其学术，则有属于道家者（《庄子·天下》），亦有属于法家者（《荀子》之《非十二子》《解蔽》）。

许行（约前390—前315），楚国人，是农家的代表人物。滕文公执政时，许行从楚国来到滕国居住，弟子有数十人，儒家门徒陈相及其弟陈辛弃儒拜许行为师。他们靠自己种地吃饭，打草鞋穿，织席子铺用，过着自食其力的生活。主张贤人应与农民共同耕种，解决吃饭问题。提倡人人平等劳动，物物等量交换，以实现其改革理想。

申不害（约前385—前337），郑国人，治黄老刑名之学。为韩昭侯之相十五年，"内修政教，外应诸侯"，致使七雄最弱者之韩，亦"国治兵强"，"终申子之身"而"无侵韩者"。（《史记·老庄申韩列传》）《史记》说他"著书二篇，号曰《申子》"。

惠施（约前370—前310），宋国人，名家的著名代表，曾任魏惠王相，博学善辩，学富五车，为庄子好友。他是名家的"合同异"派，论证"万物毕同毕异"，提出"至大无外，谓之大一；至小无内，谓之小一"。又引申出"泛爱万物，天地一体"的思想。（《庄子·天下》）

兒（倪）说，宋国人，是名家"白马非马"论的首倡者。曾在稷下学宫以善辩知名，说他"善辩者也，操白马非马也，服稷下之辩者"（《韩非子·外储说左上》）。

田骈，战国时代齐国人。他本学黄老，借道明法，与慎到齐名。曾讲学稷下学宫，雄于辩才。从彭蒙之师学到"贵齐"要领，主张"齐万物以为首"，认为万物的同一是首要的。认识到"万物皆有所可，有所不可"（《庄子·天下》）。要求人们放弃一切是非，摆脱各自的是非利害，回到"明分""立公"的自然之理，从"不齐"中实现"齐"。《汉书·艺文志》著录《田子》二十五篇，列入道家。已佚。

宋钘，宋国人。齐宣王时与尹文同游稷下学宫，他认为"虚而无形"的是"道"（《管子·心术上》），它是宇宙的本体。提倡"见侮不辱""使人不斗""以禁攻寝兵为外，以情欲寡浅为内"（《庄子·天下》）。其思想主流，为道墨两家"忘我"精神的结合。他周游天下，上说下教，宣讲内容着重联系生活常情，使人们易于了解。《汉书·艺文志》著录《宋子》十八篇，早佚。

公孙衍，战国时代魏国人，纵横家中的合纵派代表，主张联合诸侯以抗秦。公元前333年，他赴秦游说，任大良造，后来张仪为大良造，于公元前323年返回魏国，魏惠王任为将，他联合赵、燕、韩、魏、中山五国互相为王，合纵抵抗齐、楚、秦。公元前319年，魏国驱逐张仪回秦，公孙衍为相。第二年，公孙衍联合赵、韩、燕、魏、楚，挂五国相印，推楚怀王为纵长，由三晋出兵攻秦，秦大败联军，合纵以失败而告终。

张仪（？—前 310），魏国人，战国时代纵横家中的连横派代表，主张联合诸侯事秦。他游说入秦，秦惠王任为相。公元前 322 年他去魏劝说魏惠王实行联秦韩以攻齐楚的政策。当时惠施为魏相，主张联合齐楚抗秦。魏惠王听信了张仪的游说，罢惠施相，任张仪为相，这是连横说的胜利。秦要求魏事秦，魏不从，即出兵攻占曲沃、平周两地。秦的东进政策，使东方各国生畏，遭到了公孙衍的联合诸侯抗秦政策的排斥。公元前 319 年，魏驱逐张仪回秦，接受了公孙衍的合纵政策，说明连横又破产了。公元前 313 年，张仪入楚，收买了楚旧贵族，并以献出商於之地六百里为诱饵，使楚同齐断绝关系。楚怀王不听屈原的劝阻，遂与齐断交。当楚派人向秦索地时，张仪以六里相许为由，拒不承认六百里，公元前 312 年，楚发兵攻秦，遭到了失败。

鲁仲连，战国时代齐国人。常为人排难解纷，不受酬报。长平战后，秦军围赵邯郸，魏使游士新垣衍间道入城，劝赵尊秦为帝，以纾急患。鲁仲连面折辩者，反复诘难，坚持义不帝秦，稳定了士气民心。平原君要封他，他再三不受。后田单反攻聊城，燕将死守不下。他写信给守将，晓以利害，使城不战而下。田单欲赏以爵位，他逃隐海上。《汉书·艺文志》著录《鲁仲连子》十四篇，今佚，清人有辑本。

邹衍（约前 324—前 250），齐国人，战国后期阴阳家的代表，是稷下学官的辩者。公元前 257 年，齐王派他使赵与公孙龙辩论。他善谈天，齐人称他"谈天衍"。提出"五行相生""五行相胜"说，以及"五德终始"的历史观。

荀子（约前 325—前 235），名卿，赵国人，十五岁到稷下学习，齐襄王在位（前 283—前 265）时，荀子第二次回到齐国，"荀卿最为老师"，他三次被推为德高望重的"祭酒"。他提出"天人相分"和"制天命而用之"的天道观，"知道察，知道行"和"虚壹而静"的认识论，"制名以指实"的名实论，主张"性恶"的人性论，阐发了"隆礼至法"的政治论，还写下了音乐理论《乐论》。他是战国末期著名的儒家大师和先秦思想的批判总结者。

韩非子（约前 280—约前 233），原是韩国公族，战国末期思想家，法家代表人物。一生不得志，然其学说，"切事情，明是非"（《史记·老子韩非列传》），"采其意而校其事，持久历远遏奸劝善，韩氏未必非，孔氏未必得也"（《孔丛子·韩非非圣人辨》）。故谋杀韩非之李斯亦不得不称其言为"圣人之论""圣人之术"（《史记·李斯列传》）。法家之理论、实绩卓著，不仅促成强秦之一统，且亦支撑我国封建帝制达两千余年。

三、"百家争鸣"是说大家自由争论

先秦诸子的"百家争鸣",主要围绕"古今""礼法"之争和"天人""名实"之辩展开,内容涉及政治、经济、军事、伦理道德以及哲学本体论、认识论、逻辑学等各个领域。

战国早期法家商鞅就反对儒家《诗》《书》《礼》《乐》文化。商鞅反对儒书与儒术是很突出的。《韩非子·和氏》说:"商鞅教孝公……燔《诗》《书》而明法令。"显然,商鞅变法时就烧过《诗》《书》。至于反对儒书与儒术的实例,《商君书》中不胜枚举。如《商君书·农战》说:"农战之民千人,而有《诗》《书》辩慧者一人焉,千人者皆怠于农战矣。""虽有《诗》《书》,乡一束,家一员,犹无益于治也。"这是说儒家的《诗经》和《书经》都有害于重农、重战两个政策,不利于法治。《诗》《书》《礼》《乐》,都是儒家的教材。商鞅为了贯彻他的农战政策,决意反对这些。战国末期法家韩非子也反对儒书儒术。《韩非子·五蠹》说"明主之国,无书简之文,以法为教;无先王之语,以吏为师",正是继承商鞅反对儒书儒术的主张。

法家以儒家为对手,道家也是如此。《史记·老子韩非列传》载:"世之学老子者则绌儒学,儒学亦绌老子。'道不同不相为谋',岂谓是邪?"道家书《庄子·杂篇》有庄子后学所作《盗跖》一文,专攻儒家鼻祖孔子。这则寓言故事是以义军的领袖盗跖与孔子的对话为纲目,在往返对话中,盗跖慷慨陈词,痛斥孔子的虚伪和尧、舜、汤、武的罪行,其主旨则在于抨击儒家所推崇的古代圣贤的作为,批评儒家提倡的礼教规范,讽刺世俗儒士对荣华富贵的追逐,反衬道家尊重人的自然本性,提倡顺天之理、轻利全生思想的正确性。

墨家与儒家争鸣毫不含糊,痛快亮出旗帜,《墨子》中设《非儒》上下篇。墨子借晏婴丑诋孔子的话说:"孔某深虑同谋以奉贼,劳思尽知以行邪。劝下乱上,教臣杀君。"又说:"孔丘盛容修饰以蛊世,弦歌鼓舞以聚徒,繁登降之礼以示仪,务趋翔之节以观众。博学不可使议世,劳思不可以补民。"由于儒者"繁饰礼乐以淫人,久丧伪哀以谩亲,立命缓贫而高浩居,倍本弃事而安怠傲;贪于饮食,惰于作务",就会不可回避地"陷于饥寒,危于冻馁"(《墨子·非儒下》)。因此,"儒之道足以丧天下"(《墨子·公孟》)。

战国中后期,齐国的稷下学宫是"百家争鸣"的重要场所,都城临淄成为学术中心。由于齐国经济发达,政治开明,以及拥有良好的文化政策,齐国君王给士人优厚的物质待遇,吸引了当时几乎所有的著名学派代表人物汇集稷下。齐国稷下学宫的建立,又为"百家争鸣"繁荣文化创造了有利的客观条件。稷下学宫创建于齐威王(前356—前321)初年,学宫规模宏大,"为开第康庄

之衢，高门大屋"，天下贤士荟萃于此。(《史记·孟子荀卿列传》) 到齐宣王时，"喜文学游说之士，自如邹衍、淳于髡、田骈、接予、慎到、环渊之徒七十六人，皆赐列第，为上大夫，不治而议论，是以齐稷下学士复盛，且数百千人"(《史记·田敬仲完世家》)。到齐湣王、齐襄王时期，荀况"三为祭酒"，"最为老师"。学宫之终结，大约在齐王建时期，前后绵延近150年，最盛时竟聚集数千人。

稷下学宫广招人才，各家各派兼收并蓄。战国诸子之主要学派都有重要代表人物出入学宫。如儒家前有孟轲，后有荀卿，另有颜斶、王斗、田过、公孙固等；道家及黄老学派有环渊、接予、季真、慎到、田骈、彭蒙等；墨家有宋钘、告子等；名家有尹文、田巴、兒说等；慎到、田骈等亦属法家，或称道法家；阴阳家有邹衍、邹奭；纵横家有淳于髡、鲁仲连等。

学宫诸子荟萃，各展其说，论辩自由。《史记正义》引《鲁连子》曰："齐辩士田巴，服狙丘，议稷下，毁五帝，罪三王，服五伯，离坚白，合同异，一日服千人。"此论辩之盛可以想见。而徐劫弟子、年仅十二岁的鲁仲连以田巴之言空洞无济于实事，斥之曰："先生之言有似枭鸣，出城而人恶之"，竟使田巴叹服而"终身不谈"。

孟子是天下知名的雄辩学者。齐威王、齐宣王在位时期，孟子两次入齐住十余年时间，在稷下学宫讲学，都曾受到重视，被授予"客卿"的礼遇。"百家争鸣"，孟子之所以好辩善辩，也是出于捍卫儒家学说的需要。孟子认识到"圣王不作，诸侯放恣，处士横议，杨朱、墨翟之言盈天下。天下之言不归杨，则归墨"，"杨墨之道不息，孔子之道不著"。杨朱和墨家学说的兴盛，严重威胁到儒学的命运和生存。孟子批判杨墨"为我"与"兼爱"的学说："杨氏为我，是无君也；墨氏兼爱，是无父也。无父无君，是禽兽也。"孟子拒杨墨，同时也批评其他学派的思想。他关于"性善论"的思想，许多就是在对告子"性恶论"思想的批评中阐明的。孟子批评兵家说："善战者服上刑。"(《孟子·离娄上》) 这显然是反对兵家重战、备战、善战学说以及法家"奖励军功"和农战政策，从而确立儒家非兵休战的思想。孟子批评农家许行"贤者与民并耕而食"的主张，鼓吹"劳心者治人，劳力者治于人；治于人者食人，治人者食于人"。(《孟子·滕文公上》) 说明社会发展必须有分工，治国者不能兼事生产，其思想反映了社会分工的现实。许行主张无分贵贱君民并耕的理想是好的，却不合乎当时社会发展的现实，只能流于空想。孟子在与不同意见的辩难中阐述自己的思想，他的批评争鸣可以看出当时的学术风气。

"百家争鸣"既表现为诸子的分歧，也表现为诸子的融合。"百家争鸣"的自由论辩所形成的学术思想发展的必然趋势，就是各家思想学说的相互汲取与融合。各家对于先秦的学术都有所损益，因而都有所创新，同时也有所继承。诸子百家互相发难批驳，欲证明对方错自己对，就要认真探明、辨清对方的弱点，以图击中要害；又要看准对方的长处，经过汲取加工，为己所用。因此，当时的思想界虽然分为各种学派，但又始终存在着"道为一体"的观念，走向融合。

战国晚期儒家代表荀况，长期熏陶于稷下学宫，其时社会发展明显趋向于政治统一的历史趋势，与稷下学宫各家思想相互撞击、汲取、交融的学术环境，在荀况的思想学说中留下深深的烙印。荀况并不偏激，他注意分析各家学说的短长，以儒家思想学说为主体，兼取道家、法家、名家之长，从而形成了独具特色的荀学思想体系。

墨子虽然尽力非儒，但墨儒毕竟有着大致相同的时代背景和同源共生的文化根基，这使两家在一些基本问题的看法上渐渐趋同。如墨子主张"兼爱""爱无差等"，并以之批判儒家的宗法道德观念。然而，在不少方面，墨家的价值取向几乎与儒家如出一辙，墨家把父慈子孝的伦理道德遭到破坏作为天下丧乱的原因。在《尚贤中》里，墨子认为："入则不孝慈父母，出则不长弟乡里，居处无节，出入无度，男女无别，使治官府则盗窃。"由此可以看出，墨家与儒家虽然对立，但他们仍有不少相通之处。

稷下学宫的各派学者利用齐国提供的良好环境与条件，潜心研讨，互相争鸣，取长补短，丰富和发展了各自学派的学说，促进了思想文化的大融合。这种融合在杂家著作《管子》中有充分体现。根据现有资料判断，《管子》中的某些篇章反映了管仲的事迹和思想。战国初年，"田氏代齐"，夺取了齐国政权，继承和发扬了管仲的思想，实行变法，形成了管仲学派。《管子》其书绝大部分是管仲学派的文集，也掺杂了其他稷下学者的论述。《管子》其书内容异常丰富，近人罗根泽《管子探源》说："《管子》……在先秦诸子，裒为巨帙，远非他书所及。《心术》《白心》诠释道体，老庄之书未能远过；《法法》《明法》究论法理，韩非《定法》《难势》未敢多让；《牧民》《形势》《正世》《治国》多政治之言；《轻重》诸篇又为理财之语；阴阳则有《宙合》《侈靡》《四时》《五行》；用兵则有《七法》《兵法》《制分》；地理则有《地员》；《弟子职》言礼；《水地》言医；其他诸篇亦皆率有孤诣。各家学说，保存最夥，诠发甚精，诚战国秦汉学术之宝藏也。"可以说，《管子》吸纳先秦诸子的精华，兼有道、法两家之长而无其短，又掺以儒、兵、农、阴阳各家学说，竟是中国历史上最早最大的杂家，任何一家的思想均不足以涵盖此书的丰富内容。任继愈认为，管仲学派是战国时代齐人继承和发展管仲的思想而形成的一个学派，它介乎儒家学派和法家学派二者之间，对宗法制采取半保留、半否定的态度，主张把宗法制和中央集权制有机地结合起来，把礼治和法治有机地结合起来，既强调以法律来加强王权，又重视用宗法道德来巩固封建统治。说到底，它是"百家争鸣""诸子融合"的产物。

"百家争鸣"是中国学术文化史上的"黄金时代"，反映了当时的社会矛盾和社会变革。这个时期的文化思想，奠定了整个封建时代文化的基础，对其后中国历史和文化的纵向延续和横向发展都产生了深远影响。

焚书坑儒挫折了"百家争鸣"的生动局面

毛泽东也分析过先秦诸子"百家争鸣"走向衰落的原因。

1958 年 11 月 20 日，毛泽东召集柯庆施、李井泉、王任重和陶鲁笳四人，到他在武汉东湖畔的住所开座谈会。

在这次座谈会上，毛泽东详细地谈了自己对商纣王、秦始皇、曹操这三位历史人物的评价。谈到秦始皇，毛泽东说：

> 人们从书中得知，秦始皇有焚书坑儒的恶行，因此把他看作是大暴君、大坏人。焚书坑儒当然是坏事，它把蓬蓬勃勃发展起来的百家争鸣的生动局面给挫折了。但我们对什么事都应当有分析，秦始皇并不是不问什么书都焚，也不是不问什么儒都坑。他焚的是"以古非今"的书，坑的是孟子一派的儒，其实只有460 人。孟子主张"法先王"，所以孟子一派的书是"以古非今"的。而荀子一派则相反，主张"法后王"，推行法家一派的学说。秦始皇是主张"法后王"，反对"法先王"的。所以，他并不坑荀子一派的儒，也不焚荀子一派的书。秦始皇"以古非今者族"的主张值得赞赏，当然，我并不赞成秦始皇的滥杀人。当时，要由奴隶制国家转变为封建制国家，不实行专政是不行的。但对孟子一派采取焚书坑儒的办法，太过火了。政治上要实行专政，文化上要提倡百家争鸣、百花齐放，我们现在就是这样。这一条秦始皇是办不到的。（陶鲁笳：《毛主席教我们当省委书记》，中央文献出版社 1996 年版，第 104 页）

毛泽东此次谈话的主旨，是为秦始皇翻案，是为秦始皇焚书坑儒的恶行辩护。他认为秦始皇的焚书坑儒不是肆意妄为，而是有所限制：并不是不问什么书都焚，也不是不问什么儒都坑；焚的是"以古非今"的书，坑的是"法先王"孟子一派的儒；目的是维护中央集权的封建专制国家。这是毛泽东从政治上看问题的结论。

即使这样，毛泽东仍然深刻指出了焚书坑儒对"百家争鸣"的负面作用：

负面作用之一："焚书坑儒当然是坏事，它把蓬蓬勃勃发展起来的百家争鸣的生动局面给挫折了。"请注意，人们将焚书坑儒定位为"恶行"，毛泽东将其定位为"当然是坏事"。所谓焚书坑儒，是秦始皇统一六国后发生的两大事件，是秦始皇为巩固中央集权而实行的文化专制措施。"焚书"事件发生于秦始皇三十四年（前213）。始皇置酒咸阳宫，大宴群臣，儒学博士淳于越对于当面肉麻吹捧秦始皇的仆射周青臣不以为然，并就分封、郡县问题向秦始皇提出了不同意见。丞相李斯抓住淳于越主张"师古"的言论大做文章，指斥读书人"不师今而学古，以非当世，惑乱黔首"，如不加以严禁，必将使"主势降乎上，党与成乎下"（《史记·秦始皇本纪》），因此建议秦始皇下令焚书。秦始皇采纳了李斯提出的建议和办法，遂下令焚书：除《秦记》、医、农、卜筮之书外，凡六国史书、民间收藏的《诗》《书》、诸子等书籍，一律限期三十天内交官府烧掉，逾期不交者，黥为城旦。此后若再有"偶语《诗》《书》者"弃市，以古非今者灭族。严禁私学，有愿习法令者，以吏为师。"焚书"事件使儒生们大为不满，产生诽议。第二年，当秦始皇搜寻欺骗了他的方士侯生、卢生时，意外地发现咸阳的儒生对他进行所谓的"诽谤"，"或为妖言以乱黔首"。始皇大怒，"于是使御史悉案问诸生，诸生转相告引，乃自除。犯禁者四百六十余人，皆坑之咸阳"（《史记·秦始皇本纪》）。这就是历史上的"坑儒"事件。儒家、道家、兵家都是以对《诗》《书》《易》《礼》的文化反思来建构自己的思想体系，关东六国的士子大都在思想上反对暴秦，所以烧《诗》《书》、杀儒生的焚书坑儒事件，是以强权政治宣告文化上"百家争鸣"局面的被迫结束。毛泽东在"百家争鸣"前面加上"蓬蓬勃勃"的形容词，又指出焚书坑儒"挫折了"这个局面，可见内心里他对"百家争鸣"局面的夭折是多么惋惜。

负面作用之二："对孟子一派采取焚书坑儒的办法，太过火了。"毛泽东指出史实，秦始皇"焚的是'以古非今'的书，坑的是孟子一派的儒"。毛泽东说："不赞成秦始皇的滥杀人。"虽然秦始皇巩固刚刚建立起来的全国统一的、中央集权的封建国家，需要专制手段，但是毛泽东仍然认为，对以孟子为代表的儒生儒书采取焚书坑儒的办法是"太过火了"。从传统哲学上说是"过犹不及"；用现代语言说，这是谴责秦始皇文化政策太"左"，以消灭思想载体的办法实现思想一统，是不可取的危险的文化政策。

负面作用之三："文化上要提倡百家争鸣，百花齐放"，"这一条秦始皇是办不到的"。毛泽东把政治问题与文化问题做了区分，他说，"政治上要实行专政，文化上要提倡百家争鸣、百花齐放，我们现在就是这样"。这是对比"我们"的政策与秦始皇的政策，指出其不同点。"百家争鸣"，极权的、专制的秦始皇是不能办的，也是根本"办不到"的。

毛泽东这些批判是深刻有力的，点到了问题的实质。解读毛泽东谈论"百家争鸣"的思想观点时，在注意到毛泽东为秦始皇焚书坑儒辩护的一面时，千万不要忽略了毛泽东对焚书坑儒另一面的严厉谴责。毛泽东后一种思想更为重要，对今后的文化建设更有意义。历史现象是复杂的，毛泽东的思维是辩证的。我们不能把毛泽东对焚书坑儒的辩证性评论理解得片面了。

孔子是后来汉朝的董仲舒捧起来的

秦朝的焚书坑儒是极权专制文化政策的恶果。各地儒生并没有完全屈服于高压，采取各种办法暗中抵制。著名的"鲁壁藏书"事件是其典型代表。秦始皇下焚书令，追令天下交出儒家书籍，否则罹罪。孔子九世孙孔鲋将一些儒家书籍藏于室内壁中，然后持礼器投奔陈胜起义军，进行武装抗争。百余年后，西汉初封到曲阜的鲁恭王刘馀为了扩建宫室，在拆毁孔子旧宅时，发现这批古籍，被称作"古文经"。不久，王莽新政用它与西汉立于学官的"今文经"抗衡，推衍出古文经学。

焚书坑儒之时，朝廷内博士手中的诸子书并未焚掉。秦朝博士有七十人，其中既有"五经"博士，也有诸子传记以及方技数术博士。据《史记·秦始皇本纪》和《汉书·艺文志》所载，伏生为治《尚书》博士，黄疵为秦博士，则在名家，又有占梦博士。汉承秦制，初仍有博士七十人，但"备员弗用"。这个时期，文化政策还允许诸子百家之术存在，只是限制在朝廷博士圈子之内。私人授徒讲学，自由进行学术争鸣的局面已荡然无存。

真正使"百家争鸣"局面彻底消失的是汉武帝时期的"罢黜百家，独尊儒术"事件。

汉初推行"与民休息"的政策，社会经济得到恢复，出现了"文景之治"，但同时社会矛盾已开始暴露，至武帝时不仅外部匈奴为患日趋严重，内部矛盾也更加激化，并不断发生农民起义。汉初"无为而治"的黄老思想已不能适应新形势的需要。

汉武帝即位，建元元年（前140）丞相卫绾奏："所举贤良，或治申、商、韩非、苏秦、张仪之言，乱国政，请皆罢。奏可。"（《史记·武帝本纪》）建元五年（前136）"置'五经'博士"。因窦太后好黄老言，受其干扰，当时未果。建元六年，窦太后卒。元光元年（前134），汉武帝就如何加强中央集权、巩固封建统治等治国大计，三次策问儒生董仲舒。董仲舒是《春秋》公羊派大师，今文经学创始人，他上"天人三策"，极力推荐《春秋》"大一统"的理论，指出："《春秋》大一统者，天地之常经，古今之通谊也。今师异道，人异论，百家殊方，指意不同，是以上无以持一统，法度数变，下不知所守。臣愚以为诸不在六艺之科孔子之术者，皆绝其道，勿使并进。邪辟之说灭息，然后统纪可一而法度可明，民知所从矣。"（《汉书·董仲舒传》）武帝采纳这一建议，罢黜百家博士，只立"五经"博士，从而确立了儒学和儒家经典的权威性的统治地位。而儒家以外的诸子学，由于无进身之路，日益衰微。《汉书·武帝纪赞》："罢黜百家，表章'六经'。"《汉书·董仲舒传》亦云："推明孔氏，抑黜百家。"从此儒家思想定于一尊。后世将汉武帝采纳董仲舒的建言实行这一文化政策概括为"罢黜百家，独尊儒术"。

"罢黜百家，独尊儒术"事件对于"百家争鸣"学术局面的最后摧毁，毛泽东似乎没有正面评论。但是，1954年到1958年他在评说"孔学"（儒学）的历史命运时，明确指出儒术独尊是董仲舒"捧起来的"：

> 对孔夫子，自董仲舒以来就说不得了，"非圣诬法，大乱之殃"。（《毛泽东文集》第六卷，人民出版社1999年版，第346—347页）
>
> 孔子是后来汉朝的董仲舒捧起来的，以后不大灵了。到了唐朝又好一点，特别是宋朝的朱熹以后，圣人就定了。到了明清两代才登上"大成至圣文宣王之位"。（许全兴：《为毛泽东辩护》，当代中国出版社1996年版，第335—336页）

毛泽东讲清了两点：董仲舒在"罢黜百家，独尊儒术"上起了重要作用；这种"儒术独尊"从汉朝延续到清代。

"百家争鸣"学术活动，肇始于春秋末期，衰落于西汉中期，经诸子创说、稷下学宫、合纵连横、焚书坑儒、信奉黄老、独尊儒术等重大学术事件，前后历时三百余年（从孔子卒年即公元前479到汉武帝元光元年即公元前134年）。其兴盛期约有二百年——以战国初庄周《庄子·天下》到战国末荀况《荀子·非十二子》所记载评述诸子学术活动和学术纷争为标志，是确确实实的诸子百家"争鸣"期。

"百家争鸣"是辩证法

对春秋战国时代诸子蜂起、"百家争鸣"的学术局面，毛泽东是向往的。他曾经长期思考过这个中国思想史最为重大的学术运动，从中得出一个十分新鲜的结论：战国时代的"百家争鸣"，这是辩证法。

辩证法中的否定之否定规律，可以表达为肯定——否定——否定之否定（肯定）这样三段式表达事物发展过程的公式。毛泽东也喜欢用三段式来表达事物发展过程，如：团结——批评——团结；再如：平衡——不平衡——平衡。

1958年5月8日，毛泽东在中共八大二次会议的讲话提纲中，正是用三段式表达事物发展过程公式，来肯定"百家争鸣"是充满辩证精神的学术运动。毛泽东写道：

> 先进的东方，落后的欧洲
>
> 十五年后走向反面，尾巴一定翘起来，如果不注意的话。不要紧，再米一个否定，又生动活泼了。
>
> 你看：希腊的辩证法—中世纪的形而上学—文艺复兴
>
> 你看：战国时代的百家争鸣—封建时代的形而上学—现代的辩证法
>
> 客观存在的，不是吗？
>
> 设置对立面，十分必要
>
> 如何设置？客观存在的（《建国以来毛泽东文稿》第七册，中央文献出版社1992年版，第195—196页）

研究毛泽东的专家许全兴先生在《毛泽东晚年的理论与实践》一书中，引证了毛泽东这段讲话的记录稿：

> 事物总是要走向自己的反面。希腊辩证法，中世纪形而上学，文艺复兴。这是否定之否定。中国也是如此，战国时代的百家争鸣，这是辩证法，封建时代的经学——形而上学，现在又讲辩证法。（许全兴：《毛泽东晚年的理论与实践》，中国大百科全书出版

毛泽东在这里是用表达事物发展过程的三段式公式，来讲欧洲和中国两千四百余年的思想大趋势的特点。战国时代的"百家争鸣"，活跃着对立和对峙的各种学派，思想的长河波翻浪涌，辩驳争鸣精彩纷呈，充满学术生气和思想活力，在矛盾和碰撞中各家学派都得到了长足发展。所以，这个时期的思想界充满辩证精神。这是个需要大思想家并且产生了众多大思想家的时代，"百家争鸣"成了产生大思想家的平台和推动力。这个时期出现的众多学派学说，奠定了中华民族两三千年的思想理论基本框架，活力四射的时代也注定是魅力无穷的时代。

毛泽东把春秋战国时代的"百家争鸣"定位为"这是辩证法"，高屋建瓴，一语中的，把握住了这个时代思想文化发展的本质、内涵和特征。两千年整个封建时代，儒术独尊，经学称霸，一直是统治阶级的意识形态和主流文化，形成了一个自我发展、自我繁殖的封闭文化圈，减弱了、僵化了甚至丧失了儒家学派创立和兴盛时期所表现出的既独树一帜又兼收并蓄的创造性和开放性，体现的是形而上学文化模式。最终将自己退化为文化变革的冲击对象。这就是五四运动"反孔"的深层原因之一。

毛泽东这样分析、评价中国三千年的思想文化史，显然出于对学术自由的十分看重，是提出和推行"百家争鸣"学术发展方针的需要，也就是需要"现代的辩证法"。他的这种追求，发生很早，可以上溯到五四运动时期。1919 年 7 月 21 日，他在《健学会之成立及进行》一文中说：

> 自由讨论学术，很合思想自由、言论自由的原则。人类最可宝贵，最堪自乐的一点，即在于此。学术的研究，最忌演绎式的独断态度。中国什么"师严而后道尊"，"师说"，"道说"，"宗派"，都是害了"独断态度"的大病，都是思想界的强权，不可不竭力打破。像我们反对孔子，有很多别的理由。单就这独霸中国，使我们思想界不能自由，郁郁做二千年偶像的奴隶，也是不能不反对的。(《毛泽东早期文稿》，湖南出版社 1995 年第 2 版，第 368 页）

显然，毛泽东很早就已经发现儒术的"独霸中国"，没有学术自由，没有思想自由，没有学界内部的对垒冲突，争辩争鸣，就没有学术进步和思想进步，并终将导致民族文化的萎败倾向和国民心理的奴化痼习。所谓"演绎式的独断态度"，也就是思想文化领域的形而上学。因此，毛泽东十分赞赏和珍爱春秋战国时代的"百家争鸣"自由讨论的学术局面，并将它加以改造利用，制定了"百花齐放，百家争鸣"的"双百"方针，用以指导中国艺术和学术的发展。

二十二种子书与先秦子学中的"人民性"

毛泽东如此评价春秋战国时代的"百家争鸣"学术活动和文化现象，源于他从启蒙时代就开始了的对先秦诸子学说的学习和思考。

毛泽东最早阅读的先秦子书是儒家的《论语》和《孟子》。这个情况，毛泽东在延安时有回忆。

1936年10月，美国记者埃德加·斯诺到陕北采访，毛泽东一连几夜，叙述了他自幼年以来的半生经历。其中他说：

> 我八岁那年开始在本地一个小学里读书，一直在那里读到十三岁。清早和晚上我在地里劳动。白天我读儒家的《论语》等"四书"。(《毛泽东一九三六年同斯诺的谈话》，人民出版社1979年版，第5—6页)

"四书"包括《论语》《孟子》《大学》《中庸》。毛泽东少年时代读过的《论语》，现存下册，系宋朱熹所辑《论语集注》本，石刻线装，封面有毛泽东用毛笔书写的"论语下 咏芝"——"咏芝"是毛润之的另一种读音和写法。内容包括"《论语》卷之六至卷之十"。这半部《论语》现在收藏于韶山纪念馆。

少年毛泽东先后在韶山冲南岸、关公桥、桥头湾、钟家湾、井湾里、乌龟井、东茅塘七处私塾读书，上了六年学，他所读的主要是儒家经典——"四书五经"。对这六年的私塾读书经历，毛泽东后来形象地概括为"读了六年孔夫子"。他追忆道：

> 我过去读过孔夫子的书，读了"四书五经"，读了六年。背得，可是不懂。那时候很相信孔夫子，还写过文章。(1964年8月18日，毛泽东在北戴河《关于哲学问题的谈话》)

毛泽东读了六年私塾，读《论语》《孟子》《左传》这些书，背诵如流。后来他说起自己的幼年，学的是"子曰：学而时习之，不亦说乎"(《论语》首篇首句）这一套，这种学习的内容虽然陈旧了，但是对他识字学文化大有好处。

毛泽东探索先秦子学之路就是从韶山冲的私塾开始的，他最初读到的是儒家孔子、孟子两位大师的著作。

进入青年期，毛泽东有五年在湖南省立第一师范读书。此时，他已经能从研究国学的视角有计划地读先秦子书。1916年2月29日，毛泽东致信同学萧子升谈"中国应读之书"。其信前半部分已亡佚，后半部分是：

> 右经之类十三种，史之类十六种，子之类二十二种，集之类二十六种，合七十有七种。据现在眼光观之，以为中国应读之书止乎此。苟有志于学问，此实为必读而不可缺……惟此种根本问题，不可以不研究。故书之以质左右，冀教其所未明，而削其所不当，则幸甚也。（《毛泽东早期文稿》，湖南出版社1995年第2版，第37页）

毛泽东选出应读书七十七种，可注意的是"子之类二十二种"。可惜的是，信的前半部分遗失了。从行文看，毛泽东在上引的信文前面，似开列了经、史、子、集七十七种书目，但现存手稿部分缺失，就不能下断语了。

尽管如此，我们的判断仍然可以找到依据。

我国古代子书创作第一个高峰期即在春秋战国"百家争鸣"时期。汉代史学家班固即在《汉书·艺文志》中设了《诸子略》《兵书略》等类目，著录当时诸子类著作情况。为了更好地提高研读实效，古代学者尝试在卷帙浩繁的子书中选编精华。清代光绪元年（1875）至光绪三年（1877），浙江书局分册辑刊而成的诸子丛书《二十二子》较有特色，也最为引人注意。《二十二子》所收子书具有较高的代表性。以中国古代哲学为主，兼及中国历史、文学、政治学、社会学、天文学、军事学、医学等。研读子书，应该从先秦子书入手，方能理清诸多学派的各自源头。《二十二子》所收先秦子书，如《老子》《庄子》《管子》《列子》《墨子》《荀子》《尸子》《孙子（兵法）》《晏子春秋》《吕氏春秋》《商君书》《韩非子》等，均为先秦诸子百家的代表作（《尸子》较弱一些）。儒家的代表人物孔子、孟子的《论语》和《孟子》，因为属于经学范围，《二十二子》丛书没有收入。但是，毛泽东所列书目有"经之类十三种"，"十三经"是个固化了的概念，其中必定包括《论语》和《孟子》。这样，毛泽东所列国学七十七种书目，先秦书占十四种。这些著作奠定了中国古代思想文化的基本内容与主要范畴，可以大致了解我国子书开创期的主要线索及其发展脉络，有助于人们从较广的学术视野观察中国古代文化。

毛泽东与萧子升商讨"中国应读之书",其中"子之类二十二种"与《二十二子》仅仅是偶然巧合呢,还是毛泽东把《二十二子》作为了选书参考呢?看毛泽东从儒家《十三经》中确定"经之类十三种"的思路脉络,毛泽东极有可能受《二十二子》的启发,确定了"子之类二十二种"。《二十二子》风行于清末民初,正在湖南省立第一师范学校读书的毛泽东,很有可能在学校图书馆接触到这套丛书,作为自己选书的蓝本。

过了二十年,毛泽东已是政党领袖。此时,他从中国革命的实际需要出发,指出了要用马克思主义观点总结包括先秦子学在内的中国历史经验。1938年10月14日,在党的六届六中全会上,毛泽东郑重提出:

> 今天的中国是历史的中国的一个发展;我们是马克思主义的历史主义者,我们不应当割断历史。从孔夫子到孙中山,我们应当给以总结,承继这一份珍贵的遗产。这对于指导当前的伟大的运动,是有重要的帮助的。(《毛泽东选集》第二卷,人民出版社1991年第2版,第534页)

在这里,毛泽东把儒家的开山祖师孔夫子作为"历史的中国"的标志性人物,与近代伟大的资产阶级革命家孙中山相提并举,可见毛泽东对儒家学派、对先秦诸子在中国思想文化发展中的作用是十分看重的。中国的思想文化史,乃至中国的全部历史,不从孔夫子理起,不从先秦子学理起,是茫无头绪的,也说不清来龙去脉。毛泽东这个判断,是最有历史洞察力的。

正是在毛泽东这个指示的引导下,曾经在北平大学里开过先秦诸子课的陈伯达,于1939年春天,一连写了《老子的哲学》《孔子的哲学思想》《墨子哲学思想》等总结先秦诸子哲学思想的学术论文。毛泽东在审读这些文章时,写下六七千字的修改意见,对孔子和墨子哲学中不少具体观点做出了新颖独到的评论。指出孔子的功绩不只在教育普及一点,孔子在认识论与社会论上"有它的辩证法的许多因素,例如孔子对名与事、文与质、言与行等等关系的说明";指出墨子是"中国的赫拉克利特"(古希腊唯物主义哲学家),是"古代辩证唯物论大家"。(《毛泽东文集》第二卷,人民出版社1993年版,第156—165页)

此期前后,毛泽东又在下力气讨论先秦兵家代表人物孙武子的《孙子兵法》。那时他正在总结研究中央苏区反"围剿"革命战争和抗日战争的经验教训和战略问题。毛泽东多次写信给在西安做统一战线工作的叶剑英和刘鼎,要他们购买一批军事书籍来。1936年9月26日给刘鼎写信，告诉他："不要买普通战术书，只要买战略书，买大兵团作战、战役学书。中国古时兵法书如《孙子》等也买一点。写信到南京国府路军学研究社，请他们代办。"（夏征难：《毛泽东与中外军事遗产》，大连出版社1997年版，第65页）同年10月22日，毛泽东又致信叶剑英、刘鼎："我们要的是战役指挥与战略的，请按此标准选买若干。买一部《孙子兵法》来。"（《毛泽东文集》第一卷，人民出版社1993年版，第453页）毛泽东在上述两封信中，都明确提到《孙子兵法》，从中反映出他对《孙子兵法》的重视之程度和要求之迫切。他认为《孙子兵法》是"战略书"，认为孙武子是"中国古代大军事学家"（《毛泽东选集》第一卷，人民出版社1991年第2版，第201页）。1938年5月26日至6月3日，毛泽东在延安抗日战争研究会上作《论持久战》的讲演，强调"知彼知己"对认识战争现象的重要，他说："孙子的规律，'知彼知己，百战不殆'，仍是科学的真理。"（《毛泽东选集》第二卷，人民出版社1991年第2版，第490页）

抗日战争初期，毛泽东对先秦子学的研究进入了一种新的境界。

毛泽东历来主张对历史遗产，对传统文化，要汲取精华，剔除糟粕。他自己也做这方面的工作，对先秦子学采取批判继承的态度。1958年他在审订中宣部部长陆定一的《教育必须与生产劳动相结合》一文时，加写了一段话，其中说道：

> 中国教育史有人民性的一面。孔子的有教无类，孟子的民贵君轻，荀子的人定胜天……诸人情况不同，许多人并无教育专著，然而上举那些，不能不影响对人民的教育，谈中国教育史，应当提到他们。（《毛泽东文艺论集》，中央文献出版社2002年版，第191页）

这里虽然是从教育史的层面切入，但是毛泽东事实上指出了儒家三位巨子即孔、孟、荀三人的学说中"有人民性的一面"，"影响对人民的教育"。我们所看重的不仅是毛泽东所举的例证，还有这个评价所包含的评价先秦子学的方法论意义：毛泽东所肯定的正是儒家三位巨子学说中的平民教育思想、民本思想和古代唯物论观点，这显然是儒家学派的思想精华。这种唯物史观的研究方法，完全适用于对先秦子学全部学派和全部著作的研究。

毛泽东是思想巨人，但是他很服膺先秦子学的博大精深，建构自己的思想体系时，常常将先秦子书带在身边，随时参考。1959年10月23日，毛泽东从北京出发到南方视察，外出前他列了一个很长的书单。在他指名要带走的书籍中，先秦诸子和涉及研究先秦子学的著作主要有：

《荀子》《韩非子》《论衡》《张氏全书》（张载），关于《老子》的书十几种。

标点本《史记》《资治通鉴》。

冯友兰：《中国哲学史》。

范文澜：《中国通史简编》。

吕振羽：《中国政治史》。

郭沫若：《十批判书》《青铜时代》《金文丛考》。（龚育之、逄先知、石仲泉著：《毛泽东的读书生活》，三联书店1986年版，第18—19页）

从这个书单摘要中可以看出，毛泽东所带的先秦子书，有儒家的《荀子》，有法家的《韩非子》，有道家的《老子》——而且有"十几种"之多。有司马迁的《史记》，有先秦诸子的传记和学术活动史料。

冯友兰、范文澜、吕振羽和郭沫若四人，或是哲学史家，或是政治史家，或是历史学家，都是现当代中国治史的顶级人物，他们的著作《中国哲学史》《中国通史简编》《中国政治史》《十批判书》等，大都对先秦诸子的学说做过系统的梳理和透彻的分析。这些史学哲学著作对晚年毛泽东的子学观影响甚大。

1959年12月10日至1960年2月9日，毛泽东着眼检讨我国和苏联在社会主义经济建设中的经验教训，先后在杭州、上海和广州，组织读书小组研读苏联《政治经济学（教科书）》（下册）第三版。在研读时的谈话中，毛泽东评价儒家鼻祖孔子："孔子也因为在许多国家受了挫折，才转过来决心搞学问。他团结了一批'失业者'，想到处出卖劳动力，可是人家不要，一直不得志，没有办法了，只好搜集民歌（《诗经》），整理史料（《春秋》）。"毛泽东评价法家政治家李斯说："李斯的《谏逐客书》，有很大的说服力，那时候各国内部的关系，看起来是领主和农奴的关系，每个家族都有自己的战车、武士，一个国家统一的程度很差。李斯是拥护秦始皇的，属于荀子一派的，主张法后王。"（《瞭望》1991年第35期，转引自盛巽昌等：《毛泽东这样学习历史，这样评点历史》，人民出版社2005年版，第234—235页）毛泽东引用《老子》中的名言"千里之行，始于足下"来说明社会主义的分配原则眼前利益要服从长远利益；引用《孟子·滕文公上》的名言"物之不齐，物之情也"来说明社会主义计划经济活动中平衡与不平衡的关系。这里涉及儒道法三家的老子、孔子、孟子、李斯和他们的著作（子书）。（《读苏联〈政治经济学教科书〉的谈话（节选）》，《毛

法家厚今薄古，儒家厚古薄今

毛泽东晚年于十年内乱的"文革"中，对先秦子学，主要是对儒法两家的评价陷入一种极端：他从政治需要出发，在"文革"动乱难于掌控的情况下，又错误地发起了"评法批儒""批林批孔"运动，绝对肯定法家，绝对否定儒家，使其儒法观完全倾斜，脱离了学术轨道。

"文革"之初的毛泽东就开始否定孔子的"圣人"地位。1966 年 11 月 20 日，毛泽东在会见参加武汉地区座谈会的曾思玉、王六生、刘建勋等人时说：

> 我劝同志们看看鲁迅的杂文。鲁迅是中国的第一个圣人。中国第一个圣人不是孔夫子，也不是我。我算贤人，是圣人的学生。（《毛泽东同参加武汉地区座谈会人员谈话记录》，逄先知、金冲及：《毛泽东传（1949—1976）》下卷，中央文献出版社 2003 年版，第 1609 页）

1968 年 10 月 13 日，毛泽东在中共八届十二中全会开幕式上的讲话中，提到范文澜的《中国通史简编》和郭沫若的《十批判书》，就当代几位学者"崇儒反法"史学观点散论漫谈起来。毛泽东认为范文澜对儒家、法家都给予了地位：

> 范老基本上也是有点崇孔啰，因为你那个书上有孔夫子的像哪。……但是，在范老的书上，对于法家是给了地位的，就是申不害、韩非这一派，还有商鞅、李斯、荀卿传下来的。（许全兴：《毛泽东晚年的理论与实践》，中国大百科全书出版社 1993 年版，第 450—451 页）

这次谈话，只是随便提到先秦思想史儒法两家，毛泽东并未想号召人们去钻进故纸堆，研究老古董，展开批判。

但是，"九一三"林彪事件之后，出于"文革"形势难以掌控，毛泽东扬法批儒倾向急剧升温。1973 年 5 月的一天，江青看望毛泽东，见毛泽东那里放着大字本的郭沫若《十批判书》。毛泽东给了江青一本，并说："我的目的是为了批判用的。"他还把自己写的一首诗念给江青听：

郭老从柳退，不及柳宗元；

名曰共产党，崇拜孔二先。（许全兴：《毛泽东晚年的理论与实践》，中国大百科全书出版社1993年版，第448页）

毛泽东的四句诗，批评郭沫若的《十批判书》崇儒抑法贬秦，肯定柳宗元的《封建论》赞郡县制废分封制。从思想史的角度说，毛泽东明确亮出了褒法贬儒的思想旗帜。

1973年5月20日到31日，中共中央召开工作会议，主要议题是为召开中共十大做准备。在会上，毛泽东要求政治局的同志，当然也包括中央委员和候补委员在内，都要认真看书学习，不要光抓生产，还要注意路线、意识形态、上层建筑，要懂得历史，学点哲学，看些小说。5月25日晚，毛泽东在中央政治局会议上讲话。他说：

郭老的《十批判书》有尊孔思想，要批判；但郭老功大过小，他在中国历史的分期上，为殷纣王、曹操翻案，为李白籍贯作考证，是有贡献的。对中国的历史要进行研究，从孔夫子到孙中山，从乌龟壳（甲骨文）到现在，都要进行研究、总结，要有知识。（《周恩来年谱（1949—1976）》（下卷），中央文献出版社1997年版，第595页）

此处，毛泽东一方面说要批判"尊孔思想"，另一方面又说"从孔夫子到孙中山，从乌龟壳（甲骨文）到现在，都要进行研究、总结"，这与1938年他在中共六届六次会议上的提议"从孔夫子到孙中山，我们应当给以总结，承继这一份珍贵的遗产"（见本节前面的述评），思想观点完全一致。

7月4日，毛泽东在中南海游泳池住处召见了王洪文、张春桥两名"文革"新贵。毛泽东谈话中有一段说：

什么郭老、范老、任继愈、杨柳桥之类的争论。郭老又说孔子是奴隶主义的圣人。郭老在《十批判书》里头自称是人本主义，即人民本位主义。孔夫子也是人本主义，跟他一样。郭老不仅是尊孔，而且还反法，尊孔反法，国民党也是一样啊！林彪也是啊！（《毛泽东年谱（1949—1976）》第六卷，人民出版社2013年版，第485页）

毛泽东把"尊孔反法"与政治运作扭结到一起。8月5日，毛泽东召见江青，对她说：

> 历代政治家有成就的，在封建社会前期有建树的，都是法家。这些人都主张法治，犯了法就杀头，主张厚今薄古。儒家满口仁义道德，一肚子男盗女娼，都是主张厚古薄今的。（《毛泽东年谱（1949—1976）》第六卷，人民出版社2013年版，第490页）

这次谈话中，毛泽东的扬法贬儒已达极点。"九一三"事件中，林彪一伙攻击他是"当代的秦始皇"。对手的比附和攻击，激起了他的愤慨。这使他的评法批儒论始皇，不少为争辩与批驳的激愤之语，很难说是深思熟虑后的准绳之言。这些话语在1973年产生了令人遗憾的后果。

1974年1月18日，毛泽东批准下发了本年第一号中共中央文件，就是由江青直接指挥编辑的材料《林彪与孔孟之道》（之一）。中央通知说："林彪是一个地地道道的孔老二的信徒，他和历代行将灭亡的反动派一样，尊孔反法，攻击秦始皇，把孔孟之道作为阴谋篡党夺权、复辟资本主义的反动思想武器。"于是，一场比"评法批儒"更为荒谬的"批林批孔"运动在全国蔓延开来，这里的儒法之辩已经毫无学术味道。

从上述引语中可以看出，毛泽东"评法批儒"好强调儒家"法先王"，厚古薄今，复古倒退；法家"法后王"，厚今薄古，改革进步。这里藏着隐忧，即担心否定"文革"。当时的思维定式是：拥护维护"文革"的即是思想激进的左派，是革新派；抵制反对"文革"的即是观念保守的右派，是复辟派。这个评批目的，这个政治功利，这个价值取向，使"评法批儒"一开始就不是在争论学术是非，而是一种政治运作，是在较量政治短长。"四人帮"借题发挥的"影射史学"乘机甚嚣尘上。现在回头看，毛泽东晚年那一场评批运动虽然声势浩大，但是并未给毛泽东增加新的荣誉，实事求是地讲，那是他先秦子学品读史上的"滑铁卢"。

"文革"中带有浓烈政治色彩的"评法批儒""批林批孔"运动，不可能正确评价儒家、法家思想，不可能批判地继承儒法两家思想的精华，并给予其在我国思想文化史上弥足珍贵的一席之地。今天，它们的阴影早已渐去渐远。整体扫描毛泽东品读先秦子学的"全息"图像，仍然可以使我们在拂去灰尘后看到耀眼的光芒。

晚年毛泽东读先秦子书的情况，还有一种记载。毛泽东的图书管理员徐中远先生编制的《毛泽东晚年读过的新印大字线装书目录》，提供了较为全面的信息。从1972年7月8日到1976年8月31日，给毛泽东特别印制的大字本线装书，涉及先秦各家子书的有如下之著作：

道家有研究老子的著作：《老子简注》，高亨注译，1册；《老子校诂》，马叙伦校，1函5册。

儒家有批判孔孟的著作：《四书评》，（明）李贽著，1函4册；《从银雀山竹简看秦始皇焚书》，卫今著，1册；《鲁迅批判孔孟之道的言论摘录》，上、下册；《鲁迅批孔反儒文辑》，上、下册；《关于孔子杀少正卯问题》，赵纪彬著，1函5册；《孔丘教育思想批判》，冯天瑜著，1函6册；《批林批孔文章汇编》（一）（二），上、下册。与此相关的还有两种书籍，大约当时是供"批判参考"之用：《十批判书》，郭沫若著，1函8册；《五四以来反动派、地主资产阶级学者尊孔复古言论辑录》，1册。

法家有商鞅和韩非的著作：《商君书注释》，高亨注译，1函6册；《商君书·更法》，（战国）商鞅著，1册；《论商鞅的历史功绩》，陕西师大师生著，1册；《论商鞅》，梁效著，1册；《韩非子》，1函6册；《韩非子·孤愤》，1册。

兵家有孙武和孙膑的著作：《孙子兵法》，1函1册；《孙膑兵法》，1函1册；银雀山汉墓竹简（《孙子兵法》《孙膑兵法》），1函10册。

杂家有吕不韦的著作：《吕氏春秋集释》，许维遹，1函10册。
（徐中远：《毛泽东晚年读过的新印大字线装书目录》，《毛泽东晚年读书纪实》，中央文献出版社2012年版，第496—500页）

这些特制的大字线装书，涉及先秦道、儒、法、兵、杂五家。其中没有印制儒家诸子的著作，只有研究或批判儒家（主要是孔子）的著作，研究的如郭沫若的《十批判书》，批判的如《孔丘教育思想批判》——这是"评法批儒""批林批孔"特殊政治生活衍生的畸形文化现象。其他四家则是原著或注释类、研究类的著作同时印制，供毛泽东和中央高层领导阅读使用。尽管其间抹上了政治运作色彩的阴影，从中我们还是可以看出毛泽东终身不忘地关注先秦子学的浓厚情趣。

毛泽东一生品读先秦子书的实践活动，构成了"毛泽东品先秦诸子"丛书写作的对象和材料。据初步梳理统计，毛泽东品评引用先秦诸子代表性著作数量相当可观：

儒家孔子的《论语》达 180 次，其中肯定性评价引用 160 次，否定批评性引用只有不到 16 次，还不到十分之一（毛泽东评论孔子生平数十次不在本书之列）。

儒家孟子生平事迹和《孟子》达 108 次，其中肯定性评价引用达 105 次，否定批评性引用只有 3 次。

儒家荀况生平事迹和《荀子》5 次。

道家老子生平事迹和《老子》达 55 次，其中肯定性评价引用 51 次，否定批评性引用只有 4 次。

道家庄子生平事迹和《庄子》达 50 次，其中肯定性评价引用 48 次，否定批评性引用只有 2 次。

道家列子著作《列子》达 18 次，全部是正面肯定性的。

墨家墨子生平事迹和《墨子》8 次，7 次是正面肯定性的。

兵家孙武子生平事迹和《孙子兵法》达 99 次（包括品评引用战国兵家、孙武后代孙膑生平事迹 7 次），其中肯定性评价引用 97 次，否定批评性引用只有 2 次。

法家商鞅生平事迹和《商君书》3 次。

法家申不害生平事迹 3 次。

法家韩非生平事迹和《韩非子》17 次。

法家李斯生平事迹和《谏逐客书》3 次。

杂家管仲生平事迹和《管子》11 次。

纵横家鬼谷子、苏秦、张仪、子贡、鲁仲连、叔孙通生平事迹 7 次。

毛泽东对先秦儒、道、兵、法、墨、杂、纵横家诸子代表性人物 20 人生平事迹和著作，品评引用共达 567 次之多。其中肯定性评价引用 539 次，否定批评性引用只有 28 次。

这组数据说明，毛泽东在品读先秦子学著作中，真正贯彻了汲取精华、剔除糟粕的批判继承性原则，做到了旧籍新解、古为今用。有人因为毛泽东在五四运动和“文革”中说过一些“批孔”的话，就判定毛泽东是全面“反孔派”；还有人因为毛泽东在著作和谈话中引用不少孔孟语录，就判定这是把马克思主义“儒家化”。其实，这两种说法都偏离了历史事实。如何继承传统文化遗产，如何借鉴旧时代思想家的思维成果，毛泽东可谓深思熟虑。他紧密联系中国革命和建设的实际，运用唯物史观，艰辛开拓，不懈努力，进行理论创立和文化整合，真正弘扬中华民族的优秀思想文化传统，使先秦子学得到现代阐释和现代转换，作为马克思主义中国化的养分和沃土，寻求到中国风格和中国气派。

品 读 卷

Mao Zedong Pin Zhuangzi

毛泽东 品 庄子

最好的《庄子》注是郭象写的

　　庄子（约前369—前286），名周，战国中期宋国蒙（今河南商丘市东北）人。庄子是我国先秦（战国）时期著名的思想家、哲学家和文学家。大约与孟子同时，是战国时代道家的主要代表人物。后世把他和老子并称"老庄"。

　　据《庄子》和《史记》本传记载，庄子一生没有什么辉煌的历史，因生活所迫，做过一段宋国蒙地方的漆园吏（相当于今天一个林场的场长）。不久，他就辞官返乡，决心"终身不仕"。他在魏国当宰相的同乡好友惠施被贬返乡后，他感叹道：做一布衣村夫，寄情于湖水原野之间，寓意于文章之中，没有如履薄冰、如临深渊的惶恐，虽贫但自由逍遥。庄子住在穷闾陋巷，困窘时织履为生，穷得面黄肌瘦。然而，他却鄙弃荣华富贵权势名利，力图在乱世保持独立的人格，追求逍遥无恃的精神自由。《史记·老子韩非列传》说，当时的贵族们（王公大人）都无法用他。相传楚威王闻其贤，派人带了厚礼，"许以为相"，他却拒绝了，说做官戕害人的自然本性，不如在贫贱生活中自得其乐。

　　庄周于"学无所不窥，然其要本归于老子之言"。他的哲学思想体系，被思想学术界尊为"老庄哲学"，然文采更胜老子。庄子主张"天人合一"和"清静无为"。他的学说涵盖当时社会生活的方方面面，但根本精神还是皈依于老子的哲学。

　　庄子继承、发展了老子"道"的学说和"无为"的思想。提倡"安时处顺""安之若命"，即安于时运、听从命运安排的思想。倡导宿命论、虚无主义和出世哲学。

　　庄周是没落阶级的哲学家，对新兴地主阶级的统治极端不满，却又不敢反抗，悲观绝望，逃避现实，主张顺应自然，反对人为，幻想退回到原始的太古时代。陶醉于"天地与我并生，万物与我为一"的精神境界中，无知无欲地逍遥自在。他鼓吹一物我、齐是非、同生死、泯大小的哲理，幻想绝对自由的主观精神境界，走进了相对主义、虚无主义和宿命论的圈子，对后世产生了消极的影响。

庄子的文章大抵都是寓言，充满了幻想。结构奇特，汪洋恣肆，变化无端，想象的奇特丰富，情致的滋润旷达，给人以超凡脱俗与崇高美妙的感受，在中国的文学史上独树一帜。刘熙载《艺概·文概》论其"意出尘外，怪生笔端"。在先秦诸子百家中是少有的。《庄子》"寓真于诞，寓实于玄"，通篇以说寓言、讲故事的形式，阐发玄深的哲学思想。看似海阔天空，不着边际，荒诞玄远，其实思想脉络是很清楚的。鲁迅说，"其文则汪洋辟阖，仪态万方，晚周诸子之作，莫能先也"，对后世文学创作有极大的影响。

《庄子》思想丰富深刻，是先秦第一流著作。庄子本人既是一个哲学家，又富于诗人气质。因而，《庄子》这部哲学著作，又充满了浓厚的文学色彩。其语言生动、形象、精练，往往借助神话寓言比喻，发挥哲学的高深道理，使之成为形象鲜明、有艺术性的文学作品。在文学意义上，它代表了先秦散文的最高成就。因此，对后世的文学有深远影响。

庄周代表作《庄子》一书部头不算很大，有十多万字。《汉书·艺文志》著录《庄子》52篇，今存33篇，内篇7篇，大体上是庄周的手笔；外篇、杂篇除小部分是庄周所作的外，大部分是其门人或庄周学派里的人写的。《史记》用精练的几行字介绍了庄子，说他著书十余万言，大抵都是寓言，如其中的《渔父》《盗跖》《胠箧》等篇，都是用来辩明老子的主张的。

《庄子》又称《南华经》。魏晋时，玄学兴起，老庄、易、三玄成了当时的显学，对《庄子》注家蜂起，历来为《庄子》作注者不少。《庄子》一书，现存的有晋郭象的注本，郭象注本较早较有名；向秀也注过《庄子》，向秀死后，其注尚存。郭象的注是参考了他的著作的。清末郭庆藩的《庄子集释》，汇集了历代注解，颇为详备。王先谦的《庄子集解》言简意赅，也可参考。

毛泽东读《庄子》，有文献可查的大约开始于1913年。这一年，他考入湖南第四师范学校，在预科学习。他在本年底的《讲堂录》笔记中，几次记下《庄子》书中的内容。

湖南四师于1914年合并到湖南一师。

青年毛泽东在湖南一师读书时，于1917年暑假约同学好友萧子升进行了一次游学活动，来阅读社会这部大书。

游学期间，有一次他们在宁乡县专门拜访了声望很高的刘翰林。据萧子升回忆，刘翰林在与他们的交谈中，得知毛泽东和萧子升是从长沙省城来的学生，准备到宁乡县等地去游历。刘翰林对他们的举动既感叹又惊奇，问他们说："你们或许是在洋学堂念书的吧？你们还可以写诗！"并称赞道："你们的诗很好，书法也很不错。"

"我们在学堂不仅学作诗，还要研究古书呢。"萧子升解释道。

"你们还研究古书？什么古书呀？"刘翰林继续问道。

毛泽东回答说："我们读过《十三经》。也读过《老子》和《庄子》。"

"你们既然读过《老子》和《庄子》，你们认为谁对这两部书的评注最好？"刘翰林又问。

毛泽东回答道：

> 最好的《老子》注是王弼写的，最好的《庄子》注则是郭象写的。
> （萧子升：《我和毛泽东的一段曲折经历》，昆仑出版社 1989 年版，第 79—80 页）

这条资料说明：（一）毛泽东青年时代就读过《庄子》，而且很熟；（二）此时毛泽东比较过后人各种注释本，知道晋郭象的《庄子注》最好。

《晋书》卷五十有《郭象传》。郭象（252—312），字子玄，是西晋有名的哲学家，清谈派人物。他喜好《老子》和《庄子》，能言善辩。《世说新语·文学》说他"才甚丰赡"，曾与善辩名士裴遐辩论。在社会上很有声望，"时人咸以为王弼之亚"。当时一些清谈名士都很推崇他。太尉王衍很欣赏他，常说："听（郭）象语，如悬河泻水，注而不竭。"

郭象早年以清高著名，州郡请他出来做官，他都予以回绝，闲居在家，"以文论自娱"，即以著书立说自娱自乐。但中年以后，郭象却又愿意做官了，先后担任了司徒掾、黄门侍郎。东海王司马越很看重他，推荐他做了太傅主簿。郭象任职当权，势倾内外，成了一个非常势利的人物，由此遭到了一些清谈名士的鄙视和非议。

要懂郭象注《庄子》，就要懂魏晋玄学。玄学，中国魏晋时期出现的一种崇尚老庄的思潮。"玄"这一概念，最早见于《老子》："玄之又玄，众妙之门。"王弼《老子指略》说："玄，谓之深者也。"玄学即是研究幽深玄远问题的学说。

西晋后期，社会动荡不安，危机已经显露。可是，在思想界却弥漫着一股空谈的气息。当时，朝中名公王衍、乐广大力提倡玄学，一时玄学盛行，一批凭口才能够滔滔不绝辩论的名士脱颖而出。

魏晋之际玄学含义是指立言与行事两个方面，并多以立言玄妙、行事雅远为玄远旷达。"玄远"，指远离具体事物，专门讨论"超言绝象"的本体论问题。因此，浮虚、玄虚、玄远之学可通称为玄学。玄学家又大多是当时的名士。主要代表人物有何晏、王弼、阮籍、嵇康、向秀、郭象等。它是在汉代儒学（经学）衰落的基础上，为弥补儒学之不足而产生的，是由汉代道家思想、黄老之学演变发展而来的。

东汉末至两晋是两百多年的乱世，统治思想界近四百年的正统儒家名教之学也开始失去魅力，士大夫对两汉经学的烦琐及三纲五常的陈词滥调普遍感到厌倦，于是转而寻找新的、形而上的哲学论辩。

延安时期，毛泽东曾在名著《矛盾论》中指出：

> 形而上学，亦称玄学。这种思想，无论在中国，在欧洲，在一个很长的历史时间内，是属于唯心论的宇宙观，并在人们的思想中占了统治的地位。（《毛泽东选集》第一卷，人民出版社1991年版，第300页）

玄学的发展经历了不同阶段。正始玄学（约240—249）以王弼、何晏为代表，为玄学发展的第一阶段，由汉末才性问题的讨论演进到玄学本体论的范围，尤以王弼对中国哲学的影响最大。竹林玄学（约255—262）以嵇康、阮籍为代表，为玄学发展的第二阶段。西晋玄学（约263—316）以裴頠、郭象为代表，构成玄学发展的第三阶段。

这一时期，玄学仍朝两个方向发展：一是嵇、阮"越名教而任自然"的思想由"贵无"派发展到极端，使当时一些名士继承嵇、阮思想中颓废的一面。二是沿着向秀的思想发展为裴頠和郭象的"崇有"论哲学。郭象进一步发展了"崇有"论思想，提出"无不能生有""物各自造而无所待焉"等新的命题，并在万物"自生"说的基础上提出"独化"的概念，把"崇有"论推向极端。

郭象哲学思想是魏晋玄学发展中的一个重要阶段。郭象哲学有两个重要独特的名词，一个是"独化"，一个是"玄冥"。这两个名词之所以重要，是因为前者是回答有关玄学本体论的问题，后者则是讨论有关心灵境界的问题，而这两点正是玄学，也是郭象哲学的主题所在。之所以独特，则是因为这两个名词所表达的哲学意蕴是其他玄学家所没有，而为郭象所独有的。不仅前期玄学，即使先秦道家，也没有提出这两个概念。

曹魏正始年间，王弼等人讨论的玄学，主要发挥《老子》这部先秦著作中的思想，但仍结合儒家如孔子的学说进行阐述。到了西晋中后期，《老子》就不是那么吃香了，《庄子》一书更受士大夫的青睐，《晋书·向秀传》概括当时学风是："儒墨之迹见鄙，道家之言遂盛。"也就是说，脱离实际的空谈，为空谈而空谈，成了一种时代风尚。

郭象是西晋中后期（290—316）玄学的代表人物。他的著作，流传至今最为重要的是《庄子注》。这部书一直流传下来，在中国封建时代成为《庄子》的标准注解。实际上这不是《庄子》这部书的注解，这是一部哲学著作，它是代表玄学发展第三阶段的最后体系。

西晋中后期以《庄子注》为代表的玄学理论，否定了王弼"以无为本"的旧义，认为"无"这一本体并不存在，因而"无"不能生"有"，世间万"有"（即万事万物）之所以发生、发展、变化，关键在于事物本身"独化"，自然而然出现的。乍看这说法，好像有否定造物主存在的唯物论色彩，不是贵"无"，而是崇"有"。仔细推敲，"有"是"独化"进行的，不需要相互联系，也不存在这种联系，而且事物是不可认识的，也是无须去认识的，因而这一新义是另一种形式的主观唯心主义认识的表述。

既然《庄子》之书成为一门显学，那么，给这部原先不大为人重视的先秦著作注释，并挖掘其中的玄学新义，也就成了名流学者们一显身手的用武之地了。于是，在郭象之前为《庄子》作注的就有数十家之多。魏晋之际，著名哲学家和文学家向秀（227—272）在各家《庄子注》的旧注外另作新注，颇有见地，受到人们的极大关注，产生的影响不小。但是，向秀还没有最后完成全部注释就病死了，时间大约在西晋中期。《晋书·郭象传》介绍说，向秀所撰的《庄子注》未完稿，只缺《秋水》《至乐》两篇，其他31篇都注过了。向秀的儿子年幼无知，致使向秀的注本散佚。

郭象为人没有德行，他在得到向秀的注本后，"以（向）秀义不传于世，遂窃以为己注"。他见向秀的注本在世上还没有得到流传，便对向秀的《庄子注》进行了增改，自注《秋水》和《至乐》两篇，又将向秀已注过的《马蹄》这一篇做了些改动，"其余众篇或点定文句而已"，"述而广之"，别成一书，即编成了自己的《庄子注》。

对郭象的不德之举，晚年的毛泽东也还关注着。1975年8月间，毛泽

品读卷

东读房玄龄等著《晋书》卷五十《郭象传》，旁批四字：

> 郭象无行。(《毛泽东读文史古籍批语集》，中央文献出版社1993年版，第167页)

《晋书》本传说郭象"为人行薄"，举例特别提到他剽窃别人著作的事。毛泽东对学术上的剽窃行为一向深恶痛绝，因而便批注道："郭象无行。"这里也包括对郭象另一种表现的批评：郭象早年自命清高，而"任职当权"后却极端势利，乱施威权。

学生时代的毛泽东说"最好的《庄子》注则是郭象写的"，这显然是他从老师那里学习得到的记忆和体会，并得到刘翰林的认同和称赞；晚年的毛泽东读《晋书·郭象传》，对郭象的人品文品皆有批评。历史地看，这两种对立的观点都有其合理性。

第一，《庄子》古注，仍以郭象《庄子注》最佳，它不但对庄子思想把握准确，名词注释允当，而且创立新的概念和玄学体系，使其成为魏晋玄学第三发展阶段的代表作，在中国思想史上要记上一笔，这部书是研究中国哲学史、道家思想史和晋史不能绕过之作。

第二，郭象有才无德，所谓"文人无行"。郭象窃取了向秀的成果，实属不道德的行为，这降低了《庄子注》的社会影响力。

第三，郭象是才子而不是圣人。在晋代，他在学术领域不是庸人，有一点才气，但他不是道德楷模，言行相悖，人们从他的书中可以获取知识，却不能把他的为人处世视为样板。但是，历史有很大的复杂性，向秀死后儿子幼小，致使其学术著作散佚流失。郭象窃为己有，加上自己的补注，整理抄写流行，客观上又使向秀的学术成果保留传播开来。郭象干坏事中却有这么一宗好处，也算他的"功绩"吧。郭象与向秀这桩学术公案，到他们死后二百年的唐初房玄龄等人撰写《晋书》之时，已经是非分明，有了结论，并且写入正史。可是直至今天，《庄子注》仍署晋人郭象著，并未因其"无行"改为向秀著。如此看来，青年毛泽东、萧子升与其老师以及那位没有留下名字的刘翰林，把郭象《庄子注》视为"最好"注本，自有其道理在。

毛泽东对郭象《庄子注》不仅看过，而且还有运用。有这样一个例子很可以说明问题：

《庄子·齐物论》中说"彼非所明而明之，故以坚白之昧终"。郭象注："是犹对牛鼓簧耳，彼竟不明，故己之道术终于昧然也。"郭象此注，后演化为成语典故"对牛弹琴"。如宋惟白《建中靖国续灯录》中说:"对牛弹琴,不入牛耳。"

郭象注中"是犹对牛鼓簧耳"这句话给毛泽东留下很深的印象。1941年5月,毛泽东在《反对党八股》一文中曾运用说:

> 许多人常常以为自己写的讲的人家都看得很懂,听得很懂,其实完全不是那么一回事,因为他写的和讲的是党八股,人家哪里会懂呢?"对牛弹琴"这句话,含有讥笑对象的意思。如果我们除去这个意思,放进尊重对象的意思去,那就只剩下讥笑弹琴者这个意思了。为什么不看对象乱弹一顿呢?何况这是党八股,简直是老鸦声调,却偏要向人民群众哇哇地叫。(《毛泽东选集》第三卷,人民出版社1991年版,第836页)

语言学知识告诉我们,没有郭象《庄子注》的"对牛鼓簧",也就没有宋惟白《建中靖国续灯录》中的"对牛弹琴",更不会有毛泽东《反对党八股》中对这个成语典故的思想分析和辩证运用。

据此,我们说毛泽东对《庄子》一书,对《庄子注》本,都有深切了解,似不过誉。

品读卷

"您是当代真正庄子"

毛泽东一生品读《庄子》的实践活动，集中浓缩到他与老师刘策成的交往之中。

湖南醴陵人黄露生先生，研究毛泽东尊师史事很有成果，著《毛泽东尊师风范》一书，内有"'您是当代真正庄子'——毛泽东与刘策成先生"一章，介绍师生俩人四十年的交往，逸闻趣事最为详备；师生二人以《庄子》为媒介，问学论道，探讨国是，多有思想发明。

刘策成先生被毛泽东尊称为"当代真正庄子"！

刘先生是毛泽东湖南一师读书时的老师，也是毛泽东的救命恩人。

刘策成（1883—1957），又名刘武，湖南新邵人。早年治学《庄子》，后留学日本，加入同盟会，与孙中山、黄兴交往甚密，与蔡锷是同乡挚友。归国后，从事教育工作。1916年，刘任邵阳驻省中学校长时，由学监主任方维夏推荐，受湖南一师孔昭绶校长之聘，兼任湖南第一师范文史教员，所教学生中就有正在该校读书的毛泽东。

刘策成出身贫寒，生活俭朴。他给学生上第一堂课时，身穿粗布长衫，腰系布带，头剃平头，脚着布鞋，如同农民，走上讲台就自报姓名："吾叫刘武，字策成也。"

他是当时反对袁世凯卖国称帝的英雄，所以学生报以热烈的掌声欢迎，甚至有学生举手问："先生主治何学？"

他答曰："《庄子》也。"

又有学生举手问："先生为何主治《庄子》？"

他答道："《庄子》乃做人处世之学，庄周是万世之师表。"

因为，当时进步学生强烈反对袁世凯妄图复辟封建帝制，推行"崇孔读经"，所以他这一简明回答，又迎来了学生热烈的掌声。

刘策成学识渊博，特别是对《庄子》的研究很深。他讲课爱憎分明，引经据典，左右逢源。教学内容默记心中，不看教材，被称为"活历史"，深受学生尊敬。

刘策成讲课很对毛泽东的口味，他听得专心致志。除了课堂上认真听课外，他还感到不满足，经常在课余找刘老师个别请教。因此，刘策成也很喜欢毛泽东这个学生，尤其欣赏毛泽东"身无半文、心忧天下"的爱国精神，趣称毛泽东是"齿发壮"。他曾在日记本中写道："润之，该生意气锐，思非凡，天纵奇才也！"

刘策成见毛泽东喜听《庄子》课，探讨庄子哲学，慨然赠送《庄子集解》一书，以资鼓励和共勉。从此，两人结下师生深厚情谊。《庄子集解》八卷，清代王先谦集解。王字益吾，清朝湖南长沙县人，对国学颇有研究，是清末湖南守旧派的代表人物之一。他的注甄采众说，删繁就简，是其所长。《庄子集解》大概是毛泽东拥有的第一部庄子书。

毛泽东于 1918 年 6 月在第一师范毕业后，投身反帝反封建的革命洪流，得到刘策成这位恩师的多方热情支持。当时，毛泽东没有成家，没有固定的工作，常来刘校长这儿借餐寄宿。

1920 年，谭延闿多次来访刘策成，劝其弃教从政，出任浏阳县长。刘校长正为此事为难，时逢毛泽东半夜投宿。刘先生高兴地说："你来得正好，我正有事找你商量。"刘校长说他无奈已初步答应谭延闿邀请从政，想听听毛泽东的意见。

毛泽东说："您是当代真正庄子。这对您德高才盛，应是小菜一碟。您曾经教导我们，庄子主张'无为而无不为'：'无为'者，不为虎作伥之谓也；'无不为'者，为百姓有益之事都应做。"

刘先生又问："能否说得更具体些？假如，要你当浏阳县长，你怎么办？"

于是，师生俩就此问题进行了一场沙盘操演。毛泽东先提出"夫为天下者，亦奚以异乎牧马哉？亦去其害马者而已矣"（《庄子·徐无鬼》）。接着师生俩就如何"去其害马"的政治和社会问题，一直操演到鸡鸣，才各自酣睡。

第二天早上，刘先生起床，动情地对毛泽东说："谢谢你'去其害马'的方略。我这么一走，见面的机会就少了，也再没有人半夜敲门，同床共枕畅谈'去其害马'之策。我这里还有几十块银元，你拿去买几床新被盖。"

毛泽东说："我相信您的钱是干净的，但是庄子告诉我们：千金之礼而不受。钱还是您留着，去买新被盖。您这床旧的给我，留作纪念。"说着卷起被盖，扛在背上，高高兴兴，乘着朝阳，赶到学校，率领师生做晨操。

他们师生这次"同床共枕"之后，不久刘策成出任浏阳县长，从事他"去害马"的事业，师生彻夜长谈的机会少了，但是彼此心心相印。

1921年7月中国共产党成立，毛泽东任中共湘区（湖南）委员会书记。当时，湖南反动军阀赵恒惕变本加厉镇压人民反抗。毛泽东领导湖南工人运动，与省长赵恒惕展开斗争。1922年，赵恒惕妄图使用"以民治民"的招数来维持其统治。于是，他将人们称为"平民县长"的刘策成提拔为湖南警察厅厅长，装饰他"假民主，真独裁"的反动门面。1923年4月和1924年底，赵恒惕的特务两次探知毛泽东的行踪，急令刘策成去逮捕。刘厅长事先递信给毛泽东，使其两次化险为夷。赵恒惕两次扑空，怀疑刘策成暗地通风报信，但又苦无证据，不久，将刘策成发配到郴县当县长。

刘策成坚持孙中山的"三民主义"和庄子的"均贫富"的思想，为官清正廉洁，同情贫苦大众，为民众做过很多好事，被称为"刘青天"。1938年，蒋经国推行"新政"，开展"模范县长"活动。刘策成被蒋经国树为模范县长典型。

抗日战争胜利后，蒋介石积极发动内战。刘策成却响应中共中央和毛泽东主席号召，主张停止内战，国共继续合作，蒋介石十分反感。1948年上半年，他以"模范县长"的身份当选"国大"代表，想晋谒蒋介石，说服蒋介石停止内战，被拒之门外。最后，他彻底认清蒋介石的反动本性，愤怒地写下一副著名对联：

　　好总裁，不靠朱毛不靠共，内战继内战，祸首罪魁，留得千秋污吏在；唯英雄，且能活人能杀人，同胞杀同胞，权大罪大，换来万代臭名传。

从此，他积极响应中国共产党和毛泽东主席号召，投入全国人民"反独裁""反内战""反饥饿"的运动和湖南和平解放的运动。

1949年8月，湖南和平解放。刘策成先生欣喜若狂，致信毛泽东，祝贺并提醒毛泽东注意庄子所说的"夫为天下者，亦奚以异乎牧马者哉？亦去其害马者而已矣"。毛泽东对刘策成先生的来信特别重视，每封必复，字里行间洋溢着对刘先生的深切怀念之情。

1950 年，政务院总理周恩来聘请刘策成为中央文史馆馆员。同年 4 月，他来到北京参加中央文史馆筹备会议。不久，毛泽东热情地邀请他来家"叙旧"，还特邀徐特立、王季范等原先第一师范老师作陪。

席间，刘策成先生感慨万千，对徐特立、王季范二人说："你们两位有眼力，同润之一起闹革命，成了万世师表；我在国民党中混，混成一个旧官吏……"

毛泽东听了，马上插话："不，不，策成先生，您不仅对我个人有救命之恩，更是有功于国于民。您是真正当代庄子，应是新的'万世师表'……"

徐特立接过毛泽东的话："你写的那副对联——'好总裁，不靠朱毛不靠共，内战继内战，祸首罪魁，留得千秋污吏在；唯英雄，且能活人能杀人，同胞杀同胞，权大罪大，换来万代臭名传'真是万世师表之作。"

王季范接过话题："对，蒋介石现在还活着，你却早就给他盖棺论定。如果躲在台湾的蒋总裁看了，会气死的。"说得大家击掌大笑。

毛泽东接着说："这真是大史家的大手笔，是'去其害马者'的照妖镜，不仅给蒋总统盖棺论定，还深刻概括了一切压迫人民、屠杀人民的统治者的反动本质，既敲响了蒋介石的丧钟，也给我们共产党敲起警钟。所以，恩来一定要请策成先生来中央文史馆，要借您的火眼金睛，请您帮助共产党，照照其中有没有张介石、李介石，如果发现了，请您也给来个盖棺论定。"

"不敢，不敢。"刘策成忙摆手说，"共产党光荣、伟大、正确，领导全国人民推翻三座大山，怎么会出现张介石、李介石？"

毛泽东深有感慨，说："人啊，随着社会及地位的变化，是会变的。《庄子》曰'孔子行年六十而六十化'，又曰'荃者所以在鱼，得鱼而忘荃'。共产党也是人，也在变化，有人变得越来越坚定，也会有人可能变成张介石、李介石！"

"那不是要我充当钟馗？"

"过去的钟馗是传说，是老百姓无奈中的愿望。"毛泽东说，"您敢于炮轰袁世凯、赵恒惕、蒋介石，才是人民心目中真正的打鬼英雄。"

毛泽东的幽默，又激发一阵欢笑。

吃午饭时，毛泽东先给刘策成先生敬酒："我等待今天，已等了二十八年了，要感谢先生教诲之恩，先敬一杯。"

刘策成先生酒量很好，当时大有"酒逢知己千杯少"之概，接过毛泽东的敬酒，一口而干，然后借《庄子·逍遥游》中的话说："那是你'乘天地之正，而御六气之辩'，我只是顺其'天地之正'，沾了一点'御六气之辩'之光！不足挂齿。"

毛泽东说："我们深知赵恒惕心狠手辣。那时，真为您捏了把冷汗。"

刘策成先生解释："赵恒惕不傻，没有抓到老虎，决不会打草惊蛇，先杀兔子……"

毛泽东幽默地说："您真是'登高不慄，入水不濡，入火不热，是知之能登假于道也若此'的真人。"说得在座诸位又捧腹而笑。

师生相聚临别时，毛泽东送刘策成先生两件纪念品。一是《庄子集解》，毛泽东说："这是我在长征路上收集到的。您送我那本，被赵恒惕'剿'走了。我每次读这本书就想起您，现在见到您了，将该书送您做个纪念。"

策成先生高兴地说："这个好，我原先的书都被日本兵糟蹋完了。"他接过书，还掂了掂，像掂着心爱的贵重礼物，说："真是雪中送炭！"

接着，毛泽东提出一口皮箱，说："这是上次访问苏联，苏联朋友送我的一张北极熊毛皮床垫。您年纪大了，北京比湖南冷，送您防防风湿。"

策成先生马上拒绝说："不行，不行，庄子曰：'夫道有情有信，无为无形，可传而不可受。'"

毛泽东马上说："《庄子》开头说'北冥有鱼，其名为鲲'，您教我们时说过：'北冥者，北冰洋也。'我们都没有到过'北冥'，睡着这张产于'北冥'的床垫，体味一下，我想只有您这位当代庄子才配。"

策成先生还是觉得不好，再次婉言拒绝："你对庄子研究比我深刻，你才最配。"

毛泽东风趣地说："再不，就算我还当年吃您的、穿您的、用您的'债务'。"

这时，徐特立、王季范两位老友相劝。

策成先生听到毛泽东说到这个地步，知道他是个重情重信的朋友，拒绝不了，就马上接过徐特立、王季范相劝的话，说："润之啊，你现在是'横扫千军笔一支'，我说不过你了，恭敬不如从命。"

从此，刘策成先生结合自己对人生和社会的体验，潜心研究毛泽东赠送的《庄子集解》一书，经常躺在北极熊皮毛床垫上，琢磨着《庄子》中每句话、每个字的真谛，经过几年的钻研，完成《庄子集解·内篇补正》一书的手稿，特送毛泽东"补正"。

毛泽东非常高兴，认真阅读，盛赞先生"新见迭出"，同时提出不少"商榷"之见。策成先生又一次次认真修改，于1956年正式出版，不久刘策成先生因病逝世。

　　刘策成先生的《庄子集解·内篇补正》一书，深入发掘了庄子"自由""平等""淡泊名利""疾恶如仇"等民主思想和朴素的辩证法思想，批判了历代封建文人对庄子许多错误的观点，具有很高的学术价值，不仅凝聚了刘策成先生对人生的体验和多年的心血，同时也是他和毛泽东在中国翻天覆地变幻的风云中"风雨同舟四十春"的师生情谊的重要见证。

　　这真是《庄子》解读史上的"绝世奇观"：学生毛泽东与恩师刘策成相交相知，起也《庄子》，终也《庄子》；一部《庄子集解》，你送给我，我送给你，是师生情谊的标志，是师生辉煌业绩的证明；四十年的风风雨雨，四十年的天翻地覆，四十年的人生际遇，总有智慧老人庄子伴随师生左右。

庄子没有讲清楚"两个飞跃"

《庄子》一书中，有丰富的哲学思想资料，晚年毛泽东对庄子哲学做过深入思考。

1964 年 8 月 24 日，毛泽东同北京大学副校长周培源，中共中央宣传部科学处处长、国家科委副主任于光远，就《自然辩证法研究通讯》第三期刊载的日本物理学家坂田昌一《关于量子力学理论的解释问题》的文章发表谈话。

这次谈话内容被整理者起标题为"关于人的认识问题"，编辑收入《毛泽东文集》第八卷。毛泽东在谈话中说：

> 关于从实践到感性认识，再从感性认识到理性认识的飞跃的道理。马克思和恩格斯都没有讲清楚。列宁也没有讲清楚。列宁写的《唯物主义和经验批判主义》，只讲清楚了唯物论，没有完全讲清楚认识论。最近艾思奇在高级党校讲话说到这一点，这是对的。这个道理中国的古人也没有讲清楚。老子、庄子没有讲清楚，墨子讲了认识论方面的问题，但也没有讲清楚，张载、李卓吾、王船山、谭嗣同都没有讲清楚。（《毛泽东文集》第八卷，人民出版社 1999 年版，第 389—390 页）

所谓认识论，在传统哲学上一般被称为"知行观"。在中国哲学史上，自先秦诸子开始，历代思想家几乎都提出过自己的知行学说。他们从不同的角度探讨了认识的来源、认识过程和求知方法的问题。如孔子承认有"生而知之"者，但是更强调"学而知之"，兼重学与思、知与行；墨子提出"三表"主张，以之为判断言论是非的标准；孟子区别"耳目之官"与"心之官"的不同职能，指出"心之官则思"，"思则得之"；兵家孙子则主张"先知"，提出"知彼知己，百战不殆"的朴素辩证的求知观，反对"取于鬼神""验于度"的先验论，正确地回答了求知的途径和方法问题；等等。

关于知行问题，老、庄的思想有其相通之处，即都主张通过直觉来把握"道"。这种直觉方法，否定感性经验，排斥"行"对于"知"的决定作用，都是主张"不行而知"的。

我们先来整体上看一下庄子的哲学思想，它包含着朴素辩证法因素，主要思想是"天道无为"，认为一切事物都在变化，他认为"道"是"先天地生"的，从"道未始有封"，庄子主要认为自然的比人为的要好，提倡无用，认为大无用就是有用。所以庄子提倡无用精神（即"道"是无界限差别的），属主观唯心主义体系。主张"无为"，放弃一切妄为。又认为一切事物都是相对的，幻想一种"天地与我并生，万物与我为一"（《齐物论》）的主观精神境界，安时处顺，逍遥自得，倒向了相对主义和宿命论。庄子的哲学主要接受并发展了老子的思想。他认为"道"是超越时空的无限本体，它生于天地万物之间，而又无所不包、无所不在，表现在一切事物之中。然而它又是自然无为的，在本质上是虚无的。这也规定了庄子的认识论与老子的思想有着共同的本质和特征。

庄子"不行而知"的认识论，却是完全排斥了对具体事物的认识的。他认为，对于具体事物，既无认识的必要，亦无认识之可能。

首先，就客体方面说，"物无非彼，物无非是"，"是亦彼也，彼亦是也"（《庄子·齐物论》）。如是万物齐一，本无质的差别，则自无分辨区别、正确认识的必要。另一方面，"物之生也，若骤若驰。无动而不变，无时而不移"（《庄子·秋水》）。既然事物都没有质的相对稳定性（"若骤若驰"），亦无规律可循（"莫得其伦"），则更无认识之可能矣。

再从主体方面讲，"吾生也有涯，而知也无涯。以有涯随无涯，殆已！"（《庄子·养生主》）。以有限的生命去追求无限的知识，这是注定要失败的。那么，去追求有限的知识，这是否会成功呢？庄子的回答同样是否定的。他认为，世俗的所谓知识，其实都不过是人们主观的一偏之见，根本算不得真知。有些人企图通过论辩方式来弄清谁是谁非，实在是徒劳无益的。是与非没有一个客观的标准。所以，明智的做法应该是"不谴是非"（《庄子·天下》）。

　　因此，庄子的"不行而知"蕴含有"不知为知"的意义。庄子认为，要获得认识，必须以"无知"为前提。所谓"以无知，知"，即以无知为知，也就是放弃了对具体事物的认识，而达到对"道"的直觉体认。庄子的"不行而知"，实即"以无知知"。

　　庄子从"以无知知"的认识观出发，认为他倡导的大"道"也是"未始有封"的。庄子继承和发展了老子"道法自然"的观点，认为"道"是无限的，"自本自根""无所不在"。强调事物的自生自化，否认有神的主宰。他的思想有些方面包含着朴素辩证法因素，但他认为"道"是"先天地生"的，从"道未始有封"，达到"万物皆一也"唯心主义的见解。他看到一切都处在"无动而不变，无时而不移"中，却忽视了事物的稳定性和差别性。他幻想一种"天地与我并生，万物与我为一"的主观精神境界，安时处顺，逍遥自得，倒向了相对主义和宿命论。这些思想有他的认识论基础。

　　庄子的认识思想，还不能正确解决认识论的一些基本问题，尤其没有讲清甚至没有讲到认识的"两个飞跃"。毛泽东在学生时代就研读过老庄及一些宋明理学家的著作，以后对他们的学说、对他们在认识论方面的主张都比较关注。

　　接受马克思主义哲学以后，毛泽东的认识论学说更强调从实际出发，反对认识与实践相脱离的本本主义、教条主义。在延安时期他为抗日军政大学讲哲学课时，为了揭露、批判教条主义的理论基础，他确定以认识论为讲课的重点。备课时结合中国传统哲学中的知行关系问题，认真研读了《船山遗书》。1950年，《实践论》公开发表，他又特为其加上一个副题"论认识和实践的关系——知和行的关系"，清楚地表达了全文的主题思想。

　　毛泽东《实践论》重新发表，马克思主义哲学家李达随即写了一本《实践论解说》，对我国古代的知行学说做了旁征博引。后经毛泽东审阅全文，未做任何修改。同时，冯友兰写了一篇论文，题为《〈实践论〉——马列主义的发展与中国传统哲学问题的解决》，它回顾了从孔夫子到孙中山的知行观，反复论证《实践论》"正是发扬了自古以来的、认识论上的、唯物论的传统，解决了中国哲学中的知行关系问题"。毛泽东对冯文表示赞赏。

　　到1964年，毛泽东《关于人的认识问题》的谈话，又对这一问题做了一番历史的回顾，说了包括庄子在内的古今中外的哲学家对认识的"两个飞跃"没有讲清楚。也就是说，传统哲学中的认识论问题，即知行关系问题，直到《实践论》和《人的正确思想是从哪里来的》才讲清楚。毛泽东研究哲学，特别注重认识论。五四运动以后，他很少讲宇宙观、本体论。从革命实践的需要出发，他自始至终紧紧抓住认识和实践，亦即知行关系问题来研究哲学、运用哲学、发展哲学。

毛泽东《实践论》系统地阐明人类认识在实践基础上有规律的发展过程。他在文章结论中说：

"通过实践而发现真理，又通过实践而证实真理和发展真理。从感性认识而能动地发展到理性认识，又从理性认识而能动地指导革命实践，改造主观世界和改造客观世界。实践、认识、再实践、再认识，这种形式，循环往复以至无穷，而实践与认识之每一循环的内容，都比较地进到了高一级的程度。这就是辩证唯物论的全部认识论，这就是辩证唯物论的知行统一观。"

晚年毛泽东从发展实践哲学认识论的目的和角度，对庄子哲学做了整体批判。这个批判，使人们对庄子哲学，尤其是庄子认识论方面的局限性有了更明晰的了解，也使人们从哲学史的角度对认识"两个飞跃"的科学命题有了更深切更丰富的把握。

引用**卷**

Mao Zedong Pin Zhuangzi

鲲鹏展翅九万里

大概，毛泽东品《庄子》，读得最多的是《逍遥游》；读《逍遥游》，描述和借用最多的是庄子所塑造的鲲鹏艺术形象。

鲲鹏，典出《庄子·内篇·逍遥游》中的寓言想象。

庄周先生不愧是先秦散文大家，他以极其丰富的想象力，描绘了"鲲鹏"超凡脱俗、魅力四射的形象和风貌。文中有这样几段描写：

> 北冥有鱼，其名为鲲。鲲之大，不知其几千里也。化而为鸟，其名为鹏。鹏之背，不知其几千里也。怒而飞，其翼若垂天之云。是鸟也，海运则将徙于南冥。南冥者，天池也。
>
> 《齐谐》者，志怪者也。《谐》之言曰："鹏之徙于南冥也，水击三千里，抟扶摇而上者九万里，去以六月息者也。"野马也，尘埃也，生物之以息相吹也。天之苍苍，其正色邪？其远而无所至极邪？其视下也，亦若是则已矣。
>
> ……
>
> 汤之问棘也是已：穷发之北，有冥海者，天池也。有鱼焉，其广数千里，未有知其修者，其名为鲲。有鸟焉，其名为鹏，背若泰山，翼若垂天之云，抟扶摇羊角而上者九万里，绝云气，负青天，然后图南，且适南冥也。

商汤和夏革（棘）曾经讨论过齐国一本诙谐怪异故事集记载过的鲲鹏

形象,《庄子》据此书写了一则寓言故事,概括地说就是:

北海有一种大鱼叫"鲲",能够化成大鸟叫"鹏",它们大到"不知几千里"的程度;当"鹏"从北海徙往南海时,就出现了"水击三千里""其翼若垂天之云",乘巨风"扶摇而上者九万里"的动人景象。

这是一个硕大无朋、雄飞万里的鹏鸟!

庄子描写鲲鹏,构思奇特新颖,想象骇世超凡,用笔波澜起伏,行文汪洋恣肆,形象仪态万千;大鹏远举高飞,气势磅礴,读来令人荡气回肠,为之神往。

与鲲鹏对举,庄子又描述了蜩、学鸠和斥鴳的形象:

> 蜩与学鸠笑之曰:"我决起而飞,枪榆枋,时则不至,而控于地而已矣,奚以之九万里而南为?"适莽苍者,三飡而反,腹犹果然;适百里者,宿舂粮;适千里者,三月聚粮。之二虫又何知!
>
> ……斥鴳笑之曰:"彼且奚适也?我腾跃而上,不过数仞而下,翱翔蓬蒿之间,此亦飞之至也!而彼且奚适也?"此小大之辨也。

蜩是蝉;学鸠是小斑鸠;斥鴳,池泽中的小雀,一说小麻雀。

鲲鹏展翅腾飞时,鸠雀之类就讥笑鲲鹏:真不明白它究竟要飞到哪里去,我们飞起来"不过数仞而下,翱翔蓬蒿之间",不也是很能飞的吗!斑鸠麻雀的飞行、知识、境界都和鲲鹏不一样,无法了解鲲鹏,所以才会嘲笑("笑之曰")。他们只在榆枋间腾跃,只在蓬蒿间翱翔,可也达到了"飞之至也"。

庄子塑造鲲鹏的本意,不在于羡慕大鹏,也不在于嘲笑小鸟,而在于说明"小大之辨",在于说明逍遥游的"有所待"与"无所待"。

即使是横空出世,绝云气、负青天的神鸟,也要凭借空气的浮力才能高翔远举;它心中忘了巨风,自然而然,自由自在,这叫作"没有依赖的逍遥",庄子的术语称作"无待的逍遥"。鸠雀虽小,飞得不高,但它也要依托榆枋蓬蒿而"有所待"。庄子由此阐发他的"有所待"和"无所待"的哲学思想。他指出大鹏奋飞和小鸟的低飞都是"有所待",而被否定;点明只有"无所待"而游于无穷,达到"无己""无功""无名"的无所依赖的生活才是逍遥自在的真正含义和境界,那才是绝对自由的逍遥游。

庄子的意思是,飞得高,飞得低,都是飞,都是不受任何拘束的"逍遥游",没有什么本质的区别。主张逍遥自得,抹杀主观能动,堕入虚无主义，宣扬宿命观点：这就是《庄子》一书的主导思想。消极无为，顺应自然，于愤世嫉俗的同时，又引导人们与世无争，"安之若命"，是落后的意识。庄子的思想不免虚幻空廓，表现了其哲学思想的一个重要方面，即虚无主义和绝对自由。他认为，天地间万物都是"有所待"的，不管大鹏之高飞九天，蜩、斑鸠和麻雀之低飞于榆枋蓬蒿间，都需要凭借一定的外界条件才能活动，这是不自由的。

他的最高境界是"无所待"，是真正的"逍遥游"。庄子继续写道：

> 若夫乘天地之正，而御六气之辩（变），以游无穷者，彼且恶乎待哉！故曰：至人无己，神人无功，圣人无名。

庄子所谓"逍遥游"，就是能够"乘天地之正，而御六气之辩（变）""无所待，以游无穷"的自由自在的生活，用现代语言来表述，就是完全掌握宇宙的自然法则，摆脱精神上与物质上的任何束缚。显然，这种超越时空、超越物我的"无所待"的自由生活，不是现实主义的，而是理想主义的，甚至是虚幻的、梦想的，千百年来只能存在于人们美好的梦境、美好的愿望中。

《逍遥游》是《庄子》首篇，命题恰好道出了庄子人生哲学的最高要求和最高境界，也是庄子哲学思想的出发点和归宿。

《逍遥游》中的鲲鹏故事颇具浪漫色彩，想象奇特，富于感染力。毛泽东对于《逍遥游》中这种夸张的手法、离奇的想象、感人的形象欣赏有加，对于鲲鹏的雄飞壮举，十分神往，而且他一生都以鲲鹏自况，在他的诗词文章和演说谈话中，多次使用这一典故，以表现远大志向和豪迈气概。

"大鸟一去"与"小鸟一飞"

毛泽东最早接触《庄子·逍遥游》是他在湖南长沙求学时期。

1913 年他考入湖南第四师范学校预科，第二年四师并入湖南省立第一师范，毛泽东在那里一直读到 1918 年毕业。

毛泽东在长沙求学期间，保留下一本《讲堂录》。笔记四十七页九十四面，用的是直书九行纸本。前十一页是手抄的《离骚》和《九歌》。后三十六页冠名《讲堂录》，主要内容是听课笔记，也包括一些读书札记。记录时间是 1913 年 10 月至 12 月。

经考证，其中修身课记录内容，很多与伦理老师杨昌济有关著作内容相同，应该是听杨昌济讲课时的记录；而国文课记录的内容，大多是听讲韩愈文章的课堂记录，也有毛泽东自己阅读韩文的笔记。此时，国文教员是袁仲谦，因此这一部分应该是听袁仲谦讲国文课的记录。

据1914年出版的《湖南省立第一师范学校一览》记载，1913年杨昌济在四师教预科修身，而袁仲谦则任预科国文、习字教员。1914年春，四师合并于一师，这时杨、袁二人到一师继续任教。这年7月，袁仲谦"因期满退职"，不在一师任教。而《讲堂录》中修身与国文两课的记录是相互穿插的，这只有1913年下半年杨昌济和袁仲谦同时在四师任教时才有可能。据此，可以认定此课堂记录是1913年10月至12月毛泽东在第四师范学校读预科时所录。

1913年12月13日以后，袁仲谦老师讲"国文"课，讲的大多是韩愈诗文辞赋，间或涉及经、史、子、集。某日课堂，讲"子"部时，袁先生讲到《庄子·逍遥游》中"鲲鹏南飞"一典，毛泽东当堂记录：

> 子
> 夫小大虽殊，而放于自得之场，则物任其性，事称其能，各当其分。
> 又何厝心于其间哉。
> 夫大鸟一去，半岁至天池而息；小鸟一飞，半朝枪榆枋而止。此比所能，则有间矣，其于适性一也。
> 言鹏不知道里之远近，趣足以自胜而逝。
> 天之苍苍，其正色邪？其远而无所至极邪？其视下也，亦若是则已矣。（《毛泽东早期文稿》，湖南出版社1990年版，第607页）

青年学子毛泽东的笔录，均系录自《庄子·逍遥游》原文，或郭庆藩《庄子集释》卷一上的原注中文字。

这里，毛泽东的老师袁仲谦对《逍遥游》中鲲鹏故事重新解构，进一步阐述庄子的哲学命题。袁仲谦把鲲鹏称为"大鸟"，把斥鷃等称为"小鸟"。"大鸟一去"与"小鸟一飞"不同，"半岁至天池"与"半朝（天）枪榆枋"对立，虽然比较二者的能力（"所能"）是不一样的，可是它们都是有所依凭（"有所待"）才能飞翔（"适性"）则是一致的。

鲲鹏阔大，斥鷃渺小，相差悬殊，可是把它们放在"自得之场"——

鲲鹏是飞赴南海，斥鷃是腾跃蓬蒿，它们"物任其性，事称其能"，得到了实现了同样的飞的价值，这就是物有所值，"各当其分"。厝，是放置之意。既然"小大虽殊"，却又"各当其分"，那么何必把心思放置在它们之间琢磨事理呢。

袁先生甚至对鲲鹏的高飞远举取批评态度，说庄子言说大鹏，在于指出鲲鹏从北冥到南海飞越三千里，冲天九万里，是"不知道里之远近"，只不过是"趣足以自胜而逝"。接着，袁先生又引证《逍遥游》描述大鹏绝云气负青天俯视下看的语句，进一步否定大鹏的"有所待"。

庄子认为"有所待"的逍遥不是真正的自由，只有"无所待"的逍遥才是真正的逍遥。这是庄子论析"小大之辨"思想的观点核心价值取向。袁先生讲堂所论，实际是对庄子"小大之辨"思想的解读和引申。

学子毛泽东对老师的讲解，择要记录其精髓部分。

鲲鹏击浪从兹始

最初，毛泽东曾将鲲鹏形象赠予新民学会会友罗章龙。

毛泽东、蔡和森等人曾于1918年4月组织成立新民学会，学会经常讨论国家大事和世界局势，研究俄国革命经验，寻求改造中国的道路和方法。

毛泽东等主张会友应有计划地去国外，了解各国实情，加以选择为中国所用。当时的新民学会会员罗章龙拟东渡日本。临行前，新民学会在轮船停泊处的长沙北门外的平浪宫相聚，会员和同窗好友四五十人，都来为之饯行。大家情绪很高，不少人赋诗送别。

时年25岁的毛泽东写了一首七言古诗，引庄子笔下鲲鹏形象入诗，相赠会友：

送纵宇一郎东行
一九一八年

云开衡岳积阴止，天马凤凰春树里。
年少峥嵘屈贾才，山川奇气曾钟此。
君行吾为发浩歌，鲲鹏击浪从兹始。
洞庭湘水涨连天，艨艟巨舰直东指。
无端散出一天愁，幸被东风吹万里。

丈夫何事足萦怀，要将宇宙看稊米。

沧海横流安足虑，世事纷纭从君理。

管却自家身与心，胸中日月常新美。

名世于今五百年，诸公碌碌皆余子。

平浪宫前友谊多，崇明对马衣带水。

东瀛濯剑有书还，我返自崖君去矣。

（《毛泽东诗词集》，中央文献出版社1996年版，第161—162页）

这首诗最早非正式地发表在1979年《党史研究资料》第10期，是由罗章龙在《回忆新民学会（由湖南到北京）》一文中提供的。

罗章龙（1896—1995），湖南浏阳人，化名纵宇一郎。1915年同毛泽东初次通信时，就使用过这个化名。1918年，罗去日本临行前，新民学会会员在长沙北门外的平浪宫聚餐，为他钱行。毛泽东用"二十八画生"的笔名写了这首诗送行。

罗到上海之后不久，恰好碰上5月7日（1915年日本政府向袁世凯政府提出最后通牒的日子，限期要袁答复承认日本旨在独占中国的"二十一条"）。当时，日本政府警察侮辱、殴打中国的爱国留学生，一些人被迫回国。罗因此没有去日本。

1921年，罗章龙加入中国共产党，是中国共产党早期的党员之一，领导过北方的工人运动，在党中央工作过。1927年秋收起义之后，他与毛泽东再未见过面。1931年1月脱党。后历任河南大学、西北联合大学、湖南大学等校教授。曾任中国人民政治协商会议全国委员会委员。

1979年《党史研究资料》第10期在发表这首诗的时候，罗章龙大概是觉得有负毛泽东的厚望，便将"世事纷纭从君理"一句，改做"世事纷纭何足理"，把诗人对他的托付改为自责的态度了。这句很重要，是全诗关键之句，应当恢复诗人的原意。罗章龙在《回忆新民学会》中，谈到这首诗的本末之事时说：

当时留学最流行的是到日本，因为那时有种看法，认为日本是辛亥革命的策源地，孙中山先生组织兴中会、同盟会和武昌起义都受到日本的影响；其次日本是东方和西方科学文化的桥梁地带，维新早，接受西方的科学技术早。当时在日本留学的有上万人，湖南人就不少，因此新民学会干事会开会决定派人到日本去，并决定傅昌钰、周晓三、罗章龙三人去日本（傅昌钰是先一年去的）。我是愿意去的。但家庭经济条件困难，又不好当着大家的面说，会后我同何叔衡和润之谈了。润之说：这不是你个人的事，有困难大家想办法。何先生说：你有困难是实情，我们几个人一定设法送你去。其他同志也从道义上、经济上支援我。我自己也筹集了一些钱，会员们帮了一半，就决定动身了。在做准备时，我说我有个老师周频卿，到过日本。润之说那我们去见见他吧！于是我们一块去见到周，他是同盟会的第一批会员。他说日本搞革命的人很多，他去那里深受影响。他是反袁的，是湖南派去炸袁世凯的几个人中的一个，只是由于他们投弹技术不熟练，没有把袁炸死。润之听了这些很感动。在我临行前，他说，相信前面会有困难，但如果有充分的准备就会好些。为了送我远行，学会在长沙北门外的平浪宫举行聚餐，大家鼓励我，消除顾虑，润之还用"二十八画生"的笔名为我写了一首诗相赠。(《新民学会资料》，第508—509页）

《送纵宇一郎东行》是毛泽东诗词中流传最早的一篇，是他青年时期的作品。当时，日本军国主义利用欧战爆发、西方列强无暇东顾的时机，向中国政府提出阴谋灭亡我国的"二十一条"条约，激起全国人民的反日爱国运动。国内各派军阀，在英、美、日等帝国主义势力操纵下，形成地方割据势力，不断发起内战，给人民带来深重的灾难。在这内忧外患风云变幻时期，新的时代转机也在萌发。十月革命的胜利，世界上第一个社会主义国家——苏维埃俄国的诞生，为世界人民树立起一面崭新的旗帜。中国国内少数学习马克思主义的秘密组织随之产生，为中国共产党的成立在思想上和组织上做了准备。新民学会是其中的一个组织。

学子毛泽东《送纵宇一郎东行》这首七古，用典较多，运用自如，颇有气势。"无端散出一天愁，幸被东风吹万里"这两句是诗人才气的表现，也是写实情的。再过两个月，到1918年6月，毛泽东等一批会员就要在湖南一师毕业了，学会要向外发展，就业、升学、出国，怎么办呢？还不知道有赴法勤工俭学机会时，何叔衡首先提出留学日本的主张，大家讨论，推罗章龙先行。因此，这不是个人的抉择，实负有学会的使命。

毛泽东以为罗章龙这次出国远行，是宏伟事业的开端，故诗云："君行吾为发浩歌，鲲鹏击浪从兹始。"意思是说，你要远走高飞了，我在这里为你高歌一曲，以此来送送你：一是祝愿你像鲲鹏一样，击水三千里，成就人生事业；二是当你意气风发的时候，别忘了你是从哪里开始出发的。是说少年志向，恰似鲲鹏，自此腾飞。

青年毛泽东的诗用"鲲鹏击浪"这个典故，是希望罗章龙、希望新民学会的会友们，都担当起整顿乾坤的责任。因此，"沧海横流安足虑，世事纷纭从君理"。笑看风云，沧海横流这么多年了，有什么值得忧虑的呢？他认为现在又到了产生伟大人物的时代了，期望罗章龙实现宏大的抱负，从中也可以看出当时新民学会会员的抱负和气概。

年少峥嵘的毛泽东，以屈原、贾谊自况，既有"鲲鹏击浪"之志，自当以天下为己任。遵从古训，毛泽东常以诗言志。他喜好感情丰富、意气风发、幻想无边的浪漫豪放诗人，喜欢庄子的仙气神韵，喜欢庄子的超凡脱俗。行人即将击浪远行，送行者浩歌为之饯行，如鲲鹏展翅，一个伟大的创举将从此开始。

这是指点江山、激扬文字的青年毛泽东的喻人和自喻，其"要将宇宙看稊米"的胸怀和"到中流击水"的信念，跃然纸上。毛泽东如鲲鹏一般激越壮观的生涯，便是从这里起步的。在这首诗里，鲲鹏形象的寓意还较抽象，是一种信念崇拜和自我夸张。在此后风云变幻的革命过程中，毛泽东笔下的鲲鹏也有所变化。

会当水击三千里

1925 年，毛泽东填词《沁园春·长沙》，其词曰：

独立寒秋，湘江北去，橘子洲头。看万山红遍，层林尽染；漫江碧透，百舸争流。鹰击长空，鱼翔浅底，万类霜天竞自由。怅寥廓，问苍茫大地，谁主沉浮？

携来百侣曾游。忆往昔峥嵘岁月稠。恰同学少年，风华正茂；书生意气，挥斥方遒。指点江山，激扬文字，粪土当年万户侯。曾记否，到中流击水，浪遏飞舟？

（《毛泽东诗词集》，中央文献出版社 1996 年版，第 6—9 页）

《诗刊》1957 年创刊号上，首次发表了毛泽东的诗词 18 首，其中即有这首《沁园春·长沙》。

1958 年 9 月，文物出版社刻印线装大字本《毛主席诗词十九首》。同年 12 月 21 日，毛泽东在此书第一页《沁园春·长沙》这首词的天头地脚和标题下空隙处，写下注释说明：

"我的几首歪诗，发表之后，注家蜂起，全是好心，一部分说对了，一部分说的不对，我有说明的责任。""1958 年 12 月在广州，见文物出版社 9 月刊本，天头甚宽，因而写了下面一些字，谢注家兼谢读者。"

在这里，他对《沁园春·长沙》这首词中的"击水"二字做了自注：

> 击水：游泳。那时初学，盛夏水涨，几死者数。一群人终于坚持，直到隆冬，犹在江中。当时有一篇诗，都忘记了，只记得两句：自信人生二百年，会当水击三千里。（《毛泽东诗词集》，中央文献出版社 1996 年版，第 9 页）

据诗人臧克家回忆：1960 年前后，听袁水拍传达毛泽东亲自回答说："'到中流击水'——指'游泳'。"

1963 年《毛主席诗词》出版后，外国文书籍出版局立即组织翻译出版英译本。1964 年 1 月，毛泽东应英译者的请求，就自己诗词中的一些词句，一一做了口头解释。1964 年 1 月 27 日，英译者根据当时毛泽东答复所作记录的要点整理了《对〈毛主席诗词〉中若干词句的解释》一文，其中对《沁园春·长沙》词句"到中流击水"的解释是：

> "击水"指在湘江中游泳。当时我写的诗有两句还记得："自信人生二百年，会当水击三千里。"那时有个因是子（蒋维乔），提倡一种静坐法。（《毛泽东诗词集》，中央文献出版社 1996 年版，第 250—251 页）

《沁园春·长沙》这首词最早发表在《诗刊》1957 年 1 月号（创刊号）。

流传下来的这两句诗"自信人生二百年，会当水击三千里"，当是一首七言游泳诗，约作于 1917 年前后（一说作于 1916 年冬）。时毛泽东在湖南一师读书期间。"击水"，指在湘江中游泳。

"水击三千里"，是毛泽东暗引庄子《逍遥游》中的鲲鹏形象入诗。《庄子·逍遥游》云：

……鹏之徙于南冥也，水击三千里，抟扶摇而上者九万里。

鲲鹏奋起而飞，巨翼舒展像天空飘动的云彩，故"水击三千里"，翅膀拍击水面激起三千里的波涛，乘着盘旋如羊角一般的旋风直上九万里高空，凌空翱翔，自由自在地向南海飞去。

毛泽东在 1917 年前后曾写过一首游泳诗，他自己回忆说，大部分句子后来都忘记了，但其中两句"自信人生二百年，会当水击三千里"，过了半个世纪却还记得。毛泽东的诗句"会当水击三千里"，即从庄子"鹏徙南冥"的情景中化出。

半个世纪后，毛泽东注释词句"到中流击水，浪遏飞舟"，两次回忆起这两句诗。他还提到写那首七言游泳诗的背景——"那时有个因是子（蒋维乔），提倡一种静坐法"。蒋维乔提倡"静坐法"一事，毛泽东在 1917 年 4 月写作的《体育之研究》一文中提到过：

> 人者，动物也，则动尚矣。人者，有理性的动物也，则动必有道。然何贵乎此动邪？何贵乎此有道之动邪？动以营生也，此浅言之也；动以卫国也，此大言之也，皆非本义。动也者，盖养乎吾生，乐乎吾心而已。朱子主敬，陆子主静。静，静也；敬，非动也，亦静而已。老子曰"无动为大"，释氏务求寂静。静坐之法，为朱陆之徒者咸尊之。近有因是子者，言静坐法，自诩其法之神，而鄙运动者之自损其体。是或一道，然予未敢效之也。愚拙之见，天地盖惟有动而已。（《毛泽东早期文稿》，湖南出版社 1990 年版，第 69 页）

"因是子"蒋维乔，练习静坐数十年，著有《因是子静坐法》一书。他的体育观即"主静"。青年毛泽东还提到朱熹、陆九渊、老子、释迦牟尼都是主静的，而他自己则相反，主动。毛泽东认为宇宙（天地）"惟有动而已"，人是"有理性的动物"，所以"贵乎此有道之动"。动的作用很大，可以营生、卫国、养生、乐心。正是在这种体育观念的推动下，毛泽东积极倡导参与体育运动。爬山、游水、体操、远足、打拳、冷水浴……方式很多。

在这样的背景下，他以游泳为题材，以《逍遥游》中雄飞万里、拍浪击水的鲲鹏自况，写下豪情满怀的诗句："自信人生二百年，会当水击三千里。"这两句诗是谈游泳的，也是借助游泳去谈人生，表现了毛泽东的伟大抱负和远大志向，教育我们在游泳中体会、领悟人生的道理，增强战胜困难的勇气。

毛泽东一生酷爱游泳。游泳是他青年时代最喜欢的锻炼项目之一。江宽水深的湘江，是天然的游泳场。他时常约二三好友到这里挥臂击水。还在学校组织了一个有近百人参加的游泳队，晚饭后到湘江里畅游一番。游泳，不单是强健了体魄，更激发了他的自信和意志。

正像人们所熟知的那样，这个爱好，毛泽东一直保持到晚年。即使在新中国成立后年过半百，他仍到江河湖海游泳，在湘江、长江、邕江、韶山水库、十三陵水库等处畅游就达18次之多。他与水打交道曾留下了不少名句，堪称千古绝唱。

"自信人生二百年"，是言勤奋，珍惜时光，夜晚也当白昼使用，这样就会拥有两次人生的时间，写出青年毛泽东昂扬炽热的革命情怀和对人生与未来的憧憬。

"会当水击三千里"，表现出青年毛泽东英雄的气势和鹏程的远大，即定能施展鲲鹏之志，给人以奋发向上的信心和力量。纵观毛泽东一生，击水搏浪，奋力前行，勇敢、坚韧、冷静与机智等卓越品质，在他的革命生涯中都得到了精彩绝伦的体现与淋漓尽致的发挥。

这两句诗是青年毛泽东的自励之语。暗用《庄子》之典，风格浪漫，想象丰富，手法夸张，抒写了青年毛泽东搏风击浪、力主沉浮的壮志豪情和远大理想，显示了毛泽东潇洒豪放、豁达大度的人生态度。吟诵咀嚼，让人体味到志高青云、昂然奋进的巨大力量。

万丈长缨要把鲲鹏缚

据邓子恢回忆：

1930年（民国十九年）5月至11月，蒋介石与阎锡山、冯玉祥、李宗仁等在河南、山东、安徽等省进行了一场新军阀混战，亦称"中原大战"。

当时军阀混战，形势有利于革命。自从1929年年初毛泽东率领红四军离开井冈山进军赣南闽西以来，利用蒋、冯、阎军阀混战的有利时机，开辟了广大的革命根据地，壮大了红军，声威远播，人心振奋。

党内有一部分人于是滋长了盲目乐观、急于求成的"左"倾情绪。以李立三为首的党中央于1930年6月召开了政治局会议，通过了关于《目前政治任务的决议》和《新的革命高潮与一省或数省的首先胜利》的决议。这就是给革命带来严重损失的"立三路线"。"立三路线"的总方针是"中心城市的武装暴动",并决定以武汉为中心举行总暴动,调动主力红军先主攻南昌,然后夺取长沙。

这年6月,红军第一军团奉命率所属红四军和红十二军由闽西入赣,这是进攻南昌的主力。黄公略当时任红三军军长,也奉命率部由湘赣接壤处的根据地东进,作为进攻南昌的右路军,在永丰和主力军会师。

同期,毛泽东率领红四军来到福建西部的汀州,曾亲自领导闽西特委开会,从各个方面指导和推动闽西的工作。

就在这时,党中央的代表到来了,传达了政治局的决议,即"立三路线"的总方针。决定成立一方面军总司令部,仓促命令在8月1日南昌起义纪念日那天誓师出发,北上攻打长沙。

在当时红军力量还很弱小的情况下,就制定了组织全国红军主力夺取大城市,这是新的"左"倾错误,是一个冒险计划。毛泽东虽然意识到这一点,可是"立三路线"当时是挟中央名义以行的,对当时的毛泽东来说,有个服从组织的问题。

同年7月,就是带着这种矛盾心情,毛泽东率红四军奉命从汀州向长沙进军。途中填词一首《蝶恋花·从汀州向长沙》:

　　六月天兵征腐恶,万丈长缨要把鲲鹏缚。赣水那边红一角,偏师借重黄公略。

　　百万工农齐踊跃,席卷江西直捣湘和鄂。国际悲歌歌一曲,狂飙为我从天落。

　　　　(《毛泽东诗词集》,中央文献出版社1996年版,第29页)

这首词最早发表在《人民文学》1962年5月号。

1930年7月下旬,红一军团进抵南昌城外的牛行车站。其时彭德怀领导的红军第三军团攻入长沙。不久因敌势强大被迫退出。于是第一军团改变计划,由南昌赶往湖南增援。8月,红一、红三两个军团在浏阳会师,并决定共同组成中国工农红军第一方面军。9月,红一方面军再攻长沙,因敌人兵力业已加强,久攻不克。毛泽东说服了红一方面军的干部,撤退围攻长沙的队伍,又说服他们放弃夺取中心城市的意见,改变方针,转入江西,分兵攻取茶陵、攸县、醴陵、萍乡、吉安、峡江、新喻(今新余)等地,在赣江两岸更加深入地开展土地革命,使江西革命根据地在这个时期没有受到损失，反而利用了当时蒋、冯、阎战争的有利形势而得到了发展。1930年9月，党的六届三中全会纠正了"左"倾路线的错误。

《蝶恋花·从汀州向长沙》这首词写于当年7月红军进军途中。

"六月天兵征腐恶"，就交代了此行的作战目的，英勇机智的红军，如同神兵天降。当时正是农历六月酷暑季节，英勇红军挟炎暑以征讨腐朽凶恶的国民党军阀。

"万丈长缨要把鲲鹏缚"，"长缨"是长长的绳索，典出《汉书·终军传》。汉武帝时，南越（古国名，今广东、广西一带）与汉和亲。终军二十余岁，自己请求汉武帝给他一根长绳子，说一定可以把南越王赵兴捆着带回来见汉武帝。这里"万丈长缨"指力量强大的红军。

鲲鹏通常是褒义词，这里作贬义用，等于说巨大的恶魔。这是比较特殊的用法，大多数情况下，是把鲲鹏比作正面形象、革命力量。这里鲲鹏用来比喻当时还相当强大的国民党反动军队，借以反衬工农红军（天兵）不畏强暴、压倒一切敌人的英雄气概。

用鲲鹏作比有两层意义：一是说反动派并非鸠雀之类小鸟，而是个庞然大物，不可掉以轻心；二是说他们虽然强大，仍然可以用"万丈长缨"来捆缚，不必被其汹汹气势所吓倒而丧失革命信心。

那时，彭德怀、黄公略带领红三军团正在湘鄂赣边活动，赣江一线是黄公略的部队。对红一方面军主力来说，黄公略的红三军团是偏师，但因为在这一带建立了根据地，搞得很红火，所以毛泽东率主力前来便有了立足之地，说"借重"，并非浮词。赣江一线敌人力量比较薄弱，我军重兵压境，不但可以各个击破、歼灭敌军，而且可以解放吉安等中小城市，拓展大块根据地。毛泽东在创作这首词时，对在赣水南线红了一角的黄公略，特别给予关注和推崇。

这首词的下半阕，写所有的战士们都踊跃与敌人争斗，让革命席卷江西，捣破敌人占领的湖南、湖北。一连串用了"踊跃""席卷""直捣"这些词，莫不给人以极大的"动势"，使人觉得大有千军横扫、万马竞奔之感。最后二句"国际悲歌歌一曲，狂飙为我从天落"，意思是现在眼看又要重蹈第一次"左"倾路线覆辙，而作者自己又无法迅速纠正，只好与大家同唱国际悲歌，期望更大的革命风暴能应我们的呼喊而来临！作者的心情是复杂的，也是无法明言的，只好渲染这种悲壮的气氛来暗示自己的意志，抒发难以具体化的感情。

《蝶恋花·从汀州向长沙》引《庄子·逍遥游》鲲鹏入诗，这里鲲鹏实指蒋介石反动派，言其凶顽强大，但只不过鲲鹏其表、腐恶其质，红军战士则被喻为手持万丈长缨的"天兵"。把鲲鹏作为反面形象，在历代诗歌创作中是少见的。毛泽东对鲲鹏这一传统形象本身并无贬义，用其"符号"而变其"意指"，以之喻敌，借以反衬工农红军（天兵）不畏强暴、压倒一切敌人的英雄气概。这是比较特殊的用法。不如此，不足以展示毛泽东不拘一格的想象和自信。

我们也会变成大鹏鸟

《逍遥游》中庄子以怪诞奇特的笔法，以极其丰富的想象力描述了"鲲鹏"的形象。

毛泽东喜欢大鹏形象，在重要的会议上，在历史的转变时期，他借助大鹏鸟以表达自己的思想，抒发情怀。

1945 年 4 月 24 日，毛泽东在党的七大上所作的口头政治报告中，直接引用了大鹏鸟这个形象。他说：

> 由分散的游击战逐渐转变到正规的运动战，由游击战为主逐渐转变到以运动战为主。在抗战初期，……靠打麻雀战，打游击战。麻雀满天飞，哪里有东西吃，就飞到哪里去。……客观事实完全证明了，我们这个麻雀与别的麻雀不同，可以长大变成鹏鸟。从前中国神话中说：有一个大鹏鸟，从北方的大海飞到南方的大海，翅膀一扫，就把中国扫得差不多了。我们也准备那样，准备发展到三百万、五百万，这个过程就要从小麻雀变成大麻雀，变成一个翅膀可以扫尽全中国的大鹏鸟。（《毛泽东在七大的报告和讲话集》，中央文献出版社 1995 年版，第 134—135 页）

党的第七次全国代表大会，于 1945 年 4 月 23 日在延安杨家岭的中央大礼堂召开。会议的主题是团结全党全国人民，争取光明的前途，彻底打败日本侵略者，建立独立、自由、民主、统一与富强的新中国。

党的七大开幕的第二天，即 4 月 24 日，毛泽东向大会提交了《论联合政府》的书面政治报告。同时，他又从书面报告中提炼出三个问题，在大会上作了口头报告。具体讲《论联合政府》这个报告中没有充分展开和没有提到的问题。在讲到党的"政策方面的几个问题"中，毛泽东具体谈了"准备转变"这一问题。他是指从 1937 年到 1945 年，八年来，作战方法从分散的游击战、麻雀战逐渐发展成正规的运动战，党的工作重心也将由乡村转向城市。这就要求各级干部头脑要清醒，要事先有准备。

毛泽东在讲话中指出，这个转变在抗战初期，我们就提出过，但那时只是一种希望。那时我们前面的敌人是日本鬼子，后面有国民党内的反动派，我们被夹在中间。那时我们的力量是个小手指头，还很小。靠打麻雀战，打游击战。毛泽东十分形象化地说："麻雀满天飞，哪里有东西吃，就飞到哪里去。"十四年的抗战证明了这一点，这个"满天飞"的作战方法是好的。满天的麻雀就是种子。有了这个种子之后，我们得到了好处：党建立了，政权建立了，根据地有了，老百姓有了，饭也有得吃了，干部也锻炼出来了。

在党的七大的讲话中毛泽东认真总结了十四年的抗战，认为现在情况不同了。抗战的革命队伍一天天地壮大了，我们有力量了。现在我们要集中更大的兵力，以多胜少，去打敌人薄弱的地方。我们的任务是发起攻势，扩大解放区，集中大的兵力和小的兵力（武工队），到敌后展开攻势。因为日寇的情况变化了，它的战线过长，供给困难，兵力疲惫，自顾不暇，而我们的地方扩大了。我们和敌人两方面的情况都发生了变化，所以我们应该集中相当的兵力，在可能条件下，对敌人最薄弱的地方进行进攻。这对我们的防御，也有很大的好处。毛泽东是讲对敌斗争策略、战略、战术的改变，要由防御为主逐步转向进攻为主。

同时，毛泽东也指出，要转变，但要看具体情况，有力量就打堡垒，打大城市。打堡垒时打得开，有饭吃，我们就打；打不开，又没有饭吃，我们就向后转，把队伍分散开。真正的马克思主义是：当需要在乡村时，就在乡村；当需要转到城市时，就转到城市。现在要最后打败日本帝国主义，就需要用很大的力量转到城市，准备夺取大城市，准备到城市做工作。把重心转到城市去，必须做很好的准备。

此外，还要转向正规化。哪一天我们有了新式武器，就会更加无敌了，就能最后打败日本帝国主义。我们要有这样的准备。现在情况变了，我们的方针也要变，我们要做好准备。

正是说到这里，毛泽东又联想起《庄子·逍遥游》中的大鹏与小麻雀。不过，两者不是对立的关系，而是递进的关系。他说共产党和人民武装由小麻雀变成大鹏鸟，一个翅膀扫遍全中国，让日本帝国主义滚蛋。在毛泽东看来，以中国共产党为代表的革命力量，终究会发展成为他所希望的"一个翅膀可以扫尽中国的大鹏"。此时毛泽东以大鹏自况，不只象征个人志向，不只代表个人形象，而是象征革命政党、人民军队、进步势力的发展壮大和无比强大。神话中扶摇九万里的大鹏鸟与横扫神州大地全部入侵者的大鹏鸟，二者如此契合，神韵相通。这是毛泽东的神来之笔。

在抗日战争接近全面胜利、革命事业将发生重大转折的关键时期，毛泽东化用《庄子·逍遥游》之意境，把革命力量形象生动地比喻成可以"扫尽全中国"的大鹏鸟，抒发情怀，可以说表达的是全体革命人民藐视强敌、坚决赶走日寇的英雄气概、博大胸怀和革命豪情。

改掉的"欲学鲲鹏无大翼"

20 世纪 50 年代以前，中国和苏联两国共产党曾经有过紧密合作处于一条战线的亲密关系。从俄国十月革命起，苏联一直是全世界无产阶级和劳动人民心中的"圣地"，中国人民更是尊称苏联为"老大哥"。

然而，从 20 世纪 50 年代末开始，由于意识形态的分歧，特别是由于苏联领导人赫鲁晓夫一伙出于"苏美合作，主宰世界"的需要，在社会主义阵营内部推行霸权主义和大国沙文主义，中苏两党矛盾逐步激化尖锐，进行了长达十年多的"论战"。

以毛泽东为首的中国共产党人，面对着仗势欺人、猖狂至极的"超级大国"，以大无畏的英雄气概坚持毫不妥协的斗争。

1962 年 10 月，苏联在加勒比海危机中，和美国一度剑拔弩张，形势十分紧张。在这场危机过后，苏联很快迁怒于中国。12 月 12 日，赫鲁晓夫发表讲话，指责中国在加勒比海危机中的立场。这个讲话，成了苏共暗示一些小党向中共发起新的围攻的信号。

1962 年年底，保加利亚共产党召开第八次代表大会。苏共利用这个机会，向中共代表团发起围攻，由此开启了在其他党的代表大会上公开攻击中国共产党的先例。在随后召开的匈牙利社会主义工人党第八次代表大会以及捷克斯洛伐克共产党的第十二次代表大会上，苏共对中共攻击的调子越来越高，在苏共的暗示和指使下，卷入的兄弟党也越来越多。

在这种情况下，毛泽东和中共中央相继发表《全世界无产者联合起来，反对我们的共同敌人》《陶里亚蒂同志同我们的分歧》等一系列答辩文章，进行反击。

中苏两党的论战此起彼伏，激烈的斗争生活极大地激发了毛泽东的诗兴。从 1959 年 11 月到 1965 年秋，毛泽东就写了反霸权主义题材的诗词九首之多（以公开发表者为据）。

1963 年 1 月 1 日，郭沫若写了《满江红·一九六三年元旦书怀》一词：

> 沧海横流，方显出英雄本色。人六亿，加强团结，坚持原则。天垮下来擎得起，世披靡矣扶之直。听雄鸡一唱遍寰中，东方白。
>
> 太阳出，冰山滴；真金在，岂销铄？有雄文四卷，为民立极。桀犬吠尧堪笑止，泥牛入海无消息。迎东风革命展红旗，乾坤赤。
>
> （《毛泽东诗词集》，中央文献出版社 1996 年版，第 138—139 页；1963 年 1 月 1 日《光明日报》）

郭词显然是对毛泽东等人敢于与大国霸权主义斗争英勇行为的礼赞。他写好录完，送呈毛泽东审正。

毛泽东读了郭词，深为郭的诗情所感染。1 月 9 日，毛泽东在离开杭州前，作了一首大气磅礴的词《满江红·和郭沫若同志》，赠答郭沫若：

> 小小寰球，有几个苍蝇碰壁。嗡嗡叫，几声凄厉，几声抽泣。欲学鲲鹏无大翼，蚍蜉撼树谈何易。正西风落叶下长安，飞鸣镝。
>
> 千万事，从来急；天地转，光阴迫。一万年太久，只争朝夕。革命精神翻四海，工农踊跃抽长戟。要扫除一切害人虫，全无敌。
>
> （编辑组：《毛泽东与外国首脑及记者会谈录》，台海出版社 2012 年版，第 218—219 页）

据毛泽东身边的工作人员回忆，毛泽东写作这首词的当天晚上，在屋子里踱来踱去，口中低声吟哦。坐下来写几句，不满意，把纸揉成一团，扔进纸篓，又站起来踱步、吟哦，再坐下来写。第二天，工作人员倒掉了大半纸篓废纸。

诗写成以后，他第一个想到的是周恩来，于是展纸挥毫，飞龙走蛇地书写了全词，题上"书赠恩来同志"几个字，并细心地附笔告诉周"郭词见一月一日光明日报"。当晚，毛泽东用中式大信封装好，派人"送交周总理"。周恩来接读后，心中激荡着与毛泽东强烈的共鸣，分享着战友的创作喜悦。

这份浸透着两位领袖伟大友谊的毛泽东手书《满江红·和郭沫若同

志》，一直由邓颖超珍藏着，成为珍贵的革命文物。毛泽东逝世后，党中央征集与毛泽东有关的革命文物，邓颖超将它上交给党中央。（张贻玖：《毛泽东和诗》，中央文献出版社 1998 年版，第 112—113 页）

毛泽东在此词原稿中用《庄子·逍遥游》"鲲鹏展翅"的典故，熔炼成诗句"欲学鲲鹏无大翼"来形容赫鲁晓夫集团，很风趣，很幽默：你想成为雄飞万里的鲲鹏，可惜你没有鲲鹏那"若垂天之云"的翅膀，还不就剩下一个光秃秃的大肉蛋？恐怕是飞不起来、更飞不远的！这就揭露了赫鲁晓夫倒行逆施，志大才疏，愚蠢、滑稽、无能的本来面目。

《满江红·和郭沫若同志》最早发表在人民文学出版社 1963 年 12 月版《毛主席诗词》。此词公开发表的手书，有的落款为"一九六三年二月五日"，应是书写时间，而不是写作时间。

此词正式发表前，毛泽东将"欲学鲲鹏无大翼"改为"蚂蚁缘槐夸大国"，"千万事"改为"多少事"，"革命精神翻四海"改为"四海翻腾云水怒"，"工农踊跃抽长戟"改为"五洲震荡风雷激"。这样，这首词的定稿就是：

> 小小寰球，有几个苍蝇碰壁。嗡嗡叫，几声凄厉，几声抽泣。蚂蚁缘槐夸大国，蚍蜉撼树谈何易。正西风落叶下长安，飞鸣镝。
> 多少事，从来急；天地转，光阴迫。一万年太久，只争朝夕。四海翻腾云水怒，五洲震荡风雷激。要扫除一切害人虫，全无敌。
> （《毛泽东诗词集》，中央文献出版社1996年版，第135—137页）

当年，苏共赫鲁晓夫集团对外政策的基本点是"美苏合作，主宰世界"。在社会主义阵营内部，他们以"老子党"自居，不能容忍，也无法理解以毛泽东为首的中国共产党人竟敢不随着他们的指挥棒转。而从不信邪的毛泽东，则不把任何庞然大物放在眼里：连地球都是"小小寰球"，帝国主义和一切反动派还能"大"到哪里去呢？只不过是几个到处碰壁的苍蝇而已。改"欲学鲲鹏无大翼"为"蚂蚁缘槐夸大国"，则更深刻地揭露了赫鲁晓夫狂妄、虚弱、骄横、反动的本质，并且与下句"蚍蜉撼树谈何易"衔接得更紧，对仗也更工整：小小蚂蚁不仅凭借大树爬来爬去、自吹自擂，而且竟然妄图扳倒大树，岂不是太不自量力了吗？自以为是"超级大国"就可以气势汹汹，到处自夸，岂不悲哉！从用典上说，反用"鲲鹏展翅"与正用"蚂蚁缘槐"，有异曲同工之妙。

赫鲁晓夫当年挑起中苏论战的时候，他满以为只要大棒一抡，中国人就会服服帖帖，俯首称臣，但是形势的发展并不像他打算的那样美妙：几番较量下来，落得个只剩下招架之力。于是，他便假惺惺地提出"停止公开论战"，但同时又居心叵测地说什么中共"不能支持派别活动"。对这种"损着别人的牙眼却反对报复"（鲁迅语）的无赖行为，毛泽东和中国共产党坚持了高度的原则性。

毛泽东曾对来访的苏联部长会议主席柯西金讲道：要公开论战一万年，少了不行。如果修正主义、教条主义有一万年，我们就要反一万年，也可以减少一千年，从一万年减到九千年，这是我们最大的让步了。但这首词里又说道："一万年太久，只争朝夕。"对此，毛泽东1964年1月27日对毛诗英译者口头解释说："你要慢，我就要快，反其道而行之。你想活一万年？没有那么长。我要马上见高低，争个明白，不允许搪塞。但其实时间在我们这边，'只争朝夕'，我们也没那么急。"

赫鲁晓夫为了控制中国，公然要在中国领土上建立中苏共有的长波电台和联合舰队，公然要求中国在台湾问题上承担"不使用武力"的"义务"，公然支持侵略中国边界领土的某个国家，公然以逼债、撤走专家、撕毁合同来遏制中国的发展……这些，任何一个稍有爱国之心的中国人都不能容忍！毛泽东用诗词为利器，斗争有理、有利、有节。

毛泽东用诗词的形式表达了对国际大势的基本看法和斗争意志，气势磅礴，豪情澎湃，慷慨激昂，气壮山河。此词被视为毛泽东反霸权主义题材诗词的"压卷之作"。

斥鹦每闻欺大鸟

1963年12月16日下午2时37分，罗荣桓元帅心脏停止了跳动。

这天晚间，毛泽东在中南海颐年堂会议室召集会议。开会前，毛泽东提议大家起立为罗荣桓默哀。默哀毕，毛泽东说道：

"罗荣桓同志是1902年生的。这个同志有一个优点，很有原则性，对敌人狠，对同志有意见，背后少说，当面多说，不背地议论人，一生始终如一。一个人几十年如一日不容易，原则性强，对党忠诚，对党的团结起了很大的作用。"

12月19日，毛泽东同其他党、国家和军队领导一起，来到北京医院，向安卧在白菊花和常青草中的罗荣桓的遗体告别。这一举动，既是对生者的安慰，也是对死者的评价。

告别仪式后，毛泽东悲痛异常，几天里夜不能寐，写成《七律·吊罗荣桓同志》：

> 记得当年草上飞，红军队里每相违。
> 长征不是难堪日，战锦方为大问题。
> 斥鷃每闻欺大鸟，昆鸡长笑老鹰非。
> 君今不幸离人世，国有疑难可问谁？
> （《毛泽东诗词集》，中央文献出版社1996年版，第140页）

这首诗最早发表在1978年9月9日《人民日报》。

罗荣桓（1902—1963），湖南衡山人。1927年加入中国共产党。同年8月，参加领导鄂南秋收暴动。9月，参加毛泽东领导的湘赣边界秋收起义。历任红军连、营、纵队党代表。1930年起，历任红四军政委，红一军团、江西军区政治部主任。

悼诗起句借用相传唐末农民起义领袖黄巢所作《自题像》诗句"记得当年草上飞"，书写土地革命战争时期罗荣桓与毛泽东的战斗生活和战友情谊：井冈山斗争时期和中央苏区时期，英勇善战并善于做政治思想工作的罗荣桓屡次参加武装起义，纵横驰骋，飘忽不定，如同旧时被称为"草上飞"（"流寇"的代称）的造反者；两人虽然同在"红军队里"，战友情深，罗荣桓还在毛泽东的直接领导下工作过很久，但是战斗频繁，工作紧张，每每不能相逢（每相违），两人相处在一起的日子还是太少了。诗句潜在的含义是，今天回想起来，仍然感到痛惜和遗憾。从中可以窥见毛泽东对罗荣桓的感情是多么深厚。

罗荣桓长征后期任红一军团政治部主任。抗日战争时期，历任八路军一一五师政治部主任、政委兼代理师长，山东军区司令员兼政委，中共中央山东分局书记，解放战争中任人民解放军第四野战军第一政委。

悼诗颔联，毛泽东的思绪由长征之时飞越到解放战争时期："长征不是难堪日，战锦方为大问题。"长征是伟大的，但是比较起来，长征中经历的一切并不是什么了不起的困难时日。1948年攻打锦州之战能否取胜，才是中国革命进程中的重大问题。解放战争进行到1948年下半年，已经进入战略决战阶段，中国的历史发展到了一个转折点。1948年中央军委和毛泽东决定首先在东北战场与国民党军进行战略决战。9月至11月，东北野战军组织了辽沈战役。战役开始前，敌军分别据守在长春、沈阳、锦州三个孤立的地区。毛泽东的作战方针是先打锦州，切断敌军逃入山海关的通道，将其关在东北就地歼灭。但是，东野司令员林彪思想有顾虑，犹豫不决，尤其见国民党海运大批增援部队在葫芦岛登陆，林彪曾向中央军委建议放弃攻锦计划而回师先打长春。罗荣桓当时是东野政委，他与林彪产生意见分歧。林彪在攻打锦州问题上一度发生动摇，后经罗荣桓劝说，才又定下攻打锦州的决心。悼诗这一联还是以诗的形式对罗荣桓历史贡献的肯定。

新中国成立后，罗荣桓历任中央人民政府委员、最高人民检察署检察长、解放军总政治部主任、国防委员会副主席、军委副主席等职。1955 年被授予中华人民共和国元帅军衔。在党的八届一中全会上当选为中央政治局委员。

悼诗颈联首句"斥鷃每闻欺大鸟"，用《庄子·逍遥游》斥鷃嘲笑鲲鹏之典。斥鷃即蓬间雀，在蓬蒿间飞，只能飞几尺高。斥鷃讥笑鹏鸟飞得太高，认为自己在蓬蒿中飞翔，也是飞得最好了。毛泽东诗句意思是，往往听说蓬间雀欺侮大鸟。

"昆鸡常笑老鹰非"，昆鸡相传是一种黄白色的鸟，不能高飞，如同家鸡。诗句是借用俄国克雷洛夫寓言《鹰和鸡》，故事说鹰因为低飞而受到鸡的耻笑，鹰则答道：鹰有时比鸡飞得还低，但鸡永远不能飞得像鹰那样高。

毛泽东于悼念叙往的情境中，凸显"斥鷃每闻欺大鸟，昆鸡长笑老鹰非"两句诗。诗中袭用《逍遥游》的典意，"斥鷃""昆鸡"和"大鸟""老鹰"两种渺小与崇高的对立形象，比喻人事的褒贬。悼诗借用这个故事，歌颂大鹏、苍鹰而贬斥斥鷃、昆鸡。这无疑是借鲲鹏和苍鹰的形象来颂扬罗荣桓的高尚品格。

对毛泽东运用《逍遥游》"斥鷃"一典，解诗者有两种意见：一种意见认为"斥鷃"是指林彪，悼诗的中心思想是作者赞扬罗荣桓执行正确路线，批判林彪执行错误路线；另一种意见则认为"斥鷃"是泛指，悼诗的中心思想是歌颂罗荣桓的丰功伟绩，寄托作者的哀思与怀念。后一种意见更具合理性，因为这是一首悼念战友罗荣桓的哀诗，其中过多去批判林彪与本诗主旨、与毛泽东当时的心境不符，那样会冲淡悲哀的情绪。虽然林、罗工作上有矛盾、情感上有隔阂，但还不是根本对立，更不是对抗，许多事物只是不同认识而已，毛泽东没必要褒一个贬一个，从当时（1963 年前后）林彪的地位来说，他正得到毛泽东的信任和倚重。

这样解读颈联用典，悼诗尾联"君今不幸离人世，国有疑难可问谁"

的意思就豁然贯通了。爱将辞世，毛泽东顿失膀臂，投笔问苍天：国家再遇到疑难问题，让我找谁去商量呢？罗荣桓的去世，使国家失去了栋梁之材，反映了毛泽东当时为失去一位好帮手而十分惋惜、无限悲痛的心情。

毛泽东的悼诗在袭用《庄子》典意悼念战友的同时，也抒发自己的情怀。把悼念战友的深情，把对罗荣桓的赞扬和倚重的意思，引向更开阔的视野，引向国际国内不断变幻的风云，引向他对当时形势的看法。把自己的思想融入诗境，寄托于凌空翱翔的鲲鹏和苍鹰，由此展示肩负起历史重担和迎接挑战的豪情。

鲲鹏展翅九万里

庄子笔下的鲲鹏是"绝云气，负青天"的神鸟，它那惊天动地的壮举，展现了远大志向和宏伟气魄，因而令人喜爱、羡慕和景仰。

毛泽东于1965年秋，写下了《念奴娇·鸟儿问答》一词，全词尤其是上半阕可以说就是《庄子·逍遥游》鲲鹏击浪意境的再现：

> 鲲鹏展翅，九万里，翻动扶摇羊角。背负青天朝下看，都是人间城郭。炮火连天，弹痕遍地，吓倒蓬间雀。怎么得了，哎呀我要飞跃。
>
> 借问君去何方，雀儿答道：有仙山琼阁。不见前年秋月朗，订了三家条约。还有吃的，土豆烧熟了，再加牛肉。不须放屁，试看天地翻覆。
>
> （《毛泽东诗词集》，中央文献出版社1996年版，第152—153页）

《念奴娇·鸟儿问答》这首词采用寓言的方式，借用鲲鹏和雀儿的对话形式，艺术地概括了当代马克思主义者和当时所说的现代修正主义者的大论战。

20世纪50年代末60年代初那场中苏大论战，争论许多问题。《念奴娇·鸟儿问答》点到了三个方面，实际上都是对苏联领导人赫鲁晓夫思想行为的批评。了解了这三个问题，也就了解了这首词产生的历史背景和思想主题，同时也就了解了毛泽东运用《庄子》鲲鹏与雀儿对话典故的巧妙与深奥。

"炮火连天，弹痕遍地，吓倒蓬间雀。"当时苏联和美国长期实行冷战政策，东西方两大集团尖锐对立，战争危机并未消除。赫鲁晓夫在战争与和平问题上讲了许多错话，讲了一些不利于社会主义阵营和各国人民的话。认为"一个小小的火星也能够引起世界大战"，一打起来，地球就会变为"荒无人迹"的"废墟"。马列主义者认为战争有正义和非正义之分，对于被压迫民族、被压迫人民的正义战争，应当坚决支持和赞成。而对于反动势力发动的非正义战争，一是反对，二是不怕，用革命战争去消灭反革命战争。而赫鲁晓夫集团对战争不作分析，反对一切战争。

"不见前年秋月朗，订了三家条约。""前年"，指 1963 年。这两句词，记载了当时国际"禁核"与"拥核"的一场斗争。1963 年 7 月 25 日，美国、英国、苏联三国首脑在莫斯科签订了《禁止在大气层、外层空间和水下进行核试验条约》。它把停止核试验同全面禁止核武器完全分开，企图使苏、美、英三国继续制造、储存和使用核武器合法化，并把禁止地下核试验排除在外，其旨在剥夺其他国家为抗拒核讹诈而试验核武器的权利，维护几个核大国的核垄断地位，以利于他们对全世界实行霸权主义统治。1963 年 8 月苏、美、英三国在莫斯科签约时，中国共产党代表团在莫斯科刚结束旨在停止中、苏这两个世界上最大共产党之间的论战、消除分歧、实现团结的末轮会谈，为了打破核垄断，中国的核武器也正处在研制并即将取得成功的重要时刻，而且中苏两国是签订过友好同盟互助条约的国家，苏、美、英三国签约这么一件大事，苏方理应事先征询中方意见，起码应事先通报中方。这个包括了限制中国拥有核武器内容在内的条约的签订，无疑使中、苏两党两国的关系又增添了一层阴影。三个有核国家签约含有缓和意味，但同时应看到，他们有了就不许别人有，三国在联合经营"核俱乐部"搞"核霸权"，这是中国人民和世界人民不能接受的。苏联领导人赫鲁晓夫一直认为，只要世界上几个拥有核武器的大国领导人在一起开个会，订个条约，核大战就可避免。如果拥有核武器的国家越多，世界就越不安宁。早在 1960 年 2 月，他主持华沙条约国政治协商会议通过条约，就宣布：苏联的全面彻底裁军立场代表了所有社会主义国家的立场。对于这种老子当家的做法，中国当然不买账，宣布：没有中华人民共和国的正式参加，一切国际协议都不对中国有约束力。赫鲁晓夫大为光火。在这次签订部分禁止核试验条约之后，7 月 29 日，美国副国务卿哈里曼向新闻界透露了他与赫鲁晓夫讨论中国发展核能力的可能性情况。赫鲁晓夫颇为自信地安慰哈里曼说，他对于中国的核力量"并不过分不安"。因为，"自 1960 年以来，苏联不曾向中国提供过任何工业性质的技术援助"。他断言："中国缺乏发展核能力——包括核武器和运载系统——的工业基础。"可惜，他的如意算盘只隔了一年就被中国的"蘑菇云"打破了。

"还有吃的，土豆烧熟了，再加牛肉。"赫鲁晓夫的另一个特点就是钟爱"土豆烧牛肉"。1964年4月1日在匈牙利的布达佩斯电机厂讲话，其曾将其所谓的"福利共产主义"归结为"需要有一盘土豆烧牛肉的好菜"。在访问时，他当着公众的面，责骂对外援助不力的乌克兰党的第一书记说：你吃了捷克、匈牙利的土豆烧牛肉，还搞这些坏事。连美国人也注意到了他的这一嗜好，这样评价他："具有某种生动的想象力、热心肠、强烈的自信，不时地还有一个天生的赌棍的鲁莽。""即使他处于权力的顶峰时期，他也要站在泥地中间向那些持有异议的听众讲解应当如何正确地栽种土豆……"诚然，如果让人民都能吃上土豆烧牛肉，可说是件好事。但作为理想来说，作为对共产主义的描述，未免过于庸俗。这年4月，毛泽东在会见日本外宾时鄙夷地说起赫鲁晓夫："根据他的说法，好像他那里有很多土豆烧牛肉，苏联的工人、农民每人都有土豆烧牛肉。他说我们只要革命，不要吃饭。他好像是吃饭第一，革命第二。"

赫鲁晓夫下台以后，毛泽东认为：苏共领导人继续执行着没有赫鲁晓夫的赫鲁晓夫主义。因此，他写下了《念奴娇·鸟儿问答》这首词。

毛泽东在《念奴娇·鸟儿问答》一词中直接化用《庄子·逍遥游》的意境，写道："鲲鹏展翅，九万里，翻动扶摇羊角。背负青天朝下看，都是人间城郭。"扶摇和羊角都是旋风的名称。"翻动扶摇羊角"，是写鲲鹏乘着盘旋而上的飓风往上奋飞的样子。鲲鹏凌空展翅翱翔，九万里是极言飞翔之高，然后背贴着蓝天自由自在地翱翔，俯瞰人世间的城郭景色，皆历历在目。

鲲鹏看到人世间还有"炮火连天，弹痕遍地"的战争图景。第二次世界大战后，新的世界大战没有爆发，但局部战争却连绵不断。"吓倒蓬间雀"，讥笑鲲鹏的学鸠、斥鷃之类的小鸟被战火吓倒，惊呼"怎么得了，哎呀我要飞跃"。雀儿恐惧战争，想要逃避。

这首词上半阕写鲲鹏展翅的壮阔气势及其俯瞰人间现实的雄姿，同时也写出被"炮火连天，弹痕遍地"吓倒了的蓬间雀的惊呼和哀叹。鲲鹏不动声色地静默观察，极具内在的威力，它的雄飞万里、沉稳庄重与蓬间雀的低飞近跳、惊呼哀叹形成鲜明对照。

这里鲲鹏作为正面形象，象征马克思列宁主义者和世界革命人民。蓬间雀在这里象征当时所说的渺小卑怯、虚弱丑恶的修正主义者。

下半阕首句的"借问君去何方","君"是大鹏鸟对蓬间雀的讽刺性称呼,"去何方"是鲲鹏向雀儿发出的问话。从"有仙山琼阁"到"再加牛肉",都是雀儿的回答,这里指当时所说的现代修正主义者在国际上兜售的所谓"没有武器,没有军队,没有战争"的"三无世界",以及在国内推行的"土豆烧牛肉"的假共产主义。雀儿在回答大鹏的问话时,给人以振振有词、滔滔不绝的样子,实质说的都是臭不可闻的"屁话"与荒诞不经的谬论。

词的最后一句表现大鹏的愤慨:"不须放屁,试看天地翻覆。"这是鲲鹏听到雀儿的胡言乱语后厉声斥责雀儿,表达了作者对当时所说的现代修正主义极大的义愤。作为诗人的毛泽东,感情色彩极为浓烈,冷嘲热讽,痛快淋漓,嬉笑怒骂皆成文章。

《念奴娇·鸟儿问答》是毛泽东化用《庄子·逍遥游》鲲鹏典故最为成功、最有艺术成就的例证。全词采取大鹏鸟与蓬间雀的问答形式,写得既雄浑庄重,又幽默诙谐,而且尖锐泼辣,既有正面形象大鹏鸟,也有反面形象蓬间雀。鲲鹏的博大,蓬间雀的渺小,前者高瞻远瞩、英勇无畏,后者寸光短视、怯懦自私,都有十分艺术、非常形象的塑造。这里的鲲鹏,就是志壮坚信马列、永葆革命精神的人。他们的志向是那样的高远,他们的气势是那样的浩大。

毛泽东对未来理想的坚定信念和不竭热情,别具一格的想象力和思维方式,似乎只有在《庄子·逍遥游》中那些神奇变幻的文学形象中,才能找到恰当的比托。鲲鹏由此成了他钟爱的形象,并熔铸了他的文化品格。

我少年时曾经说过……

晚年的毛泽东想继续推进他那为之奋斗一生的宏伟大业。当他思谋良久准备做出重大决策前,他又想起他青年时从《庄子·逍遥游》中化出的诗句:会当水击三千里!

1966 年 6 月,"文化大革命"刚刚开始,即在中央政治局扩大会议通过《五·一六通知》后不久,6 月 15 日,毛泽东离开杭州,于次日抵达长沙。稍事休息后,于 18 日来到他的出生之地故园韶山。

这是毛泽东继 1959 年后的第二次回乡。他这次回韶山没有公开接见群众,消息也一直没有对外公布,因此一切都是"保密"的。

这一次,他住进了湖南省委为他修建的滴水洞别墅。从 6 月 18 日至 28

日，毛泽东在这里一共休息了 11 天。所谓滴水洞，其实并没有天然的洞，只是山谷中有数条小溪向下流去，汇聚成一沟流水。由于有一个较大的落差，形成了一个洞。人们把这个洞就叫作滴水洞。

毛泽东就住在滴水洞别墅一号楼。这是一个环境幽雅、清静的所在。这个两华里深的山谷充满了神秘的色彩。毛泽东身居这清幽之地，颇有些悠然自得。

然而，他心中并不平静，他在时刻思考着国家大事。在家乡的这段日子里，毛泽东思考了很多问题。

就是在韶山滴水洞期间，毛泽东酝酿和创作了《七律·有所思》：

> 正是神都有事时，又来南国踏芳枝。
> 青松怒向苍天发，败叶纷随碧水驰。
> 一阵风雷惊世界，满街红绿走旌旗。
> 凭阑静听潇潇雨，故国人民有所思。
> （《毛泽东诗词集》，中央文献出版社 1996 年版，第 217 页）

这首诗头两句，是毛泽东叙述自己南行的历程。"神都"指北京，"有事"是说发生了大事，暗指"文化大革命"的爆发。颔联表面是写滴水洞的景物，更是象征性地具体写"有事"："青松""败叶"是两个相对立的意象，青松指革命的进步力量，"败叶"则是指反革命的落后力量，毛泽东的意思是进步力量必然战胜衰败落后力量。颈联是写毛泽东所希冀的"文化大革命"爆发后街头红红绿绿标语遍地、红旗游动的情形。尾联书写自身：静静地扶着住处的栏杆，听着潇潇而下的夏雨，有所思虑，但毛泽东扩而大之，说是"故国人民有所思"。"故国"这里指全国，修改前的最后一句则是"七亿人民有所思"。

从当时情况来说，这首诗很能反映毛泽东的心境。

6 月 28 日，毛泽东的专列离开滴水洞，驶向"白云黄鹤"的故乡武汉，到武汉不久，就收到了江青从上海发来的信。江青的信里谈到的一些问题，我们没有办法见到，但从后来毛泽东的回信中，我们至少知道，从毛泽东 6 月 15 日离开杭州以来的一切行踪，他都是告诉给了江青的。毛泽东将在韶山所思考的一些问题整理后，给江青回了一封信。信很长，其中说：

我的朋友的讲话，中央催着要发，我准备同意发下去，他是

专讲政变问题的。这个问题，像他这样讲法过去还没有过。他的一些提法，我总感觉不安。我历来不相信，我那几本小书，有那样大的神通。现在经他一吹，全党全国都吹起来了，真是王婆卖瓜，自卖自夸。我是被他们逼上梁山的。看来不同意他们不行了。在重大问题上，违心地同意别人，在我一生还是第一次。叫作不以人的意志为转移吧。

毛泽东在信中继续写道：

我是自信而又有些不自信。我少年时曾经说过：自信人生二百年，会当水击三千里。可见神气十足了。但又不很自信，总觉得山中无老虎，猴子称大王，我就变成这样的大王了。但也不是折衷主义，在我身上有些虎气，是为主，也有些猴气，是为次。（谢柳青：《毛泽东家书》，中原农民出版社1999年版，第411—412页）

毛泽东这里所说的"朋友"，是指林彪。新中国成立初期，林彪由于身体等方面的原因，没有担任什么重要职务。1958年起出于政治上的需要，开始逐渐活跃起来。同年5月参加中共八大二次会议和八届五中全会，被增选为中央政治局常委和中共中央副主席。1959年庐山会议，彭德怀受到错误批判，林彪接替彭德怀担任国防部长。林彪主持军委日常工作后，提出并推行一整套"左"的东西，打击、迫害、排挤一些与他意见不同的同志。同时，对毛泽东搞个人崇拜。

林彪还准备把《毛主席语录》作为军队意识形态的教材印发下去。这就是毛泽东所讲的"那几本小书"。林彪在讲话中还说："毛主席的话句句是真理，一句超过我们一万句。"这些言过其实的吹捧，使毛泽东"感觉不安"。他已经隐约感觉到林彪的叵测用心，但没有及时揭露。

1966年年初，"文化大革命"开始发起。5月18日，林彪有个讲话，一方面继续鼓吹对毛泽东的个人迷信，另一方面"专讲政变问题"。毛泽东已看出林彪一伙在利用他的崇高威望进行怀有个人目的的活动，毛泽东写信给江青，只是隐晦地把这些想法告诉了江青。

毛泽东这封长信，可以看作是关于"文化大革命"的一份纲领性文件。在这封信里，毛泽东的所思、所虑、所阐发的感慨，无一不是严肃得可以听见枪炮声的问题。

关于这封信，基本内容是毛泽东在韶山滴水洞草拟，只是到武汉后，加上头尾，重抄一遍，于 7 月 8 日发出。

毛泽东在"文革"兴起之际，在致江青的"家书"中吐露心曲，忆起了青少年时写的这两句诗："自信人生二百年，会当水击三千里。"《庄子·逍遥游》中鲲鹏展翅凌空翱翔、"水击三千里"的意境，仿佛再次呈现在眼前。

毛泽东说他既自信又不自信，身上有"虎气"，也有"猴气"。青年时写下的这两句诗，就反映了他当年很自信的情形，今天再提还表示仍很自信。

他在一场事关故国前途的决战前借以抒发情怀，寄托思想，振作精神。

面对着国际国内不断变化的政治风云，面对着即将掀起的文化领域一场新的"革命"，他心情是十分复杂和矛盾的。但他坚信，广大人民群众是始终站在自己这边的，最终总能成功。毛泽东希望自己能像鲲鹏一样，去迎接更大的风暴，去迎接一场新的挑战。这里充分表现出他的自信和胆略。

毛泽东九引鲲鹏形象入诗入词入讲演，可见对《庄子·逍遥游》的偏爱和热衷，也可见鲲鹏形象在他思维荧屏上的烙印之深。

庄子《逍遥游》的本意，大鹏鸟的高翔，小麻雀的低飞，都有所依持，有所凭借，都要依靠外力，不是真正的"逍遥"；而庄子所追求、所主张的是"无以待"、不凭借外力的"逍遥"，有人把这称为庄子的"绝对自由"。庄子由此阐发"有所待"和"无所待"的哲学命题。

毛泽东运用鲲鹏形象，似乎并不考虑庄子塑造这个艺术形象的原意，只根据其形态风貌的主要特征，把它改造为志向远大、壮美俊伟的崇高形象，用以自喻或喻人。

研究毛泽东诗词创作的专家陈晋先生说：细细体会毛泽东作品上述诸种"雄"的品格，不难发现一个相对固定的对自然、人生、社会的描绘视角——俯瞰，一个多次出现并最能体现作者情怀的主体形象——鲲鹏。其实，二者是互为一体的，只有凌空展翅翱翔的鲲鹏，才有俯瞰人间城郭的视野胸怀。正是由于有鲲鹏的视野和胸怀，毛泽东的诗词所展示的景象才是雄浑的、雄深的、雄放的、雄丽的，其气势才是博大的、豪拔的、壮烈的、飞动的、开阔的。这些，一般说来，不正是鲲鹏的行为和鲲鹏所看到的一切吗？博大无垠的空阔世界，任我驰骋；风云变幻的宇宙气象，助我搏击。这是鲲鹏所期望的物象，这是诗人所期望的意境。有志之士追求和赞美的东西，总是伟大和崇高的，对于诗人来说，他追求和赞美的东西，又总是熔铸了他的主体精神。（陈晋：《毛泽东之魂》，中央文献出版社1997年版，第240—243页）

毛泽东改塑的鲲鹏有两种形象：正面的鲲鹏，是为主，作褒义用；反面的鲲鹏，是为次，作贬义用。正面的鲲鹏，从风华正茂的学友罗章龙，到大国领袖毛泽东自己，从巨翼"扫遍全中国"的军民抗战，到"鲲鹏展翅九万里"的反压抗霸，这是俯视寰宇、雄飞万里、豪情冲霄、壮怀激烈的鲲鹏。反面的鲲鹏，从"万丈长缨"要缚住的蒋介石，到"无大翼"不能奋飞的赫鲁晓夫，这时的鲲鹏不过是巨大的恶魔。不过，贬义运用鲲鹏形象，毛泽东一生大约只用过两次，后一次词句"欲学鲲鹏无大翼"又改为"蚂蚁缘槐夸大国"了，也就是说，赫鲁晓夫没资格当鲲鹏（哪怕是凶恶的鲲鹏），只配当"蚂蚁"。总的来说，毛泽东品读《庄子·逍遥游》重塑的鲲鹏形象，是革命者的象征，是进步势力的象征，是人民大众的力量可以战胜一切反动腐朽势力而赢得胜利的象征。

鲲鹏展翅九万里，吓倒蓬间雀！

水之积也不厚

庄子在《逍遥游》中说明大鹏鸟远举高飞对风力的依赖时，又讲到舟与水的关系。庄周先生很内行地说：

> 且夫水之积也不厚，则其负大舟也无力。覆杯水于坳堂之上，则芥为之舟；置杯焉则胶，水浅而舟大也。
>
> 风之积也不厚，则其负大翼也无力。故九万里则风斯在下矣，而后乃今培风，背负青天而莫之夭阏者，而后乃今将图南。

《庄子》这段文字的大意是，水的积蓄不深厚，那么负载大船就没有力量。倒一杯水在厅堂上的低洼之处，放上一根小草便可以当作船；若是放上一个杯子就胶着住了，这是水浅而船大的缘故。

风气的积蓄不深厚，那么它承负巨大翅膀就没有力量。所以大鹏高飞九万里，是因为有风在下面托负着，然后它才能乘着风力，背负青天而没有任何阻碍，然后才谋划着向南而行。

庄周先生这段议论意在说明大鹏与风的依赖关系，如同舟与水的关系，这个比喻非常贴切形象。水如果积得不厚，那么它就无力负载起大船。同样道理，风如果积得不厚，那么它就无力负载大鹏"若垂天之云"的大翅膀。

毛泽东解读这段话，并不顾及庄子的原意是强调大鹏鸟奋飞凭借风力，只取其舟水关系以说明事理。

水积不厚，负舟无力

前文我们提到青年学子毛泽东在湖南长沙求学时期，保留下一本《讲堂录》。《讲堂录》中毛泽东有一大段记载，表明国文课老师袁仲谦讲到庄子《逍遥游》中这段舟水关系的著名论断：

> 且夫水之积也不厚，则其负大舟也无力。覆杯水于坳堂之上，则芥为之舟。置杯焉则胶，水浅而舟大也。
>
> 予诵斯言，未尝不叹其义之当也。夫古今谋国之臣夥矣，其雍容暇豫游刃而成功者有之，其蹢躅失度因而颠踬者实繁有徒，其负大舟也无力，岂非积之也不厚乎？
>
> 吾观合肥李氏，实类之矣。其始也平发夷捻，所至有功，则杯水芥舟之谓也；及其登坛□理国交，着着失败，贻羞至于无已者何也？置杯焉则胶，水浅而舟大也。
>
> 孟子曰：流水之为物也，不盈科不行；君子之志于道也，不成章不达。浅薄者流，亦知省哉。（《毛泽东早期文稿》，湖南出版社1990年版，第607页）

其内容主要是摘引《庄子·逍遥游》原文或郭庆藩《庄子集释》卷一上的注文。看来，毛泽东当时读的，是清代郭庆藩的注本。

《讲堂录》这段议论原不分段，为便于分析，笔者依据思想主题将其划分为四段：

从"且夫水之积也不厚"至"水浅而舟大也"为第一段，是《庄子·逍遥游》的原文。这段话包含着很深的哲理。它说明一切事情都是有条件的，一切事物都是有规律的。浅水负载不了大船，这就是规律；离开这个规律，在浅水里去行大船，那船就要搁浅，就要被胶住。一切事情都离不开条件，这在庄子哲学里叫作"有待"。

第二段，从"予诵斯言"到"岂非积之也不厚乎"。从首句判断，这段很可能是毛泽东听讲时悟出的体会。表明他从庄子的议论中，通过水与舟的关系，引申出了一番人生道理，讲到"谋国之臣"。即人的能力与他担当的任务和职位要相称；人应当厚积薄发，举重若轻，游刃有余。毛泽东听老师讲《逍遥游》领会了庄子的真谛。"予诵斯言，未尝不叹其义之当也"，说明毛泽东已经被《逍遥游》中的真理所折服了。一切事物都是"有待"的，都是有条件的，这就是事物的规律。掌握了事物的规律，才能把事情办好。这其中反映着自由与必然的辩证关系。必然就是规律，掌握了必然的规律才能获得自由；离开掌握必然规律去追求自由是根本办不到的。这就像大船离不开大水、鲲鱼离不开大海、大鹏离不开大风一样。

第三段，是从近代史中为上述理论寻找证据，具体例子就是李鸿章处理内政与外交。文中"合肥李氏"，指清代李鸿章（1823—1901），此人字渐甫或子黻，号少荃，安徽合肥人，出身于名门望族，少年聪慧，24 岁中进士，入翰林院任庶吉士。同时，受业曾国藩门下，讲求经世之学。李鸿章是淮军首领，曾任直隶总督兼北洋大臣等职。所谓"平发夷捻"，指其镇压太平军、捻军农民起义。太平天国金田起义后，李鸿章离开翰林院，回乡创办淮军，以书生之身发迹于乱世之中。1864 年（同治三年），李鸿章率淮军攻陷苏州、常州等地，和湘军一起基本剿灭太平天国，接着又镇压了捻军。因军功历任江苏巡抚、湖广总督，1870 年继曾国藩出任直隶总督，手握兵权，成为一方大员，可谓军功显赫。然在毛泽东看来不过"杯水芥舟"而已。正如庄子说的，只是以杯水载草芥之舟，合乎了事物的规律。

"登坛□理国交"，原件有一字缺损，疑为"陛"字。李鸿章后来掌管国事，代表清政府开展外交工作时，丧权辱国，"着着失败"，让国家蒙羞受辱，同时也让自己被后世唾骂。什么原因呢？"水浅而舟大也"，违反了事物的规律。则如庄子说的以大舟行于浅水，自然无力，原因在于"水之积也不厚"，大舟难免搁浅。

第四段是援引孟子的话，语见《孟子·尽心上》。孟子的意思是说：流水这种东西，不把小的坑洼灌满就不会继续向前流动；君子有志于追求大道，不达到一定的程度不能通达。孟子是说，流水的行，君子的达，都是有条件的，否则就是"不行""不达"。这也就是说，做什么事情，"达到一定程度"很重要。在毛泽东（或者是他的老师）看来，庄子的"舟水论"提示人们"浅薄者流，亦知省哉"！毛泽东提醒那些浅薄的不自量力的人，应懂得其中的道理，要引以为戒，不能自不量力，勉强承担不能胜任的工作，否则将给事业带来危害，自己出丑蒙羞倒是小事。

总的来看，毛泽东在《讲堂录》记下的这段话，由庄子的"舟水论"引申出为政之道：才德素质要与职务责任相适应，才能胜任愉快。否则，小水负大舟，难免搁浅，迟滞不前。毛泽东援引李鸿章的历史和孟子的论述，给予深入的探讨。

水越深浮力越大

毛泽东有时也用庄子"舟水论"原意讲明事理。

1955 年 6 月，毛泽东到湖南视察工作，听取了中共湖南省委和省人委有关负责人的汇报。工作之余，他决定回到离别 30 多年，青年时代曾活动过的地方——风光旖旎的岳麓山去看一看。

这里是毛泽东青年时代求学和从事革命活动的地方。长沙的妙高峰、定王台、清水塘、橘子洲、岳麓山，留下了他许多活动痕迹和令他毕生难忘的记忆。

去岳麓山，湘江是必过的河。毛泽东喜爱游泳，这是大家所知道的。果然，6 月 20 日这天，毛泽东提出要在涨水的湘江中游泳。10 时 30 分，他从城北七码头乘小轮船溯江而上。在船上，他精神饱满地同坐在旁边的人员谈话。

看着湘江湍急的水流，浪猛涛急，陪同人员个个都为毛泽东的安全捏着一把汗，都想用各种理由劝阻毛泽东不要下水游泳。

一位省委负责人首先对毛泽东说："主席，今天的江水，挟带泥沙，显得不那么清洁，似乎个宜于游泳。"这位省委负责人见江宽水急，担心毛泽东游泳有困难，想予以劝阻。

毛泽东回答说："水清水浊，不是决定适不适于游泳的主要条件。你说的这点，可以不必顾虑。"

这时，湖南第一师范的校长、毛泽东昔日一师的同学周世钊在一旁接着劝阻说："润之兄，现在湘江涨水，水面又宽又深，水流又湍急，游泳也许不便吧？"

> 毛泽东笑着对周世钊说："惇元兄，你不要讲外行话！庄子不是这样说过吗：'水之积也不厚，则其负大舟也无力。'反过来讲，就是说，水越深，浮力就越大，游起泳来当然就更便利些，你怎么反说不便呢？"（陈明新：《领袖情·毛泽东与周世钊》，中央党校出版社 1997 年版，第 153 页）

几句话说得大家不好再劝了。

毛泽东曾经回忆过当年在湖南一师求学期间在湘江游泳的情景：那时初

学，盛夏水涨，他到湘江中流击水，几次出现险情。但他和一些同学仍然坚持游泳，直到隆冬数九，犹在江中。

小轮船开到猴子石附近以后，毛泽东换上游泳衣，活动了一下身子，用目光扫视了一下波涛滚滚的江面，缓步下船，走上木划子。他从容地坐在木划子的边沿上，将两脚伸入水中，用"端阳水"将全身打湿，做好下水的准备工作后，从容下水。陪同毛泽东游泳并负责毛泽东安全的十多个年轻小伙子早已跃入水中，他们或前或后，或左或右地围绕在毛泽东周围。毛泽东时而侧游，时而仰泳，安闲轻松，像卧在轻波软浪之上，平稳而舒缓地向湘江的西岸游去。

这时周世钊和站在小机轮船上的一些不会游泳的陪同人员，不约而同地停止了交谈，个个都睁大双眼，聚精会神地看毛泽东游泳。毛泽东游到哪里，大家的目光就一致地转移到哪里。毛泽东游泳的姿态很安详，显得轻松自如。他在游泳时，还不时转过头或侧过脸，看看两岸的风光，抬头看看天空的云朵，有时也把目光投到小机轮船上，看看船上站立着的人群。周世钊等乘坐的小机轮船限速行进，距离河中游泳的毛泽东很近。周世钊见毛泽东已经游过江心，游了好久了，就关心地对他说：

"润之兄，你累了吧？上船来休息一会儿再游好不？"

毛泽东劈开一串浪头，望着周世钊朗声回答道：

"不累。放心吧，惇元兄！不累就不要休息，游到河西才上岸。"

又过了约莫半个钟头，周世钊等乘坐的小机轮船已经随毛泽东开到了西岸的牌楼口，船上的陪行人员指着还未到岸的毛泽东及陪游的小伙子们说：

"今天这个场面，不是横渡湘江，而是斜渡湘江！"

斜渡比横渡的距离要多一倍，所以花的时间也就更多。看着毛泽东和陪同他游泳的十多个年轻小伙子先后在牌楼口北头大约半里远的地方登岸，周世钊悬在心上的一块石头才算落了地！

整整游了一个小时。毛泽东穿好衣服，上了汽车，让车向岳麓山驰去。到了山下，毛泽东不肯坐轿，执意和大家一道步行登山到云麓宫。

下午二时在望湘亭进午餐，毛泽东和陪游的同志们谈笑甚欢，毫无倦意。周世钊此时，脑海里浮现出当年毛泽东在湖南一师时的一些情景，觉得眼前的这位伟大的领袖似乎还和青年时一样，便对毛泽东说：

"润之兄，你是六十以上的人了，身体还是这样健康，还能像今天这样横渡湘江，这样登上岳麓山，大大赛过了许多年轻人。如果把今天的真实情况讲给青年们听，一定会使他们感到无比兴奋，认真向你学习。"

毛泽东轻松地笑着说：

"这算得什么啊！爬山吧，仅仅这样一点短路。游水也不是什么难事情，也只游了个把钟头。我们不是每天都走路吗？游泳时有水的浮力帮助，比走路应该是容易多了。但是游水也容易出问题，不可粗心大意。我在第一师范学习游泳时，出过几次危险，不是同学的救护，险些'出了洋'。"

这句话把在座的人都说得笑起来了。

雨后的湘江，水急浪大。周世钊等人劝毛泽东不要游泳，毛泽东从庄子的"舟水论"推导出"水越深浮力越大"的道理，说服大家同意他下水。一个多小时的畅游，证明了庄子"舟水论"的真理性，也证明了毛泽东游泳的可行性。

举世非之而不加沮

毛泽东1913年考入湖南第四师范预科，第二年四师并入湖南省立第一师范。他在湖南四师求学期间，留下一本《讲堂录》。

1913年12月6日，伦理老师杨昌济（后为毛泽东岳父）讲修身课，其中引用了《庄子·逍遥游》中的名言："举世非之而不加沮。"

毛泽东当堂记录：

> 郭筠仙以好名与好利判世代之隆污。汉人好名，魏人好利，晋名唐利，宋名元利，明名清利。
>
> 侯朝宗生长世族，善属文。黄梨洲曰：侯公子自不耐寂寞耳。
>
> 圣人之所为，人不知之，曲弥高和弥寡也，人恒毁之，不合乎众也。然而圣人之道，不求人知，其精神惟在质天地而无疑，放四海而皆准，俟百世而不惑，与乎无愧于己而已。并不怕人毁，故曰举世非之而不加沮，而且毁之也愈益甚，则其守之也愈益笃，所谓守死善道是也。（《毛泽东早期文稿》，湖南出版社1995年版，第593页）

杨昌济曾经到日本和英国留学，是中国早期伦理学家。他的伦理思想有相当一部分保留在他的《达化斋日记》《论语类钞》等著作中。1917年下半年到1918年上半年，他在湖南省立第一师范讲授伦理学原理的修身课。当然，毛泽东的记录，是他1913年在湖南四师授修身课的内容。

从课堂笔记来看，杨昌济老师是在讲"圣人之为"与"圣人之道"。

杨先生首先举了郭筠仙和侯朝宗两个人的例子。关于这两个人的主张及行事，《毛泽东早期文稿》在注释中有比较详细的介绍。

郭筠仙，即郭嵩焘（1818—1891），字伯琛，号筠仙。湖南湘阴人。清末外交官。引语见《郭嵩焘日记》咸丰十一年七月二十日（湖南人民出版社1980年版，第1卷，第471页）。又见《养知书屋文集》卷十《致曾沅甫》（岳麓书社1984年版《郭嵩焘诗文集》，第183页）。《文集》原文是："自汉唐迄今，政教人心，交相为胜，吾总其要曰：名利。西汉务利，东汉务名；唐人务利，宋人务名；元人务利，明人务名。"杨昌济《达化斋日记》（校订本）1914年11月21日所拟修身问题中，有"郭筠轩（仙）以好名好利判世运之隆污，能举其说与？"。

侯朝宗，即侯方域（1618—1654），字朝宗，河南商丘人。父恂，因忤魏忠贤，曾两次被捕入狱。侯方域健于文，由于生长宦族，少年时行为颇放浪，常选妓征歌。江藩撰《国朝汉学师承记》卷八《黄宗羲》中曾记宗羲对侯方域的议论："在南都（今南京）时，见归德（今商丘）侯朝宗每宴以妓侑酒，宗羲曰：'朝宗之尊人尚在狱中，而放诞如此乎！吾辈不言，是损友也。'或曰：'侯生性不耐寂寞。'曰：'夫人而不耐寂寞，则亦何所不至耶？'"〔杨昌济《达化斋日记》（校订本）1915年8月18日："黄梨洲讥侯朝宗之不耐寂寞，盖不耐寂寞者无自得之乐，而有荣华之慕者。"〕

"举世非之而不加沮"见《庄子·逍遥游》：

> 故夫知效一官，行比一乡，德合一君而征一国者，其自视也，亦若此矣。而宋荣子犹然笑之。且举世而誉之而不加劝，举世而非之而不加沮，定乎内外之分，辩乎荣辱之境，斯已矣。彼其于世，未数数然也。虽然，犹有未树也。

庄子的意思是：所以说，那些才智可以充当一官半职的，品行可以亲合一乡人心意的，德行合乎国君要求而又能取信百姓的，他们自我感觉啊，也与这些小雀们并无区别。宋荣子（战国时代思想家宋钘）禁不住嗤笑他们。像宋荣子这样的人，全世界都赞扬他，他也不为此受到激励；全世界都非议他，他也不为此感到沮丧。他能确定自我与外物的区别，分辨荣誉与耻辱的界限，不过如此而已。他对于世俗的功名，不曾汲汲去追求。尽管如此，仍有更高的境界没有树立。

　　庄子在一定程度上赞美宋钘的人格精神，尤其赞美其"举世而誉之而不加劝，举世而非之而不加沮"。杨昌济讲圣人弘道会遇到许多难处，如曲高和寡、无人响应、诽谤诋毁等。但是，圣人"不怕人毁"，因为他顽强认为自己的"道"是真理，而且"质天地而无疑，放四海而皆准，俟百世而不惑"！这里的"无疑""皆准""不惑"说的正是"圣人之道"的真理性特征。"道"是真理，才能"毁之愈甚，守之愈笃"！这与儒家孔子"死守善道"的主张有一致性。死守，顽强地坚守；善道，乃真理之道。

　　也就是说，庄子的"举世非之而不加沮"是有条件的，这个条件就是"道"的真理性，事业的正义性。否则，那只能是固执偏见，甚至是顽固谬论。

　　杨昌济把这个道理作为修身的大题目教授给毛泽东等学子，是希望他们做坚持真理、秉持善道的圣贤。无疑，毛泽东一生都在实践这条修身法则。

　　纵观毛泽东一生，勇于追求真理，敢于坚持真理，其"举世而非之而不加沮"的行为，举其荦荦大端可列三个方面：

　　在敌人的残酷"剿杀"中，他做到了"举世非之而不加沮"。毛泽东率领秋收起义队伍上了井冈山，后来又在中央苏区开展"红色武装割据"。国民党反动派尤其是湖南地方军阀恨透了毛泽东，必欲置之死地而后快，污辱漫骂，追捕"剿杀"，无所不用其极。毛泽东回忆：

　　　　红军在湖南有广泛的影响，几乎和在江西一样。湖南农民对我的名字很熟悉。因为国民党悬了很大的赏格不论死活要缉拿我、朱德和其他红军领导人。我家在湘潭的田地被国民党没收。我的妻子和我的妹妹，以及我弟弟毛泽民、毛泽覃两人的妻子和我自己的儿子，都被何键逮捕。我的妻子和妹妹被杀害了。(《毛泽东1936年同斯诺的谈话》，人民出版社1979年版，第65页)

　　从大革命以后，毛泽东的名字不仅在江西为人熟悉，在他的家乡湖南，更被人一传十、十传百地传说着。他的威名，震慑了敌人，也累及了他的家人。

　　1930年8月下旬，根据中共中央关于统一军事指挥的指示，毛泽东、朱德领导的红一军团和彭德怀领导的红三军团合编为中国工农红军第一方面军，共三万余人，朱德任总司令，毛泽东任总政委。随后，红军开赴长沙城下，执行中央命令，强攻长沙。围困十六日，大战数昼夜，虽然屡有得手，却始终未能攻克。撤围后，红军就活动在赣南一带。

红军从长沙城下撤出后，湖南省清乡司令、省长何键心存报复，悬赏大洋一千元捉拿毛泽东的妻子杨开慧。10月中旬，杨开慧和她八岁的儿子毛岸英被捕入狱。在狱中，杨开慧经受了各种威逼利诱，甚至说，只要她声明与毛泽东脱离夫妻关系，就可以马上获得自由，但都遭到她的严词拒绝。她对前去探监的亲友说："死不足惜，但愿润之革命早日成功！"11月4日，杨开慧在长沙城浏阳门外的识字岭被枪杀，当时才二十九岁。

就在杨开慧牺牲的同时，连吃败仗气急败坏的国民党湖南省长何键派人挖毛家祖坟。何键和他的参谋们认为，国民党在江西"围剿"红军之所以不能得手，毛泽东之所以如此硬气，是因为毛家祖坟山地风水好，要打赢毛泽东，最后"剿灭"红军，非挖掉毛家的祖坟不可！何键派亲信副官熊道乾率一个连的兵力荷枪实弹，趁夜来到了韶山。可韶山的父老乡亲们得知何键的挖坟计划后，在当地党组织策划下，早就采取了相应的防范措施。他们把毛泽东祖父的墓碑放倒并深埋在土下，墓堆推平，栽上树、种上草，清理得不显任何蛛丝马迹。国民党兵们稀里糊涂挖了地主毛俊贤的祖坟回去交差。

毛泽东家在湘潭的田地被国民党没收一事，是指1929年1月30日许克祥的士兵在韶山大肆烧杀，并宣布抄没毛泽东的家产，还一把火烧了他的老屋上屋场。

悬赏抓捕、枪杀亲人、收田烧屋……国民党反动派对毛泽东的迫害可谓至矣，何止是"举世非之"。但是，毛泽东毫不"加沮"，照样坚持斗争，照样没有低下高贵的头颅！

在党内斗争受排挤受打压中做到了"举世而非之而不加沮"。毛泽东在十年土地革命战争中摸索和创立了一条以农村包围城市进行武装斗争的路线。但是，从井冈山时期开始，他就受到党内"左"倾教条主义者的非难、打击、批判、撤职。20世纪60年代，他在回忆党内斗争中受排挤受冷落的境况时说：

> 我就受过压，得过三次大的处分，"被开除过党籍"，撤销过军职，不让我指挥军队，不让我参加党的领导工作。我就在一个房子里，两三年一个鬼也不上门。我也不找任何人，因为说我搞宗派主义，什么邓、毛、谢、古。其实我连邓小平同志的面也没

有见过。后来说在武汉见过，但是我一点印象也没有，可能见过没有谈话吧！那时。给我戴的帽子就多了。说什么山上不出马列主义。他们城里才出马列主义，可是他们也不调查研究，我又不是生来在山上的，我也是先在城市里，后来才到山上来的。说实在的，我在山上搞了几年，比他们多了点山上的经验。——1960年12月25日关于要工作人员搞调查研究的谈话。

他们迷信国际路线，迷信打大城市，迷信外国的政治、军事、组织、文化的那一套政策。我们反对那一套过左的政策。我们有一些马克思主义，可是我们被孤立。我这个菩萨，过去还灵，后头就不灵了。他们把我这个木菩萨浸到粪坑里，再拿出来，搞得臭得很。那时候，不但一个人也不上门，连一个鬼也不上门。——1965年8月5日接见一个外国代表团的谈话。

（吴晓梅：《倾听毛泽东》，广东人民出版社1998年版，第151—152页）

毛泽东还说过，他政治生涯中有过大小二十多次挫折。这里他说的三次大的，分别是指：第一次，1927年11月秋收起义失败后被中共中央撤销湖南省委委员和中央政治局候补委员职务，甚至误传还开除了党籍。第二次，1929年6月在红四军七大上，他落选前委书记一职。第三次，1931年11月中华苏维埃第一次代表大会之后，他名为苏维埃临时中央政府主席，实际上被剥夺了对红军的领导权。和前两次挫折相比，他落魄的这段时间很长，断断续续，可以说一直到1935年1月遵义会议召开。毛泽东后来说，从1931年到1934年，他在中央根本没有发言权。

从1927年大革命失败到1937年全面抗战爆发，在中国共产党的历史阶段上，被称为土地革命时期，前后十年。这十年，是党探索农村包围城市、武装夺取政权道路的十年，探索这条道路的代表人物就是毛泽东，而毛泽东的路线并不合当时执行"左"倾路线的党中央的胃口，因而毛泽东也就在这十年里经历了他一生中最多的误解、冷落、排挤和打击，甚至可以说挫折接踵而至。1931年11月初，中共中央苏区第一次代表大会在瑞金召开，会上毛泽东被指责是"狭隘的经验主义""极严重的一贯右倾机会主义"。

1933年王明"左"倾路线在江西搞反对"罗明路线"，批判"邓毛谢古集团"，就是冲着毛泽东来的。所谓"邓毛谢古"，即任江西省委宣传部部长的邓小平，毛泽东的弟弟、苏区中央局秘书长毛泽覃，任江西省军区第二军分区司令员的谢维俊，任寻乌县委书记的古柏。批判之后，四人分别被派往农村或撤换职务。博古曾对江西省委负责人说："毛泽覃、谢维俊还与毛泽东通信，他们心里还不满，这是派别活动。"

党内的"残酷斗争，无情打击"，"举世而非之"，并没有压垮毛泽东。他一方面坚定立场，不放弃自己的正确政治主张，说服党内同志接受自己的路线；另一方面，下决心多读些马列著作，并用卓有成效的工作弥补损失。经过正反经验的检验，1935年1月的遵义会议上，他的正确主张为党的决策层多数同志认可，他在党内的地位也发生了根本性改变，取得了领导权。

在国际斗争的急风恶浪中做到了"举世非之而不加沮"。这集中体现在20世纪50年代末60年代初中、苏、美大三角关系的激烈外交角逐中。

1958年到1959年，帝国主义、霸权主义等反华势力掀起一股反华逆流。美国在台湾和西藏等问题上继续推行干涉我国主权和内政的帝国主义政策。中国于1958年炮击金门列岛进行了有力还击，捍卫了主权。苏联赫鲁晓夫集团推行大国沙文主义政策，企图从军事上控制中国。1958年赫鲁晓夫集团向中国提出建设长波电台和成立共同舰队问题，损害中国的主权；1959年6月，苏联单方面撕毁了中苏双方签订的国防新技术协议，拒绝向中国提供原子弹样品和生产原子弹的技术资料；1959年9月9日，苏联塔斯社在关于中印边境事件的声明中偏袒印度当局；1959年10月，赫鲁晓夫在中苏会谈中和回国后对中国政策横加指责，污辱中国"像公鸡喜欢打架一样地热衷于战争"；等等。

1959年9月1日，毛泽东致信《诗刊》主编臧克家、副主编徐迟，内中说：

> 全世界反动派从去年起，咒骂我们，狗血喷头。照我看，好得很。六亿五千万伟大人民的伟大事业，而不被帝国主义及其在各国的走狗大骂而特骂，那就是不可理解的了。他们越骂得凶，我就越高兴。让他们骂上半个世纪吧！到那时再看，究竟谁败谁胜？
>
> （陈东林：《毛泽东诗词背后的人生》，九州出版社2010年版，第178页）

毛泽东在信中还引用韩愈的诗句：蚍蜉撼大树，可笑不自量。

11月，毛泽东读报有感，赋诗《七律·读报》予以反击。其诗曰：

反苏忆昔闹群蛙，今日欣看大反华。
恶煞腐心兴鼓吹，凶神张口吐烟霞。
神州岂止千重恶，赤县原藏万种邪。
遍找全球侵略者，仅余中国一孤家。

（吴正裕、李捷、陈普：《毛泽东诗词全编鉴赏》，中央文献出版社 2003 年版，第 627 页）

这首诗表明，毛泽东面对国际上的黑云压城"大反华"，敢于横刀立马，挺立沙场，骁勇奋战。他冷嘲热讽，嬉怒笑骂，睥睨群丑。"今日欣看大反华！"诗句鲜明地透露了坚持真理的凛然大义，不惧任何压力的豪犷气度，洋溢着自信、自强、自主、自立的精神。

12 月 4 日，毛泽东在杭州召集林彪、陈毅、康生、王稼祥、贺龙、谭政、陈伯达七人，举行了国际形势及对策问题讨论会。在讲话提纲中，他第一次提出了在国际上"反对修正主义"的问题。他写道：修正主义是否已成了系统，是否就这样坚决干下去？可能是这样；可能还可以改变。可能要坚持一个长时期（例如十年以上）；可能只坚持一个短时期，例如一、二、三、四年。

他回顾了 1945 年以来的中苏两党分歧。这样批评赫鲁晓夫："赫鲁晓夫们很幼稚。他不懂马列主义，易受帝国主义的骗。他不懂中国达于极点，又不研究，相信一大堆不正确的情报，信口开河。他如果不改正，几年后他将完全破产（八年之后）。他对中国极为恐慌，恐慌之至。他有两大怕：一怕帝国主义，二怕中国的共产主义。"

他列举了当前国际上出现的反华大合唱：以美国为首的资本主义国家继续对中国实行封锁，美国一方面唆使国民党蒋介石不时从东南沿海对大陆进行骚扰，一方面利用与日本签订的"安全条约"、在韩国驻扎的重兵、在越南扩大的战火，形成了一个对中国的月牙形半包围圈。印度政府的一些领导人，乘中国西藏发生叛乱之机，挑起边境纠纷和武装冲突，并直接干涉中国内政。就在这时，中国与北面的社会主义邻国苏联的关系也急剧恶化，赫鲁晓夫提出的设置联合舰队、长波电台主张未能如愿，便单方面撕毁了同中国的国防新技术援助协定……这些鼓噪和包围，都使毛泽东想起了 20 世纪 20 年代初期帝国主义掀起的反对列宁创建的第一个社会主义国家的恶浪。正是"反苏忆昔闹群蛙"。

然而，毛泽东的骨头是硬的。他轻蔑地观望着"举世而非之"的一切，这样写道：

> 反动派大反华，有两件好处：一是暴露了反动派的面目，在人民面前丧失威信；二是激起世界大多数人民觉醒起来，他们会看到反动的帝国主义、民族主义、修正主义是敌人，是骗子，是黑货，而中国的大旗则是鲜红的。
>
> 全世界极为光明。乌云越厚，光明越多。
>
> （陈东林：《毛泽东诗词背后的人生》，九州出版社 2010 年版，第 181—182 页）

在茫茫的夜幕中，灯塔才显出夺目的光焰。因此，他"今日重看大反华"！

"他们越骂得凶，我就越高兴。""乌云越厚，光明越多！"这就是毛泽东的政治个性！

只有主义至真之人，意志至坚之人，心胸至广之人，才能做到"举世非之而不加沮"！

毛泽东以一生的实践证明了这是一种至高至上的品格。

别人代庖是不对的

"代庖"一词，出自《庄子·逍遥游》篇。那是传说中的尧帝要"禅让天下"给许由，两位政治家的一段对话：

> 尧让天下于许由，曰："日月出矣，而爝火不息；其于光也，不亦难乎！时雨降矣，而犹浸灌；其于泽也，不亦劳乎！夫子立而天下治，而我犹尸之，吾自视缺然，请致天下。"
>
> 许由曰："子治天下，天下既已治也；而我犹代子，吾将为名乎？名者，实之宾也。吾将为宾乎？鹪鹩巢于深林，不过一枝；偃鼠饮河，不过满腹。归休乎君！予无所用天下为。庖人虽不治庖，尸祝不越樽俎而代之矣。"

《庄子》这段文章的大意是，尧是我国古代一位贤明的君主，他诚心诚意地要把天下让给许由，他打比方说："日月出来了，光照天地之间，而烛火还不熄灭，烛火要是与日月比起光亮来，不是太难了吗！及时雨普降了，滋润着大地，这时还用人工浇灌田地，这对于润泽禾苗，不是徒劳的嘛！先生如为天子，一定能把天下治理好，而我还空占着这个君位，自己也觉得惭愧，请允许我把治理天下的重任让给先生。"

许由不接受，他很坦率地说："你治理天下，天下已经治理得很好了。而我再来代替你，岂不是追求名吗？名从属于实，有实即有了名，我不能追求名啊！小鸟鹪鹩在森林里筑巢，所需不过一枝；偃鼠到河边饮水，所需不过满腹。所以，请你还是安心地做君主吧，我要天下有什么用呢！厨师虽然不去管理厨房，主祭的人也不可越位去代他来烹饪。"

"代庖"一词就由"庖人虽不治庖，尸祝不越樽俎而代之"演化而来。

相传古代有个许由，他很贤能，是无名的圣人。尧帝想把天下让给他，他婉言拒绝了。庄子描述尧"让天下"与许由的故事，体现了庄周先生"无己"的主张。

所谓"无己"，就是不肯定有自己。庄周的看法是：有了自己，就会有与自己相对的别人和客观世界，因而也就不能有绝对自由了。为此，他特别借许由的嘴说出："我要天下有什么用处呢！"这不但充分表现了他的主观唯心主义，而且也把他的"无己"的实质暴露出来了。

许由拒绝尧帝的禅让，他打比喻表明自己不愿"代庖"。意在说人各有专职，尽管他人不尽职，也不必超越自己的职务范围而去代做。这个比喻，一直被后人作为"代庖"或"越俎代庖"来使用着，用它来比喻那种超出自己职责范围，去做别人工作的行为。

毛泽东 1927 年 3 月在《湖南农民运动考察报告》这篇文献中使用了这个比喻，他说：

> 湖南的湘乡、湖北的阳新，最近都发生地主利用了农民反对打菩萨的事，就是明证。菩萨是农民立起来的，到了一定时期农民会用他们自己的双手丢开这些菩萨，无须旁人过早地代庖丢菩萨。共产党对于这些东西的宣传政策应当是："引而不发，跃如也。"菩萨要农民自己去丢，烈女祠、节孝坊要农民自己去摧毁，别人代庖是不对的。（《毛泽东选集》第一卷，人民出版社 1991 年版，第 33 页）

《湖南农民运动考察报告》这篇文献，是毛泽东为了答复当时党内外对于农民革命斗争的责难而写的。

1926 年下半年，随着北伐战争的胜利，湘、鄂、赣三省出现了轰轰烈烈的农民运动。觉醒的农民组织起农协，不断攻击土豪劣绅、不法地主、贪官污吏和旧恶势力，以及各种封建宗法思想和封建统治制度，引发了深刻的农村社会大革命。然而，如疾风骤雨般迅猛兴起的农民运动，却遭到国民党右派和封建地主豪绅的诋毁和破坏，甚至在共产党内也受到了部分怀疑。

对此，1927 年年初，毛泽东深入到湖南的湘潭、湘乡、衡山、醴陵、长沙五个县，做了 32 天的实地考察工作。广泛接触和访问当地群众，召集农民及其运动骨干，取得了大量的第一手资料。毛泽东回到中央农民运动委员会驻地武昌，写出了《湖南农民运动考察报告》这篇重要文献。

报告中，毛泽东根据当时的现实，客观分析了农村中各阶级的革命态度和社会处境，热烈颂扬了大革命中农民群众为推翻乡村封建统治进行的一切革命斗争和功业，批判了党内外责难农民运动的各种观点，重申了中国革命若想取得成功必须依靠农民阶级的立场。

毛泽东在报告中记述的湖南农民在农会领导下做出了 14 件大事。就其基本的精神说来，就其革命意义说来，都是好事。说这些事不好的，只有土豪劣绅之流。

毛泽东在叙述第七件事"推翻祠堂族长的族权和城隍土地菩萨的神权以至丈夫的男权"时，他谈到了发动群众的重要性。并借用《庄子》本篇中"代庖"这个比喻，阐明了共产党对农民破除迷信的策略。

毛泽东举例说，最近一些地方发生了地主利用了农民反对打菩萨的事，这就说明在政治斗争和经济斗争没有取得胜利之前，勉强地从事这种对于家庭主义、迷信观念和不正确的男女关系之破坏，是不适宜的。他特别强调指出："菩萨是农民立起来的，到了一定时期农民会用他们自己的双手丢开这些菩萨，无须旁人过早地代庖丢菩萨。""菩萨要农民自己去丢，烈女祠、节孝坊要农民自己去摧毁，别人代庖是不对的。"党对于农民破除迷信和其他不正当的风俗习惯，不要去指手画脚，要善于引导，而不是包办代替。而应该向农民加强宣传，使农民思想觉悟提高后，自己动手去破除。也就是说："人民的觉悟不是容易的，要去掉人民脑子中的错误思想，需要我们做很多切切实实的工作。"只有通过广泛的、耐心细致的宣传教育，使群众的政治觉悟提高以后，认识到自己的利益，并团结起来为自己的利益而奋斗时，"群众齐心了，一切事情就好办了"。如果群众还不觉悟，我们硬要领着他们去干，或者用包办代替的方法去干，其结果必然失败。

在中国革命的进程中，党无疑应该立于领导地位。而如何领导，也就是如何根据形势的发展和群众觉悟的程度来引导和推动革命的前进，则是反映党的水平和领导策略的一个问题。在这个问题上，毛泽东实事求是地认为，革命形势的发展和群众觉悟的水平，总是有一个发展过程的。而作为领导者，应当善于把握时机，在适当的时机采取相应的行动，来推动革命的发展。而不应不顾客观实际，不顾群众的觉悟程度，急功近利，越俎代庖，这样只能给革命带来更大的损失。

毛泽东一再指出："有许多时候，群众在客观上虽然有了某种改革的需要，但他们在主观上还没有这种觉悟，群众还没有决心，还不愿实行改革，我们就要耐心地等待；直到经过我们的工作，群众的多数有了觉悟，有了决心，自愿实行改革，才去实行这种改革，否则就会脱离群众。"

毛泽东对农民摧毁代表封建势力的祠堂、菩萨的行为给予了肯定，建议党组织可以在这方面予以引导。引导农民提高政治觉悟，让群众自己起来进行革命斗争，而不应该对群众发号施令，或直接干涉类似事件。

毛泽东在这里讲的，是一项马列主义政党的领导艺术，是党的群众路线问题。在一切工作中，都要贯彻党的群众路线。党对人民群众的领导作用在于制定正确的政策，及时给人民群众指明方向，启发和指导群众自己动手，不能包办代替。如果违背群众的意愿，超越群众的觉悟程度，急于求成而包办代替，就会犯"越俎代庖"的错误，其结果必然要脱离群众，劳而无功。

《齐物论》与辩证法

《齐物论》是庄子哲学思想的代表作，是庄子哲学思想的又一个核心。

"齐物"的意思即是"物齐"，即把形色性质不同之物、不同之论、不和谐的现实世界的种种差别——"不齐"，视之为无差别的"齐一"。把世上的是非、善恶、物我、生死等，都看成是一样的，都是无差别的一回事。从而导致了关于万事绝对齐同的认识。

在认识论问题上，庄子思想的主要表现是万物齐一和否定是非的相对主义和不可知论，但也有较丰富的辩证法内容。如庄子论述道：

> 物无非彼，物无非是。自彼则不见，自是则知之。故曰彼出于是，是亦因彼。彼是方生之说也，虽然，方生方死，方死方生；方可方不可，方不可方可。因是因非，因非因是。是以圣人不由，而照之于天，亦因是也。
>
> 是亦彼也，彼亦是也。彼亦一是非，此亦一是非。果且有彼是乎哉？果且无彼是乎哉？彼此莫得其偶，谓之道枢。枢始得其环中，以应无穷。是亦一无穷，非亦一无穷也。故曰：莫若以明。

《庄子》这段文章大意是：宇宙间的事物没有不是彼的，也没有不是此的，从彼方看不见此方，从此方来看就知道了。所以说，彼方是出于此方，此方也依存于彼方。彼此是相互并存的。虽然如此，生中有死的因素而向死转化，死中有生的因素而向生转化，肯定中有否定因素而向否定转化，否定中有肯定因素而向肯定转化；由是而得非，由非而得是，因此，圣人不经由是非之途而只是如实地反映自然，也就是因任自然这条道理。

此也是彼，彼也是此。彼有一个是非，此也有一个是非，果真有彼此之分吗，果真无彼此之分吗？彼此都没有它的对立面，这就是物通为一的规律。符合道的规律才能得到它的运转的圆机，以顺应无有穷尽的发展变化。"是的"发展变化是无穷尽的，"非的"发展变化也是无穷尽的。所以说不如以空明的心境去反映事物的实情。

《齐物论》这段话的中心思想，是在认识过程中不要停留在主观上作简单的肯定或否定。"物无非彼，物无非是。自彼则不见，自是则知之"，讲的是客观事物因相互对立而有了"彼"和"此"之分，所以人们在认识客观事物时只看到一个方面是不行的。一方面，客观事物又是相互依存的。所谓"是亦因彼，彼亦因是"，揭示的就是这种关系。客观事物彼此对待和依存，导致了双方互相转化。"方生方死，方死方生"，说明事物无时不在发展变化。唯其如此，对发展中的事物进行判断就不能采取一个固定的标准。"方可方不可，方不可方可"，说明人对发展中的客观事物做出的任何判断，都落后于客观事物的已然情况。所以"因是因非，因非因是"，每个人由于认识角度和价值标准不同，得出的结论也就不同。这就是圣人不去作简单的肯定或否定而"照之于天"的原因，也就是任其自然。独立于人的主观认识之外的客观事物，不管你去作任何评价，都不会因之而变。"照之于天"，是不带任何偏见而分辨什么是是非非，从而以明澈之心照见客观事物真相。

庄子认为，彼此之对待，只是人们所站的角度不同。认识的角度变化，彼此的对待关系也就随之变化。至于从彼此的对待关系引出的是非，并非来自客观事物本身，而是来自人们的主观成见。"彼此莫得其偶，谓之道枢"，意思是说不强分彼此，彼此都没有它的对立面，这就是物通为一的规律。

庄子在这里分别从是与非、彼与此、可与不可方面，不厌其烦地论述万事万物没有本质上的差别，它们不仅相互依存，也可以相互转换，从道的层面看，它们完全是浑然一体的，也就是"道通为一"。在此观念上，庄子提出了"莫若以明"的认识论，即与其纠缠于是是非非的偏见之中，不如用虚静之心去观照万事万物，排除自我中心的障蔽，呈现大道的光明。

青年时代毛泽东在探索科学的辩证法的过程中，曾经借鉴过庄子的《齐物论》。这一点从 1917 年毛泽东读包尔生《伦理学原理》批注中可以看出来。他在批注中写道：

观念即实在，有限即无限，时间感官者即超绝时间感官者，想象即思维，形式即实质，我即宇宙，生即死，死即生，现在即过去及未来，过去及未来即现在，小即大，阳即阴，上即下，秽即清，男即女，厚即薄。质而言之，万即一，变即常。我是极高之人，又是极卑之人。（《毛泽东早期文稿》，湖南出版社1995年版，第269—270页）

毛泽东一生器局宏大，超迈高绝，想来得之于庄子者实多。庄子主张绝对的相对主义，高踞"道"的境界，居高临下，于是齐一万物，宇宙即是稊米，一切不在话下。庄子的这种相对主义，毛泽东的早年思想即有鲜明呈现，这一点从毛泽东现存的早期文稿中即可看出。

毛泽东的日常生活里，也曾多次用过庄子的相对主义。卫士张仙朋跟着毛泽东在院子里散步，毛泽东看了看天，忽问张仙朋："我们是住在天上，还是住在地上？"张自然答曰"住在地上"。毛泽东又问："我们算不算神仙？"张又答曰"不算"。张仙朋被问得有些摸不着头脑了，毛泽东说："告诉你，我们住在地球上，人们都说神仙是住在天上，但是，如果别的星球有人，他们不也把我们看作是天上的神仙吗？"

又有一次在北戴河海滨，毛泽东向王稼祥夫人朱仲丽申说了"中国人即洋人"的道理："我们把外国人叫洋人，我们不也是他们的洋人吗？"（朱仲丽：《毛泽东王稼祥在我的生活中》，中共中央党校出版社1995年版，第200页）

庄子《齐物论》相对主义的论说和实证，有辩证法的思想素材，它既看到了事物的两个方面，也看到了两个方面的互相转化。但是，庄子相对论，使相对的两个方面完全"齐一"了，抹杀了二者质的区别，你就是我，我就是你，难免陷入诡辩论和不可知论。毛泽东品读《齐物论》，主要在于吸纳其辩证思维精神，拓展思维视野。

鸟憎西施威也

庄子的文章雄丽汪洋，生动活泼，颇富浪漫和幽默气氛，向为后人推崇。

青年毛泽东很喜欢《庄子》的词句。在 1913 年 12 月的《讲堂录》里，他读明清之际著名散文家魏际瑞（1620—1677）的《铭书案曰净厚宽平》一文，在笔记里便随手用《庄子》里的叙述来解释有关字词等内容：

> 蝍蛆：蜈蚣也，食带眼。
>
> 带：蛇也，蝍蛆食其眼。
>
> 鸟憎西施威也：毛嫱，丽姬，人之所美也，鱼见之深入，鸟
>
> 见之高飞。（《毛泽东早期文稿》，湖南出版社 1990 年版，第 606 页）

《庄子·齐物论》有"蝍蛆甘带"一语。毛泽东在《讲堂录》里对这一词语作了解释。

蝍蛆，就是蜈蚣。带，即指蛇。也就是说，蝍蛆是蜈蚣的别名。按青年毛泽东的注释，蜈蚣爱吃蛇头。

蜈蚣为典型的肉食性动物，性凶猛，食物范围广泛，有蟋蟀、蝗虫、金龟子、蝉、蚱蜢以及各种蝇类、蜂类，甚至可食蜘蛛、蚯蚓、蜗牛以及比其身体大得多的蛙、鼠、雀、蜥蜴及蛇类等。

蜈蚣有能射出毒液的颚爪，甚至可杀死比自己大的动物，也有同种互相残杀中毒而致死的现象。白天它们隐藏在暗处，晚上出去活动。蜈蚣与蛇、蝎子、壁虎、蟾蜍并称"五毒"，并位居五毒之首。

"鸟憎西施威也"，毛泽东在《讲堂录》里解释道："毛嫱，丽姬，人之所美也，鱼见之深入，鸟见之高飞。"

这句出自《庄子·齐物论》：

> 毛嫱、丽姬，人之所美也；鱼见之深入，鸟见之高飞，麋鹿
> 见之决骤，四者孰知天下之正色哉？

意思是说，毛嫱、丽姬是世人认为最美的女人，但是，鱼见了她们就潜入水底，鸟见了她们就飞向高空，麋鹿见了她们就赶紧逃跑，人之所美的，鱼、鸟、麋鹿却避之唯恐不及。这四种动物，究竟谁知道天下真正的美色是什么？

毛嫱，是春秋时代的美人。最早赞美她的是管子，《管子》书中说："毛嫱、西施，天下之美人也。"可以这样认为，春秋末期的毛嫱应该是中国古代，至少是先秦时期的"第一美女"。毛嫱其人，史书上并无专门记载，只知她是春秋末一代霸主越王勾践的爱姬，大致与西施、郑旦年龄相当。但我们仍可以从后人对她的赞美中知晓，她才是最初人们心目中美的化身与象征，是"沉鱼"的原型。

丽姬，《庄子·齐物论》篇说她是晋献公夫人。"沉鱼落雁"一典，最早说的就是毛嫱和丽姬，源自《庄子·齐物论》。

庄周此处的本意是说像毛嫱、丽姬那样公认的绝色美女，鱼、鸟与麋鹿是不懂得去欣赏的，面对倾城倾国的美人，它们照样或沉入水底自游，或高高地飞翔着。庄周以此说明天地万物齐一。所谓的大小、美丑、怪异之分，从"道"的观点来看，都是不存在的。庄周通过此例，来说明也是证明事物有无限的相对性。

此例告诉我们：学生时代的毛泽东对《庄子》所蕴含的万物齐一的价值观就很了解和熟悉，并随时加以运用。

养生主

吾生也有涯，而知也无涯

熟悉庄子的人都知道，庄子是思想家，同时也是一位养生学家。《庄子》内篇有《养生主》一文，专论养生。他在文章开头即说：

> 吾生也有涯，而知也无涯；以有涯随无涯，殆已！已而为知者，殆而已矣。为善无近名，为恶无近刑；缘督以为经，可以保身，可以全生，可以养亲，可以尽年。

庄周先生此段话的大意是，我们的生命是有限的，而知识却是无穷的，以有限的生命去追求无穷的知识，势必劳心伤神，感到困惑，既然如此还要不停地追求知识，那可真是十分危险的了！做了好事不要贪图名声，做了坏事不至于触及刑罚。依循自然之理，把它作为处世的常法，这就可以保养形体，就可以保全天性，就可以养护精神，就可以尽享天年。

这里，庄子主要谈养生之道。这段话居文章之首，有提纲挈领的作用，可视为庄子养生学的思想大纲。

"吾生也有涯，而知也无涯"，这是庄子对人生大彻大悟后得出的结论。人的生命是有限的，而知识是无穷尽的，是没有边际的。在无限的时空中，人生若白驹之过隙，是那么的短暂。人生的"有涯"和认识的"无涯"之间的矛盾，是摆在每一个人面前，谁都得面对、都无法回避的问题。

"以有涯随无涯，殆已！"如果以人生有限的生命去追求无限的知识，企图在短暂的人生中去认识无穷的世界，那真是太危险了！

"已而为知者，殆而已矣。"既然知道如此危险，却还要不停地追求无穷的知识，这岂不是更加危险了吗？

庄子正视这一矛盾，感叹人生之短暂、世界之无穷，慨叹人生的有限性和时空的无限性。时空自身是无限的，但对某一具体的人是有限的，因而谁也无法突破时空的局限，以及由此而产生的知识的局限。可世上偏偏有许多人，无视人生的有限性与世界的无限性。他们或心高志远，要穷尽真理，或欲壑难平，汲汲于功名利禄。庄子向世人大声疾呼：既然知其危险，为何还要孜孜不倦地追求呢？意在要人们悬崖勒马，迷途知返。

庄子的意思不是"反知识"，而是要人"超越知识"。他认为，学知识是以了解养生的道理，也就是了解自然变化的道理为主。了解之后，便应顺应自然的变化，不要再追逐多余的知识，否则便是迷路了。

在庄子看来，什么功名利禄，什么穷尽真理，与生命比起来都不重要。唯生命比什么都宝贵，所以要精心养护。"为善无近名，为恶无近刑，缘督以为经"，这是庄子提出的养生必须遵照的基本原则。前两句意为：养生之人，不可为善，因为善就要接近名誉，也不可为恶，因为恶就会刑戮加身。意即忘掉善恶，顺应自然。即使为善为恶，也要做到做好事不追求名誉，做坏事不触犯刑罚。后一句意为：顺应自然的中道，把它作为处世的常法。可见庄子的养生理论亦包括处世哲学。

庄子处于战国时代，生遭乱世，保住生命，不掉脑袋，是庄子养生的关键。"为善无近名，为恶无近刑"，则是养生的根本对策。因为名誉有害心性，刑罚有害生命。为保住心性和生命，就要"缘督以为经"，在名与刑之间找出一条出路来。

庄子认为，遵照他所提出的养生的基本原则，就可以实现养生的四大目标：保身、全生、养亲、尽年。"保身"是免遭刑罚，自我保护。"全生"即保全心性或自然天性。"养亲"的"亲"，即指人的精神。"养亲"即养护精神。人的形体、心性、精神都保养好，就可以享尽天赋的寿命。庄子提出的基本养生原则，谈养生强调养神，但也谈养形和养性，三者是统一的。

青年毛泽东对庄子的养生学说是赞同的，尤其对"吾生也有涯，而知也无涯"这句名言十分欣赏。

1917年夏，他在为同学萧子升的《一切入一》读书笔记写的序言中，引用了《庄子》这句话。毛泽东开篇即讲：

予维庄生有言：吾生也有涯，而知也无涯。今世学问之涂愈益加辟，文化日益进步，人事日益蕃衍，势有不可究诘者。惟文化进矣，人之智慧亦随而进，则所以究诘之者，仍自有道也。顾究诘也同，而有获有不获，则积不积之故也。(《毛泽东早期文稿》，湖南出版社1995年版，第82页)

庄子谈"生有涯"与"知无涯"的关系，意思是人生有限，知识无尽，要养生长寿就不要用有限的生命去寻求无尽的知识。他的养生观有消极避世的一面，是"无为"的一种表现。

青年毛泽东为学友萧子升的《一切入一》笔记作序，则对庄子"生知论"做正面理解和引申。认为今世学问、文化、人事都在发展，"人之智慧亦随而进"。在探讨和研究学问过程中，随时都会遇到疑点和难处，而要攻克读书上的困难，唯有不断地获得和积累，以人生有限的生命，孜孜不倦地追求无穷的知识，才能日积月累，积久成学。这是为学者应持的态度和精神。

庄子的"生知论"是排斥求知的，毛泽东的"生知论"是推动求知的。

毛泽东一生勤奋好学，是个终生与书为伴的人，这是大家所熟知的。毛泽东曾说："我一生最大的爱好是读书。""饭可以一日不吃，觉可以一日不睡，书不可以一日不读。"

从湖南一师求学时起，毛泽东就立志探寻宇宙的大本大源，想读尽天下书。他曾在给萧子升的信中写道：

> 经之类十三种，史之类十六种，子之类二十二种，集之类二十六种，合七十有七种。据现在眼光观之，以为中国应读之书止乎此。苟有志于学问，此实为必读而不可缺。然读之非十年莫完，购之非二百金莫办。(《毛泽东早期文稿》，湖南出版社1995年版，第37页)

毛泽东虽然没有购买并读完这些经史子集，但已读了不少，故对"国学"造诣很深。先秦诸子百家学说，宋明理学，楚辞汉赋，唐诗宋词，明清小说，历代史著，以及康有为、梁启超、孙中山等人的学说等，他都做过认真的研读。

青年时代毛泽东曾写过一副自勉联：

贵有恒，何必三更起五更眠；

最无益，只怕一日曝十日寒。

这副联语是化用明代学者胡居仁所撰的对联：苟有恒，何必三更眠五更起；最无益，莫过一日曝十日寒。这副对联体现了毛泽东对积学贵有恒精神的称道。

因而，从青年时起毛泽东立言以身心之修养、学问之研求为主，用功读书，持之以恒。

还是在为同学萧子升读书札记作的序中，毛泽东在说明积不积学问与有获有不获的重要关系后，进而把读书积学比作修筑百丈之台，须从一砖一石开始，更显露出其积学贵有恒的观念。他继续写道：

> 今夫百丈之台，其始则一石耳，由是而二石焉，由是而三石四石，以至于万石焉。学问亦然。今日记一事，明日悟一理，积久而成学。高以下基，洪由纤起，在乎人之求之而已。等积矣，又有大小偏全之别，庞千山之材而为一台，汇百家之说而成一学，取精用宏，根茂实盛，此与夫执一先生之言而姝姝自悦者，区以别矣。（《毛泽东早期文稿》，湖南出版社 1995 年版，第 82 页）

毛泽东一生读书积学，恒久而不间断。他那似百丈高台的渊博学识，正是一砖一石日积月累地筑起来的。

毛泽东自幼时起饱读诗书，且终生吟诗赋词不间断。

自少年时代起，毛泽东就善于挤时间看书学习。长沙求学时期他勤学苦读，如在湖南一师读书期间，他曾把屈原的《离骚》一丝不苟地抄录到笔记本上。

革命战争年代他利用战争空隙争分夺秒地研读。在延安时期，他读艾思奇的《哲学与生活》一书时，曾亲笔作了三千余字的摘录，还致信艾思奇虚心求教，等等。

社会主义建设时期他更加嗜读。1958 年，在游览成都武侯祠时，他曾将祠中的数十副对联全都让随行人员抄写下来。他曾读多遍《资治通鉴》，经常翻阅卷帙浩繁的"二十四史"……

中南海毛泽东的故居更是书天书地，居室的书架上摆满了书，办公桌、饭桌、茶几上到处是书，床上除躺卧的位置外也全都被书占领，连厕所里也摆放着书。

为了读书，毛泽东把一切能利用的时间都用上了。可以说毛泽东一生从未放弃对书本的钟爱。病重临终之前，在弥留之际，他仍在坚持看文件、听工作人员给他读书、读文件……直到离世。

青年毛泽东引用《庄子》"吾生也有涯，而知也无涯"这句名言，目的是与同学共勉。

这也是毛泽东青年时代即立下的积学贵有恒的精神。

他一生认真读书，勤学不倦，体现了"生有涯而知无涯"的学习精神！

庖丁解牛

"庖丁解牛"出自《庄子·养生主》，是一个脍炙人口的故事。庄子描写了一位技术高超的厨工，他为文惠君解牛，举手投足间发出的声音宛如优美的旋律；他"以无厚入有间"，解牛数千矣，而解牛刀十九年常新，像刚刚磨过的一般锋利无比；他解牛如表演，天衣无缝，刀刃在牛的关节之间游来游去，如鱼得水，"游刃"有余，达到了出神入化的境界。

庄周先生兴趣满怀地写道：

庖丁为文惠君解牛，手之所触，肩之所倚，足之所履，膝之所踦，砉然响然，奏刀騞然，莫不中音。合于《桑林》之舞，乃中《经首》之会。

文惠君曰："嘻，善哉！技盖至此乎？"

庖丁释刀对曰："臣之所好者道也，进乎技矣。始臣之解牛之时，所见无非全牛者。三年之后，未尝见全牛也。方今之时，臣以神遇而不以目视，官知止而神欲行。依乎天理，批大郤，道大窾，因其固然。技经肯綮之未尝，而况大軱乎？良庖岁更刀，割也；族庖月更刀，折也。今臣之刀十九年矣，所解数千牛矣，而刀刃若新发于硎。彼节者有间，而刀刃者无厚；以无厚入有间，恢恢乎其于游刃必有余地矣，是以十九年而刀刃若新发于硎。虽然，每至于族，吾见其难为，怵然为戒，视为止，行为迟，动刀甚微，謋然已解，如土委地。提刀而立，为之四顾，为之踌躇满志，善刀而藏之。"

文惠君曰："善哉！吾闻庖丁之言，得养生焉！"

这篇叙事小品文的大意是：有一个名叫丁（后人称之为庖丁）的厨师，替文惠君解牛，手所接触的地方，肩膀所靠着的地方，脚所踩着的地方，膝盖所顶着的地方，都发出皮骨相离的声音，刀子刺进去时发出更大的响声，这些声音无不完美，给人感觉仿佛是伴着尧时《经首》的乐曲，跳着汤时《桑林》之舞。

文惠君看了，大为叹服，情不自禁地说道："好啊！想不到你的技术已达到这样的化境。"

庖丁放下刀子，慢慢地回答说："臣下所喜好的是摸索事物的规律，已经超过技巧了。刚开始我在宰牛的时候，看见的都是整头的牛。三年以后，看见的再也不是整头的牛了。到了现在这个时候，臣下只是用心神去接触，不必用眼睛去看，感官的知觉停止了，全靠精神意念在活动。顺着天然的肌理结构，劈开筋骨间大的空隙，再引向骨节间大的空隙，顺着牛体本来的结构使刀。从来没有碰到过经络相连或筋肉盘结的地方，更何况大的骨头呢！"

文惠君听得入了迷，庖丁又说道："技术高明的厨工每年换一把刀，因为他用刀子去割肉。一般的厨工每月换一把刀，因为他用刀子去砍骨头。现在臣下的这把刀用了十九年了，宰杀过的牛数千头了，可是刀锋却像刚从磨刀石上磨出来的一样。牛身上的骨节是有空隙的，而刀锋并不厚，用这样薄的刀锋刺入有空隙的骨节中，当然是可以宽绰而有余地地运转刀锋了，因此用了十九年，刀锋仍像刚从磨刀石上磨出来的一样。虽然这样，可是每当碰到筋骨交错的地方，我知道那里难以下刀，就特别小心翼翼，目光凝聚，动作缓慢地进行着。当刀子轻轻地动了一下，'哗啦'一声，骨肉就已经分离，像一堆泥土散落在地上了。我抽回刀子站立着，为这件事环顾四周，悠然自得，心满意足，然后把刀擦拭干净，收藏起来。"

文惠君听完庖丁的故事，顿有所悟，他高声说道："好哇！我听了庖丁的话，领悟到了养生的道理！"

《庖丁解牛》的故事，不仅文章写得意趣横生、形象生动，而且蕴含丰硕，道理深刻。

《庄子·养生主》是一篇专谈养生问题的文章。本篇宗旨是教人养生不仅重视形体，而且重在保养精神，顺着事物的自然之理以养生。那种人为的强制性的延年益寿办法，不是庄子养生的本意。

《养生主》首先提出养生的关键在于"缘督以为经"，即顺应自然之理，作为处世的常法。然后援引《庖丁解牛》的故事加以论证，说明人处世间，只有像庖丁那样，避开一切矛盾，"以无厚入无间"，才能"保身""全生"。这种思想虽然有消极的一面，然而亦有可取之处。

重要的是，以今天的哲学视角看问题，从《庖丁解牛》的故事中也可以引申出办事要顺应自然规律的道理。人们只有认识规律、掌握规律，才能更好地认识世界、改造世界，从必然王国进入自由王国，成为真正的行家里手。

同时，《庖丁解牛》的故事在客观上反映了实践在认识上的重要性："族庖月更刀"，"良庖岁更刀"，而庖丁解牛之刀用了十九年，三个时间段人们的认识（解牛）是不一样的。这说明，只有通过长期实践的不断摸索，才能掌握事物的客观规律，做事才会"无厚入有间"，得心应手，游刃有余。这说明，《庖丁解牛》的故事在今天也很有思想方法方面的启发意义和现实指导价值。

庄子效法于庖丁

对于《庄子》的养生理论和处世哲学，毛泽东在青年时代就十分熟悉。他于 1917 年以"二十八画生"笔名在《新青年》杂志上发表《体育之研究》一文，其中说：

> 体育者，养生之道也。东西之所明者不一：庄子效法于庖丁，仲尼取资于御射；……而考其内容，皆先精究生理，详于官体之构造，脉络之运行，何方发达为早，何部较有偏缺，其体育即准此为程序，抑其过而救其所不及。（《毛泽东早期文稿》，湖南出版社 1995 年版，第 66 页）

毛泽东的《体育之研究》一文，是我国近代体育事业研究的一份十分珍贵的文献，是以近代科学观点、结合中国实际状况进行认真研究、系统论述体育的一篇最早的文献。原载 1917 年 4 月 1 日《新青年》第三卷第二号上。

青年毛泽东对"国力荼弱，武风不振，民族之体质日趋轻细"的状况，深感忧虑。在探索救国救民的道路中，毛泽东看到了体育对增强民族体质、提倡武风、挽救民族危亡的重要作用。在《体育之研究》一文中，毛泽东阐述了体育"强筋骨、增知识、调感情、强意志"的四大作用，同时提出了学校教育要"三育并重""体育占第一位置"的思想，这里体现了毛泽东的体育思想和教育思想。

毛泽东在文中指出，从有人类以来，即使那时的人很愚昧，但是也知道保护自己的生命。这是由人的本能决定的。所以，随着人类的进步，才有了养生学。体育，本身即是养生之道。所区别的是，古今中外对体育即是养生之道的理解有所不同而已。对于这一点，古人早就有所认识。

毛泽东举例说明：古代庄子讲养生之道就"效法于庖丁"。这句话出自《庄子·养生主》。庄周从解剖的路数悟出"依乎天理，因其固然"的道理来，于是联想到养生之道，主旨是养生有道，若不善养反而伤生，非养生之主。

庄子"依乎天理，因其固然"，即人与自然为一，保持心境恬淡的精神修养。当然，庄子所说的养生之道，也包括安身立命的处世之道。庄子用牛身子的结构，比喻人世的错综复杂。不会操刀的人杀牛，硬砍硬割，就好像不懂道理的人，在世上横冲直撞一样，徒然地损耗形神。庖丁解牛，游刃有余，便揭示养生的自然妙理，必至目无全牛，然后天地万物乃豁然开解，使你无入而不自得。

与"庄子效法于庖丁"并举的是"仲尼取资于御射"，指孔子以射箭和驾车这两项练习作为养生之法。孔子是春秋时代的大教育家，他把"礼、乐、射、御、书、数"六门技艺作为教育内容，其中射与御属于体育。射，指射箭（古代远程攻击兵器）；御，指驾车子（战时就是战车）。这两项技术，是春秋战国时代男子必学之武艺，主要是为了适应战争频繁的需要。

毛泽东借庄子《养生主》里写的《庖丁解牛》的故事，说明体育（养生）之道，认为体育锻炼"皆先精究生理，详于官体之构造，脉络之运行，何方发达为早，何部较有偏缺，其体育即准此为程序，抑其过而救其所不及"。故其结论，"在使身体平均发达"。由此推理，毛泽东认为，体育是人类最理想的养生之道。

良庖岁更刀

在举世闻名的红军二万五千里长征前夕，毛泽东讲到《庖丁解牛》的故事。

那是 1934 年 10 月 18 日，傍晚，在中央纵队来到于都时，毛泽东加入了中央纵队，走过于都浮桥，迈开了万里长征的第一步。

据共产国际派驻中共中央根据地的军事顾问李德（奥托·布劳恩）后来在《中国纪事》一书中回忆：

> 当红军第五次反"围剿"斗争遭受重大挫折时，有人第一次提出，我们的红军主力是否应突破敌人对中央苏区的封锁，进行战略转移这个问题时，毛泽东用一句毫不相干的话（我想可能是老子的话）回答说："良庖岁更刀，割也；族庖月更刀，折也。今臣之刀十九年矣，所解数千牛矣，而刀刃若新发于硎。"（叶永烈：《历史选择了毛泽东》，上海人民出版社 1992 年版，第 294 页）

长征前，苏区中央红军的处境已经相当困难。

1933 年 5 月，蒋介石在南昌军事委员会委员长南昌行营，亲自组织和部署第五次"围剿"。到 10 月间，调集约 50 万兵力，采取"堡垒主义"新战略，对中央革命根据地进行大规模"围剿"，同时对苏区实行经济、交通封锁，企图逐步压缩、消灭并彻底摧毁中央苏区。

当时，由于王明"左"倾机会主义在红军中占据了统治地位，拒不接受毛泽东的正确建议。博古等领导人实行军事冒险主义、军事保守主义的战略指导，用阵地战代替游击战和运动战，用所谓"正规"战争代替人民战争，使红军完全陷于被动地位。

第五次反"围剿"作战，屡战失利，苏区日益缩小，形势日趋严重。苦战一年，终未能突破国民党军的重兵"围剿"。自广昌失败后，红军节节败退，失去中央苏区已成定局。

最后，于 1934 年 10 月仓促命令中央领导机关和红军主力部队撤出根据地，开始战略"转移"。向湘西进发，开始了悲壮的、前途未卜的漫漫征程。

1934 年 10 月 18 日，当毛泽东离开于都开始长征时，有人问他是否应该突破敌人的封锁时，已经被剥夺了红军指挥权的毛泽东，不无幽默答非所问地用"良庖岁更刀""族庖月更刀"来回答，表示了对错误军事战略的不满，也表示出对自己倡导的军事斗争方略正确性的坚定信心，巧妙地抨击了教条主义所造成的恶果，强调理论与实际相结合的重要性。

李德对于毛泽东所引用古籍的话居然大惑不解，认为那是与问题"毫不相干的话"。李德不熟悉中国的古代典籍，更不懂老庄云谲波诡、高深莫测的学说。他说毛泽东引用的是"老子的话"显然是错的。这段文字已见上述，出自《庄子·养生主》。

李德以为，毛泽东背诵的庄子的这段话跟红军的主力是否应突破敌人对中央苏区的封锁这个问题毫不相干。实际上不是不相干，而是他听不懂庄子的这段话，更领悟不了毛泽东背诵庄子这段话的用意。庄子讲了三种庖人：好的、差的、优秀的。好的庖人用刀割肉，不致伤刀；差的庖人用刀砍骨头，很伤刀；优秀的庖人看准牛的骨节，从骨节的空隙处下刀，解千牛而刀刃如同新磨出来的，"游刃有余"。这用在反"围剿"战争上，就是因敌制变，避实击虚，用"敌进我退，敌驻我扰，敌疲我打，敌退我追"十六字方针战胜敌军。中央苏区根据地军民在毛泽东充满智慧和巧妙谋略的战法指导下，前三次反"围剿"都取得了胜利，第四次反"围剿"也保住了根据地。第五次反"围剿"，博古、李德等人搞"御敌于国门之外""短促突击""两个拳头打击敌人"，他们的战法像愚蠢的庖工，牛未解开，刀却砍崩了。

毛泽东引用《庄子》这番话，清楚说明：庖丁解牛，要懂得牛的解剖学；军事指挥员指挥打仗，要懂得革命游击战争的战略战术，要了解敌我形势，知己知彼。毛泽东提醒人们在突破敌人封锁的问题上，不要盲目，应当认真摸清情况，虽然敌军重重封锁，也定有"游刃"的路线，为避免冲突，当击虚避实，以达到红军"游刃有余"的目的。

庖丁解牛的"游刃"与红军反"围剿"的"游击"，隔行不隔理，彼此有相通之处。就拿"突破敌人封锁进行战略转移"这个话题来说，红军开始长征以后，并没有摆脱国民党军的围追堵截，屡吃败仗。惨痛的湘江之战，红军由八万人锐减到三万人。但是，遵义会议以后，毛泽东重新走上领导岗位，指挥红军乘敌之隙"四渡赤水出奇兵"，把几十万敌军远远甩掉，胜利到达陕北。

庖丁解千牛而刃如初，毛泽东胜万敌而力仍盛！

"分"很重要，庖丁解牛

毛泽东把"庖丁解牛"引入认识领域，推动着"物质是无限可分的"辩证唯物主义哲学思想走向成熟和完善。

1964年8月24日，毛泽东同北京大学副校长周培源，中共中央宣传部科学处处长、国家科委副主任于光远谈话。

毛泽东说:"今天我找你们来,是研究一下坂田的文章(指《自然辩证法研究通讯》1964年第三期刊载的日本物理学家坂田昌一的文章《关于量子力学理论的解释问题》),坂田说基本粒子不是不可分的,电子是可分的。他这样说是站在辩证唯物主义立场上的。"

毛泽东接着又说:

> "分"很重要,庖丁解牛。恩格斯在说到医学的时候,也非常重视解剖学。医学是建筑在解剖学基础上的。细胞起源问题要研究一下,细胞有细胞核、细胞质和细胞膜。细胞是有结构的。在细胞以前一定有非细胞。细胞之前究竟是什么?究竟怎样从非细胞变成细胞。苏联有个女科学家研究这个问题,但还没有结果。(《毛泽东文集》第八卷,人民出版社1999年版,第393页)

显然,毛泽东熟悉《庖丁解牛》的故事。庖丁解牛经历了三个阶段:一是"所见无非全牛者"阶段,即对牛的生理结构还不了解的阶段;二是"未尝见全牛"阶段,这时对牛的生理结构已经了如指掌,故动刀时只考虑牛体的结构关系,而不注意整个牛体;三是"以神遇而不以目视,官知止而神欲行"阶段,这时对牛的生理结构已经烂熟于心,不需要用眼睛去看了。因而在解牛时,所有感官都停止活动,只有精神与解牛的动作同步进行。这是出神入化的阶段,手与心的距离消失了,庖丁从此走出必然王国而进入了自由的天地。他顺着牛的生理结构,刀击筋骨之间,刺向骨节之内,从未碰到经络筋骨连接的地方,更不用说砍到大块骨头上了!

庖丁以"无厚"的刀深入"有间"的牛体,在有空的关节之间游刃,不仅碰不到关节上,而且绰绰有余。庖丁高超的解牛技术,得益于他的"游刃"之法。而"游"的功夫,是他十九年来孜孜以求、求之而得的结果。庖丁的"游刃"已不仅仅是技术,而达到了一种完美的艺术,达到了随心所欲、出神入化的境界。

庖丁解牛,重点在于"解"上,在于他懂得牛的解剖学。

1964年,毛泽东读日本物理学家坂田昌一的文章《关于量子力学理论的解释问题》,坂田说基本粒子不是不可分的,电子是可分的。坂田的话,引起了毛泽东的极大兴趣,他由此联想到了古代《庄子》中《庖丁解牛》的故事,讲到一个非常关键的问题:"'分'很重要。"这也是他多年一再强调的"物质是无限可分的"这一哲学命题。

毛泽东的这一哲学论断，爆出了一个令人惊奇的重大新闻。

1955年1月15日下午，毛泽东在他的住处中南海颐年堂召开中央书记处扩大会议，讨论发展中国的原子能事业问题。面对李四光、钱三强等著名的科学家，毛泽东说："今天，我们这些人当小学生，请你们来上一课。"接着，他就同中央其他领导同志一起仔细听李四光、钱三强的讲解。当钱三强讲到核原理时，毛泽东问："原子核，是由中子和质子组成的吗？"钱三强回答："是这样。"

毛泽东又问："质子、中子又是什么东西组成的呢？"

这一问把钱三强难住了，因为当时世界上认为质子、中子是最小的基本粒子了，对此各国科学家从未怀疑过。钱三强停了一会儿说："根据现在科学研究的最新成果，只知道质子、中子是构成原子的基本粒子。基本粒子也是最小的、不可分的。"

毛泽东微笑着说："从哲学的观点来说，物质是无限可分的，原子、中子也应该是可分的。一分为二，对立统一嘛！你们信不信？"

听到这句话，当时在场的科学家们都沉默了，有的人露出怀疑的神情。毛泽东却自信地说："你们不信，反正我信。现在，实验室里还没有做出来，将来会证明它们是可分的。"

半年后，美国第一次发现了反质子，一年后，又发现了反中子，毛泽东的预言似乎得到了证实。有科学家说，毛泽东比我们这些专业的物理学家还行！

毛泽东本人并未满足，他在继续关注自然科学研究的最新动向。1964年，国外物理学家发现了基本粒子"夸克"。就在这一年，毛泽东又看到了日本物理学家坂田昌一1961年写的文章《新基本粒子观对话》，坂田的文章说："发现电子和放射性元素，而当时的自然科学家们……深信原子是名副其实的物质可分性的极限，因此，在新的事实被发现时就惊慌失措了。"坂田的话，再次引起毛泽东的极大兴趣，他立刻请来于光远和周培源。在谈话中，毛泽东谈到《庄子》中的庖丁解牛，讲到"分"的重要。再次说明"物质是无限可分的"这一哲学命题。

由于毛泽东的重视，中央宣传部门加强了这方面的宣传，粒子物理学工作者也跃跃欲试，探索粒子结构的问题。1965年到1966年间，由中国原子能研究所、数学研究所、北京大学物理系、中国科技大学物理系等40多人组成了专攻物质结构的科学精英小组，进行攻关。1966年他们提出了基本粒子的"层子模型"理论，引起了国际科学界的瞩目。此后，就基本粒子的问题，在国际上又有一些新的发现，毛泽东关于世界无限可分性、基本粒子无限可分的理论思维，被世界科学界所公认。

因此，1977年，在美国夏威夷召开的世界第七届粒子物理学讨论会上，美国著名微粒子物理学家、诺贝尔物理学奖获得者格拉肖，把物理学家逐层研究物质结构的历程，形象地比作剥洋葱。他说："洋葱还有更深的一层吗？'夸克'和'层子'是否都有共同的更基本的组成部分呢？许多中国物理学家一直是维护这种观念的。我提议把构成物质的所有这些假设的组成部分命名为'毛粒子'（Maons），以纪念已故的毛泽东主席。"格拉肖的提议，被大会通过。

作为政治家的毛泽东，以他的哲学观念，认为物质是无限可分的，这一哲学论断，得到了世界科学界的公认，得以在世界尖端科学领域里得到那么高的荣誉。

毛泽东引证《庄子》中的庖丁解牛，讲到医学的解剖学，讲到细胞的分解，说明"分"的思想方法的重要性，阐述"物质是无限可分的"哲学命题。毛泽东把庄子哲学作为发展唯物辩证法的思想资料，推动当代哲学和物理科学的发展，这是很了不起的贡献。

庖丁解牛，人类由必然王国走向自由王国的标志性事件！

人间世

其作始也简，其将毕也必巨

毛泽东品读《庄子·人间世》，主要是摄取和运用其名言警句。庄子的名言"其作始也简，其将毕也必巨"，就几度被用来说明事理。

庄子生活的时代，正处于中国社会转型期，暴政、战争、祸患、灾难频频发生。这种情势下，儒家倡导仁爱礼义以挽救伦理道德的衰败，法家以严刑峻法来矫正社会时弊，墨家主张以兼爱非攻平息战乱，这些都无法解决现实中的实际问题。庄子身处其中，以一种无可奈何的态度来对待乱世，开始由入世转向出世，进而从个人精神领域中寻找出路。

《人间世》就是庄子通过虚构"颜回见仲尼"等七则寓言故事，论述如何在险恶的社会现实中解决"涉乱世以自全"的养生方法，即保全自己的生存之道。从某种程度上可以将其看成是庄子处世哲学思想的体现。

"其作始也简，其将毕也必巨"这句话，即出自《庄子·人间世》第二节。庄周先生讲了楚国的叶公子高将要出使齐国而向孔子请教的故事。叶公子高说："楚王交给我极为重大的使命，而齐国对待外国使者总是表面特别恭敬而实际上推托怠慢。一般人我都感化不了，何况对待诸侯呢？我很是害怕。……我还没有出使办事就因喜惧交加、阴阳失调而患上病了！将来事情办不成，必遭人君的惩罚。这双重的灾患临头，做人臣的实在无法承受，先生有什么避灾之法可以教导我吗？"

孔子讲了一番命和义的大道理，又把自己听到的告诉叶公子高：大凡国与国相交往，邻近的国家要以信用求得安顺，远方的国家要通过语言维系忠信。这语言必须有人来传达。而传达两国国君的喜怒之言，这是天下最难做好的事情。两国国君喜悦时的言辞，必然多有溢美之词；两国国君愤怒时的言辞，必然多有溢恶之辞。凡是过分的超出实际的言辞都是不真实的，不真实的东西就没有诚信可言，不诚信的传言就会让使者遭殃。所以格言说："要传达真实不妄之言，不要传达过分不实之言，那么就差不多能够保全自己了。"

说到这里，孔子又讲道：

> 且以巧斗力者，始乎阳，常卒乎阴，泰至则多奇巧；以礼饮酒者，始乎治，常卒乎乱，大至则多奇乐。凡事亦然。始乎谅，常卒乎鄙；其作始也简，其将毕也必巨。

孔子这段话的意思是：比如那些用技巧来角力的人，开始是明来明去，到最后往往是搞些阴谋，太过分时就诡计多端了；那些讲究礼节饮酒的人，开始时还是规规矩矩的，往往到最后时就会迷乱，太过分时就会放荡不羁了。什么事情都是这样，开始时相互信任，到头来往往互相欺诈；许多事情开始做时都比较简单，临近结束时便变得纷繁巨大。

在这则寓言中，庄子假借孔子回答叶公子高出使齐国将要遇到的困难问题一事，进一步阐述了君臣相处的艰难与困境，提出了臣子替君主办事可能出现的"人道之患"和"阴阳之患"。为打消对外交涉者的顾虑，庄子做出了万事万物"其作始也简，其将毕也必巨"的规律性总结，劝说他们一切顺从自然，倡导"乘物以游心，托不得已以养中"，就能避免一切祸患。

"其作始也简，其将毕也必巨"这句话，大意是许多事情开始做时都比较简单，临近结束时便变得纷繁巨大。意思是说事物总是处在从无到有、从小到大的发展变化当中，这里面体现了庄子对事物发展变化的辩证观点。

作始也简，将毕也巨

延安时期，毛泽东有一阶段集中研究马克思主义哲学。

1939 年 5 月以后，毛泽东读艾思奇编《哲学选辑》一书时，作了许多批注。批注中曾引用庄子《人间世》"其作始也简，其将毕也必巨"的名言，以说明哲学观点。

艾思奇（1910—1966），著名哲学家，原名李生萱，云南腾冲人，蒙古族，艾思奇为笔名。1925 年考入云南省立一中，接触马克思主义。早年留学日本，1935年参加中国共产党。1935年任上海《读书杂志》编辑。1937年到延安，历任抗日军政大学主任教员、中央研究院文化思想研究室主任、中共中央文委秘书长、《解放日报》副总编辑。

新中国成立后，艾思奇任中共中央高级党校哲学教研室主任、副校长，中国哲学会副会长等职。他长期从事马克思主义哲学研究、宣传和教育工作，注意把马克思主义哲学通俗化和大众化。积极与各种唯心主义哲学论战，捍卫辩证唯物主义和历史唯物主义。其著有《大众哲学》《哲学与生活》《艾思奇文集》，主编有《辩证唯物主义与历史唯物主义》等书。

艾思奇是中国最早使马克思主义哲学大众化的哲学家。1927年和1930年，他曾两次赴日留学，其间对马克思主义产生了浓厚的兴趣，刻苦研读了许多马列主义经典著作，逐步掌握了马克思主义世界观和人生观的真理。九一八事变后，艾思奇弃学回国。在上海参加了共产党领导下的革命工作。为了适应中国革命斗争和群众的需要，他以满腔热情投入研究和宣传马克思主义哲学的工作，写了许多通俗生动的哲学文章。24岁时他把自己写的一批文章汇编成《哲学讲话》出版，后来改名为《大众哲学》再版。这部著作在中国是第一次把哲学从哲学家的课堂上和书本里解放出来，成为广大群众手里的尖锐武器。蔡尚思曾题词称艾思奇为"马克思主义哲学大众化的第一人"。

据马文瑞回忆说："早在1936年，毛泽东同志就曾让大家阅读艾思奇的《大众哲学》。"毛泽东曾称赞说，《大众哲学》是"通俗而有价值的著作"。这部著作对教育和帮助中国广大青年和人民群众树立科学的世界观和人生观，起了极为重要的作用。有许多青年在《大众哲学》的启蒙教育下，走上了革命的道路，有不少成为优秀的领导干部，对中国革命事业作出了重要的贡献。

1937年10月，艾思奇奉党中央调令，与周扬等一起奔赴革命圣地延安工作。毛泽东很关注和重视艾思奇从事的哲学理论工作，阅读他的《大众哲学》《哲学与生活》等哲学著作，曾写了19页的《艾著〈哲学与生活〉摘录》，致信艾思奇，称赞《哲学与生活》是他的"著作中更深刻的书，我读了得益很多"，并对差异和矛盾的问题作了略有不同意见的批注。艾思奇到了中共中央所在地延安后，与毛泽东有较密切的学术理论上的交往，思想境界更高更开阔了。

20世纪30年代至40年代初，以艾思奇为代表的马克思主义者，在"新哲学"论战中，对叶青等人的唯心主义反动哲学思想进行了清算和批判。论战当初是从张东荪与叶青间关于"唯物辩证法"的争论开始的。实际上他们是配合国民党反动派对中国革命力量的军事和文化的"围剿",而对马克思主义进行攻击的。叶青曾留学莫斯科中山大学,加入过共产党,后来叛变投靠了国民党,当了国民党中央宣传部副部长和代部长。张东荪是以新康德主义为武器,公开诋毁马克思,向马克思列宁主义进攻的。而叶青则是"披着辩证唯物论外装的另一种唯心论"。他们肆意歪曲和攻击辩证唯物论和马克思主义,对马克思主义在中国传播造成严重的障碍。艾思奇发表了《论黑格尔哲学的颠倒》《关于内因与外因论》《生产力与生产关系的相互作用》等一系列文章,对叶青以及张东荪等人的哲学观点进行了有力的批驳。

1938 年 9 月,在毛泽东的倡议下,延安"新哲学会"成立了,艾思奇和何思敬主持会务工作。为了帮助干部学哲学,艾思奇编写了《哲学研究提纲》,编辑了《哲学选辑》等。在整风运动中,艾思奇受毛泽东的委托,主编了《马恩列斯思想方法论》,作为干部必读书供干部学习。他在延安整整十年,先后在抗大、陕北公学、马列学院等学校给革命青年和干部讲了许多哲学课,对于培养革命干部起了重要作用。

《哲学选辑》是 1939 年 5 月由延安解放社出版的。该书把当时在延安所能见到的中外新哲学著作的精华部分加以选辑,荟萃于一书,使人们能够方便而集中地学习和了解马克思主义哲学的基本观点。该书内容分别选自西洛可夫、爱森堡等著《辩证法唯物论教程》、米丁主编的《辩证唯物论与历史唯物论》(上册)、李达《社会学大纲》以及米丁等人编著《新哲学大纲》。书后还有两个附录,一是斯大林的《辩证唯物论与历史唯物论》,一是艾思奇自己写的《研究提纲》。

毛泽东对《哲学选辑》十分重视,曾批读了三遍,分别用黑铅笔、毛笔和红蓝铅笔批画,共写有 3200 多字的批注。毛泽东批注的文字,多集中在艾思奇写的《研究提纲》部分。

该书第四章讲"认识的过程",第一节则是"经验的认识、感觉",其中艾思奇写道:

"……旧唯物论把感觉当作认识的出发点,是不错的。唯心论就是'忘却了'这个端初,所以对于'终结'的概念虽然发表了贵重的思想(尤其是黑格尔的唯心论),但它的整个方向,却根本不正确,根本包含着错误,它不可避免地要陷入僧侣主义的泥沼里。……"

毛泽东读至此,在旁白处批曰:

作始也简，将毕也巨。差之毫厘，谬之千里。（《毛泽东哲学批注集》，中央文献出版社 1988 年版，第 354 页）

唯物论认为：感觉、知觉、表象这三种形式，是人们通过感官获得的关于事物的现象的认识，作为认识的出发点，是认识的初级阶段，称之为感性认识。

毛泽东在批语中引用了《庄子·人间世》"其作始也简，其将毕也必巨"的话，说明在对客观事物的认识上，唯心论与唯物论是不同的，是存在着根本差别的。这种差别，刚开始时还很"简"，还只是"差之毫厘"，不尽明显。但是，随着认识的深入，这种差距则会变"巨"，越来越大，以至"谬之千里"。这里揭示了唯心论者与唯物论者在认识事物上距离由小到大的变化规律。

现在我们还没有"毕"，已经很大

1945 年，在世界反法西斯战争和中国的抗日战争即将取得胜利的前夜，在中国面临着两种前途、两种命运斗争的关键时刻，为了团结全党和全国人民，争取光明的前途，彻底打败日本侵略者，建立一个新中国，中国共产党于 1945 年 4 月下旬在延安召开了第七次全国代表大会。

这是一次非常重要的会议。在党的七大上，中国共产党制定了一套建立一个独立、自由、民主、统一、富强的新中国的路线、纲领和政策。

4 月 21 日，毛泽东在中共七大预备会议上作了《中国共产党第七次全国代表大会的工作方针》的报告。他认真回顾和总结了中国共产党从 1921 年建党到 1945 年走过的 24 年征程。在报告中，他引用《庄子·人间世》第二节的话说：

我们中国《庄子》上有句话说："其作始也简，其将毕也必巨。"现在我们还没有"毕"，已经很大。《联共党史》开卷第一页第一行说，苏联共产党是由马克思主义的小组发展成为领导苏维埃联邦的党。我们也是由小组到建立党，经过根据地发展到全国，现在还是在根据地，还没有到全国。我们开始的时候，也是很小的小组。（《毛泽东文集》第三卷，人民出版社 1996 年版，第 291 页）

毛泽东在报告中引用《庄子》"其作始也简，其将毕也必巨"这句话，以此来说明我党在草创之初，那时还很小，一切都很简单，现在不同了，现在我们还没有"毕"，我党的规模就已经很大了。毛泽东讲这话时是 1945 年，中国革命还处于抗日战争临近最后胜利的时期。

1945 年春，国内国际形势皆出现了可喜的发展势头。在欧洲战场上，苏联红军于 1945 年 5 月 8 日攻克柏林，德军宣布无条件投降。在太平洋战场上，盟军也不断乘胜向日本本土进逼。在国内，我党领导下的敌后抗日根据地军民继续展开局部反攻，华北和华中各大城市到处都在八路军、新四军的战略包围之中。这时的八路军、新四军已发展到近百万人，民兵有 200 多万人，抗日根据地约 20 块。距中国人民打败日本帝国主义的日子，可以说是指日可待了。

毛泽东在中共七大预备会议的报告中指出，七大的工作方针应该是：团结一致，争取胜利。他说："胜利是指我们的目标，团结是指我们的阵线，我们的队伍。我们要有一个团结的队伍去打倒我们的敌人，争取胜利，而队伍中间最主要的、起领导作用的，是我们的党。没有我们的党，中国人民要胜利是不可能的。"

毛泽东回顾了近一百多年来中国人民要求解放的斗争历史。从 1840 年鸦片战争起到 1945 年抗战，已经是 105 年了。近代中国最著名的斗争，有鸦片战争、太平天国运动、中法战争、光绪二十年的甲午战争，后头又有戊戌变法、义和团运动，以后接着是辛亥革命，等等。毛泽东还回顾了世界共产主义运动的发展历史，也回顾了中国共产党从建立到发展壮大的历史。他引用《庄子》中的话来说明中国共产党从弱小到壮大的发展历程。

回顾中国共产党建立之初的情形，的确是"其作始也简"。毛泽东在回顾党的发展史时说：

> 1921 年，我们党开第一次代表大会。在 12 个代表中，现在活着的还是共产党员的（叛变了的如张国焘之流不算），一个是陈潭秋，现在被国民党关在新疆监牢里，一个是董必武，现在飞到旧金山去了，我也是一个。12 个代表中现在在南京当汉奸的就有两个，一个是周佛海，一个是陈公博。会是在 7 月间开的，我们现在定 7 月 1 日为党的周年纪念日。本来是在上海开的，因为巡捕房要捉人，跑到浙江嘉兴南湖，是在船上开的。发了宣言没有？我不记得了。当时对马克思主义有多少，世界上的事如何办，

也还不甚了了。所谓代表，哪有同志们现在这样高明，懂得这样，懂得那样。什么经济、文化、党务、整风等等，一样也不晓得。当时我就是这样，其他人也差不多。（《毛泽东在七大的报告和讲话集》，中央文献出版社1995年版，第5—6页）

1921年，当时全国也只有50多名共产党员；党的二大召开时，出席大会的代表12人，全国有195名党员；三大时，出席大会的代表30多人，全国有党员420人。而到七大召开前的1945年，党员数量则达到了120万人。中国共产党无论是在党员数量上还是在对中国革命的政治影响上，都发生了天翻地覆的变化。

在简要回顾了党成立以来的斗争历史及发展壮大的历程之后，毛泽东又十分清醒地指出，我们现在抗战还没有胜利，力量还小，前面还有很多困难。我们有90多万军队，但不是集中的，而是被分割的，打麻雀战；我们根据地有9000多万人口，但也不是一整块，也是被分割的；我们的敌人还很强大，有强大的日本帝国主义，还有国民党反动派。这两个敌人不是一个类型的，一个守着我们的前门，一个守着后门。所以我们必须谨慎谦虚，不要骄傲急躁，要戒骄戒躁。所谓戒骄戒躁，毛泽东指出："谦虚就不骄，就可以戒骄。"我们要保持谦虚。关于谨慎，毛泽东说，我们现在学会了谨慎这一条。搞了一个历史决议案，三番五次，多少对眼睛看，单是中央委员会几十对眼睛看还不行，七看八看看不出许多问题来，而经过大家一看，一研究，就搞出许多问题来了。很多东西在讨论中你们提出来了，这很好，叫作谨慎从事。

总的来说，毛泽东在中共七大预备会议上的报告，一是回顾了共产党从小到大、从弱到强的这一发展历程，充分肯定了党24年取得的成绩，以此来说明共产党的伟大与正确；同时，指出党在发展壮大之后，很容易产生骄傲、急躁的情绪。他提醒全党要谦虚谨慎，戒骄戒躁。

在报告的最后，毛泽东概括地说："总体来说，我们党24年来有成绩，成绩也相当地大。我们要继续抓紧马克思主义的武器，要有自我批评的精神，全党团结如兄弟姊妹一样，为全国胜利而奋斗，不达胜利誓不休！"

庄子讲"其作始也简，其将毕也必巨"，意在说明许多事情开始做时都比较简单，临近结束时变得纷繁巨大。这是个普遍现象，符合事物发展变化的一般规律。毛泽东将其借用过来，应用到解释共产党由小到大的发展史，具有很强的说服力，激励人心，鼓舞斗志。

可以用来说明有生命力的东西

毛泽东使用庄子的名言"其作始也简，其将毕也必巨"，不只于说明哲学理论的探索和党组织的发展，而且认为它"可以用来说明有生命力的东西"，也就是说，承认它是普遍适用的规律。

1945 年 6 月 17 日，刚开完党的七大，会议代表和延安各界代表，联合在中央党校大礼堂举行了一场大规模的"中国革命死难烈士追悼大会"。毛泽东在追悼大会上发表了演说。他说：

> 我经常和一些同志讲"其作始也简，其将毕也必巨"，这是古书《庄子》上讲的。"作始"就是开头的时候，"简"就是很少，是简略的，"将毕"就是快结束的时候，"巨"就是巨大、伟大。这可以用来说明是有生命力的东西，有生命力的国家，有生命力的人民群众，有生命力的政党。（《毛泽东在七大的报告和讲话集》，中央文献出版社 1995 年版，第 242 页）

"中国革命死难烈士追悼大会"由毛泽东主祭，朱德、刘少奇、周恩来和民主人士邢肇棠陪祭。毛泽东献挽词"死难烈士万岁"。公祭后，毛泽东在追悼会上作了长篇演说。他说：今天我们在这里开一个大追悼会，追悼几十年来中国革命队伍在各条战线上所牺牲的人。这些牺牲者，有几十万的共产党员，成百万的革命民主主义者。我们今天的公祭可以一直上溯到 1840 年平英团那些英雄们，也公祭他们。平英团的反英斗争，太平天国运动，都是英勇的斗争。

在演说中，毛泽东回顾了中国人民反对帝国主义和封建主义的斗争历史。他说，中国人民反帝、反封建主义的斗争经过了好几个阶段。太平天国之前，有反对英国侵略的广东平英团，后头有太平天国革命，有义和团运动，有辛亥革命，有五四运动，所有这些，都是带着群众性的民族主义的性质和民主主义的性质。这些运动的目标，在要求独立、要求民主这一点上跟我们是相同的。

毛泽东说，帝国主义和封建主义两座大山压着我们，束缚了中国人民的生产力，不破坏它们，中国就不能发展和进步，中国就有灭亡的危险。因此，我们要革命，就是要冲破这个压力，解放中国的生产力，解放中国人民，以获得国家独立和民主。从 1840 年平英团在广东起义反对英帝国主义起，到现在 1945 年已经有 104 年的历史了，在这 104 年中，中国人被杀的有多少，被关的有多少，已计算不清了。中国自有共产党以来，在 24 年里，单共产党人就死了几十万，革命民主主义者跟我们一道反对外国的和中国的反革命势力，也成百万地牺牲了。反动派为了消灭革命力量，就采取杀人的办法，以为屠杀会使革命者退却，可以停止或缩小中国的革命运动。他们是这样想的，也是这样做的。但一切却和他们的主观愿望相反，事实是他们杀人越厉害，革命队伍发展就越大。这是一条规律，一条不可抗拒的规律。

《庄子》上说"其作始也简，其将毕也必巨"，意思是说，无论什么事情、什么事物，开始的时候都很简单渺小，到后来就变得复杂巨大了。我们中国共产党的发展历程亦是如此。今天，我们党开了七大，决定了中国独立、自由、民主、统一、富强的路线、纲领和政策，这是几十年奋斗的结果，是无数先烈流血牺牲换来的。

毛泽东和与会同志共勉：我们今天开大会，我们是有信心的。烈士们是已经离开我们了，他们的责任交给了我们，我们要完成这个责任。现在国内国际的形势很好，我们有信心完成先烈们交给我们的责任和任务，我们的革命一定要胜利。中国是中国人民的，不是反动派的。现在我们党有清醒的头脑，有正确的路线、方针和政策，我们一定能胜利。我们有这样的信心，一定要建设一个光明的中国。

毛泽东品读《庄子·人间世》"其作始也简，其将毕也必巨"这句名言，有独到的心得体会。他把"始简毕巨"概括为普遍规律，可以说明国家、民众、政党力量的依次发展和逐渐强大。当然，前提是"有生命力的东西"，腐朽没落的东西是不在其列的。这就发展和深化了庄子的命题，使其更科学，更具备真理性，也就更具有生活的指导价值。

敢向邻居试螳臂

名词"螳臂",成语"螳臂当车",出自《庄子·人间世》：

> 颜阖将傅卫灵公太子，而问于蘧伯玉曰："有人于此，其德天杀。与之为无方，则危吾国；与之为有方，则危吾身。其知适足以知人之过，而不知其所以过。若然者，吾奈之何？"
> 蘧伯玉曰："善哉问乎！戒之，慎之，正汝身也哉！形莫若就，心莫若和。虽然，之二者有患。就不欲入，和不欲出。形就而入，且为颠为灭，为崩为蹶；心和而出，且为声为名，为妖为孽。彼且为婴儿，亦与之为婴儿；彼且为无町畦，亦与之为无町畦；彼且为无崖，亦与之为无崖；达之，入于无疵。
> "汝不知夫螳螂乎？怒其臂以当车辙，不知其不胜任也，是其才之美者也。戒之，慎之，积伐而美者以犯之，几矣！
> "汝不知夫养虎者乎？不敢以生物与之，为其杀之之怒也；不敢以全物与之，为其决之之怒也。时其饥饱，达其怒心。虎之与人异类，而媚养己者，顺也；故其杀者，逆也。
> "夫爱马者，以筐盛矢，以蜄盛溺。适有蚊虻仆缘，而拊之不时，则缺衔、毁首、碎胸。意有所至，而爱有所亡，可不慎邪！"

卫灵公和蘧伯玉是孔子时期的卫国的国君和有名大臣，《论语》一书有关于他们史事活动的记录。颜阖是鲁国人。颜氏家族是孔子的娘舅家，孔子的不少学生出自颜氏。此处记载：鲁国学者颜阖向卫国大臣蘧伯玉请教如何当好卫灵公太子的老师。

庄周先生记载下这个故事：

颜阖将要去做卫灵公太子的师傅，便去请教蘧伯玉说："现在有一个人，他的天性凶残。如果不用法度去劝导他，势必要危害国家；如果用法度去规劝他，势必要危害到我自己。他的智力刚够得上知道别人的过错，却不知别人为什么犯这样的过错。像这种情况，我该怎么办呢？"

蘧伯玉说："你问得很好！要警惕啊，要谨慎啊，要端正你的行为！外表不如表现将就顺从的样子，内心不如抱着调剂的态度。虽然如此，这两者仍免不了有灾患。外表将就随顺他而不能过分陷入，内心调剂诱导他而不能有所显露。外表过分将就顺从他，难免招来堕落、毁灭、垮台和失败；内心调剂诱导他太显露，就会招致声名之祸、妖孽之灾。他如果像婴儿那样天真无知，你也姑且和他一样像婴儿那样天真无知；他如果没有界限的约束，你姑且也像他一样没有界限的约束；他如果放荡不羁，你姑且也像他一样放荡不羁；这样委婉地引导他，使他渐渐地达到无过失的境地。

"你不知道那螳螂吗？奋力举起双臂去阻挡车轮，却不知道自己的力量根本就不胜任，这是因为它把自己的才能看得太了不起的缘故。要警戒啊，要谨慎啊，经常夸耀自己的才能去触犯他，这就危险了。

"你不知道那养虎的人吗？他不敢拿活的小动物去喂养，因为怕它在搏杀活物时引发它凶残的天性，也不敢把整个小动物丢给它，因为怕它在撕裂过程中激起它残忍的天性。伺候着它的饥饱来喂食，疏导它的喜怒之情。虎与人不同类别，而虎却喜欢喂养它的人，这是因为人们随顺了虎的性子；虎所以伤害人，那都是人们违逆了虎的性情的缘故。

"有那爱马的人，用精美的竹筐盛马粪，用珍贵的大蛤壳接马尿。一旦有蚊虻叮咬在马身上，那爱马的人如若拍打不及时，马就会怒气冲天，咬断勒口，挣断辔头，损坏胸络。本意在于爱马而结果却适得其反，这可以不谨慎吗？"

颜阖提出个两难命题：如果不用法度去劝导太子，势必要危害国家；如果用法度去规劝太子，势必要危害到自己。

蘧伯玉的指导方针则是：外表不如表现将就顺从的样子，内心不如抱着调剂的态度。

庄周假借颜阖与蘧伯玉的问答，阐明"顺物无己"的思想。由于所描写的对象不同，这里提出了"顺"为"导"的教育方法，而目的是"达"，即"达之无疵"。庄子于此，唯恐人物史话不足以说清"顺达"的要害，还以蘧伯玉的名义编撰了三则动物寓言，通过螳螂的恃才傲物、老虎与养虎者的顺逆关系和爱马者的遭遇，分别阐明了"顺物"的重要性。

《人间世》，所言即，人在世间的生活。当时的社会正处于转型期，中央政权的衰微，各诸侯国相继崛起争霸，弱小诸侯国不甘被吞并，于是强权、扩张、暴力与战争、掠夺、争斗成为时代的主题，而野心、残忍、暴虐、阴险、狡诈、欺骗等违反人性的现象和事件比比皆是，人们如同生活在一个血淋淋的角斗场上，难以聊生。

庄周《人间世》的主旨在描述人际关系的纷争纠结，以及他处自处之道。庄子处在这个权谋狯诈的战争时代，统治者凶暴贪婪，人民横遭杀戮，社会动荡不安。庄子揭露了人间世的险恶面，而他提供的他处与自处之道却是无奈的。庄生的哲学让人能够化险为夷，在险能安。庄子知命之不可违抗，知人在命运面前无能为力，既不抗拒，也不怨愤，也不颓废，而是以一种恬然达观的态度，以一种无可奈何的态度来对待自己，是一种只求适应并不求改变的乱世人生哲学。《人间世》则主要是面对险恶的社会现实，解决"涉乱世以自全"（王夫之语）的养生方法和养生宗旨。

《人间世》第三节蘧伯玉讲的三则寓言，以"螳螂"故事最为有名，后来流行为成语"螳臂当车"，比喻不自量力，必然失败。

1959年12月，毛泽东创作了《七律·读报》一诗，其中化用了庄子"螳臂当车"典故：

> 托洛茨基到远东，不和不战逞英雄。
> 列宁竟撇头颅后，叶督该拘大鹫峰。
> 敢向邻居试螳臂，只缘自己是狂蜂。
> 人人尽说西方好，独惜神州出蠹虫。

（吴正裕、李捷、陈普：《毛泽东诗词全编鉴赏》，中央文献出版社2003年版，第633页）

诗句"托洛茨基到远东"，借托洛茨基之名，暗指赫鲁晓夫1959年10月访华回国后到了苏联远东海参崴等地。1959年9月，苏联赫鲁晓夫访问美国，在总统别墅戴维营同艾森豪威尔总统会谈，献媚讨好美国，同美国搞缓和，乞求和平。随后，他宣扬戴维营精神，鼓吹同艾森豪威尔的会谈"在国际关系的气氛中引起了转暖的某种开端"，苏、美两国首脑坐在一起，人类历史就进入了"新的转折点"。

　　同年 9 月 30 日，赫鲁晓夫访美后匆匆赶到中国。10 月 2 日举行的中苏会谈，内容包括台湾问题、释放在押美国人问题、西藏问题、中印边界问题和印度支那问题。除印度支那问题双方有一些共同点外，在其他问题上双方的观点针锋相对。赫鲁晓夫试图压中国向美国让步，以利于他改善苏美关系，中国则加重了对赫鲁晓夫对美政策的疑虑。双方发生争吵，不欢而散。

　　本诗"不和不战逞英雄"句有两层意思：一是说赫鲁晓夫蛮横逞强，攻击中共领导人是"不战不和"的托洛茨基主义；二是作者反唇相讥，暗喻赫鲁晓夫是搞"不和不战"的狗熊，揭露他在战争与和平问题上的尴尬立场，即既同美国搞缓和又同美国搞军备竞赛，既不肯支持被压迫民族和人民的革命战争，又不愿真心维护世界和平，是真正的"不战不和"的托洛茨基主义。赫鲁晓夫同托洛茨基一样，是机会主义者。"逞英雄"，是反讽的语调，化庄为谐，使讽刺对象成为滑稽形象。

　　毛泽东在这首诗的颈联引用了《庄子·人间世》第三节"螳臂当车"的典故。

　　"敢向邻居试螳臂，只缘自己是狂蜂。"颈联用比兴手法揭示赫鲁晓夫的反华嘴脸。邻居，指中国；试螳臂，指螳臂当车，比喻不自量力，必遭失败。颈联是一个倒装的因果复句，意谓赫鲁晓夫推行其大国沙文主义政策，不自量力，敢于向中国挑衅和攻击，只因为他像发了狂的马蜂，政治上丧失了理智。毛泽东化用"螳臂当车"典故入诗，显示了强烈的自信心和对霸权主义者的鄙夷与蔑视。

　　本联句中"试螳臂"的本事是指：1958 年赫鲁晓夫集团向中国提出建设长波电台和成立共同舰队问题，企图从军事上控制中国，损害中国的主权；1959 年 6 月，苏联单方面撕毁了中苏双方签订的国防新技术协议，拒绝向中国提供原子弹样品和生产原子弹的技术资料；1959 年 9 月 9 日，苏联塔斯社在关于中印边境事件的声明中偏袒印度当局；1959 年 10 月，赫鲁晓夫在中苏会谈中和回国后对中国政策横加指责；等等。

　　毛泽东的这首《七律·读报》诗，是时事政治讽刺诗。其中运用古典，恰到好处，又融入了新鲜名词，通俗易懂，明白晓畅，增强了形象感和思想性。庄子的寓言"螳臂当车"在于说明"顺物"的重要性，毛泽东化用此典在于嘲讽霸权主义举动是不自量力！

浑沌氏

毛泽东读《庄子·应帝王》的情况，也在他的课堂笔记《讲堂录》中记载下来。

1913 年他考入湖南第四师范学校预科。12 月 13 日以后，袁仲谦老师讲"国文"课。一次，为解释"浑沌氏"，袁先生或毛泽东自己查阅了《庄子·应帝王》，毛泽东在《讲堂录》中记载：

> 浑沌氏 《庄子·应帝王》：南方之帝曰儵，北方之帝曰忽，中央之帝曰浑沌。儵与忽相遇于浑沌之野，浑沌待之甚厚，儵与忽谋所以报之，曰：人皆有七窍以视听食息，彼独无有，曷为凿之？日凿一窍，七日而浑沌死。（《毛泽东早期文稿》，湖南出版社1995 年版，第 606 页）

《庄子》一书，版本很多，我们不知道青年毛泽东或他的老师所据为何种版本。据陈鼓应先生校订注译本《庄子今注今译》本，这段应为：

> 南海之帝为儵，北海之帝为忽，中央之帝为浑沌。儵与忽时相与遇于浑沌之地，浑沌待之甚善。儵与忽谋报浑沌之德，曰："人皆有七窍以视听食息，此独无有，尝试凿之。"日凿一窍，七日而浑沌死。（陈鼓应：《庄子今注今译》，中华书局 1983 年版，第228 页）

青年毛泽东所录，是《庄子·应帝王》的第七节，除个别文字有差异，如"南海"为"南方"，"甚善"为"甚厚"等外，文意并无大的不同。

儵、忽、浑沌，都是虚拟人物（帝王）。儵、忽二字都含有神速意，喻"有为"。浑沌是淳朴自然的意思，喻"无为"。所谓"七窍"，指一口、两耳、两目、两鼻孔。

庄周先生这段文字讲的是：南海的帝王名叫儵，北海的帝王名叫忽，中央的帝王名叫浑沌。儵和忽在浑沌管辖的境内相遇，浑沌待他们很善良。儵和忽商量回报浑沌的好处，说："人们都有七窍，用来看、听、饮食、呼吸，唯独他（浑沌）没有，我们试着给他凿出来。"于是每天凿出一窍，凿到第七天浑沌就死了。

离奇的寓言蕴含着深刻的道理。

陈鼓应先生引李勉的话说："'儵''忽'皆取其敏捷有为之义，与'浑沌'反；'浑沌'则譬其淳朴自然。'儵''忽'有为，反伤'浑沌'之自然。"陈先生又引陈深的话说："三者称帝，谓帝王之道，以淳朴未散自然之为贵也。"

《庄子·应帝王》论帝王如何治理天下，所以用"应帝王"为篇名。全篇共七节，从不同的角度演绎为政当顺从人性的自然、为政当无为而治的主旨。《应帝王》的核心是庄子的政治哲学：顺民、无为、不治。统治者没事不要用自己的政治办法来搅扰百姓，让百姓自己管自己，各尽其能。庄子认为，作为帝王应当"游心于淡，合气于漠，顺物自然而无容私焉，则天下治矣"。如果像儵与忽那样，想有所作为，去替浑沌开凿孔窍，就会把浑沌凿死，就会贻害天下。"无容私"，这里的"私"就是指统治者自己的政治措施。庄子的"无为"有时是纯然理想主义的。

其中第七节又是一段绝妙文字，庄周先生用疾速之意的"儵""忽"二字喻"有为之帝"，用淳朴未曾开发之意的"浑沌"一词喻"无为之帝"。"有为之帝"为了报恩，让"无为之帝"与众生一样具有"视听食息"的七窍，结果"日凿一窍，七日而浑沌死"。儵和忽出于好意却导致了浑沌之死。浑沌之死也是大道之死。人们总根据自己的好恶来改造自然，导致了人与自然关系的对立，也导致了人的天性的沦落。以"有为"而改造"无为"，结果是死路一条。庄子从更为严重的生死存亡的角度，回答了帝王从政应当以无用为用、无功为功、无为而治的问题，使帝王之治终止于万象俱寂的浑沌境界，暗寓无为任化的绝妙意趣。庄子寓言看似简单，却渗透着极为深邃的道理。此种笔法，此种灵机，令读者为之震撼。

青年毛泽东在《讲堂录》中摘录下《庄子·应帝王》第七节，应该说除了理解"浑沌氏"这个虚拟神话人物而外，似乎没有更深刻的思想意义。但是，紧贴着这段话的上面，即摘记了这样一段语录：

> 尧一生，大德在一个敬字；舜一生，大德在一个孝字。
> （《毛泽东早期文稿》，湖南出版社 1995 年版，第 606 页）

即是说尧德在敬，舜德在孝。这是儒家在评价历史传说人物的道德范式。那么，儵与忽的有窍有为，浑沌的无窍无为，是不是也在毛泽东与老师的讲论探讨之内呢？

至少，《讲堂录》摘录下《庄子·应帝王》第七节，表明毛泽东已开始进军道家政治哲学了。

胠 箧

庄子 "绝圣弃知"

庄周先生继承老子"小国寡民"的社会理想，构建的救世社会模式竟然有"绝圣弃知"的主张。他在《庄子》外篇《胠箧》中侃侃而谈：

> 故绝圣弃知，大盗乃止；擿玉毁珠，小盗不起；焚符破玺，而民朴鄙；掊斗折衡，而民不争；殚残天下之圣法，而民始可与论议。擢乱六律，铄绝竽瑟，塞师旷之耳，而天下始人含其聪矣；灭文章，散五采，胶离朱之目，而天下始人含其明矣。毁绝钩绳而弃规矩，攦工倕之指，而天下始人有其巧矣。故曰：大巧若拙。削曾、史之行，钳杨、墨之口，攘弃仁义，而天下之德始玄同矣。彼人含其明，则天下不铄矣；人含其聪，则天下不累矣；人含其知，则天下不惑矣；人含其德，则天下不僻矣。彼曾、史、杨、墨、师旷、工倕、离朱，皆外立其德，而以爚乱天下者也，法之所无用也。

《庄子》这段议论的大意是，所以，灭绝圣人摒弃智慧，大盗就能终止；弃掷玉器毁坏珠宝，小的盗贼就会消失；焚烧符记破毁玺印，百姓就会朴实浑厚；打破斗斛折断秤杆，百姓就会没有争斗；尽毁天下的圣人之法，才可以对老百姓议论道德。搅乱六律，毁折各种乐器，并且堵住师旷的耳朵，天下人方能保全他们原本的听觉；消除纹饰，离散五彩，粘住离朱的眼睛，天下人方能保全他们原本的视觉；毁坏钩弧和墨线，抛弃圆规和角尺，弄断工倕的手指，天下人方能保有他们原有的智巧。因此说："最大的智巧就好像是笨拙一样。"削除曾参、史蝤的忠孝，钳住杨朱、墨翟善辩的嘴巴，摒弃仁义，天下人的德行方能混同而齐一。人人都保有原本的视觉，那么天下就不会出现毁坏；人人都保有原本的听觉，那么天下就不会出现忧患；人人都保有原本的智巧，那么天下就不会出现迷惑；人人都保有原本的禀性，那么天下就不会出现邪恶。那曾参、史蝤、杨朱、墨翟、师旷、工倕和离朱，都外露并炫耀自己的德行，而且用来迷乱天下之人，这就是圣治之法没有用处的原因。

"绝圣弃知"节选自《庄子·胠箧》。文章旨在宣扬老子"绝圣弃智"的思想。圣人为什么要灭绝？智慧为什么要摒弃？作者开篇即用事物类比法进行了深刻的论辩。他以箧（箱）、囊（袋）、匮（柜）喻天下国家，以摄缄縢（扎紧绳索）、固扃鐍（加固门闩和锁钥）喻圣智之法，又以巨盗"负匮揭箧担囊而趋"（背着柜子、举着箱子、扛着袋子而逃）喻田成子之流不但盗取了国家，连"圣智之法"也一并偷窃了去。以小喻大，深刻地揭示和抨击了当时社会存在的"窃钩者诛，窃国者为诸侯，诸侯之门而仁义存焉"的黑暗现实。

庄子认为：既然是圣人的过失导致了大盗的出现，那么要根除大盗，莫若绝弃圣人；既然是统治者推崇心智导致了天下大乱，那么要平治天下，莫若绝弃智慧。所以，庄子主张"绝圣弃智"。

"绝圣"所指的圣人，即儒家所推崇的圣人，是治天下之术的设计者。

"弃知（智）"的知，指人后天发展起来的心智，例如曾参、史蝤的品行，杨朱、墨翟的理论，师旷、离朱的聪明，工倕的技巧，等等。在庄子看来，人后天发展起来的心智，是支离破碎的"小智"，而人的自然心智看起来似乎比后天发展起来的心智愚钝，但出自天然，是完美无缺的，故谓之"大智"。

庄子是说有智慧的人，智慧不可外露。有智慧的人，要超越智慧才行。

"绝圣弃知"，就是绝弃治天下之术的设计者，绝弃人后天发展起来的心智或智慧。庄子的这一主张，是他们处的那个历史时代的产物。庄子提出这一主张的根据是，人们所创造的一切精神文明和物质文明都异化了。人们千辛万苦所创造的一切精神文明和物质文明成果，非但没有带来幸福和自由，反倒异化为戴在自己脖子上的枷锁。

从人文主义的立场来看，智慧使人类从野蛮走向文明，也使文明社会产生无量的罪恶，那么智慧要如何使用，值得人类自省。

人类在认识和利用大自然的同时，也发展了自己。从结绳记事到发明文字，人类在哲学、文学、绘画、音乐等领域都取得了辉煌的成就，文化水平得到了充分的提高。这是毋庸置疑的。但是我们也不应该忽略，现代化的生产技术在创造巨大物质财富的同时，也对人类赖以生存的自然环境产生了严重威胁。

另一方面，人类的文化水平虽然普遍提高了，但群体意识相对降低了。现代文明开阔了人们的视野，但人们却没有相应地开放自己的心灵。这一切都是困扰人类的难题。当然，解决这些难题不能采用庄子的"绝圣弃知"，不能因噎废食。出路在于人类在改造自然界的同时，更要重视改造社会，调整人和自然的关系，在同自然界的斗争中保持人和自然界的和谐。

对于旧世界，庄子和老子一样，是采取批判态度的。老子主张"绝圣弃智"，庄子进一步以为"圣人不死，大盗不止"。庄子对旧的统治者也是充满了愤激之情，以为："彼窃钩者诛，窃国者为诸侯。诸侯之门而仁义存焉！"然而庄周在思想方面，发展了老子消极的一面，把过去人们所创造的一切文明，都看成是社会动乱的根源，主张"绝圣弃智"回到"愚而朴"的蒙昧时代去。这是他思想消极的一面。

1917 年至 1918 年，毛泽东读德国哲学家包尔生《伦理学原理》一书，写下了大量的批注。其中不少批注是他发挥自己的见解。其中，有一处针对人类社会的"大同之境"的构想，即是联系《庄子》"绝圣弃智"思想来评说。

《伦理学原理》第四章"害及恶"中有一段是这样写的：

"是故吾人苟于古今历史中，删除其一切罪恶，则同时一切善行与罪恶抵抗之迹，亦为之湮没。而人类中最高最大之现象，所谓道德界伟人者，亦无由而见之矣。"

包尔生认为，消除了一切罪恶，所谓善行也就同时湮没了。因为没有了恶，也就没有善。那么，人类历史也就不存在什么道德高尚的人了。

毛泽东读至此，发挥自己的见解批注道："然则不平等、不自由、大战争亦当与天地终古，永不能绝，世岂有纯粹之平等自由博爱者乎？有之，其惟仙境。然则唱大同之说者，岂非谬误之理想乎？"（《毛泽东早期文稿》，湖北出版社 1990 年 7 月版，第 184 页）

青年毛泽东认为这种纯粹的平等自由博爱的大同之说，是不存在的，除非仙境。明确提出大同说是"谬误之理想"的主张。但值得注意的是，这段批语批评大同理想，主要是从人生好奇变、善恶抵抗相斗的角度立论，从而推及历史发展总是一治一乱，相循无始终的。这主要反映毛泽东看待历史时喜欢"竞争之时，事态百变，人才辈出"的个性。

所谓"大同之说"，是儒家所宣扬的一种社会理想。语出《礼记·礼运》："大道之行也，天下为公，选贤与能，讲信修睦。故人不独亲其亲，不独子其子。使老有所终，壮有所用，幼有所长，矜寡孤独废疾者皆有所养，男有分，女有归。货恶其弃于地也，不必藏于己；力恶其不出于身也，不必为己；是故谋闭而不兴，盗窃乱贼而不作；故外户而不闭。是谓大同。"

包尔生在文中接着描述道：邻国无侵略之谋，则何事军备，国民无不轨之行，则焉用法令。军备法令，国家之所以与外交内政之阻力相竞争者也。使一切阻力悉去，内而人民，外而国际，无不以正直、平和、慈祥、乐易之道相接，则战争、外交、裁判、警察、行政界一切进取之气象，悉为之消失，而圆满之国家，亦不可见矣。宗教者，亦不外善恶相竞之形式，使诸恶不作，人类悉为神圣，则宗教亦随之而灭焉。

这段描述是作者对人类社会的"大同之境"的构想，它与儒家所宣扬的大同之说的社会理想如出一辙，颇为相似。

青年毛泽东读到这些新颖的观点，跟中国传统思想作对比，自然联想到老庄的说教，他在批注中写道：

> 人现处于不大同时代，而想望大同，亦犹人处于困难之时，而想望平安。然长久之平安，毫无抵抗纯粹之平安，非人生之所堪，而不得不于平安之境又生出波澜来。然大同亦岂人生之所堪乎？吾知一入大同之境，亦必生出许〈多〉竞争抵抗之波澜来，而不能安处于大同之境矣。
>
> 是故老庄绝圣弃智、老死不相往来之社会，徒为理想之社会而已。
>
> 陶渊明桃花源之境遇，徒为理想之境遇而已。（《毛泽东早期文稿》，湖南出版社1995年版，第185页）

这里提到的"绝圣弃智"，是老庄并提，也就是庄子继承和宣扬老子的这个思想。在庄子面对"窃钩者诛，窃国者为诸侯，诸侯之门而仁义存焉"的社会现实，面对"仁义"成为窃国的帮凶、"礼法"成为治民的工具，无奈之下，只好眷恋起老子"小国寡民"的自由平等的原始社会，希望返璞归真，回归人类原始状态，没有争斗、没有罪恶的大同社会。当然，这种

"大同之境"实际上是倒退，"徒为"而已，是行不通的。

　　青年毛泽东此时（1917—1918）还没有接受马克思主义学说，对马克思主义的社会主义理论更是一无所知。但是，他以所学对老庄"绝圣弃智"的社会理想持批判态度，认为孔子的"大同社会"、老子庄子的"绝圣弃智"以及陶渊明的"世外桃源"，都不过"徒为理想之社会""徒为理想之境遇"而已。这为他以后接受科学社会主义理论，正确确立中国社会革命的理论、政策和策略，实在是最好的思想铺垫。

这一企图必然徒劳无功

《庄子·天运》记载，孔子西行到河南的卫国去游说。学生颜渊向鲁国太师师金问道："你认为夫子此次卫国之行将会怎么样？"师金说："可怜啊，你的老师将要遭受困厄！"颜渊说："为什么这样说呢？"

师金回答说：

夫刍狗之未陈也，盛以箧衍，巾以文绣，尸祝齐（斋）戒以将之。及其已陈也，行者践其首脊，苏者取而爨之而已。将复取而盛以箧衍，巾以文绣，游居寝卧其下，彼不得梦，必且数眯焉。今而夫子亦取先王已陈刍狗，聚弟子游居寝卧其下。故伐树于宋，削迹于卫，穷于商周，是非其梦邪？围于陈蔡之间，七日不火食，死生相与邻，是非其眯邪？夫水行莫如用舟，而陆行莫如用车。以舟之可行于水也，而求推之于陆，则没世不行寻常。古今非水陆与？周鲁非舟车与？今薪行周于鲁，是犹推舟于陆也！劳而无功，身必有殃。彼未知夫无方之传，应物而不穷者也。……

鲁国太师师金说："祭祀用过的刍狗（草扎的狗），就不能再用，用过之后，就抛在路边，任行路人践踏，或拿去当柴烧。如果有人把它捡回去，当作珍宝，放在枕边，那人就要做噩梦了。现在夫子所谈的一套，就好比是先王用过的刍狗啊！他拿这刍狗每天在人家面前搬演，哪里行得通呢？所以，他从前到宋国，宋人讨厌他，就把讲道休息过的大树都砍掉了。在卫国游说而被铲掉了所有的足迹，在殷地和东周游历遭到困厄，这不就是那样的噩梦吗？他到陈蔡之间，人家讨厌他，不给他饭吃，七天没有生火烧饭。这些都是生死之间的危险啊！在水上划行没有什么比得上用船，在陆地上行走没有什么比得上用车，因为船可以在水中划行，而奢求在陆地上推着船走，那么终身也不能行走多远。古今的不同不就像是水面和陆地的差异吗？西周时代与鲁国的差异，不就像是船和车的不同吗？夫子如今一心想在鲁国推行周王室的治理办法，这就好比在陆地上推船而行，只能徒劳无功，自身也难免遭受祸殃。夫子不懂得事物总是运动发展着，没有一成不变的事物，只能不断地顺应万物的变化。……

《庄子·天运》，主旨是论述天道是不断运动变化的，其变化是自然进行的，没有谁在主宰。统治者必须与之相顺应，实行自然无为的原则。庄子是从社会发展变化的角度来探讨古代的礼乐制度。他批评了孔子循规守旧，不懂得事物的运动变化并无常规，以及不懂得人类应该顺应万物的变化而没有穷尽的道理，并明确指出了"故礼义法度者，应时而变"的精辟论断，这无疑具有积极的意义。

这里庄子对孔子的仁爱原则和仁义理念痛加批判。他把孔子的仁义比作用来祭祀的草狗，孔子孜孜以求的形影不离的就是先王遗弃的草狗。没有人采纳实行。这就好比在陆地上行船一样，只能是徒劳而无功，自身还会遭殃。说明礼仪法度这东西要适应时代的变化而变化。

师金话中"劳而无功"一语，后来转化为成语"徒劳无功"。

毛泽东引用《庄子·天运》"徒劳无功"一语，是在中国抗战时期。自武汉失守以来，抗战进入相持阶段，日本帝国主义停止了正面战场的战略性进攻，并把对国民党政府以军事进攻为主、政治诱降为辅的方针，转变为以政治诱降为主、以军事打击为辅的方针。在这种情况下，国民党反动统治对外政策也发生了改变，即重点由对外抗日转移到对内反共，开始推行消极抗日、积极反共的反动政策，不断制造摩擦和武装冲突，破坏抗日良好局面，不断掀起反共高潮。

毛泽东在《打退第二次反共高潮后的时局》一文中引用"徒劳无功"这个成语说：

　　这次斗争表现了国民党地位的降低和共产党地位的提高，形成了国共力量对比发生某种变化的关键。这种情况迫使蒋介石重新考虑他自己的地位和态度。他（指蒋介石——引者注）现在强调国防，宣传党派观念已陈旧，乃是企图以"民族领袖"的资格，站在国内各种矛盾之上，表面上表示并不偏于一个阶级一个党，以便维持大地主大资产阶级和国民党的统治。但是如果只是形式上的欺骗而无政策上的改变，他的这一企图必然徒劳无功。（《毛泽东选集》第二卷，人民出版社1991年版，第779页）

抗日战争初期，在共产党人的努力下建立了抗日民族统一战线，实现了国共两党第二次合作。国民党军处于正面战场，八路军和新四军则迅速开赴敌后作战，使日军腹背受敌。

但是，在抗日战争中限制和消灭中国共产党及其武装，是国民党的既定方针。在1939年1月国民党五届五中全会上，确立了"溶共、防共、限共、反共"的方针，其政策重点由对外抗日转移到对内反共，国民党开始推行消极抗日、积极反共的反动政策。

1939年冬至1940年春，国民党发动的第一次反共高潮被击退后，国民党顽固派迫于八路军在华北已经巩固的事实，开始将摩擦重心从华北转向华中，由进攻八路军转向进攻新四军，掀起了以皖南事变为顶点的第二次反共高潮。

1940年10月19日，蒋介石指使何应钦、白崇禧以国民政府军事委员会名义致电朱德、彭德怀和新四军叶挺、项英，强迫命令黄河以南的八路军、新四军在一个月内一律开赴黄河以北。11月9日，中共以朱德、彭德怀、叶挺、项英名义复电，严词拒绝国民党当局的无理要求，但为顾全大局，同意将皖南的新四军北移，撤到长江以北。

不料1941年1月6日，新四军北移部队共九千余人在到达泾县茂林地区，遭国民党军袭击，造成震惊中外的皖南事变。事后，蒋介石于1月17日下令取消新四军番号，进攻江北新四军，诬蔑新四军为"叛军"，并声称要将叶挺交付军事法庭审判。至此，国民党第二次反共高潮达到了顶点。中共被迫奋起还击。1月20日，中共中央军委发布重建新四军的命令，任命陈毅为代理军长，张云逸为副军长，刘少奇为政治委员，重整并扩大新四军。1月22日，毛泽东以中共中央军委发言人名义发表谈话，驳斥对新四军的诬蔑，揭露国民党反共阴谋，要求取消1月17日反动命令，惩办祸首，释放叶挺，废除国民党一党专政，实行民主政治。以周恩来为首的南方局也在重庆展开各种抗议活动，揭发和抨击国民党的暴行。中国共产党的正义自卫立场得到了广大人民和海内外舆论的同情与支持，蒋介石集团在政治上陷入孤立。3月6日，蒋介石在国民参政会上不得不表示，以后不再进行"剿共"。至此，国民党顽固派发动的第二次反共高潮宣告结束。

《庄子·天运》借师金的话，批评孔子拿几百年前的周代礼制，往鲁国现今政治生活中套用，是陆地行舟，"劳而无功"；毛泽东引用从《庄子》中演化出的成语"徒劳无功"，在于说明如果只是形式上的欺骗而没有政策上的改变，蒋介石企图继续靠反共来维持他的统治地位，是达不到目的的，只是白费力气而已。"这一企图必然徒劳无功！"毛泽东的判断被以后事实所证明。

与蒋介石相比，我党在这次反共高潮开始时采取顾全大局、委曲求全的退让政策，取得了广大人民的同情，在皖南事变后转入猛烈的反攻，也为全国人民所赞助。这种有理、有利、有节的政策，对于打退这次反共高潮，是完全必要的，且已收得成效。可以说"劳而有功，策略成功"！

李讷读了《秋水》篇

《庄子·秋水》开篇即创造了一个黄河水神河伯"望洋兴叹"的寓言：

毛泽东品读《庄子》，十分欣赏《秋水》篇，尤喜河伯"望洋兴叹"这则寓言故事。

晚年，当他得知小女儿李讷读《庄子·秋水》，颇有感受，十分欣慰。他深为女儿的进步感到高兴和骄傲。

河伯的故事是这样的：

秋水时至，百川灌河。泾流之大，两涘渚崖之间，不辨牛马。于是焉河伯欣然自喜，以天下之美为尽在己。顺流而东行，至于北海，东面而视，不见水端。于是焉河伯始旋其面目，望洋向若而叹曰："野语有之曰：'闻道百，以为莫己若者。'我之谓也。且夫我尝闻少仲尼之闻而轻伯夷之义者，始吾弗信。今我睹子之难穷也，吾非至于子之门则殆矣，吾长见笑于大方之家。"

用今天的白话可以这样讲河伯的故事：秋雨到来，雨水灌满了黄河。河面显得十分宽阔，两岸及河中水洲之间，连牛马都不能分辨。于是乎河伯欣然自得，开始自我陶醉起来，以为天下的盛美都集中在自己这里了。可是，当他顺着水流向东而去，来到了北海边的时候，却发现事情并不像自己所想的那样：面向东方望去，不见大海的尽头，汪洋一片，无边无际。于是乎河伯这才改变自得的态度，收起傲慢的神态，仰起头对着北海之神若，感叹说："俗话说：'听了一些道理，便总觉得谁都不如自己高明。'这说的就是我这种人啊。而且我还曾经听说过认为孔子的见闻很少和轻视伯夷气节的话，当初我还不信。现在我目睹了你那望不到边的海水，难以穷尽，我若不是来到你的门前，那就危险了，我将永远被得道的人讥笑。"

庄周先生这则寓言，意在批评那些骄傲自满、夜郎自大的人。黄河汇聚百川，已经很大，可是比起众水之王的大海，还是渺小得多。它启发人们思索：要开阔自己的视野，就要跳出狭隘的生活圈子，到宽广的天地去经风雨见世面。如果你放不开眼界，看不到自己身边以外的事物，就会因自闭而自满，自满又局限了自己的认识。河伯的形象，他的反省与反思，对我们了解已知与未知、自满与自谦、渺小与宏大等都有启示，都有感悟。

李讷读《秋水》是 20 世纪 60 年代初的事儿。

李讷是毛泽东与江青的女儿，也是毛泽东最小的女儿。

毛泽东自从投身革命以来，大部分生涯都处于动荡之中，家庭组合也几经变迁。1937 年进驻延安后，虽说环境相对稳定，但身边的儿女只有李敏一人。1940 年，小女儿李讷来到人间，李敏因为要与母亲贺子珍团聚去了苏联。毛泽东年近半百，他需要有儿女们情感的抚慰，尽管工作十分繁忙，也不忍心让李讷离开自己的身边。

李讷自幼身体个好，因而受到毛泽东特别关爱。工作之余，毛泽东经常逗着她玩，带她出去散步，教她认字，给她讲故事，教她懂礼貌。

由于战争环境的影响，李讷六七岁时还未能上学。为了不耽误孩子的教育，毛泽东委托保育员韩桂馨教李讷识字。到了西柏坡，李讷才开始上学。进北京后，李讷入育英小学插班读四年级，毛泽东反复叮嘱她要珍惜大好时光，好好学习。

1953 年，李讷进北京师范大学附属女子中学读书。1959 年考入北京大学历史系。1960 年国家困难时期，她大病一场，全身浮肿，情绪十分低落，不得不休学一年。而后又在北大继续她的学业。或者是因为休学的原因，学习压力比较大，甚至连给父亲写信的时间都没有，好长一段时间不回家，也只是给父亲寄上一张贺年片什么的。

这一时期，毛泽东对李讷的成长非常关心，多次给她去信，耐心开导，循循善诱。1962 年 1 月 9 日，毛泽东写信给李讷，问她：为什么光寄贺年片，不写封信给爸爸？为什么那样吝啬？是不是不爱爸爸了？毛泽东把女儿不写信的缘故归咎为自己对她帮助太少，缺乏交流，因此要求李讷给他写信。

这是一封渴望着儿女之爱的家书，情真意切，令人感动。但信中毛泽东把女儿不写信的原因归咎于自己对她帮助太少，"缺乏长谈，互不交心"，因而要求李讷给他写信。

李讷把毛泽东当父亲，也当知己，心里有话从来不对他隐瞒。父亲的来信，字字句句充满着对她这个小女儿特殊的怜爱，这使她很受感动。她开始意识到，父亲不仅希望儿女成才，更渴望得到儿女们的爱。李讷很快给父亲回了信，向他敞开了心扉，诉说了自己的欢乐和苦恼。

1963 年，三年经济困难刚刚过去，国民经济已经得到了恢复，人民生活状况亦开始好转。毛泽东的小女儿李讷的身体也逐渐好起来。李讷在新年之际给毛泽东写了一封信，信中回顾了自己在学校的生活，同时也谈到了自己的一些缺点，详细反映自己通过学习后思想的一些变化。她还谈到自己读了《庄子·秋水》后的感想，认为其中的主人公河伯是个鼠目寸光、自高自大的人。

毛泽东看了李讷的这封信后，深为女儿的进步感到高兴。并于同年 1 月 4 日给李讷回了一封信。信中谈到干部子弟的问题，毛泽东教育女儿不要骄傲。信中写道：

李讷娃：

刚发一信，就接了你的信。喜慰无极。你痛苦、忧伤，是极好事，从此你就有希望了。痛苦、忧伤，表示你认真想事，争上游、鼓干劲，一定可以转到翘尾巴、自以为是、孤僻、看不起人的反面去，主动权就到了你的手里了。没人管你了，靠你自己管自己，这就好了，这是大学比中学的好处。中学也有两种人，有社会经验的孩子；有娇生惯养的所谓干部子弟，你就吃了这个亏。现在好了，干部子弟（翘尾巴的）吃不开了，尾巴翘不成了，痛苦来了，改变态度也就来了，这就好了。读了秋水篇，好，你不会再做河伯了，为你祝贺！

爸爸　1963 年 1 月 4 日

（谢柳青：《毛泽东家书》，中原农民出版社 1999 年版，第 391 页）

这封家书，大概是《庄子》解读史上绝无仅有的事情。

这是领袖与小女儿笔谈阅读《秋水》的感悟和心语。这是伟大思想家运用国学经典循循善诱的家教。

毛泽东认为女儿"吃了"干部子弟翘尾巴"这个亏"。毛泽东把学生分为两种人：有社会经验的孩子；有娇生惯养的所谓干部子弟。女儿是"干部子弟"（这个"干部"实在大了点），有意无意间难免有骄、娇二气。具体表现就是"翘尾巴、自以为是、孤僻、看不起人"。病中有些"痛苦、忧伤"的小女儿，读了《秋水》"可以转到翘尾巴、自以为是、孤僻、看不起人的反面去"，这使毛泽东"喜慰无极"，甚至祝贺女儿"你不会再做河伯了"！

毛泽东以《庄子》中的河伯为媒介与女儿交流思想。在毛泽东父女眼中，河伯是盲目自大、骄傲、自满翘尾巴的人。他们都在从河伯身上吸取教训，也就是弄清人在有了一定资本以后怎样做人。李讷说自己读了《秋水》，毛泽东觉得她"不会再做河伯"，也就是不再盲目自大。在信里，毛泽东对女儿的肯定激励与严格要求是统一的。而这两者，又都以河伯为戒。毛泽东语重心长，亲情满纸。

要将宇宙看稊米

《庄子·秋水》中，北海海神若向河伯谈论海洋虽然广大，但是自我感觉并不自大，"方存乎见小，又奚以自多"。这时，海神若又比喻说：

> 计四海之在天地之间也，不似礨空之在大泽乎？计中国之在海内，不似稊米之在大仓乎？

大意是说：衡量四海在天地之间，不就像蚁穴在大泽里一样吗？衡量中国在四海之内，不就像小米在大仓里一样吗？

《庄子》一书，称得上我国浪漫主义文学的开山之作。"中国之在海内"犹如"稊米之在大仓"的况喻，正是这一风格的典型表达。

毛泽东年轻时代很赏识《庄子·秋水》篇中那种超越空间、卑视天地的凌厉气势，很欣赏庄子这种浪漫主义风格。

1918 年 4 月，毛泽东、罗章龙与蔡和森等人在湖南长沙共同创建新民学会，以"革新学术，砥砺品行，改良人心风俗"为宗旨，探求中国的出路。

同年，罗章龙欲赴日留学。临行前，毛泽东和新民学会的其他成员、同窗好友四五十人，在轮船停泊处的长沙北门外平浪宫聚餐，为罗壮行。

分别时，毛泽东用"二十八画生"的笔名写了一首七古《送纵宇一郎东行》。"纵宇一郎"是罗章龙行前起的日本名字。罗章龙到上海后，因日本东京发生日警迫害中国侨民风潮，罗章龙中止赴日，进了北京大学。

《送纵宇一郎东行》节选如下：

丈夫何事足萦怀，要将宇宙看稊米。

沧海横流安足虑，世事纷纭何足理。

（《毛泽东诗词集》，中央文献出版社1996年版，第161—162页）

此诗诗句"要将宇宙看稊米"就从上引《庄子·秋水》中化出。

毛泽东与罗章龙相识较早。1915年9月，毛泽东为寻求志同道合的朋友，以"二十八画生"为名向长沙各校发出"征友启事"。启事引《诗经》语"愿嘤鸣以求友，敢步将伯之呼"，希望结交刻苦耐劳、意志坚定、随时准备为国捐躯的青年。罗章龙当时在长郡中学读书，首先响应，并在复信中引《庄子》语"空谷足音，跫然色喜"表达自己的心情。两人在湖南省立图书馆相见，畅谈了两三个小时，从治学、处世直到人生、宇宙和社会改造等，由于情志相投，他们初次相交，就"愿结管鲍之谊"。罗章龙归后还写诗作记，称"风流共欣赏，同证此时情"。此后，两人便结下了深厚的友谊。

《送纵宇一郎东行》诗中，毛泽东写下这样的勉励之句："丈夫何事足萦怀，要将宇宙看稊米。沧海横流安足虑，世事纷纭何足理。"他用《庄子》中"中国之在海内"犹如"稊米之在大仓"的典故，以宏大的气魄抒发出"要将宇宙看稊米"的壮志豪情。所谓"要将宇宙看稊米"，是说要把世界大事看成小米一样的小事，即是说"宇宙之在我心"，犹如"稊米之在大仓"，表达了一种敢于担当大事的博大胸怀，并以此与即将东行的故人共勉。大丈夫不应该为了某些小事情斤斤计较，而应该拥有宽广的胸怀，从更高的境界去把握短暂的人生，去做出更大的成就。《秋水》篇中"大仓""稊米"的比喻，原意是说一切事物的大小贵贱都是相对的，只能听其自然，无须加以辨析，这跟毛泽东在诗里表达的敢于担当天下大事的思想境界，是不在一个层次上的。

正因为有着这样的思想基础和远大理想，毛泽东在诗中进一步表达的则是："沧海横流安足虑，世事纷纭何足理。"意思是，尽管变幻莫测，沧海横流，也不值得忧虑；世事纷纭，可按照你的想法从容打理。他期望罗章龙立大志、干大事，实现伟大的抱负，不辜负时代、国家和民族。

"要将宇宙看稊米。"从中可以看出毛泽东、罗章龙等当时新民学会会员的抱负和气概。他们当时很年轻，书生意气，挥斥方遒，极具诗人气质和浪漫情怀，这在"宇宙"与"稊米"之喻当中表现得最为痛快淋漓。

天不止一个井大

《庄子·秋水》中，公孙龙与公子魏牟讨论"先王之道"，公子魏牟则讲了一个井蛙与海鳖的故事给公孙龙听。他说：

> 子独不闻夫埳井之蛙乎？谓东海之鳖曰：
>
> "吾乐与！出跳梁乎井干之上，入休乎缺甃之崖；赴水则接腋持颐，蹶泥则没足灭跗；还虷蟹与科斗，莫吾能若也。且夫擅一壑之水，而跨跱埳井之乐，此亦至矣。夫子奚不时来入观乎？"
>
> 东海之鳖左足未入，而右膝已絷矣。于是逡巡而却，告之海曰：
>
> "夫千里之远，不足以举其大；千仞之高，不足以极其深。禹之时，十年九潦，而水弗为加益；汤之时，八年七旱，而崖不为加损。夫不为顷久推移，不以多少进退者，此亦东海之大乐也。"
>
> 于是埳井之蛙闻之，适适然惊，规规然自失也。

井蛙与海鳖故事的大意是，井里的青蛙对东海来的大鳖说："你看我在这里该有多快乐呀！在井里，我可以躺在井壁的砖洞里休息；到井外，我可以在井台的四周随意地跳跃；有时我还可以到水里去，水可以托着我，使我的头露出水面，水也可以挨着我的胳肢窝；我还可以到软绵绵的泥地上散步，淤泥只能淹没我的脚，漫过我的脚背。我在这地方向四周一看，觉得那些小虫子、小螃蟹、小蝌蚪啦，哪里比得上我呀！我独占这么一洼水，要怎么样就怎么样，谁都赶不上我。我快乐到了极点。你怎么不进来看看呢？"

海鳖听了感到很惊奇，它准备到井里去看一看，可是当它刚要把左脚伸出来时，右脚就被井台的栏杆绊住了，于是它只好又退了回来。这时，大鳖开始向青蛙介绍了东海的情况。它说：

"东海用几千里也无法量它的广阔，使用千仞也不能说明它的深度。大禹时十年有九年发大水，海水并没有因之而增加；商汤时八年有七年大旱，海水也并没有因之减少。海水无穷无尽，不因时间的推移而变化，也不因雨水的多少而增减。我生活在这无比广阔的大海里，才是真正的快乐呢！"

井蛙听了大鳖的话，惊慌失措，一副茫然若失的样子。

《庄子·秋水》讲井蛙和海鳖的故事。井蛙不知井之小，海之大，自以为井中至乐。要克服这种心态，就要把有这种心态的人从封闭性的环境中引导出来。海鳖给井蛙描绘东海，言其大其深其久。井蛙听了，"适适然惊，规规然自失也"。

这个生动的寓言故事，后被概括出成语"井底之蛙"或"坐井观天"。它们常常被用来讽刺那些见识短浅而又盲目自大的人。

毛泽东1935年年底运用"坐井观天"典故所蕴含的道理，批评了党内机会主义者看问题的片面性。

那年12月27日，毛泽东在陕北瓦窑堡党的活动分子会议上，作了题为《论反对日本帝国主义的策略》的报告。这是一次极为重要的会议。毛泽东在报告中系统地说明了政治策略上的诸问题。

这一次政治局会议批评了党内那种认为中国民族资产阶级不可能和中国工人农民联合抗日的错误观点，决定了建立抗日民族统一战线的策略，所以说这是一次极为重要的会议。毛泽东根据中央决议在这里充分地说明了和民族资产阶级在抗日的条件下重新建立统一战线的可能性和重要性，着重地指出共产党和红军在这个统一战线中的具有决定意义的领导作用，指出了中国革命的长期性，批判了党内在过去长时期内存在着的狭隘的关门主义和对于革命的急性病。

在报告中毛泽东讲了目前红军的情形。毛泽东对我党领导下的红军一年多来的斗争形势作了简要的回顾。他说差不多一年半以来，中国的三支主力红军都在做阵地的大转移。从1934年8月任弼时等率领第六军团向贺龙率领的红军第三军开始转移起，接着是1934年10月，中央红军和军委机关、直属部队编成的两个纵队，从江西瑞金等地出发，开始战略性的大转移。红军经过福建、江西、广东、湖南、广西、贵州、四川、云南、西康、甘肃、陕西 11 个省，走过终年积雪的高山，越过人迹罕至的沼泽草地，历尽艰苦，击溃敌人的多次围追堵截，长征两万余里，终于在 1935 年 10 月胜利地到达陕西北部的革命根据地。第三支主力红军是指川陕边区的红军，即中国工农红军第四方面军。1935 年 3 月，第四方面军发起强渡嘉陵江战役后，离开川陕边区根据地，5 月开始向四川、西康（现在分属四川省和西藏自治区）两省的边境转移。同年 6 月，在四川西部的懋功（今小金）地区与红军第一方面军会合。

毛泽东在报告中说，这三支红军都放弃了原有阵地，转移到新地区去。这个大转移，使得旧区域变为游击区。在转移中，红军本身又有很大的削弱。如果我们拿着整个局面中的这一方面来看，敌人是得到了暂时的部分的胜利，我们是遭遇了暂时的部分的失败。这种说法对不对呢？我以为是对的，因为这是事实。但是有些同志想不通，有人说（例如张国焘）：中央红军失败了。这话对不对呢？不对。因为这不是事实。

说到片面地看问题，毛泽东化用了《庄子·秋水》里"井底之蛙"这个寓言。他说：

> 马克思主义者看问题，不但要看到部分，而且要看到全体。一个虾蟆坐在井里说："天有一个井大。"这是不对的，因为天不止一个井大。如果它说："天的某一部分有一个井大。"这是对的，因为合乎事实。我们说，红军在一个方面（保持原有阵地的方面）说来是失败了，在另一个方面（完成长征计划的方面）说来是胜利了。敌人在一个方面（占领我军原有阵地的方面）说来是胜利了，在另一个方面（实现"围剿""追剿"计划的方面）说来是失败了。这样说才是恰当的，因为我们完成了长征。（《毛泽东选集》第一卷，人民出版社 1991 年版，第 149 页）

井蛙生活在深井里，四壁围绕，坐井观天，不知道大海的存在，也不知道天的无限广大。井蛙的活动空间只有井口那么大，所以，井蛙以为天只有一个井口那么大，这是因为它的生活空间局限了它的视野。井局限了蛙，片面认识局限了人。对事物只看部分，不看全体，这是井蛙的认识水平。

由井蛙故事演化出的"坐井观天"这则寓言，用比喻的方法，批判了那些眼光短浅、见识褊狭而又盲目自大的人。毛泽东变化地运用了《庄子》里"井底之蛙"这个寓言故事，在于严厉批评张国焘的退却主义和分裂活动，在于批评片面地看问题的一些人。毛泽东这种对具体问题作具体分析的方法，历史地发展地辩证地看问题的方法，给我们树立了全面认识事物，反对主观性、片面性和表面性的榜样。

子非鱼，安知鱼之乐

庄子住在穷闾陋巷，穿着粗衣，脚绑草鞋，贫困潦倒。社会黑暗的压迫，连绵不断的战乱，贫穷的困扰，衣履不整，饥肠辘辘，是一般人难以忍受的，但对庄子来说算不了什么，改变不了他对人生的豁达乐观，与朋友和弟子交游，充满了快乐情趣。

惠子是庄子的老朋友，二人互相过从，友谊很深。他们共同探讨哲学，切磋琢磨，有时还进行辩论。《庄子·秋水》记载：

庄子与惠子游于濠梁之上。庄子曰："鲦鱼出游从容，是鱼之乐也。"

惠子曰："子非鱼，安知鱼之乐？"

庄子曰："子非我，安知我不知鱼之乐？"

惠子曰："我非子，固不知子矣；子固非鱼也，子之不知鱼之乐，全矣！"

庄子曰："请循其本。子曰'汝安知鱼乐'云者，既已知吾知之而问我，我知之濠上也。"

濠水，在今安徽凤阳境内；梁，桥梁；鲦鱼，白条鱼。濠梁，即濠水上的桥梁，为庄子与惠子观鱼论道之处。《庄子·秋水》这段记载的大意是说：

庄子与惠子在濠水桥上游玩。庄子说："鲦鱼游来游去，从容自在，这是鱼的快乐。"

惠子说："你不是鱼,怎么会知道鱼的快乐呢?"

庄子说："你不是我,怎么会知道我不知道鱼的快乐呢?"

惠子说："我不是你,固然不知道你的想法;你原本也不是鱼,你也不知道鱼的快乐,这就完整准确了!"

庄子说："请追溯你原来问我的话,你说的'你怎么会知道鱼的快乐'这句话,说明你已经知道我知道鱼的快乐才来问我的。现在我来告诉你吧。我是在濠水桥上知道的。"

在这里与其说两人争论的焦点是认识上的问题,即对鱼的感知不同,还不如说两人是在欣赏水中之鱼。

庄子和惠子濠水桥上"子非鱼"的议论,后多用来比喻别有会心、自得其乐的境界。

惠子,即惠施,战国中期宋国人,著名的辩客,哲学家,是名家思想的主要代表人物。《庄子·天下》说"惠施多方,其书五车",是说他知识渊博,书也很多。惠施学问深广,魏王经常听他讲学,十分赞赏他的学识,惠施对魏王也很忠诚。后来,因与张仪不和而被驱逐出魏国,回到家乡宋国。在宋国,惠施与老乡庄子成为朋友。惠施被贬,好友庄子感叹道:做一布衣村夫,寄情于湖水原野之间,寓意于文章之中,没有如履薄冰、如临深渊的惶恐,虽贫但自由逍遥。

庄子虽有盖世之才,但他宁愿受贫"以快吾志",而终身不仕。在他看来,千金如粪土,卿相似郊祭之牲任人宰割。庄子终生不为名利所左右,是为了在乱世之中保持独立的人格和追求逍遥无恃的精神自由。他认为做官戕害人的自然本性,不如在贫贱生活中自得其乐。

庄子与惠子这对老朋友游于濠水桥上,赏鱼观光,谈笑风生,其乐融融。惠子是名家的代表人物,著名哲学家,与人辩论"坚白异同"等逻辑问题,多占上风。濠水桥上与庄子辩鱼之乐,是非难解。

"我知之濠上也!"唯思维敏捷想象奇异之庄子能出此妙语!

毛泽东熟悉濠水桥上庄子和惠子"子非鱼"之辩,在他的生活当中也有过类似的情形,但是这并非历史巧合。那是20世纪20年代末,他在江西、福建一带开展游击战的时期。

据江华回忆:毛泽东无论随便捡起一个什么话题,总有种哲学家高屋建瓴的气势。

1929年1月,毛泽东、朱德率领红四军主力由井冈山出发,向赣南挺进。先后到赣南、闽西开辟新的革命根据地。在福建西部的龙岩、永定、上杭等县建立了革命政权，以后又扩大到江西瑞金。这样，中国大地上有了一大块革命根据地，革命形势进入了一个高潮。随着赣南、闽西斗争局面的打开，地方工作增多了，部队数量也"比前大增"，前委既管军队工作，又管地方工作，就感到"兼顾不来"。这样，又恢复了红四军军委这一级党的组织。这期间，毛泽东生病后前委书记由陈毅代理。

1929年4月中旬，中共红四军前委在江西于都召开扩大会议。于都位于江西省南部，东邻瑞金市，北毗兴国县和宁都县。会后，毛泽东准备去兴国。

毛泽东在去兴国前一天的傍晚，陈毅、谭震林和江华三人陪着毛泽东在于都河边漫步。

陈毅、谭震林和江华，都是从井冈山跟随毛泽东一路打过来的红四军主要领导，他们陪着毛泽东漫步在于都河畔。观景赏鱼，谈古论今，展望革命的前景，充满着喜悦之情。

毛泽东突然停下脚步，问道：

"你们说，鱼在水中是否也要睡觉？"

三个人面面相觑，一时谁也答不上来。他们的思想跟不上毛泽东海阔天空的思维。

"我说鱼要睡觉。"毛泽东自己回答，"作为高等脊椎动物，鱼有中枢神经系统，有兴奋和抑制两种状态，这就是它的醒和睡。这一醒一睡，就像生与死、动与静、阴与晴一样，是一组矛盾。这二者是对立的，又统一在一个事物中，构成这个事物的两个方面。"

就是从一条鱼，毛泽东也能阐发出深刻的哲理来。

这时，具有学者风度的陈毅突然冒出一句：

"子非鱼，安知鱼之乐？"这是《庄子》的话。

毛泽东即用《庄子》的话作答：

"子非我，安知我不知鱼之乐？"

二人说罢大笑不止。陈毅笑后说：

"还是党代表说的有科学根据哟。我说的，有点子诡辩的味道啰！"（李约翰等：《毛泽东和省委书记们》，中央文献出版社2000年版，第65页）

红四军主力自从离开井冈山后，突破了国民党军的包围，连续打了几个大胜仗，开辟了新的革命根据地。此刻，毛泽东的心情比较轻松。这才引出了毛泽东与陈毅关于《庄子》"子非鱼"的一段问答，也才有了毛泽东关于"鱼要睡觉"的一番议论。

庄子和惠子的濠水桥上对话，强调了认识事物的复杂性，即事物本身的相对性和认知过程的变异性，指出了认知之不易和准确判断的困难。但是，庄子过分强调了事物变化的不定因素，未能揭示出认知过程中相对与绝对间的辩证关系，很容易导向不可知论，因而最终仍只能顺物自化，返归无为。

庄子追寻"逍遥"，因此他从白条鱼悠闲的姿态判断它很快乐。这种根据自己的心境对客观事物进行主观的臆断，在每个人身上都能找到。人们很容易成为感情的奴隶，随自己的悲喜来感受世界。自己敞开胸怀，使心境美好，才能感受世间万物的美好。

庄子与惠子是在濠水桥上论鱼之快乐，毛泽东与陈毅则是在于都河畔议"鱼要睡觉"。问题的哲学层次都在于人能不能认识鱼的感知（如快乐与睡觉）。对此，毛泽东比庄子更进一步，以动物学的原理为基础，阐述了"鱼要睡觉"的生理机能。

江华感到，就是从一条鱼上，毛泽东也能阐发出深刻的哲理来。他觉得与毛泽东在一起，让人觉得常常有一种思想上得到升华的感觉。这也许就是伟人的力量！

《庄子·秋水》主旨探讨了万事万物价值判断的无限相对性和极端无常性，认为一切事物的大小、是非都是相对的，人生的贵贱荣辱也是无常的，旨在要人息伪还真，顺应自然，不为追求名位富贵等而伤害天然本性。庄子要求人们"无以人灭天，无以故灭命，无以得殉名，谨守而勿失，是谓反其真"，即不执着于人为得失而伤害自然本性，一切顺应自然而返归人生的真谛。这表现了庄子哲学中颇有影响的相对论的观点，最终因强调过分而陷入了相对主义。

但是，由于庄子始终能把事理的无穷性与人类认识的相对性、宇宙的无限性与具体事物的局限性对照起来分析，所以仍然显示出他对于绝对与相对、无限与有限的辩证关系的理解有着高度的灵活性，这对于人们突破认识上的局限性，从而领悟到天地宇宙的无限广大性，无疑是很有帮助的。

毛泽东品读《秋水》，喜欢女儿李讷不再做河伯了，懂得了"山外有山，人上有人"的道理；激励学友罗章龙"要将宇宙看稊米"，树立"改造中国与世界"的宽广襟怀；告诉红军官兵"天不止一个井大"，正确看待革命战争中的胜利与失败；与陈毅等人笑谈"子非鱼，安知鱼之乐"，在于突破对事物本身认识的相对性和认知过程的变异性，试图从动物学角度科学解释"鱼也睡眠"的问题。这里的品读体验显然有立足《庄子》又超越《庄子》的特点。

至 乐

庄子鼓盆而歌

庄子是惊世骇俗的思想家，不仅议论标新立异，举动也不同凡响。其中令后世之人最不可思议者，要数"妻死鼓盆而歌"了。《庄子·至乐》记载：

> 庄子妻死，惠子吊之，庄子则方箕踞鼓盆而歌。
>
> 惠子曰："与人居，长子、老、身死，不哭，亦足矣，又鼓盆而歌，不亦甚乎！"
>
> 庄子曰："不然。是其始死也，我独何能无概然！察其始而本无生，非徒无生也而本无形，非徒无形也而本无气。杂乎芒芴之间，变而有气，气变而有形，形变而有生，今又变而之死，是相与为春秋冬夏四时行也。人且偃然寝于巨室。而我噭噭然随而哭之，自以为不通乎命，故止也。"

这个故事仍然发生在庄子与惠子两位思想大师之间。

庄子的妻子死了，好友惠子前往吊唁，庄子却正在分开双腿像簸箕一样坐在地上，在妻子灵棚前一边敲打着瓦盆，一边唱着歌。

惠子质问他说："你的妻子跟你生活了一辈子，生儿育女直至衰老而死，人死了不伤心哭泣也就罢了，你怎么还敲着瓦盆唱起歌来，不也太过分了吗！"

庄子说："不是的，我的妻刚死之时，我怎么能不感慨伤心呢！然而，我后来想一想：人本来是没有生命的。不但没有生命，连形体都没有。不但没有形体，连气都没有。在若有若无之间的自然变化中，忽然有了气，气变化而有形体，形体变化而有了生命。如今我的妻变化又回到死亡，就像春夏秋冬四季一样的自然。她已安息在大自然的卧室里，去迎接她的新生，如果我再号啕大哭，反而显得我不通达生命的道理。所以我停止了哭泣。"

按照西周以来的传统礼法制度和习俗，丧葬是一件大事。根据文献记载，战国时代还存在着野蛮的殉葬制度，贵族富豪死后都用大量的珍贵物品随葬。贪生怕死是一种普遍心理。

庄子认为，天地万物皆生于道（自然），人也同样。因此他把人的生死比作天之昼夜，生叫作"天行"，死叫作"物化"，一切都是自然而然的事情。人生于道（自然），而死后归之于道（自然），所以乐生恶死实在没有必要。

正因为有着这样豁达的生死观，所以庄子的妻子死后，他竟箕踞鼓盆而放声高歌，为妻子的"物化"而欣慰。庄子自己在病重期间，儿子庄园要为他做棺材，并准备对他厚葬。临终前，庄子嘱咐儿子："我死后，以天地为棺材，可谓大矣；以日月为葬璧，可谓亮矣；以星辰为珠宝，可谓贵矣；以万物为斋食，可谓丰矣。"这就是庄子对自己死前的绝妙描述。庄子一生洒脱恣意，放荡不羁，从容面对生与死。

生不足喜，死不足忧，两相比较，死并没有什么不好。形体的变化，是出于自然的变化。不要被这变化所惊骇，不要被这变化所苦恼。这就是庄子豁达的生死观，也是他鼓盆而歌的原因。庄子的妻死了，他多少还是有点痛苦的。所以他要敲瓦盆排遣。庄子鼓盆，只是顺应感情的变化而已。这时的哀乐并不打动他的心。

庄子一生贫寒，穷困潦倒。妻死鼓盆而歌，以示旷达。庄子这种近乎宿命论的悲伤忧患，是他看破忧患的一种乐观旷达，而最终消融在平易恬淡宁静闲和的微妙境界里。

对于庄子这样豁达的生死观，毛泽东至少是赞同和肯定的。他从辩证唯物主义的观点出发认识生命和死亡问题，认为人的生老病死是自然规律，死亡也是最寻常不过的事了。

鼓盆而歌是正确的

1958 年 5 月 5 日至 23 日，中国共产党第八次全国代表大会第二次会议在北京召开。

5月20日，毛泽东在全体会议上讲了话，强调要破除迷信，解放思想，发扬敢想敢说敢做的创造精神。会上他幽默地谈了人的生死问题。在他讲话提纲中有这样的内容：

再讲灾难：……

讲死讲鬼，就能不怕死了，就不怕鬼了。

突变（生死都是突变）是宇宙最根本的规律……

有灭亡，才有生长，还归自然，再造生物，

如孔子至今存在，岂非一大灾难？

鼓盆而歌是正确的，

人死应开庆祝会，

开庆祝会之所以不可避免，是为了团结起来进行生产斗争、阶级斗争。……

怕死是一种条件反射的结果

我也有这种反射

（《建国以来毛泽东文稿》第七册，中央文献出版社1992年版，第201页）

毛泽东在讲话中引《庄子》"鼓盆而歌"，说明生死都是突变，是宇宙最根本的规律。有生即有死。只有灭亡，才有生长，才能再造生物。因此，毛泽东认为：庄子"鼓盆而歌是正确的"。要正确地对待生与死。他主张"人死应开庆祝会"，认为这是为了团结起来，进行生产斗争和阶级斗争的需要。这里，毛泽东以他政治家的视角看问题，把人的生死与他的斗争哲学联系起来。

毛泽东借鉴庄子"妻死鼓盆而歌"的达观态度，笑对生老病死。晚年，他多次说到死的问题。对于死超然处之，毫无忧虑。同国内外客人谈话时，有时冲口而出，说到自己将要去见上帝的问题，话中带有浓厚的风趣和超脱的感情。例如：

1958年在一次小型宴会上，毛泽东同桌的一位妇女劳动模范打了一个大喷嚏，她自己很尴尬，搞得气氛有点紧张，毛泽东却不以为意地说："不要紧，我是60多岁的老头子，不怕死。人家说身经百战，我也是身经百战不死。"从日常谈话中看来，毛泽东从不回避死的问题。这里表现出无忧无虑的超脱气度，也包含着一心为革命死亡不足畏的思想境界。

1959 年，毛泽东在武昌会见了斯特朗与杜波依斯夫妇，在谈话中说到死的问题。他说："我已经 66 岁了，我可能会病死，也可能乘飞机遇难，或是被蒋的某些特务分子暗杀。然而，怕死是没有用的。怕死不能制止死亡，只能导致死亡。我并不希望死。我希望能亲眼看到帝国主义的末日。但是，如果我不得不死，我也不害怕。"

后来，斯特朗在回忆录中谈到自己的感受时说："同毛谈话使人感到极大地开阔了眼界。它使人们心情轻松自在。他的哲学看穿了人的生死问题，使人们懂得人类的成就需要数不清的人经过无数世纪的长期艰苦奋斗才能取得。"

20 世纪 60 年代，毛泽东在专列上同女服务员谈到人总是要挨人骂的时候，说过："毛泽东也是个人，人总是要死的，我也是要死的。什么高瞻远瞩，不是那么回事。我死后，我搞的这些东西也会有人骂，有些也会被实践证明不对。我是人，是人就有错误，但我有信念，我还是要革命，别人骂什么我也还是要革命。"

1961 年 9 月，毛泽东接见英国前陆军元帅蒙哥马利，一见面便很风趣地说："我现在只有一个五年计划，到 73 岁去见上帝，我的上帝是马克思，他也许要找我。""中国有句话，七十三，八十四，阎王爷不请自己去。"他还讲了五种死法："被敌人开枪打死，坐飞机摔死，坐火车翻车压死，游泳时淹死，生病被细菌杀死。""人死后最好火葬，把骨灰丢到海里去喂鱼。"

1962 年年初中央在北京召开会议，正赶上过春节，中央办公厅在北京饭店准备了酒宴，请各省的同志聚一聚。毛泽东正好与曾希圣的夫人余叔、李先念的夫人林家楣、杨尚奎的夫人水静坐在一桌，他一边给她们夹菜，一边谈古论今。"过了年你们又长一岁了。"毛泽东对着三姐妹说，"你们今天又年轻又漂亮，以后都会变成老太婆。你们怕不怕变成老太婆？""要是人不会老，该有多好呀！"一个女同志说。"啊，那还了得！"毛泽东大笑起来，"不老不死，地球怎么装得下哟。""你们想不老，说明你们是怕老的。"毛泽东指着这些女同志说，"生老病死，这是大自然的规律，谁也违反不了，因为我们是人，不是神仙。"

看！毛泽东对死说得多么轻松！他对死是无所顾虑，对生自然是乐观豪放。

不难看出，庄子的"妻死鼓盆而歌"，深深地影响着毛泽东的生死观。

庆祝辩证法的胜利

1964 年 8 月 18 日，毛泽东在北戴河同几位哲学工作者谈话中，他坚信，"发生，发展，消灭。一个消灭一个……给人家消灭，或者自己消灭"，"任何事物都如此"。接着他说：

> 每一个人都要死，因为他是产生出来的。人必有死。张三是人，张三必死。
>
> 人为什么要死？这是自然规律。森林寿命比较长，也不过几千年，没有死，那还了得？如果今天还看到孔夫子，地球就装不下了。赞成庄子的办法，死了妻子，鼓盆而歌，死了人要开庆祝会，庆祝辩证法的胜利，庆祝旧事物的消灭。……我们说，人类灭亡，是产生比人类更进步的东西。现在人类很幼稚。（陈晋：《毛泽东之魂》，中央文献出版社 1997 年版，第 314 页）

在这里，毛泽东借用《庄子》"鼓盆而歌"典故来说明自己的思想，提出了"死了人要开庆祝会，庆祝辩证法的胜利，庆祝旧事物的消灭"的乐观主义生死观。

"庆祝辩证法的胜利"，这真是一鸣惊人，匪夷所思，给人以极大的震撼。仔细想一想，这也是很合情理的，生与死是人生大事，都值得庆祝。民间就有"红白喜事"之说，就是一个很好的证明。

毛泽东的这段话包含着深刻的哲理。他从辩证唯物主义的观点出发认识生命和死亡，死亡也就是最寻常不过的事了。这表达了毛泽东对人生的洞察和透彻的理解。死了人，不值得难过，不值得悲伤，而应该进行盛大的庆祝。这让人感到：这是超凡脱俗的生死观，这是非常了不得的胸怀！

1965 年 1 月，毛泽东接见斯诺，交谈约 4 个小时。后来斯诺在回忆文章中说：

> 我看出他心情冷静地考虑着死亡的问题，似乎准备把他自己的政治遗产留给后人评价。他说他就要会见上帝了，他说他的家庭情况时，说：死避过了他，这是奇异的事情。他曾经多次准备死，但死似乎并不想要他。他该怎么办？有几次，他似乎会死了。

（《外国人眼中的毛泽东》，华岳文艺出版社 1989 年版，第 259 页）。

的确，毛泽东是身经百战、死里逃生的人。他渡过许多死亡关口，他感到幸运而自豪，他对死也无所畏惧。

一个把死亡看成是"辩证法胜利"的哲学家，一个对死亡也要开庆祝会的革命者，真把生死问题参透了！

学学庄子，鼓盆而歌

豪情壮志轰轰烈烈一生的毛泽东，走到生命尽头时更是念念不忘庄子的"鼓盆而歌"。

1975 年，是毛泽东身体极度衰弱的时候，他接见美国的布什和基辛格时，开玩笑地说："我很快就要去见上帝了，我已经收到了上帝的请柬。"

同年 10 月，毛泽东重病在身，行动不便。一次他在自己住处和康生谈话。

> 康生扶了扶眼镜，倾过身去，关心地问毛泽东："主席最近身体好一些了吧？"
>
> "不好！"毛泽东又摆摆手。接着，毛泽东侧过身问康生："你的身体怎样？"
>
> "也不好，下面长了个瘤子，老是出血。"康生说。
>
> 毛泽东没有表情。康生又接着说："机器老了，快报废了。"
>
> "这是自然规律，谁也违抗不了。应该学学庄子嘛，老婆死了，还鼓盆而歌。如果所有的人都活一万岁，地球上不就人满为患了？！"
>
> 毛泽东断断续续地说着。（盛巽昌：《毛泽东这样学习历史，这样评点历史》，人民出版社 2005 年版，第 314 页）

毛泽东告诉康生的，也是学习庄周，顺应自然，不惧死亡，鼓盆而歌。

毛泽东在晚年经常同护士孟锦云谈论对世界万事万物的看法。他强调说，人要顺其自然。

毛泽东还引用汉朝贾谊写的《鵩鸟赋》这篇文章，说明任何人不可能长生不老。毛泽东坦然地说道：

"不少人就是想不开这个道理。人无百年寿，常怀千年忧，一天到晚想那些办不到的事情，连办得到的事情也耽误喽！秦皇、汉武都想长生不老，到头来，落得个'万里长城今犹在，不见当年秦始皇'。其实，任何事物都不过是一个过程，人的一生也不过如此，有始必有终。"

从这里我们可以看到，处在垂暮之年的毛泽东在谈到死亡时，依然是那么轻松，那么超脱，那么旷达。面对死亡他始终是泰然自若。

"鼓盆而歌"，庆祝辩证法的胜利！

惟吾蝉翼之知

《庄子·达生》第二节，讲了孔子周游楚国，遇到驼背老人粘蝉的故事。庄周先生记载：

> 仲尼适楚，出于林中，见痀偻者承蜩，犹掇之也。
>
> 仲尼曰："子巧乎！有道邪？"
>
> 曰："我有道也。……吾处身也，若厥株拘；吾执臂也，若槁木之枝。虽天地之大，万物之多，而唯蜩翼之知。吾不反不侧，不以万物易蜩之翼，何为而不得！"
>
> 孔子顾谓弟子曰："用志不分，乃凝于神，其痀偻丈人之谓乎！"

这个故事的大意是说：孔子到楚国去，经过一片树林，只见一个驼背老人正用竿子粘蝉，就好像在地上拾取东西那样容易。孔子说："你真是巧啊！这里有什么门道吗？"

驼背老人回答说："我有我的办法。……当我粘蝉时，我站在那里一动不动，就像一个竖立的木桩；我举竿的手臂，就像枯木的树枝；虽然天地之大，万物纷纭繁多，而我一心只注意蝉的翅膀，从不思前想后、左顾右盼，不因纷繁的万物改变我对蝉翼的关注，为什么得不到蝉呢！"

孔子转身对弟子们说："用心不分散，精神凝聚专一，恐怕说的就是这位驼背的老人吧！"

《庄子·达生》"仲尼适楚"这段文章，写驼背老人（痀偻丈人）捕蝉时，不因纷杂的万物改变对蝉翼的关注，身体和手臂纹丝不动，眼中心中只有蝉翼。因其"用志不分，乃凝于神"，所以，在承蜩（捕蝉）技艺上达到了出神入化的境界。孔子说的"用志不分，乃凝于神"八个字，也就是庄周揭示的文章主旨。

1917年下半年至1918年上半年，毛泽东在湖南一师听杨昌济先生讲德国伦理学家包尔生《伦理学原理》一书的课程。在其所做的批语中，即征引了《庄子》"痀偻丈人承蜩"这则寓言故事，用以说明自己的思想。

包尔生在《伦理学原理》第六节《利己主义与利他主义》中写道：

> 如伏尔弗自序其所著之书曰，吾爱人类，吾书皆为利人而作云云之类是也。夫伏尔弗之言，余非不信，然吾抑不知彼著书之初，固尝先提一人类幸福之问题，次则计划其何以利人类者，乃始发见其所谓理性之思想，而后执笔而书之耶？是不能无疑。吾意伏尔弗必先得一问题，而务欲明辨之，继则既得明晰之思想，而欲以笔达之。于是时也，时而思透彻其论，以邀读者之激赏，学术杂志之表彰，抵制反对者之攻击，其愉快为何如；时而思尽力发挥真理，则得使利益人类之认识，益高其价值，因而成此多种之著作也。夫由此种种之希望而著书，其所著之书之价值，并不因之而贬损。

伏尔弗，是德国哲学家。包尔生在书中列举他在所著书的自序中说，"吾爱人类，吾书皆为利人而作"云云。包尔生理解为：著书先要有一理性的思想，然后，才能动笔写书。这样写出来的书，才有利于人类之认识，才有更高的价值。

毛泽东读至此，在书页的空白处批注道：

> 如著书之事，乃借此以表彰自我之能力也。著书之时，前不见古人，后不见来者，振笔疾书，知有著书，而不知有他事，知有自我，而不知有他人，必如此，而后其书大真诚，而非虚伪。其余各种之事亦然。技术家之为技术，虽系为生活起见，而当其奏技之时，必无为人之念存于其中。庄子曰："痀偻丈人承蜩，惟吾蝉翼之知。"凡天下事所以成，所以成而有价值者以此（即一片浑忘人己差别，惟注事际事物之真诚）。天下事之所以败，所以无

价值者以此。真伪之所分，即优劣之所分也。（《毛泽东早期文稿》，湖南出版社1995年版，第248页）

很明显，青年毛泽东这段批注是结合《伦理学原理》的论述而发挥自己的见解。他认为著作家"著书之事"，技术家"奏技之时"，都要"前不见古人，后不见来者"，都要"必无为人之念存于其中"，也就是如孔子所讲驼背老人粘蝉"用志不分，乃凝于神"。毛泽东引《庄子》"痀偻丈人承蜩（即捕蝉），惟吾蝉翼之知"意思是说驼背老人之粘蝉，其精神专注到只知道有蝉翼，而不知道有其他，也只有老人自己才知道这种捕蝉的乐趣。著书与奏技这两件事，除"借此以表彰自我之能力"外，要专心致志，唯一心只在著书与奏技之上，才能写好书、奏好技。由此推而广之，这是决定天下事成败、真伪、优劣的关键点。

毛泽东这里是在借用庄子的话来说明成就事业（比如著书、奏技）的一种境界及其效果。他认为凡天下事所以成，所以成而有价值者，都应如此。

敌人视为畏途

在《庄子·达生》中，周威公闻知祝肾学习养生之道，就请祝肾的学生田开之讲一讲。田开之转述祝肾的话说："善养生者，若牧羊然，视其后者而鞭之。"意思是说，善于养生的人，就像牧羊一样，看到哪一个落在后面，就用鞭子抽它，使之赶上去。

周威公不解其意，要田开之解释一下。田开之从反面举了两个例子，他说：鲁国有个叫单豹的，他隐于山间，住岩洞饮溪水，不与人争利，行年七十而颜色如婴儿一般，但不幸被饿虎吃了。还有一人叫张毅，投机钻营于富豪之门，终因利欲熏心而得内热之病，不足 40 岁烦闷而死。单豹养神而不养形，张毅养形而不养神，顾此失彼。这二人就像落在后面的羊，不能鞭策，结果丢失了。

庄子听了说："不要隐居深山，也不要投进世俗，要像槁木一样站立在两者中间。倘若以上三种情况都能具备，他的名声一定很高。"

庄子接着又说：

> 夫畏塗（同途）者，十杀一人，则父子兄弟相戒也，必盛卒徒，而后敢出焉，不亦知乎！人之所最畏者，衽席之上，饱食之间；而不知为之戒也，过也！

意思是说：使人可畏的道路，一家父子十人，如果有一人在路上被坏人杀害了，那剩下的人一定会因此而相互提醒和戒备，再出门上路时，就不会单身行走，而要多人结伴而行，这不是很聪明吗！人所最可怕的，还是枕席上的恣意和饮食间的失度。自古以来，有多少人死于无度的享乐和声色犬马之间，但是后来的人，却并没有以此为戒，这实在是过错。

《庄子·达生》中强调养生不可贪图一时痛快，不顾及后果。庄子反对禁欲，也反对纵欲。衽席之乐，饮食之失，对于养生而言，是最可怕的。其危险程度甚至大于畏途。

"畏途"是指道路不太平，有危险。路上有强盗杀人越货，人不敢行。

毛泽东使用"畏途"一词，是红军长征到达陕北有机会总结中国革命战争战略问题之时。

1936 年 12 月，毛泽东撰写了《中国革命战争的战略问题》这部著作，系统地说明了有关中国革命战争战略方面的诸问题。

毛泽东指出：中国内战的主要形式就是敌人的"围剿"和红军的反"围剿"，这是一个长期的反复的过程。这是由于中国革命的特点决定的。因为红军从它诞生那天起，由于弱小，敌人把红军看作异物，一出现就想把它捕获。敌人总是跟着红军，而且总是把它包围起来。这种形式，过去十年没有变化。

红军的活动，采取了反"围剿"的形式。所谓胜利，主要是说反"围剿"的胜利。十年的红军战争史，就是一部反"围剿"史。

在这篇文章中，毛泽东用了很大的篇幅主要讲"战略防御"的问题。其中第六节，讲集中兵力问题。集中兵力看起来容易，实行颇难。人人皆知以多胜少是最好的办法，然而很多人不能做，相反地每每分散兵力，原因就在于指导者缺乏战略头脑，为复杂的环境所迷惑，因而被环境所支配，失掉自主能力，采取了应付主义。从 1932 年开始，有所谓"全线出击"的口号，要求从根据地的四面出击。这个口号是伴随军事冒险主义而来的军事平均主义。1933 年第五次反"围剿"时，"六路分兵""全线防御"以为可以制敌，结果为敌所制。这是因为我们不能集中作战，只能分兵防御，从事"短促突击"。由于惧怕失去根据地，结果全部丧失了根据地。

毛泽东指出：由于看不见根据地人民的力量，常常发生惧怕红军远离根据地的错误心理。这种心理在 1932 年江西红军远出打福建的漳州时，1933年第四次反"围剿"战役胜利后红军转向福建进攻时，都曾发生过。前者惧怕整个根据地被占，后者惧怕根据地的一部被占，而反对集中兵力，主张分兵把守，结果都证明不对。在敌人看来，一方面根据地使他们畏进，一方面打到白区去的红军是他们的主要的危险物。敌军的注意力总是向着主力红军所在地，抛开主力红军不顾而专向根据地，是很少有这种事情的。

讲到此处，毛泽东点出问题辩证性：

> 我们主张的集中兵力，并不包括放弃人民的游击战争在内。立三路线主张废弃小的游击战争，"一支枪也集中到红军中去"，早已证明是不对的了。人民的游击战争，从整个革命战争的观点看来，和主力红军是互为左右手，只有主力红军而无人民的游击战争，就像一个独臂将军。根据地的人民条件，具体地说来，特别是对于作战说来，就是有武装起来了的人民。敌人视为畏途，主要地也在这一点。（《毛泽东选集》第一卷，人民出版社1991年版，第227页）

毛泽东引用《庄子》"畏途"这一词语，用来强调人民的游击战争的作用，强调应当重视根据地人民群众的力量。在近十年来的革命战争中，根据地的人民，已不是普通的手无寸铁的老百姓，而是被武装起来的人民。在敌人看来，根据地是他们的畏途，主要的也在这一点。人民群众力量强大，敌人不敢轻视，不敢轻易进犯。重视人民的力量，强调发挥人民的游击战争的作用，这也体现了毛泽东的一个很重要的军事思想。

螳螂捕蝉，黄雀在后

"螳螂捕蝉，黄雀在后"的寓言典故最初出自《庄子·山木》：

> 庄周游于雕陵之樊，睹一异鹊自南方来者，翼广七尺，目大运寸，感周之颡，而集于栗林。庄周曰："此何鸟哉！翼殷不逝，目大不睹？"蹇裳躩步，执弹而留之。睹一蝉，方得美荫而忘其身；螳螂执翳而搏之，见得而忘其形。异鹊从而利之，见利而忘其真。庄周怵然曰："噫！物固相累，二类相召也！"捐弹而反走，虞人逐而谇之。

大意是：庄子有一次到雕陵的栗园去游玩，看见一只奇异的鹊鸟从南方飞来，翅膀宽达七尺，眼睛大若一寸，碰着庄子的额头，而停歇在栗树林里。

庄子说："这是什么鸟呀，翅膀大却不能远飞，眼睛大却看不清东西？"于是提起衣裳快步上前，拿着弹弓静静地等待着时机。

这时候，庄子突然看见一只蝉，正在浓密的树荫里美美地休息而忘记了自身的安危；一只螳螂用树叶作隐蔽打算见机扑上去捕捉蝉，螳螂眼看即将得手而忘掉了自己形体的存在；那只怪鹊紧随其后认为那是极好的时机，眼看即将捕到螳螂而又丧失了自身的真性。

庄子看到这里，突然觉悟道："啊，万物原本就是这样相互牵累、相互争夺，两种物类之间也总是以利相招引！"庄子于是扔掉弹弓，急忙返身往回走，守园人大惑不解地在后面追着责问。

"螳螂捕蝉，异鹊利之"的情景，使庄子惊悟自己见利忘身，实与蝉、螳螂、异鹊同类，故扔掉弹弓，返身往回走。庄子从蝉、螳螂、异鹊身上，看到了自己的影子，悟出了见利忘身必有后患的道理。

成语"螳螂捕蝉，黄雀在后"就出自这个寓言。

后人根据这一典故，常用"螳螂捕蝉，黄雀在后"讽刺那些鼠目寸光、利令智昏、只图眼前利益，不顾后果的人，也用来比喻两者相争，让第三者得利的愚蠢行为。

1943年，毛泽东在为延安《解放日报》写的社论中即使用了这个典故。

当时，由于共产国际宣布解散，国民党顽固派感到有机可乘，于是又一次掀起反共高潮。国民党的中央通讯社，以托派汉奸张涤非名义搞了一纸所谓电文：据说是第三国际既已解散，中国共产党也应"解散"，还有"马列主义已经破产"等反动言论。与此同时，国民党军也蠢蠢欲动。原来布置在西北方面的三个集团军，都受胡宗南的指挥。其中有两个集团军用于包围陕甘宁边区，只有一个用于防守黄河沿岸，对付日寇。这种事实已经四年多了，只要不发生军事冲突，大家也就习以为常了。不料近日却发生了变化，即担任河防的集团军其中动了两个军，开进到彬县、淳化和洛川一带，并积极准备进攻边区，而使对付日寇的河防，大部分空虚起来。

对此，毛泽东于1943年7月12日，为延安《解放日报》写的社论，针对蒋介石不打日本而消灭边区的企图，质问国民党。社论写道：

> 　　你们不应该打边区，你们不可以打边区。"鹬蚌相持，渔人得利"，"螳螂捕蝉，黄雀在后"，这两个故事，是有道理的。你们应该和我们一道去把日本占领的地方统一起来，把鬼子赶出去才是正经，何必急急忙忙地要来"统一"这块巴掌大的边区呢？大好河山，沦于敌手，你们不急，你们不忙，而却急于进攻边区，忙于打倒共产党，可痛也夫！可耻也夫！（《毛泽东选集》第三卷，人民出版社1991年版，第905页）

以蒋介石为首的国民党内的顽固派，即便在抗战时期，也时刻不忘要消灭共产党及其武装力量。对蒋介石来说，抗日是迫不得已，"攘外而必先安内"是国民党的一贯方针，共产党始终是他的心腹之患。所以，我党对蒋介石采取既联合又斗争的策略，坚持独立自主原则，放手发动群众，积极开展敌后游击战争。

毛泽东在社论中谴责国民党说：这也是国民党人说的话儿呢！我们常常觉得，这一类（物以类聚）国民党人的嘴里，是什么东西也放得出来的，果不其然，于今又放出了一通好家伙！你们在第三国际解散之后所忙得不可开交的，单单就在于图谋"解散"共产党，但是偏偏不肯多少用些力量去解散若干汉奸党和日本党，这是什么缘故呢？当你们指使张涤非写电文时，何以不于要求解散共产党之外，附带说一句还有汉奸党和日本党也值得解散呢？

毛泽东引用《庄子》"螳螂捕蝉，黄雀（异鹊）在后"这个长期流传的典故，旨在说明在抗战的紧要关头，国民党反动派发动反共浪潮进攻边区所造成的后果，只能是危害中华民族的利益，使日本帝国主义从中渔利，从而加深中华民族的危机和灾难。国民党反动派利令智昏地进攻解放区，是帮了日本帝国主义的忙，要知道这样的做法祸患是何等严重，并严正要求他们停止进攻解放区，停止其他危害民族利益、使日寇从中渔利的祸国殃民的反动行径。

徐无鬼

闻人足音跫然而喜

　　《庄子·徐无鬼》内容庞杂，中心不明朗，故事之间也缺乏关联，但多数是倡导"无为"思想的。

　　《徐无鬼》第一节，庄子写徐无鬼由魏国大臣女商引荐拜见魏武侯，徐无鬼用相狗相马之术引发魏武侯的喜悦，借此讥讽诗、书、礼、乐的无用。此节文章，庄子阐述了"无为"的观点，宣扬了顺任自适、因任自然的"无为"政治主张。

　　女商不理解，问徐无鬼为什么说相狗相马之术能把魏武侯说乐，徐无鬼又比喻说：

> 　　子不闻夫越之流人乎？去国数日，见其所知而喜；去国旬月，见所尝见于国中者喜；及期年也，见似人者而喜矣；不亦去人滋久，思人滋深乎？夫逃虚空者，藜藋柱乎鼪鼬之迳，踉位其空。闻人足音跫然而喜矣，而况乎昆弟亲戚之謦欬其侧者乎！久矣夫，莫以真人之言謦欬吾君之侧乎！

　　徐无鬼说："你没有听说过越地被放逐的人的故事吗？刚离开都城时，只要看见老朋友就很高兴；离开都城十天把月的，只要看见都城的熟人便很高兴；等到一年之后，只要看见像都城的人便大喜过望。人离家乡越久，就会越想念家乡，难道不是这样吗？如果有人被放逐到深山峡谷里，整天和野草野兽做朋友，有一天在山谷中忽然听到有人的脚步声，那他就会欣喜若狂了。如果来的人竟然是他的兄弟亲戚，你说那人会高兴到什么样呢！看来很久了，没有谁用淳朴的话在国君身边说笑了！"

徐无鬼用"人离家乡越久就会越想念家乡"的道理告诉女商，魏武侯听诗、书、礼、乐的道理听腻了，没有兴趣故不乐；而很少有人给他讲相狗相马之术，故魏武侯听了很高兴。所以，徐无鬼说很久没有谁用淳朴的话在国君身边说笑了！

《庄子·徐无鬼》"闻人足音跫然而喜矣"一语，后来演化成"空谷足音，跫然色喜"，常用来比喻难得的音信或来客。

空谷足音，跫然色喜

青年时代，毛泽东时常在自己的言论中引用《庄子》。1915年秋，他发出征友启事，得到罗章龙的应征之信后，便在复信中引《庄子》"空谷足音，跫然色喜"的话来表达自己的心情。

罗章龙（1896—1995），湖南浏阳人。早期中共领导人之一。1915年入长沙长郡中学，同年秋毛泽东以"二十八画生"名义发出征友启事。他是最早的响应者。从此，与同在长沙就读的毛泽东结为好友，被称誉为"管鲍之交，后无来者"。

1915年9月27日，毛泽东给萧子升信中谈到热心求友之举：

> 仆自克之力甚薄，欲借外界以为策励，故求友之心甚热。如足下诚能策励我者也。仆无他长处，惟守"善于人同""取人为善"二语。故已有得，未尝敢不告于人；人有善，虽千里吾求之。前望足下上希古人，乃本心也。近以友不博则见不广，少年学问寡成，壮年事功难立，乃发内宣，所以效嘤鸣而求友声，至今数日，应者尚寡。兹附上一纸，贵校有贤者，可为介绍。（《毛泽东早期文稿》，湖南出版社1995年版，第28页）

1915年11月9日致黎锦熙信中，毛泽东也谈到这件事："两年以来，求友之心甚炽，夏假后，乃作一启事，张之各校，应者亦五六人。近日心事稍快惟此耳。"

青年时期的毛泽东与罗章龙的相识与相知，至今是人们津津乐道的一段佳话。1915年，22岁的毛泽东仍在湖南第一师范求学，他常感伤自幼失学，少年学问寡成，壮岁事功难立；单靠学堂一天上几节课是不行的，必须多结胜友，以求学业广博，报效国家。这时正是袁世凯接受日本帝国主义企图灭亡中国的"二十一条"要求，宣布次年改元"洪宪"，准备元旦登基做皇帝之时。

于是，这年9月中旬，毛泽东为寻求志同道合的朋友，向长沙各校发出征友启事，署名二十八画生（"毛泽东"三字繁体共28画），意欲结交对学问、时事感兴趣，能耐艰苦，有决心，又具强烈爱国心的青年。他自己回忆说："邀请有志于爱国工作的青年同我联系。我指明要结交坚强刚毅，随时准备为国捐躯的青年。"启事最后引用《诗·小雅·伐木》中"嘤其鸣矣，求其友声"句。启事寄发长沙一些有名学校，并在信封上注明，"请张贴在大家看得见的地方"。省立女师校方接到这封信曾发生误会，后来经过通讯处打听，才知原委，了解到"二十八画生"是一个很优秀的学生。"应者五六人中"有罗章龙和李立三，他们都是长郡联立中学的学生。同李立三只交谈过一次，没有深交。据罗章龙回忆说，他到第一中学访友，见到墙上贴有这个启事，他认为此举不凡，便首先响应。

罗章龙回忆：启事是用八裁湘纸油印的，古典文体，书法挺秀。引句为《诗经》语："愿嘤鸣以求友，敢步将伯之呼。"内容为求志同道合的朋友，其文情真挚，辞复典丽可诵，看后颇为感动。返校后，我立即作一书应之，署名"纵宇一郎"。逾三日而复书至，毛泽东在复书中略云：

接大示，空谷足音，跫然色喜，愿趋前晤教云云。（罗章龙：《椿园载记》，三联书店1984年版，第1—4页）

旋即双方订约于下星期日至定王台湖南省立图书馆见面。

这次见面后，他们畅谈了两三个小时，从治学、处世直到人生、宇宙和社会改造，等等。相谈甚欢，意犹未尽。

罗章龙回忆说：

"我们就坐在一长条石上，直谈到图书馆中午休息时止，足约二三小时始别。谈话内容涉及很广，包括国内外政治、经济以至宇宙人生等。而对于治学方针与方法，新旧文学与史学的评价等，谈论尤多。谈到音韵改革问题，主张以曲韵代诗韵，以新的文学艺术代替'高文典册'与宫廷文学。在旧文学著作中，我们对于离骚颇感兴趣，曾主张对离骚赋予新评价。关于治学问题，润之认为，对于宇宙，对于人生，对于国家，对于教育，均属茫然！因此主张在学问方面用全副力量向宇宙、国家、社会作穷原竟委的探讨，研究有得，便可解释一切。关于生活方面所涉及较少。临别，润之表示'愿结管鲍之谊'，并嘱以后常见面。"

罗章龙归后还写诗《定王台晤二十八画生》作记，诗中云：

> 白日东城路，乡襄丽且清。风尘交北海，空谷见庄生。
> 策喜长沙傅，骚怀楚屈平。风流期共赏，同证此时情。
> （罗章龙：《回忆新民学会（由湖南到北京）》，《五四运动回忆录》，中国社会科学出版社 1979 年版，第 342 页）

此后，两人便结下了深厚的友谊。罗章龙在《椿园载记》此处注解说："斯诺著《西行漫记》内称毛自述：'征友初得三个半人，第一个为罗章龙，另外还有两个。'据所知其中一个为湘阴黄焕，即黄铭功老师的侄子，亦联中学生，体弱多病，早逝了。所谓半个人指李隆郅（李立三）。"

罗章龙诗句"空谷见庄生"，说的也正是"空谷足音，跫然色喜"之意。

而后，罗章龙与毛泽东来往密切，每逢周末，常漫步市郊各名胜处，也到板仓杨寓晤谈。俩人都能诗，有过唱和。一次，还一同步行去韶山，在茶店休息，毛泽东还帮助老农熟练地打草鞋。

1918 年 4 月，毛泽东、罗章龙与蔡和森等人共同创建新民学会，以"革新学术，砥砺品行，改良人心风俗"为宗旨，探求中国的出路。罗章龙是新民学会第一批会员中唯一不是第一师范的学生，也是中共最早的党员之一。20 世纪 20 年代初，在北方做工运工作。党的第三次代表大会后，同毛泽东夫妇、蔡和森夫妇一起在上海党中央工作。大革命失败后，罗还曾同毛一起回到长沙领导秋收起义。

1931 年中共六届四中全会前后，因反对共产国际代表米夫支持的王明担任中共领导，他组织成立"中央非常委员会"等组织，1931 年 1 月被王明等人开除出党。自党的六届四中全会后，两位青年时代的老朋友就此分手，没有再见过面。

青年学子毛泽东征友后，在给罗章龙的复信引庄子言称"空谷足音，跫然色喜"。庄子这句话的本意，是说久离家乡，听到山谷里来客的脚步声，喜不自胜。引申为大道如知己；闻大道，如见知己般的喜悦。否则，言非大道，索然无味。毛泽东取二者兼而有之，得到罗章龙的征友复信很高兴，见面又相谈甚欢。青年毛泽东与罗章龙可谓志同道合，后来都成为早期中共的领导人。可惜十六年后，二人因对中国革命的道路和策略的不同理解而分道扬镳，然而后半生又殊途同归，共同为社会主义祖国富强而贡献力量。

"东方的曙光，空谷的足音"

毛泽东一生三次称颂恩师陈润霖为"东方的曙光，空谷的足音"。

1919年7月21日，毛泽东主编的《湘江评论》上，发表他自己撰写的《健学会之成立及进行》一文，盛称健学会的成立，是"东方的曙光，空谷的足音"，而健学会的创建人就是毛泽东的老师陈润霖先生。

陈润霖（1879—1946），字凤荒，号立园。我国著名民主教育家。湖南新化人。自幼勤奋好学，1899年入湖南求实书院就读。1901年赴日留学，学成回国后任常德中学堂监督。1906年在长沙创办楚怡小学；1911年辛亥革命后，任湖南学务司司长（即教育厅厅长），总理全省学务；1913年春，创办湖南第四师范学校；1914年春创办楚怡工业学校，提出"向科学进军"的口号，作为办学方针，开创湖南工科大专先河；1918年，当选湖南省教育会长；1919年五四运动爆发，积极支持学生反帝反封建运动，是年6月，与徐特立、易培基、朱剑凡等教育家，创立健学会，提出"注入哲学思想，人生观念"的新教育思想，推进传播新思想、新文化运动，配合支持毛泽东发动和领导驱逐湖南反动军阀张敬尧运动。所以，毛泽东当时称他是"东方的曙光，空谷的足音"。

1913年，陈润霖创办了湖南第四师范学校。时毛泽东考取了该校，与陈润霖建立了深厚的师生情谊。

1918年，毛泽东从北京回长沙，立即看望陈校长，转达杨昌济和北京大学校长蔡元培的问候，力劝陈先生上北京考察。在毛泽东力劝下，是年5月，陈先生应邀来到北京，考察新文化运动。毛泽东这次力劝陈润霖上北京考察，促进这位当时湖南教育界的"台柱"，"欲穷千里目，更上一层楼"。

陈润霖一回到湖南，立即宣传发动组织湖南教育界名校校长和教师，成立以"输入世界新思潮，共同研究，择要传播"为宗旨的著名学术团体健学会。1919年6月15日，长沙各报刊登"该会的会则"、宗旨、计划和陈润霖在成立大会上的演说。

陈校长说：缘四年前，北京大学学生以做官为唯一目的。非独大学唯然，即大学以外之学生，亦莫不皆然。前次居京，所见迥然不同。大学学生思潮大变，皆知注意人生应为之事，其思潮已多表露于各种杂志日刊中。因之京师各校学生，亦顿改旧观，发生此次救国大运动。其致此之故，则因蔡子民先生自为大学校长以来，注入哲学思想，人生观念，使旧思想完全变换。……我国新思潮亦甚发展，终难久事遏抑，国人当及时研究，导之正轨。同人等组织学会，在采用正确健全之学说，而为彻底之研究。

陈润霖的演讲，明确提出"使旧思想完全变换"的原因，是"注入哲学思想，人生观念"的命题，其中"注入"，就是"灌输"之意，即灌输"社会主义"的"哲学思想"和"人生观念"。这是深刻概括"新教育"本质特征，鉴别新旧教育的试金石，具有深远的现实意义和历史意义。

因此，毛泽东当时对陈校长创立健学会，予以很高的评价，在《湘江评论》上，发表了著名的《健学会之成立及进行》一文，从"健学会以前的湖南思想界"的"黯淡已极"，阐述当时健学会成立的深远历史意义，其中对健学会"采用正确健全之学说，而为彻底之研究"的"自由讨论学术"，大加称颂：

> 自由讨论学术，很合思想自由、言论自由的原则。人类最可宝贵，最堪自乐的一点，即在于此。学术的研究，最忌演绎式的独断态度。中国什么"师严而后道尊""师说""道统""宗派"，都是害了"独断态度"的大病，都是思想界的强权，不可不竭力打破。像我们反对孔子，有很多别的理由。单就这独霸中国，使我们思想界不能自由，郁郁做二千年偶像的奴隶，也是不能不反对的。（《毛泽东早期文稿》，湖南出版社 1995 年版，第 368 页）

其中所说的"最忌演绎式的独断态度"，指当时沿袭两千多年前汉武帝"罢黜百家，独尊儒术"的封建文化专制统治，以孔子为代表的儒家思想为正统，在学术研究中以儒家言论为公理，为"大前提"，以现实中各种问题作为"小前提"，因为"大前提"是儒家的那一套，推来推去的"结论"，也无非是儒家的翻版。正是这种思维模式，阻碍我国学术发展。所以，毛泽东将这种固定的思维模式，称为"都是害了'独断态度'的大病，都是思想界的强权"。因此，毛泽东对陈润霖创建的健学会所倡导的"自由讨论学术"，极力推崇，并引述陈先生上述讲话，最后称颂：

> 在这么女性纤纤暮气沉沉的湖南，有此一举，颇足出幽囚而破烦闷。东方的曙光，空谷的足音，我们正应拍掌欢迎，希望他可做"改造湖南"的张本。
>
> （《毛泽东早期文稿》，湖南出版社 1995 年版，第 369 页）

其中"东方的曙光"的"东方"，既指太阳升起的方位，又是指中国在世界的方位，即所谓"远东"，引申指中国；"曙光"，指破晓阳光，比喻光明和希望，所以"东方的曙光"是指陈润霖创建健学会的创举，给中国带来光明和希望；"空谷的足音"，语出《庄子·徐无鬼》中"闻人足音跫然而喜"，"空谷"是指空虚荒凉的山谷，比喻社会腐败黑暗，"足音"比喻极难得的可喜音信。这是对陈润霖创办健学会，倡导"注入哲学思想，人生观念，使旧思想完全变换"创举的高度赞扬；"张本"，指预为布置，为将来行事做准备，或为事态发展预设伏笔之意，所以"可做'改造湖南'的张本"，高度概括其现实意义和历史意义。

更可贵的是，陈润霖率先垂范，与健学会同仁，极力宣传新文化，联系实际，特别是他从"注入哲学思想，人生观念"的教育思想出发，引导同仁和他的师生，关心国家命运和民生，在反帝反封建斗争中，学习和运用"哲学思想"，体验"人生观念"，树立爱国爱民的人生价值观，积极投入毛泽东发动和领导的湖南驱张运动，并成为其中一支势不可当的巨大力量，更使他领导的楚怡学校的教风学风为之一新，而蜚声省内外。

1927 年 1 月，毛泽东回湖南进行农民运动考察。一到长沙，便拜会他的老师陈润霖。陈校长特别高兴，邀请这位"挽天下于危亡"的学生，给楚怡学校师生做报告。

毛泽东的报告，开场白是：

> 陈校长是我的老校长和恩师，从 1913 年开始至今，已有 15 年之久，如果我为国家做了一些事，与陈校长的教诲分不开。我们老学生称他是"东方的曙光，空谷的足音"。我们就是在他的"曙光"照耀之下，踏着他的"足音"前进。因此，首先我借此机会，

感谢陈校长的教诲之恩。（黄露生：《毛泽东尊师风范》，中央文献出版社 2011 年版，第 156—157 页）

说到这里，毛泽东像当年报考湖南第四师范时那样，深深向陈润霖先生鞠躬。毛泽东尊师的风范，深深感动了陈校长，也刹那间眼角上充满喜悦的泪花，也深深感动了在场师生，他们爆发出经久不息的掌声……

毛泽东这次在楚怡做报告，用现身说法，颂扬陈校长办教育的思想和精神，进一步点燃楚怡师生心中的革命烈火，沿着陈校长的"东方的曙光，空谷的足音"前进。后来，楚怡很多师生，在陈校长的鼓励和号召下，跟随毛泽东和中国共产党，为推翻封建主义、帝国主义的统治，为新中国的诞生，前仆后继，浴血奋斗。

1956 年，中共中央号召全国人民"向科学进军"，恰逢陈润霖逝世 10 周年。当时在长沙的原先楚怡、第四师范的师生，筹办纪念早年提出"向科学进军"的陈润霖先生座谈会，要求周世钊请毛泽东为这次座谈会题词。

毛泽东听了周世钊的汇报，异常高兴地说："这很应该，这很应该，没有前人栽树，后人哪里有地方乘凉？如果陈校长活到今天，还只有 77 岁。这样的座谈会，应在北京召开。"于是，欣然命笔，为他心目中"杰出的人民教育家"题曰：

纪念陈校长夙荒先生：

东方的曙光，空谷的足音。

受业毛泽东

（黄露生：《毛泽东尊师风范》，中央文献出版社 2011 年版，第 159 页）

毛泽东用"东方的曙光，空谷的足音"，高度赞扬我国杰出教育家陈润霖光辉的人生和对国家的巨大贡献，深切表达他对陈校长"挽天下于危亡"教诲之恩的无限怀念。其中"受业"是学生的意思，毛泽东当时已是中国国家最高领导人，是当时世界政治舞台中叱咤风云的人物，对陈润霖仍然自己称"受业"，充分反映他尊师的风范，使参加这次座谈会的原先楚怡、第四师范的师生及当时湖南参加会议的党政领导、人民代表，无不为之感动，无不激发对"东方的曙光，空谷的足音"的陈润霖的思念和敬仰之情。

毛泽东一生，借《庄子》的词汇和思想，三次称颂恩师陈润霖为"东方的曙光，空谷的足音"。首次称颂在于陈师组织健学会，推动新思潮；再次称颂在于陈师办学培养新人，为革命准备力量；三次称颂在于陈师业绩激励后人，再掀"向科学进军"热潮！

去其害马者

《庄子·徐无鬼》第三节，记述了黄帝与牧马童子讨论治理天下的办法，牧马童子的"为天下"之法就是去其"害群之马"：

> 黄帝将见大隗乎具茨之山，……适遇牧马童子，问涂焉，曰："若知具茨之山乎？"曰："然。""若知大隗之所存乎？"曰："然。"黄帝曰："异哉小童！非徒知具茨之山，又知大隗之所存。请问为天下。"小童曰："夫为天下者，亦若此而已矣，又奚事焉！……"黄帝曰："夫为天下者，则诚非吾子之事。虽然，请问为天下。"小童辞。黄帝又问。小童曰："夫为天下者，亦奚以异乎牧马者哉？亦去其害马者而已矣！"黄帝再拜稽首，称天师而退。

大意是说：黄帝要到具茨山去拜访大隗神，正巧遇上一位牧马的少年，便向牧马少年问路，说："你知道具茨山吗？"少年回答："知道。"黄帝又问："你知道大隗居住在什么地方吗？"少年回答："知道。"黄帝说："这位少年，真是了不起啊！不只是知道具茨山，而且知道大隗居住的地方。请问怎样治理天下。"少年推辞不说。黄帝又继续追问。少年说："治理天下，这跟牧马又能有什么不同呢？也就是去除其中有害的马罢了。"黄帝听了大受启发，叩头行了大礼，称牧童为"天师"，方才离去。

成语"害群之马"即由此而来。后来用以比喻危害社会或集体的人。

黄帝是上古时期华夏民族的人文始祖。寓言中的黄帝相当民主，他向牧马童子请教治理天下的办法，而且称牧马童子为"天师"，可见他信服和采纳了牧马童子提出的治国方略。

毛泽东运用庄子这一思想观点，是在1920年与他湖南一师时的恩师刘策成的一次交谈中。

本年8月，毛泽东接受湖南第一师范校长易培基先生聘请，出任该校附小主事。刘策成任邵阳驻省中学校长。当时，毛泽东没有成家，常来刘校长这儿借餐寄宿，甚至师生同床共寝，彻夜交谈。

一次，毛泽东又去刘先生处寄宿。刘先生高兴地说："你来得正好，我正有事找你商量。最近，谭延闿多次来劝我出山，去担任浏阳县长，我无奈初步答应了，正想听听你的意见。"

毛泽东说：

> 这有何难，您德高才盛，出任一县之长，应是小菜一碟。您曾经教导我们，庄子主张"无为而无不为"："无为"者，不为虎作伥之谓也；"无不为"者，"为百姓有益之事都应做"。

刘先生又问："能否说得更具体些？假如，要你当浏阳县长，你怎么办？"于是，师生俩就此问题，彻夜交谈。毛泽东先提出：

> "夫为天下者，亦奚以异乎牧马哉？亦去其害马者而已矣。"意思是说，治理天下，就像牧马，除去"害群之马"，天下就会大治。接着师生俩就如何"去其害马"的政治和社会问题，一直交谈到鸡鸣，才各自酣睡。（黄露生：《毛泽东尊师风范》，中央文献出版社2011年版，第417页）

第二天早上，刘先生起床，动情地对毛泽东说："谢谢你'去其害马'的方略。我这么一走，见面的机会就少了，也再没有人半夜敲门，同床共枕畅谈'去其害马'之策。"

不久，刘策成弃教从政，出任浏阳县长，从事他"去其害马"的事业。

1925年，赵恒惕将刘策成派到郴县当县长。郴县是湖南的南部僻远小县，刘策成为官清正廉洁，同情贫苦大众。他平易近人，与士农工商各界交朋友，倾听各方意见，动员巨富豪商出钱办慈善事业，使鳏寡孤独残疾者有所养；改妓院为济良所，教育妓女从良，学习谋生本领等，为民众做过很多好事。他还亲自创作《半夜案》等新剧本，以《庄子》"去其害马"的理念，歌颂秉公办案的"父母官"，劝人从善除恶，深受民众拥护，被称为"刘青天"；在郴县、衡山离任时，民众给他送"万民伞"。1938 年，蒋经国推行"新政"，开展"模范县长"活动。刘策成被蒋经国树为模范县长典型。为此，应蒋经国请求，他曾撰写《如何做模范县长》一文，提出模范县长十条做法。

因此，"刘青天"的名声大张，破例受到蒋介石的"召见"，一度还安排刘策成参加蒋介石召开主持的党国的一些会议。但是，刘策成是真实追随孙中山的"三民主义"者，与蒋介石不是同一路人。

1948 年上半年，刘策成以模范县长的身份当选"国大"代表，想晋谒蒋介石，说服蒋介石停止内战，被拒之门外。最后，他彻底认清蒋介石的反动本性，愤怒地写下一副著名对联：

好总裁，不靠朱毛不靠共，内战继内战，祸首罪魁，留得千秋污吏在；

唯英雄，且能活人能杀人，同胞杀同胞，权大罪大，换来万代臭名传。

从此，他积极响应中国共产党的号召，投入全国人民"反独裁""反内战""反饥饿"的运动，和湖南和平解放的运动。

1949 年湖南和平解放，刘策成先生欣喜若狂，致信毛泽东，祝贺并提醒毛泽东注意庄子所说"夫为天下者，亦奚以异乎牧马者哉？亦去其害马者而已矣"。毛泽东对刘策成的来信特别重视，每封必复，字里行间，洋溢着对刘先生的深切怀念之情。

1950 年，周恩来总理聘请刘策成为中央文史馆馆员。同年 4 月，他来到北京参加中央文史馆筹备会议。不久，毛泽东热情地邀请他来家"叙旧"。那天，毛泽东特地邀请徐特立、王季范等原先第一师范老师作陪。

席间，徐特立对刘策成说："你写的那副对联，堪称万世师表之作。"

王季范接过话题："对，蒋介石现在还活着，你却早就给他作了盖棺论定。如果躲在台湾的蒋总裁看了，会气死的。"

毛泽东接着说：

> 这真是大史家的大手笔，是"去其害马者"的照妖镜，不仅给蒋总统作了盖棺论定，还深刻概括了一切压迫人民、屠杀人民的统治者的反动本质，既敲响了蒋介石的丧钟，也给我们共产党敲起警钟。所以，恩来一定要请策成先生来中央文史馆，要借您的火眼金睛，请您帮助共产党，照照其中有没有张介石、李介石，

如果发现了，请您也给来个盖棺论定。（黄露生：《毛泽东尊师风范》，中央文献出版社 2011 年版，第 417 页）

毛泽东的幽默，又激发一阵欢笑。

"去其害马者！"这是毛泽东品读《庄子·徐无鬼》产生的执政理念。这条治国之策起源于黄帝，载记于《庄子》，流传到现代。当年，老师刘策成欲任县长之时，学生毛泽东献策行政用权"去其害马者"，刘策成惩恶罚贪，成为民众爱戴的"刘青天"；三十年后，新中国成立之初，学生毛泽东成为最高领袖，老师刘策成上书言事，献策"为天下者……亦去其害马者而已"，毛泽东治国先治吏，惩治大贪污犯刘青山、张子善是最著名的例子，此后把整顿干部队伍作为执政的根本措施，常抓不懈。群众口碑"毛泽东的干部两袖清风！"是对毛泽东时代党风政绩的最好评价。

蚂蚁做波臣

人们较少用到的"波臣"一词，它出自《庄子·外物》：

> 庄周家贫，故往贷粟于监河侯。监河侯曰："诺。我将得邑金，将贷子三百金，可乎？"
>
> 庄周忿然作色曰："周昨来，有中道而呼者。周顾视车辙中，有鲋鱼焉。周问之曰：'鲋鱼来！子何为者邪？'对曰：'我，东海之波臣也。君岂有斗升之水而活我哉？'周曰：'诺。我且南游吴越之土，激西江之水而迎子，可乎？'鲋鱼忿然作色曰：'吾失我常与，我无所处。吾得斗升之水然活耳，君乃言此，曾不如早索我于枯鱼之肆！'"

《外物》大概为庄子后学或别的什么人所作，直呼庄子为庄周。这里记载的庄子故事大意是说：庄周家境贫寒，所以，有一次去向监河侯借粮。

监河侯说："好，等我收取封邑之地的税钱，就借给你三百金，可以吗？"

庄周听了脸色骤变，愤愤地说："我昨天来的时候，半路上听到呼叫声。我回头一看，原来车轮碾过的小坑洼处，有条鲫鱼在那里挣扎。我问它：'小鲫鱼，你要干什么？'鲫鱼回答：'我是东海水族中的一个臣子。你也许用很少量的水就能救活我。'我说：'好啊，我将到南方去游说吴王越王，请求引蜀江之水来迎接你回归大海，可以吗？'鲫鱼听了脸色大变，生气地说：

'我失去原来生活的环境，没有安身之处。我只要得少量的水便可活下来了，你却说出这样的话，还不如早点到干鱼市场里找我！'"

庄子穷到了告贷无门的地步，仍然对监河侯的无理予以辛辣的讽刺。庄子用这则寓言，揭露了反动统治者的虚伪和丑恶的嘴脸。

古人设想江河湖海中的水族也有君臣之分，被统治的臣仆奴隶，称为"波臣"。后称死于水中者曰"与波臣为伍"。

1936 年毛泽东曾借用"波臣"这一词语，吟成一副对联赠送给身边的周小舟同志。该联语是：

江河移胯下；

蚂蚁做波臣。

（唐意诚：《毛泽东赠联邓小平周小舟》，《对联》1990 年第 1 期，第 16 页；吴直雄：《毛泽东楹联艺术鉴赏》，当代世界出版社 1995 年版，第 133 页）

唐意诚记载："1936 年 8 月，年轻的中共谈判代表周小舟（湖南湘潭县人，历任湖南省委第一书记、中央委员）出色地完成了与国民党南京谈判的任务，被调中共中央军委，任毛泽东主席的秘书。有一次，毛泽东看见一个两三岁的小孩在身边尿尿，便当面对周小舟吟赠了这副对联：'江河移胯下；蚂蚁做波臣。'当毛泽东派他到新疆盛世才那里去宣传抗日的时候，他对盛世才的残暴毫不畏惧。为了巩固和扩大抗日统一战线，做了大量工作。那副对联成为他一生的写照。"

周小舟（1912—1966），原名周怀求，字元诚，湖南湘潭黄荆坪乡人。生于书香门第，受过良好的基础教育。自幼聪颖好学，4 岁开始描红，稍大始读《三字经》《百家姓》《增广贤文》《幼学琼林》等书。1928 年考入长沙著名的明德中学。1931 年考入北京师范大学国文系。1935 年 4 月加入中国共产党。学生时期就担任了中共北平临委宣传部长。毕业后在中共中央北方局联络部工作。

1936 年 1 月，年仅 24 岁，更名周小舟，和历史学家吕振羽一起，作为中共代表赴南京与国民党政府谈判联合抗日，初露锋芒。同年 8 月，周赴延安向党中央汇报南京谈判情况。毛泽东发现他是个人才，便将他调到中央军委，任自己的联络秘书。

陕北之初，毛泽东写文章喜欢征询部属的意见。周小舟毫无顾虑，对于文稿的写法和语句，直陈己见。毛泽东很重视他的意见，有时整段采纳他修改的文字，对他很是赏识。有时，毛泽东与周小舟这位"老乡"秘书，也聊聊湘潭的乡俗民情，两人无拘无束。周小舟在毛泽东身边，学到了许多东西，工作作风和方法都得到了改善。他对毛泽东由衷敬仰，甚至连写字，都要学习毛泽东书法的风骨和神韵。

1937年4月，毛泽东派他的秘书周小舟代表党赴山西，与阎锡山进行联络，做艰巨复杂而又危险的统战工作。10月初，又派他以中央军委联络员的身份，前往新疆盛世才那里执行任务。

1938年秋至1948年冬，他战斗在冀中平原、太行山麓，担任过一系列重要的领导职务。1949年回湖南，先后担任中共湖南省委宣传部部长、湘南区党委书记、湖南省委副书记、湖南省委书记等领导职务。

当年，诚如唐意诚先生所记叙的写作背景那样：毛泽东由看见一个两三岁的小孩子在身边尿尿，便由此而触发了灵感，顿时遐思无限。毛泽东竟然不失童真情趣，将尿流比喻为"江河"，将被尿流所冲淹的蚂蚁比喻为水族中的"波臣"。这是何等丰富而奇特的想象，这是多么幽默的描写，竟然把日常生活中这样平淡无奇的琐事描绘得如此形象生动。毛泽东的幽默风趣，由此可见一斑。

如果撇开小孩尿尿这层实景，毛泽东将此联赠周小舟同志，自然有其深刻的寓意。周小舟在任毛泽东的秘书之前，就经历了大革命、马日事变、学生运动、募捐赈灾活动等种种惊涛骇浪，特别是在建立抗日民族统一战线的工作中，他多次冒着生命危险闯龙潭虎穴，与国民党最高当局和地方军阀势力进行了种种较量，为抗日救亡做出了卓越的贡献，他确实具有那种"江河移胯下"的气度和本领，具有那种让帝、封、官这些"蚂蚁"做波臣的胆略和策略。这副联语可以说是对周小舟工作的充分肯定和高度赞扬。

荃者所以在鱼，得鱼而忘荃

《庄子》可视为一本寓言集，但《庄子·外物》第十三节纯粹是议论。可是，庄子及其后学的议论也好用比喻，这段不长的议论，就连用比喻：

161
引用
卷

> 荃者所以在鱼，得鱼而忘荃；蹄者所以在兔，得兔而忘蹄；言者所以在意，得意而忘言。吾安得夫忘言之人而与之言哉！

荃通"筌"，捕鱼工具，一说即鱼篓子。蹄：一种装兔的工具，绳子绕成活套，放上食物，兔子来食时，踏中活套就被绑住。

此章意思是说：鱼筌是用来捕鱼的，捕到鱼后就忘掉了鱼筌；兔网是用来捕捉兔子的，捕到兔子后就忘掉了兔网；言语是用来传告思想的，领会了意思就忘掉了言语。我怎么能寻找到忘掉言语的人而跟他谈一谈呢！

《庄子·外物》编在"杂篇"。一般都认为"杂篇"为庄子的门人和后学所撰。庄子学派认为"外物"即身外之物，是主观所不能控制的客观事物。本篇由十多段文字组成，多是反映社会生活及其处世养性经验，尤其对外来没有定准的、防不胜防的祸端患害给予了特别的关注。《外物》探讨的是理想与现实的差距，强调以完全随顺自然、排除外物干扰为主旨。

"得鱼忘荃，得兔忘蹄，得意忘言"，这"三得三忘"的议论，阐明顺应自然、反对矫饰的观点，希望能做到遗物而忘我，强调去掉外物羁绊的意旨，最终进入到"得意忘言"的境界。庄子学派的理想是与"忘言之人"交流大道。

"三得三忘"中尤以"得鱼忘荃"流传最广，成为成语典故。文学家、艺术家、思想家常常引用，以表达思想，增添文采。

青年毛泽东在湖南一师学习期间，听老师刘策成讲《庄子》的课，对《外物》"得鱼忘荃"典故记忆深刻。

新中国成立后，1950年刘策成受政务院总理周恩来聘请为中央文史馆馆员。同年4月，他来到北京参加中央文史馆筹备会议。不久，毛泽东热情地邀请他来家"叙旧"。

那天，久雨新晴，毛泽东特地邀请徐特立、王季范等原先湖南第一师范老师作陪，自己站在中南海丰泽园的家门口迎接。汽车一停，毛泽东马上迎上去打开车门，将自己老师扶下车，右手握住老师手，左手伸出三个指头说："策成先生，欢迎欢迎，二三年一别，整整28年了！"

这几句见面话，说出刘先生想说没有说出的心里话，听了非常感动。

笑谈之间，刘策成先生感慨万千，对徐特立、王季范二人说："你们两位有眼力，同润之一起闹革命，成了万世师表；我在国民党中混，混成一个旧官吏……"

毛泽东听了，马上插话："不，不，策成先生，你不仅对我个人有救命之恩，更是有功于国于民。您是真正当代庄子，应是新的'万世师表'……"

徐特立接过毛泽东的话："你写的那副对联'好总裁，不靠朱毛不靠共，内战继内战，祸首罪魁，留得千秋污吏在；唯英雄，且能活人能杀人，同胞杀同胞，权大罪大，换来万代臭名传'真是万世师表之作。"

王季范接过话题："对，蒋介石现在还活着，你却早就给他作了盖棺论定。如果躲在台湾的蒋总裁看了，会气死的。"说得大家击掌大笑。

毛泽东接着说："这真是大史家的大手笔，是'去其害马者'的照妖镜，不仅给蒋总统作了盖棺论定，还深刻概括了一切压迫人民、屠杀人民的统治者的反动本质，既敲响了蒋介石的丧钟，也给我们共产党敲起警钟。所以，恩来一定要请策成先生来中央文史馆，要借您的火眼金睛，请您帮助共产党，照照其中有没有张介石、李介石，如果发现了，请您也给来个盖棺论定。"

"不敢，不敢。"刘策成忙摆手说，"共产党光荣、伟大、正确，领导全国人民推翻三座大山，怎么会出现张介石、李介石？"

毛泽东深有感慨，说：

人啊，随着社会及地位的变化，人是会变的。《庄子》曰："孔子行年六十而六十化。"又曰"荃者所以在鱼，得鱼而忘荃"。共产党也是人，也在变化，有人变得越来越坚定，也会有人可能变成张介石、李介石！（黄露生：《毛泽东尊师风范》，中央文献出版社2011年版，第424页）

"那不是要我充当钟馗？"

"过去的钟馗是传说，是老百姓无奈中的愿望。"毛泽东说，"您敢于炮轰袁世凯、赵恒惕、蒋介石，才是真正人民心目中的打鬼英雄。"

毛泽东的幽默，又激发一阵欢笑。

毛泽东与老师刘策成，都是满腹经纶之人，又都有丰富的政治阅历和行政经验。他们借助《庄子·外物》"得鱼忘荃"的典故，交流对政治问题的看法。也许是因为共产党人刚刚打败蒋介石集团而掌握了政权，威信崇高，所以刘策成先生还不相信共产党中会有人变成张介石、李介石。毛泽东则两引《庄子》，用孔子活到六十岁时就有六十变化的事实，说明人是不断变化的；"得鱼而忘荃"也是一种变化。很明显，毛泽东这里的"得鱼"，暗喻革命胜利得到政权；"忘荃"，则指忘掉优良的革命传统，忘掉了共产党人为人民服务的本色。毛泽东非常担心有些干部甚至是高级领导干部随着地位的变化而变坏，极而言之则变成张介石、李介石！

新中国成立初期，共产党成为执政党。毛泽东在这一历史时期，一个重要关注点就是防止干部队伍本色蜕变，由革命者转化成腐败者，由人民的公仆转化为旧式官僚。他多次讲李自成进北京的历史教训，讲保持艰苦奋斗、谦虚谨慎的作风，这次又从《庄子·外物》"得鱼忘荃"典故中得到启示，还在于防微杜渐，巩固根本，永不变质。

庄子学派的命题"三得三忘"，警示后人！

强聒不舍，可以振国

《天下》是《庄子》书中唯一的纯属议论性的文章。它从庄子学派的观点出发，极其精要地介绍和评判了先秦各家学派的学说，并对其一一做出褒贬。首段为总论，阐明道术的根源。其他段落则论述各家之说与道术的关系，依次对具有代表性的学派学说予以评介，对墨翟、禽滑釐、宋钘、尹文、彭蒙、田骈、慎到、关尹、老聃、庄周、惠施、桓团、公孙龙等各家观点，分别予以评述，既肯定反映道术的一面，又批评谬误的一面。《天下》是中国最早的一篇学术史专著，保存了许多佚说，像宋钘、慎到、惠施、公孙龙等人的学说，在这里都有遗存，成为研究先秦哲学思想不可多得的珍贵文献。《天下》是《庄子》一书的终篇，故有些学者把它视为《庄子》书的后序，是有一定道理的。

毛泽东品《天下》，收获大矣！这可以从他的运用活动中看出来。他最早用《天下》词汇和思想还是在学生时代。

"强聒"一词，出自《庄子·天下》第三节。庄子后学在评论宋钘、尹文的哲学主张时，其中说道：

> 见侮不辱，救民之斗，禁攻寝兵，救世之战。以此周行天下，上说下教，虽天下不取，强聒而不舍者也，故曰上下见厌而强见也。

大意是说：受到欺侮不以为辱，解除民众之间的争斗，禁止攻伐平息用兵，挽救世间的战争灾害。本着这种意旨来周行天下，对上劝谏诸侯，对下教育百姓，虽然天下的人并不接受，但他们依然劝说不休，所以说，上上下下都受人嫌弃却仍然不遗余力地反复陈述——这是宋尹学派的一个特征。

强聒亦作"彊聒"。意为唠叨不休。强聒不舍：形容人们不想听，但仍然喧谈不休。

1915年初秋，毛泽东在致学友萧子升的一封信中，曾使用了"强聒"一词，写出了如下两段文字：

> 当今之世，黯闒塞，非有强聒，狂澜谁鄣？裔其躬而有益于国与群，仁人君子所欲为也。
>
> 故旷日之说，亦不足信也。是故互质参观，所以张知，强聒不舍，可以振国，排搅神废日之说，所以益神而修业，言之为贵，不愈可见乎！（《毛泽东早期文稿》，湖南出版社1995年版，第13—14页）

毛泽东与萧子升于1914年在湖南省立第一师范学校同学，萧在1915年6月毕业离校，先后在长沙修业、楚怡学校任教。

从这两段话所渗透的思想看，受信人或有不相信喧谈对"振国"的作用，故毛泽东致信强调："非有强聒，狂澜谁鄣？""强聒不舍，可以振国！"

信中这些话体现了青年学子毛泽东强烈的爱国情怀。联系当时的历史背景，更能看清毛泽东忧国忧民的云水襟怀。

1915年1月，日本国政府令其驻中国公使向袁世凯提出旨在独占中国的"二十一条"。5月7日，又提出最后通牒，限48小时内答复。5月9日，袁世凯对日本的要求，除对条款第五号一部分声明"容日后协商"外，其余一概公然承诺日本的要求。因此，中国人民将5月7日作为国耻纪念日。

日本帝国主义者的侵略行径和袁世凯政府的卖国罪行，激起了中国人民大规模的反日爱国运动的浪潮。在这股浪潮中，湖南第一师范学校的教习石润山先生，亲作《明耻篇》四言诗"五月七日，民国奇耻；何以报仇？在我学子！"，以示抗议和抒发胸中之愤。1915年夏，湖南省立第一师范学校学生集资刊印《明耻篇》一书。

《明耻篇》全书辑有七篇文章和一个附件。文章为：（一）救国刍言；（二）中日交涉之前后状况；（三）已签字之中日新约及交换照会；（四）请看日本前此计灭朝鲜之榜样；（五）日本祸我中国数十年来之回顾；（六）高丽亡国后归并日本之惨酷情形；（七）越南亡国惨状略述。附件为：中日贸易出入额之比较。卷首有一师教习石润山写的《感言》。书中揭露日本侵略中国、灭亡朝鲜，法国灭亡越南以及袁世凯卖国的罪行，并陈述了救国方法，意在教育和激励学生和民众不忘国耻，奋起挽救民族危机。

毛泽东阅读该书时，十分激动，加了许多圈点和着重号，还在多处写有批语。在该书的目次第二、三、四、五和附件的篇名上方，毛泽东均画了圈，并写有"圈出五篇为最紧要者，其余不阅可也"。并在《明耻篇》一书的封面上特地抄录了湖南一师石润山先生的四言诗，又在《感言》后亲笔题志：

"此文（指感言）为第一师范学校教习石润山先生作。先生名广权，宝庆人。当中日交涉解决之顷，举校愤激，先生尤痛慨，至辍寝忘食，同学等爱集资刊印此篇，先生则为序其端而编次之，云云。《救国刍言》亦先生作。"

6月25日，毛泽东寄了一本给友人湘生，信中说："又《明耻篇》一本，本校辑发，于中日交涉，颇得其概。阅之终篇，亦可得新知于万一也。"

1915年7月，毛泽东在致友人（萧子升）的信中使用《庄子·天下》中"强聒"一词，申述"非有强聒，狂澜谁鄣""强聒不舍，可以振国"的道理，并认为这样"有益于国与群"，因此，"仁人君子所欲为也"。

毛泽东写这封信时，民国即由袁世凯的北洋军阀政府统治着。袁世凯的卖国行径，是中华民族的极大耻辱。现在有谁能力挽狂澜，救国救民于倒悬？青年毛泽东不得不大声疾呼。他在这里引用《庄子·天下》中"强聒"一词，明确地表达了自己以天下为己任的远大志向以及救国救民、力挽狂澜的革命精神。

飞鸟之景，未尝动也

《天下》第八节，也是最末一节，介绍惠施、桓团与公孙龙等名家学派人物的思想，说他们渊博却不能符合于道。名家特别重视名与实的关系，论惠施的部分，叙述惠施的"历物十事"与"辩者二十一事"。惠施认为万物流变不息，任何东西都不可能是永恒固定的状态，所以他由此得出"日方中方睨，物方生方死"等命题。他又认为任何东西都是相对的，事物之间没有绝对的区别，他强调万物有基本的相同点，掌握这相同点，夸张了这相同点，而得出"天与地卑，山与泽平"等命题。

庄子后学在此节列数名家学派的辩题，意在批判、指斥他们夸饰矜持的态度，从弘扬大道的角度说，他们只不过是蚊虻的喧扰。

毛泽东则接受惠施名家学派辩题中有朴素辩证法元素的内容，辨明事理，发展自己的思想，推动事业的前行。

对惠施名家学派，庄子后学评论道：

> 惠施多方，其书五车，其道舛驳，其言也不中。历物之意，曰："至大无外，谓之大一；至小无内，谓之小一。无厚，不可积也，其大千里。天与地卑，山与泽平。日方中方睨，物方生方死。大同而与小同异，此之谓小同异；万物毕同毕异，此之谓大同异。南方无穷而有穷，今日适越而昔来。连环可解也。我知天下之中央，燕之北、越之南是也。泛爱万物，天地一体也。"

> 惠施以此为大，观于天下而晓辩者，天下之辩者相与乐之：

卵有毛。鸡三足。郢有天下。犬可以为羊。马有卵。丁子有尾。火不热。山出口。轮不蹍地。目不见。指不至，至不绝。龟长于蛇。矩不方，规不可以为圆。凿不围枘。飞鸟之景，未尝动也。镞矢之疾，而若不行不止之时。狗非犬。黄马骊牛三。白狗黑。孤驹未尝有母。一尺之棰，日取其半，万世不竭。辩者以此与惠施相应，终身无穷。

《庄子·天下》这段文章大意是说：惠施的学问广博多面，他的藏书有五车之多，他的学说驳杂不纯，他的言论也往往不合道理。他观察分析事物的道理，说：最大的东西没有外围，可以叫作"大一"；最小的东西没有内核，可以叫作"小一"。薄到没有厚度时，不可以累积，但其广大可以延伸数千里之远。天与地是一样低的，高山与水泽是一样平的。太阳刚处于正中位置的同时也就是偏斜的开始，万物刚刚生出就开始走向死亡。大同与小同是相异的，这个称为"小同异"；万物都是相同的，也都是相异的，这个称为"大同异"。南方无限远，却也有限远。今天刚到越国，而从前已经来过。连环是可以解开的。我知道天下的中央，在燕地的北边，也在越地的南边。要普遍地热爱万物，因为天地万物都是一样的。

惠施以此诸多命题当作伟大的发现，显示于天下，并让那些善辩者知晓，而天下的善辩家也拿出一些古怪的道理来相应。他们论辩的课题很多，诸如：卵中有毛；鸡有三只脚；郢都包括楚国；犬可以是羊；马为卵生；蛤蟆有尾巴；火不是热的；山有口；飞驰的轮子不着地；眼睛看不见东西；手指不能接触东西，能够触到，便不会有距离；矩尺不能画方，圆规画出的也不是圆；凿出的榫眼与榫头不可能完全吻合；飞鸟的影子，不曾移动；疾飞的箭头，有前进也有停的时候；狗不是犬；黄马黑牛合起来为三；白狗是黑的；孤驹未曾有母亲；一尺长的杖，每天截取一半，一万年都截取不完。好辩者用这些论题和惠施辩论，终生没有完结。

惠施是名家学派的代表人物，名家是探讨概念与事实关系的一个学派。《庄子·天下》记载了惠施及其追随者的一些基本命题。这些命题有一些的确是诡辩和玩弄概念，但也有一些命题充满辩证法思想，甚至接近现代科学理论。

毛泽东品读《庄子》，熟读过此篇此节，特别赞赏文中的辩证法思想。他在 1956 年 11 月 15 日中共八届二中全会上讲话时，用现代科学道理论证了《天下》的一个命题：

看电影，银幕上那些人净是那么活动，但是拿电影拷贝一看，每一小片都是不动的。《庄子》的《天下》篇说："飞鸟之景，未尝动也。"世界上就是这样一个辩证法：又动又不动。净是不动没有，净是动也没有。动是绝对的，静是暂时的，有条件的。（1956年11月15日毛泽东在中共八届二次全会上的讲话）

毛泽东在他的讲话中所引用的"飞鸟之景（影），未尝动也"，是名家探讨动与静关系的观点。飞鸟是动的，但"飞鸟之景（影）"是飞鸟一刹那间的投影，是不动的。那是由于把许多个别投影衔接起来的缘故。战国时名家的这个命题初步看到了动（运动）和静（静止）的辩证关系，看到了动中有静、静中有动，没有静也就没有动。

毛泽东于讲话中引证"飞鸟之景（影），未尝动也"的话，目的是为了阐明："我们对问题要作全面的分析，才能解决得妥当。"是进还是退，是上马还是下马，都要按照辩证法。

为此，结合动与静的辩证关系，在讲话中毛泽东侧重谈了经济问题，他指出：我们的计划经济，又平衡又不平衡。平衡是暂时的，有条件的。暂时建立了平衡，随后就要发生变动。上半年平衡，下半年就不平衡了，今年平衡，到明年又不平衡了。净是平衡，不打破平衡，那是不行的。我们马克思主义者认为，不平衡，矛盾，斗争，发展，是绝对的，而平衡，静止，是相对的。所谓相对，就是暂时的，有条件的。这样来看我们的经济问题，究竟是进，还是退？毛泽东自己回答说：我们应当告诉干部，告诉广大群众：有进有退，主要的还是进，但不是直线前进，而是波浪式的前进。虽然有下马，总是上马的时候多。我们的各级党委，各部，各级政府，是促进呢，还是促退呢？根本还是促进的。社会总是前进的，前进是个总的趋势，发展是个总的趋势。

毛泽东还讲了关于第一个五年计划。他说：第一个五年计划是不是正确？我赞成这种意见，就是说，从前四年的情况可以看得清楚，第一个五年计划根本正确。至于错误，确实有，这也是难免的，因为我们缺少经验。将来搞了几个五年计划，有了经验，是不是还会犯错误呢？还会犯的。经验是永远学不足的。毛泽东接着说：我们第一个五年计划，限额以上的建设项目，一部分是苏联帮我们设计的，大部分是我们自己设计的。你看中国人不行？我们也行。但是，也要承认我们还有点不行，因为有一部分自己还不能设计。前几年建设中有一个问题，就像有的同志所说的，光注意"骨头"，不大注意"肉"，厂房、机器设备等搞起来了，而市政建设和服务性的设施没有相应地搞起来，将来问题很大。我看，这个问题的影响，不在第一个五年计划，而是在第二个五年计划，也许还在第三个五年计划。第一个五年计划是否正确，现在可以作一点结论，明年也可以作一点结论，我看要到第二个五年计划末期才能完全做出结论。这里头不犯一点主观主义是不可能的。犯一点错误也并不坏。成绩有两重性，错误也有两重性。成绩能够鼓励人，同时会使人骄傲；错误使人倒霉，使人着急，是个敌人，同时也是我们很好的教员。

上述毛泽东从辩证法的角度具体谈了经济问题，以总结经验和教训。他指出第一个五年计划既有成绩，同时也存在着问题和错误。

他在讲话中除了引证《庄子》"飞鸟之景，未尝动也"这两句话外，还举了人走路双脚总是一前一后和电影拷贝的动与静，从而从哲学高度阐明了一个真理："世界上就是这样的一个辩证法，又动又不动。净是不动没有，净是动也没有。动是绝对的，静是暂时的、有条件的。"这便是马克思主义的动静观。

从惠施名家学派相对主义的动静观到毛泽东辩证唯物主义的动静观，有继承，有发展，继承不是一成不变，发展也在吸纳古人的思想资料。毛泽东这样讲哲学，有历史纵深感，有思想发展史，有观点有例证，有理论有实际，把惠施名家学派思想观点品出了新意，解决现实生活具体问题有了新思路。

一尺之棰，日取其半，万世不竭

《庄子·天下》第八节，庄子后学罗列名家"辩者二十一事"，说惠施及其门徒"观于天下而晓辩者，天下之辩者相与乐之"。惠施一生都在与辩者讨论这些问题，而且"终身无穷"。

这二十一事的最后一事即是：

一尺之棰，日取其半，万世不竭。

棰，木杖，一说棍棒。惠施名家学派认为：一尺长的木杖（棍棒），每天截取一半，这样不断地截下去，一万年也截取不完。

"一尺之棰，日取其半，万世不竭"这句话，是讲惠施学派对物质的可分性的看法，这是说物质可以无限分割。

从哲学思想史角度说，惠施名家学派这个命题，是讲物质的无限可分性。在今天仍然是辩证唯物论认识论要探讨的哲学问题。

早在 20 世纪五六十年代的一些文章和谈话中，毛泽东就曾多次表达过他对这一问题的看法和见解。他特别注意微观粒子物理研究的进展，并对这方面的科学成果不断进行哲学的思考。他从分析物质结构的实质在于内部矛盾性，从矛盾的普遍性指出微观物质结构的无限可分性。这一思想，对我国微观粒子的物理学的研究产生了重要影响，并得到了国际物理学家的关注。

1955 年 1 月，毛泽东召集中央领导人和著名科学家共商发展我国原子能科学事业的大计。在这次会议上，他很关心原子能的利用，并饶有兴趣地谈及了原子核内部的结构问题，提出了物质无限可分的思想。当科学家钱三强谈到质子、中子是构成原子核的基本粒子时，毛泽东就指出：

> "物质是无限可分的"，"质子、中子、电子还应该是可分的，一分为二，对立统一嘛！现在实验上虽然还没有证实，将来实验条件发展了将会证明它们是可分的"。（《人民日报》1978年12月28日）

以后，美国发现了"反质子"和"反中子"，相继发现了相应的"反粒子"，证实了粒子与反粒子的对立统一，从而也证实了毛泽东关于基本粒子无限可分的对立统一思想的预见性。

1957年1月27日，毛泽东在省、市、自治区党委书记会议的讲话中，又谈到这个问题：

> 一个原子分两部分，一部分叫原子核，一部分叫电子。原子核很小，但是很重。电子很轻，一个电子大约只有最轻的原子核的一千八百分之一。原子核也是可以分的，不过结合得比较牢固。

1957年11月，毛泽东在莫斯科参加共产党和工人党代表会议。他在发言中又在最新自然科学发现的基础上，谈到了物质结构的内部矛盾性。发言稿后来整理成《党内团结的辩证法》一文。其中他说：

> 你看在原子里头，就充满矛盾的统一。有原子核和电子两个对立面的统一。原子核里头又有质子和中子的对立统一。质子又有质子、反质子，中子又有中子、反中子。总之，对立面的统一是无所不在的。（吴义生、刘宏毅：《毛泽东与自然科学》，《毛泽东与科学教育》，中央民族大学出版社2004年版，第183页）

毛泽东关心自然科学的哲学问题，特别喜读《自然辩证法研究通讯》杂志。1963年秋天该刊登载了日本物理学家坂田昌一的《基本粒子的新概念》一文，引起了毛泽东的极大兴趣。

坂田昌一在这篇文章中站在辩证唯物主义的立场上阐明了基本粒子并

不是物质的始原，电子也是不可穷尽的，基本粒子不是点，场论不是最终理论等新的基本粒子观。这些观点无疑与毛泽东关于微观物质无限可分的哲学思想产生了强烈的共鸣。

1964 年，《自然辩证法研究通讯》第 3 期刊载了日本物理学家坂田昌一的又一篇文章《关于量子力学理论的解释问题》，该文从物理学的角度提出基本粒子可以分割的观点。

毛泽东对这个物理学界的新成果十分重视。他看过坂田的文章后，在北戴河期间，于 1964 年 8 月 18 日上午同吴江、龚育之、关锋、邵铁真等几位哲学工作者以及陈伯达、康生谈话，谈"分析与综合"的哲学问题。在这次谈话中，毛泽东曾讲过：

> 列宁讲过，凡事都可分。举原子为例，不但原子可分，电子也可分。可是从前认为原子不可分。原子核分裂，这门科学还很年轻。近几十年来。科学家把原子核分解了。有质子、反质子，中子、反中子，介子、反介子，这是重的，还有轻的。至于电子同原子核可以分开，那早就发现了。电线传电，就利用了铜、铝的外层电子的分离。电离层，在地球上空几百公里。那里电子同原子核也分离了。电子本身到现在还没有分裂，总有一天能分裂的。"一尺之棰，日取其半，万世不竭。"这是个真理。不信，就试试看，如果有竭，就没有科学了。世界是无限的。时间、空间，是无限的。空间方面，宏观、微观，是无限的：物质是无限可分的。所以科学家有工作可做。一百万年以后也有工作可做。听了些说法，看了些文章，很欣赏《自然辩证法研究通讯》上坂田昌一的文章。以前没有看过这样的文章。他是辩证唯物主义者，引了列宁的话。（龚育之、逄先知、石仲泉：《毛泽东的读书生活》，三联书店 1986 年版，第 102—103 页）

六天后，即 8 月 24 日，毛泽东约当时北京大学的副校长周培源、中央宣传部科学处处长兼国家科委副主任于光远，和他们一起继续畅谈这一问题。

谈话一开始，毛泽东就直截了当地说：

"今天我找你们来，是研究一下坂田的文章。坂田说基本粒子不是不可分的，电子是可分的。他这样说是站在辩证唯物主义立场上的。"

毛泽东开门见山，首先肯定了坂田的观点。接着毛泽东谈起了自己对物质分割理论的认识。他说：

> 世界是无限的。世界在时间上、在空间上都是无穷无尽的。……宇宙从大的方面看来是无限的。宇宙从小的方面看来也是无限的。不但原子可分，原子核也可分，电子也可以分，而且可以无限地分割下去。庄子讲"一尺之棰，日取其半，万世不竭"，这是对的。因此，我们对世界的认识也是无穷无尽的。要不然物理学这门科学就不再会发展了。如果我们的认识是有穷尽的，我们已经把一切都认识到了，还要我们这些人干什么？（《关于人的认识问题》，《毛泽东文集》第八卷，人民出版社1999年版，第389页）

为了论证"物质不是不可分"的这一理论，毛泽东两次引用了《庄子·天下》"一尺之棰，日取其半，万世不竭"这句古语加以佐证。他从这句话里阐发了"物质无限可分性"这样一个辩证唯物主义世界观的重要问题。

毛泽东用现代科学理论印证了"一尺之棰，日取其半，万世不竭"这个命题。他举了最先进的原子学、电子学来说明这个问题，从而肯定了名家学派的这个论断的科学性，说"这是个真理"！并且上升到哲学高度总结说："世界是无限的"，"物质是无限可分的"，一百万年以后也是这样，这是科学家们永远研究不完的课题。

1965年，中国科学院召开了国际性北京科学讨论会，这是一个有44个国家和地区的科学家367人参加的科学盛会，坂田昌一先生作为日本代表团的团长参加了会议。

会议期间，毛泽东接见了与会的各国科学家。当周培源把坂田昌一教授引见给毛泽东时，他同坂田亲切握手，说自己读过他的文章，并赞扬坂田的文章写得好。这引起了坂田的惊讶和喜悦。后来，于光远在陪同各国科学家游览颐和园时，向坂田说明了毛泽东从哪里读到坂田的那篇文章，并告诉他毛泽东非常重视他引用列宁关于电子不可穷尽的论述，非常赞赏他关于"基本"粒子可分的见解，还告诉他，毛泽东在1957年莫斯科会议上就说过一分为二是普遍现象，原子分为原子核和电子，原子核又分为质子和中子，质子又有反质子，中子又有反中子……坂田听了介绍后很感兴趣。

他说，可惜他原来不知道毛泽东1957年讲过这些意见，如果早知道，他的文章一定会引用的。（龚育之、逄先知、石仲泉：《毛泽东的读书生活》，三联书店1986年版，第104页）坂田回国以后，在《北京科学讨论印象记》《北京科学讨论会杂记》等文章中，多次讲到毛泽东的这一见解。并高度评价："毛泽东的《矛盾论》和《实践论》，这是谁也不能否定的。"（［日］坂田昌一：《科学哲学论文集》，知识出版社1987年版，第6页、第248页）

由于毛泽东对坂田昌一文章的高度重视，1965年《红旗》杂志重新发表了这篇文章，并根据毛泽东几次谈话的精神，加了编者按。这一举动在中国高能物理界引起了巨大反响。当时我国有一群理论物理学家致力于基本粒子的研究。毛泽东强调的"基本粒子"可分的思想，本是从物理学家那里来的，反过来又影响这群物理学家去认真研究"基本粒子"以下层次的粒子。

1965年9月到1966年6月，北京基本粒子理论组的39位研究人员写了42篇论文，发表在1966年出版的《原子能》杂志和《北京大学学报（自然科学版）》上，建立了强子结构的层子模型。他们把基本粒子以下层次的粒子称为层子，意在说明微观粒子具有无限的层次。

当时我国在强子结构方面所进行的探索是站在前沿的开创性工作。在这前后，西方物理学家发展了关于基本粒子重粒子结构的"夸克"学说。"夸克"大致相当于"层子"。从那时以来，这方面的工作取得了长足的进展。"基本"粒子有更深层次的结构，现在已经成为国际高能物理界公认的流行观点。朱洪元等同志在回顾这段历史时指出，毛泽东同志关于微观粒子无限可分的思想以及坂田昌一文章的发表和讨论，"是层子模型研究工作的一个直接的推动力"。（《中国自然辩证法研究——历史与现状》，知识出版社1983年版，第322页）这是中国自然科学界运用唯物辩证法指导自然科学研究的一个重要案例。

1973年7月17日，毛泽东接见来访的华裔物理学家杨振宁时，当谈及"光量子能不能分"这个在当时国际物理学界尚未解决的问题时，毛泽东认为"物质是无限可分的，如果物质分到一定阶段，变成不可分了，一万年后科学家干什么呢？"（赵梦昭：《论毛泽东哲学自然观》，《求索》1988年第1期）并再次引用了"一尺之棰，日取其半，万世不竭"这句话加以证明。

物质的无限可分性问题固然在物理学上有着十分重要的意义，而在毛泽东看来，这个原理更为重要的价值在于它是辩证唯物主义认识论的一个有力武器，它从自然科学的角度为"人的认识也是无穷无尽的"这样一个认识论命题提供了依据。在辩证唯物主义认识论问题上，毛泽东提出了从感性的认识到理性的认识，再从理性的认识到革命的实践，或者叫作"物质可以变成精神，精神可以变成物质"这两个飞跃的著名论断，大大丰富和发展了马克思主义哲学关于认识过程辩证法的思想，这是毛泽东对马克思主义哲学的重大贡献。

毛泽东从"物质的无限可分性"问题得出"认识的无穷无尽性"这个结论，也为现代科学的发展提供了方法论上的正确指导。毛泽东在哲学上的一个重要贡献，就是他能用最浅显易懂的语言说明复杂的哲学原理，进而指导实践。他的哲学思想不仅使从事社会科学研究的人称赞，就连一些自然科学家也由衷钦佩。诺贝尔奖获得者杨振宁甚至认定这样一个事实：毛主席在哲学上思考的问题与他们在实验室要证明的东西相仿。这充分说明毛泽东关于物质无限可分性的论断和预见是完全正确的。

毛泽东关于物质无限可分的思想，无论对于自然科学还是哲学的发展，都具有重大意义。20世纪70年代自然科学关于"轻子""胶子"等比"夸克"更为"基本"的粒子的发现，证明毛泽东的预见是科学的。无限可分的思想越来越为科学家们所接受，现代物理学中形而上学思想的迷信得到了破除。从哲学理论上看，毛泽东从物质结构的内部矛盾性出发来说明微观物质的结构的观点，丰富和发展了马克思主义哲学的物质观。毛泽东的这个思想还具有巨大的思想方法论意义。它表明了毛泽东对唯物辩证法的无比坚定信念，和在他所涉猎的一切领域都要把对立统一观点贯彻到底的革命精神。

毛泽东坚持对立统一规律是唯物辩证法的实质和核心，肯定世界上一切事物都是对立统一，具有内部矛盾。由此出发去分析微观粒子的客观属性，很自然地便提出了微观粒子可分以及物质是无限可分的结论。尽管这个结论还有待进一步的科学实验来证实，但毛泽东相信唯物辩证法的威力，相信用唯物辩证法作指导所提出的科学预言的真理性。直到晚年，他仍然坚持这个看法，等待着实践的检验。

附：

《庄子》选译

　　毛泽东品读《庄子》，对三十三篇的半数以上篇章有评论，有引用。其中尤其对"内篇"的《逍遥游》《养生主》《人间世》、"外篇"的《秋水》、"杂篇"的《天下》，评论引用较多。虽然在前面的文章中，也涉及这几篇原文和译文，但零散而不完整。这几篇又是《庄子》中的代表性作品和重要文章，为避免读者的翻检查找之苦，也为借一斑而窥《庄子》全豹，特将此五篇原文和译文附录于此。译文采用意译，以便使文意连贯。

逍遥游

一

[原文]

　　北冥有鱼，其名为鲲。鲲之大，不知其几千里也。化而为鸟，其名为鹏。鹏之背，不知其几千里也。怒而飞，其翼若垂天之云。是鸟也，海运则将徙于南冥。南冥者，天池也。

　　《齐谐》者，志怪者也。《谐》之言曰："鹏之徙于南冥也，水击三千里，抟扶摇而上者九万里，去以六月息者也。"野马也，尘埃也，生物之以息相吹也。天之苍苍，其正色邪？其远而无所至极邪？其视下也，亦若是则已矣。

　　且夫水之积也不厚，则其负大舟也无力。覆杯水于坳堂之上，则芥为之舟；置杯焉则胶，水浅而舟大也。风之积也不厚，则其负大翼也无力。故九万里，则风斯在下矣，而后乃今培风，背负青天而莫之夭阏者，而后乃今将图南。

蜩与学鸠笑之曰："我决起而飞，枪榆枋，时则不至，而控于地而已矣，奚以之九万里而南为？"适莽苍者，三飧而反，腹犹果然；适百里者，宿春粮；适千里者，三月聚粮。之二虫又何知！

小知不及大知，小年不及大年。奚以知其然也？朝菌不知晦朔，蟪蛄不知春秋，此小年也。楚之南有冥灵者，以五百岁为春，五百岁为秋；上古有大椿者，以八千岁为春，八千岁为秋，此大年也。而彭祖乃今以久特闻，众人匹之，不亦悲乎！

汤之问棘也是已：穷发之北，有冥海者，天池也。有鱼焉，其广数千里，未有知其修者，其名为鲲。有鸟焉，其名为鹏，背若泰山，翼若垂天之云，抟扶摇羊角而上者九万里，绝云气，负青天，然后图南，且适南冥也。斥鴳笑之曰："彼且奚适也？我腾跃而上，不过数仞而下，翱翔蓬蒿之间，此亦飞之至也！而彼且奚适也？"此小大之辩也。

故夫知效一官，行比一乡，德合一君，而征一国者，其自视也，亦若此矣。而宋荣子犹然笑之。且举世而誉之而不加劝，举世而非之而不加沮，定乎内外之分，辩乎荣辱之境，斯已矣。彼其于世，未数数然也。虽然，犹有未树也。

夫列子御风而行，泠然善也，旬有五日而后反。彼于致福者，未数数然也。此虽免乎行，犹有所待者也。

若夫乘天地之正，而御六气之辩，以游无穷者，彼且恶乎待哉！故曰：至人无己，神人无功，圣人无名。

[译文]

北海有条鱼，它的名字叫作鲲。鲲的巨大，不知道有几千里。它变化成鸟，名字叫作鹏。鹏的背，不知道有几千里；奋起高飞时，它的翅膀就像天边的一片云。这只鸟，当海动风起之时就要迁徙于南海。那南海，即是"天池"。

《齐谐》这本书，是记载怪异之事的。《齐谐》书中说："鹏迁往南海，拍翼击水而行达三千里之遥，乘飓风回旋直上九万里云霄，南飞竟历半年之久方才歇息下来。"野马般的游气，飞扬着的尘埃，与飘忽在空间的生物所散发的气味相吹动。天色青苍，那是它的真正颜色吗？天之高远就无法穷极了吗？鹏从高空向下看，也就像是这般光景而已。

水的积蓄不深厚，那么负载大船就没有力量。倒一杯水在厅堂上的低洼之处，放上一根小草便可以当作船；若是放上一个杯子就胶着住了，这是水浅而船大的缘故。风气的积蓄不深厚，那么它承负巨大翅膀就没有力量。所以鹏高飞九万里，是因为有风在下面托负着，然后它才能乘着风力，背负青天而没有任何阻碍，然后才谋划着向南而行。

蝉与学鸠讥笑大鹏说："我们迅疾地耸身飞起，最高也不过是突过了榆树檀树就歇止了，有时可能还飞不了那么高，投落在地上就是了，何必如此费力地飞到九万里之外而谋划着向南飞呢？"到郊野去的人，只带三餐粮食，当天回来，肚子还饱饱的；到相距百里之遥的地方去的人，行前要准备一宿的粮食以备用；到千里之遥的地方去的人，则要储备三个月的粮食。这两只虫鸟又哪里知道呢？

小智无法了解大智，小年无法了解大年。何以知道是这样的呢？朝生暮死的菌类不知道一天的时光，春生夏死、夏生秋死的寒蝉不知道一年的时光，这就是"小年"。楚国的南边有一只灵龟，以五百年为春，五百年为秋；上古时代有一棵大椿树，以八千年为春，八千年为秋，这就是"大年"。而彭祖至今竟仍以特别长寿传闻于世，众人皆与他相比，岂不是很可悲吗？

商汤问棘时也有这样的话："在北极穷发那个地方的北边，有一个苍茫无际的大海，就是'天池'。那里有一条鱼，它的身宽有几千里，没有人知道它身有多长，它的名字叫作'鲲'。有只鸟，它的名字叫作'鹏'，它的背像泰山，它的翅膀像天边的云，它乘着飓风回旋直上九万里的高空，超越在云气之上，背负着青天，然后向南飞翔，而往南海。水泽里的小雀讥笑大鹏说：'它想飞到哪里去呀？我腾越而上，不过几丈高就落下来，在蓬蒿之间翱翔，这也是极尽了飞跃的能事。而它究竟要飞到哪里去呢？'"这就是小和大的区别。

所以说，那些才智仅能胜一官之任，行事只能庇护其一乡之地，德业仅能投合一个国君的心意，才能仅能取得一国信任的人，他们自鸣得意也就好像小雀一样。而宋荣子不禁嗤笑他们。并且（他）能做到整个社会都赞誉他而他却不加以得意，整个社会都非议他而他却不加以沮丧：他能认定内我与外物的分际，辨清光荣与耻辱的境地。他的修养不止于此。他对世俗的名誉没有汲汲去追求，虽然这样，但他还有未曾树立的。

列子乘风游行，轻巧自得，过了十天半个月才回来。他对于求福的事，并没有汲汲去追求。这样虽然可免于步行，但究竟还有所依待。

若是能顺乎自然的规律，把握六气的变化，遨游于无穷的境域，他还有什么依待的呢！所以说：至人能够任天顺物，忘其自我；神人能够无意有功，无为而治；圣人能够不求名位，独善其身。

二

[原文]

尧让天下于许由，曰："日月出矣，而爝火不息；其于光也，不亦难乎！时雨降矣，而犹浸灌；其于泽也，不亦劳乎！夫子立而天下治，而我犹尸之，吾自视缺然，请致天下。"

许由曰："子治天下，天下既已治也；而我犹代子，吾将为名乎？名者，实之宾也。吾将为宾乎？鹪鹩巢于深林，不过一枝；偃鼠饮河，不过满腹。归休乎君！予无所用天下为。庖人虽不治庖，尸祝不越樽俎而代之矣。"

肩吾问于连叔曰："吾闻言于接舆，大而无当，往而不返。吾惊怖其言，犹河汉而无极也；大有迳庭，不近人情焉。"

连叔曰："其言谓何哉？"

"曰：'藐姑射之山，有神人居焉。肌肤若冰雪，淖约若处子；不食五谷，吸风饮露；乘云气，御飞龙，而游乎四海之外；其神凝，使物不疵疠而年谷熟。'吾是以狂而不信也。"

连叔曰："然！瞽者无以与乎文章之观，聋者无以与乎钟鼓之声。岂唯形骸有聋盲哉？夫知亦有之。是其言也，犹时女也。之人也，之德也，将旁礴万物以为一。世蕲乎乱，孰弊弊焉以天下为事！之人也，物莫之伤：大浸稽天而不溺；大旱金石流、土山焦而不热。是其尘垢秕糠，将犹陶铸尧、舜者也。孰肯以物为事！"

宋人资章甫而适诸越，越人短发文身，无所用之。

尧治天下之民，平海内之政，往见四子藐姑射之山、汾水之阳，窅然丧其天下焉。

[译文]

尧把天下让给许由，说："日月都出来了，而烛火还不熄灭，烛火要是与日月比起光亮来，不是太难了吗！及时雨普降了，而尚在用水浇灌，这对于润泽禾苗，不是徒劳吗！先生一在位，天下便可得到治理，而我还空占着这个君位，自己也觉得很惭愧，请允许我把天下让与先生。"

许由说："你治理天下，天下已经治理得很好了。而我尚再来代替你，岂不是追求名吗？名是实的宾位，我是为着去求宾位吗？鹪鹩在森林里筑巢，所需不过一枝；偃鼠到河边饮水，所需不过满腹。你就算了吧！我要天下有什么用呢！厨师虽不下厨，主祭的人也不可越位去代他来烹饪。"

肩吾问连叔说："我听接舆谈话，大而无当，一说开去就收不住。我真惊诧畏惧他的言论好像天上的河汉一样漫无边际，高深莫测，不近人情。"

连叔说："他说了些什么呢？"

肩吾说："他说：'在藐姑射山中，住着一位神人，肌肤洁白宛如冰雪，容态柔美宛如处女，不吃五谷，吸清风饮露水，乘着云气，驾驭飞龙，而遨游于四海之外。他的精神意志专一，使得万物不受灾害，五谷丰登。'我认为这是夸大的诳言，因此不以为信。"

连叔说："是的。盲人无法与之作美丽花纹的观赏，聋人无法与之听钟鼓的乐声。岂止是身体方面有聋盲的缺陷，心智方面也是有这种缺陷的。这个话，就是指的你啊！那个神人，他的德量，广被万物合为一体，世人纷扰求乱，他怎肯忙碌疲惫地以治理天下为事呢？这种人，外物伤害不了他，洪水滔天也不会被溺毙，大旱使金石熔化、土山枯焦，而他并不感到炙热，他身上的尘垢糟粕，都可以制造出尧和舜来，他又怎肯以料理琐碎的外物为事呢！"

宋国人贩卖礼帽往越国，越国人习惯剪短头发，身刺花纹，根本用不上它。

尧治理天下的人民，安定海内的政事，往藐姑射之山、汾水之阳，去拜见四位得道之士，其心乃远游于世外而忘其天下。

三

[原文]

惠子谓庄子曰："魏王贻我大瓠之种，我树之成而实五石，以盛水浆，其坚不能自举也；剖之以为瓢，则瓠落无所容。非不呺然大也，吾为其无用而掊之。"

庄子曰："夫子固拙于用大矣！宋人有善为不龟手之药者，世世以洴澼絖为事。客闻之，请买其方百金。聚族而谋曰：'我世世为洴澼絖，不过数金；今一朝而鬻技百金，请与之。'客得之，以说吴王。越有难，吴王使之将。冬，与越人水战，大败越人，裂地而封之。能不龟手，一也；或以封，或不免于洴澼絖，则所用之异也。今子有五石之瓠，何不虑以为大樽而浮于江湖，而忧其瓠落无所容？则夫子犹有蓬之心也夫！"

惠子谓庄子曰："吾有大树，人谓之樗。其大本拥肿而不中绳墨，其小枝卷曲而不中规矩。立之涂，匠者不顾。今子之言，大而无用，众所同去也。"

庄子曰："子独不见狸狌乎？卑身而伏，以候敖者；东西跳梁，不避高下，中于机辟，死于罔罟。今夫斄牛，其大若垂天之云，此能为大矣，而不能执鼠。今子有大树，患其无用，何不树之于无何有之乡，广莫之野，彷徨乎无为其侧，逍遥乎寝卧其下，不夭斤斧，物无害者，无所可用，安所困苦哉！"

［译文］

惠子对庄子说："魏王赠送我大葫芦的种子，我把它种植起来，它结出的果实有五石之大；用来盛水，它的坚固程度不能自胜；把它切开来做成瓢，则瓢大无处可容纳。不是瓢不大，我认为它没有用处，因而把它砸碎了。"

庄子说："这是你不会用'大'啊！有个宋国人善于制作不龟裂手的药物，他家世世代代都以漂洗丝絮为业。有位客人听说了这种药品，愿意出百金买他的药方。他于是聚集全家来商量说：'我家世世代代漂洗丝絮，所得不过很少的钱；如今一旦卖出这药方便可得百金，就卖了吧！'这个客人得到了药方，就去游说吴王。值越国犯难，吴王就派他将兵，在冬天与越国人水战，大败越国人，吴王于是割地封赏他。同是一个不龟裂手的药方，有人因此得到封赏，有人却只是用来漂洗丝絮，这就是使用方法的不同。如今你有五石之大的葫芦，为什么就不系着当作腰舟而浮游于江湖之上，反而发愁它太大无处容纳呢？可见你的心如茅塞一般还没有通达啊！"

惠子对庄子说："我有一棵大树，人家都叫它作'樗'。它的主干木瘤盘结而不合绳墨，它的枝干弯弯曲曲而不合规矩，树立在路边匠人连看都不看。而今你的言论，大而无用，被大家所抛弃。"

庄子说："你不曾看见野猫和黄鼠狼吗？它们屈身匍匐于地，等待着出游的小动物；它们东西跳跃掠夺，不避高低，结果踏中机关，死于网罗之中。再看现在的斄牛，它的身躯巨大如天边的云气；它的能力是很大的，但不能捕捉老鼠。如今你有这么一棵大树。还愁它无用，为什么不把它种在虚寂的乡土、广漠的旷野任意地徘徊在树旁，自在地躺在树下；这树不会遭斧斤的砍伐而夭折，也没有东西来侵害它。无所可用，又会有什么困苦呢？"

养生主

一

[原文]

吾生也有涯，而知也无涯，以有涯随无涯，殆已！已而为知者，殆而已矣。为善无近名，为恶无近刑。缘督以为经，可以保身，可以全生，可以养亲，可以尽年。

[译文]

我们的生命是有限的，而知识却是无穷的，以有限的生命去追求无穷的知识，势必劳心伤神，感到困惑！既然如此还要不停地追求知识，那可真是十分危险的了！做了好事不要贪图名声，做了坏事不全十触及刑罚。依循自然之理，把它作为处世的常法，这就可以保养形体，就可以保全天性，就可以养护精神，就可以尽享天年。

二

[原文]

庖丁为文惠君解牛，手之所触，肩之所倚，足之所履，膝之所踦，砉然响然，奏刀騞然，莫不中音。合于《桑林》之舞，乃中《经首》之会。

文惠君曰："嘻，善哉！技盖至此乎？"

庖丁释刀对曰："臣之所好者道也，进乎技矣。始臣之解牛之时，所见无非全牛者。三年之后，未尝见全牛也。方今之时，臣以神遇而不以目视，官知止而神欲行。依乎天理，批大郤，道大窾，因其固然。技经肯綮之未尝，而况大軱乎！良庖岁更刀，割也；族庖月更刀，折也。今臣之刀十九年矣，所解数千牛矣，而刀刃若新发于硎。彼节者有间，而刀刃者无厚；以无厚入有间，恢恢乎其于游刃必有余地矣。是以十九年而刀刃若新发于硎。虽然，每至于族，吾见其难为，怵然为戒，视为止，行为迟，动刀甚微，謋然已解，如土委地。提刀而立，为之四顾，为之踌躇满志，善刀而藏之。"

文惠君曰："善哉！吾闻庖丁之言，得养生焉！"

［译文］

有一个名叫丁的厨师，替文惠君解牛，手所接触的地方，肩膀所靠着的地方，脚所踩着的地方，膝盖所顶着的地方，都发出皮骨相离的声音，刀子刺进去时发出更大的响声，这些声音无不完美，给人感觉仿佛是伴着尧时《经首》的乐曲，跳着汤时《桑林》之舞。

文惠君说："好啊！想不到你的技术已达到这样的地步。"

庖丁放下刀子，慢慢地回答说："臣下所喜好的是摸索事物的规律，已经超过技巧了。刚开始我在宰牛的时候，看见的都是一个完整的牛。三年以后，看见的再也不是整头的牛了。到了现在这个时候，臣下只是用心神去接触，不必用眼睛去看，感官的知觉停止了，全靠精神意念在活动。顺着牛体天然的肌理结构，劈开筋骨间大的空隙，再引向骨节间大的空隙，顺着牛体本来的结构使刀。从来没有碰到过经络相连或筋肉盘结的地方，更何况大的骨头呢！好的厨工每年换一把刀，因为他用刀子去割肉。一般的厨工每月换一把刀，因为他用刀子去砍骨头。如今我的这把刀已经用了 19 年了，宰杀过的牛数千头，可是刀锋却像刚从磨刀石上磨出来的一样。因为牛身上的骨节是有空隙的，而刀锋并不厚，用这样薄的刀锋刺入有空隙的骨节中，当然是可以宽绰而有余地地运转刀锋了，因此用了 19 年，刀锋仍像刚从磨刀石上磨出来的一样。尽管这样，可是每当碰到筋骨交错的地方，我知道那里难以下刀，就特别小心翼翼，眼神专注，动作缓慢地进行着。当刀子轻轻地动了一下，'哗啦'一声，骨肉就已经分离，像一堆泥土散落在地上。我抽回刀子站立着，为这件事环顾四周，悠然自得，心满意足，然后把刀擦拭干净，收藏起来。"

文惠君听了说："好啊！我听了庖丁这一番话，懂得了保养生命的道理了。"

［原文］

公文轩见右师而惊曰："是何人也？恶乎介也？天与，其人与？"曰："天也，非人也。天之生是使独也，人之貌有与也。以是知其天也，非人也。"

泽雉十步一啄，百步一饮，不蕲畜乎樊中。神虽王，不善也。

老聃死，秦失吊之，三号而出。弟子曰："非夫子之友邪？"曰："然。""然则吊焉若此，可乎？"曰："然。始也吾以为其人也，而今非也。向吾入而吊焉，有老者哭之，如哭其子；少者哭之，如哭其母。彼其所以会之，必有不蕲言而言，不蕲哭而哭者。是遁天倍情，忘其所受，古者谓之遁天之刑。适来，夫子时也；适去，夫子顺也。安时而处顺，哀乐不能入也，古者谓是帝之县解。"

指穷于为薪，火传也，不知其尽也。

［译文］

公文轩看见右师惊奇地说："这是什么人？怎么只有一只脚呢？是天生下来就这样，还是人为造成的呢？"右师说："天生就这样，并不是人为才这样的。天生下来就只有一只脚，人的形貌是天赋予的。所以知道是天生的，而不是人为的。"

草泽里的野鸡，走十步才能啄到一口食，走一百步才能喝到一口水，然而它并不祈求养在笼子里。被养在笼子里，虽然神气十足，但并不自由。

老聃死了，秦失前去吊丧，只哭了几声就出来了。弟子问秦失说："他不是你的朋友吗？"秦失答道："是的。"弟子又问："那么这样吊唁，是待朋友之礼吗？"秦失说："是的。开始我以为他是个俗人，然而现在不这样认为了。刚才我进去吊唁，看见有老年人哭他，如同哭自己的孩子；有年轻人哭他，如同哭自己的父母。众人来此一起吊唁老聃，必定有老聃不期望他们称赞而称赞的话，必定有老聃不期望他们哭泣而哭泣的人。这是逃避天意，违背实情，忘记了人之生死寿夭皆禀受于自然，古时候称之为逃避自然的规范。正当该他来时，老聃应运而生；正当该他去时，老聃顺势而死。安心时运，顺变不惊，哀乐的情绪就不会侵入胸中，古时候把这种解脱称为天帝解人于倒悬。"

脂膏作为烛薪有燃尽的时候，火种却流传下去，没有穷尽。

人间世

一

[原文]

颜回见仲尼，请行。

曰："奚之？"

曰："将之卫。"

曰："奚为焉？"

曰："回闻卫君，其年壮，其行独，轻用其国，而不见其过；轻用民死，死者以国量乎泽若蕉，民其无如矣，回尝闻之夫子曰：'治国去之，乱国就之，医门多疾。'愿以所闻，思其所行，则庶几其国有瘳乎！"

仲尼曰："嘻！若殆往而刑耳！夫道不欲杂，杂则多，多则扰，扰则忧，忧而不救。古之至人，先存诸己而后存诸人。所存于己者未定，何暇至于暴人之所行！

"且若亦知夫德之所荡而知之所为出乎哉？德荡乎名，知出乎争。名也者，相轧也；知也者，争之器也。二者凶器，非所以尽行也。

"且德厚信矼，未达人气，名闻不争，未达人心。而强以仁义绳墨之言术暴人之前者，是以人恶育其美也，命之曰菑人。菑人者，人必反菑之，若殆为人菑夫！

"且苟为悦贤而恶不肖，恶用而求有以异？若唯无诏，王公必将乘人而斗其捷。而目将荧之，而色将平之，口将营之，容将形之，心且成之。是以火救火，以水救水，名之曰益多。顺始无穷，若殆以不信厚言，必死于暴人之前矣！

"且昔者桀杀关龙逢，纣杀王子比干，是皆修其身以下伛拊人之民，以下拂其上者也，故其君因其修以挤之。是好名者也。

"昔者尧攻丛枝、胥敖，禹攻有扈，国为虚厉，身为刑戮，其用兵不止，其求实无已。是皆求名实者也。而独不闻之乎？名实者，圣人之所不能胜也，而况若乎！虽然，若必有以也，尝以语我来！"

颜回曰："端而虚，勉而一。则可乎？"

曰："恶，恶可！夫以阳为充孔扬，采色不定，常人之所不违，因案人之所感，以求容与其心，名之曰日渐之德不成，而况大德乎！将执而不化，外合而内不訾，其庸讵可乎！"

"然则我内直而外曲，成而上比。内直者，与天为徒。与天为徒者，知天子之与己皆天之所子。而独以己言蕲乎而人善之，蕲乎而人不善之邪？若然者，人谓之童子，是之谓与天为徒。外曲者，与人之为徒也。擎跽曲拳，人臣之礼也。人皆为之，吾敢不为邪？为人之所为者，人亦无疵焉，是之谓与人为徒。成而上比者，与古为徒，其言虽教，谪之实也；古之有也，非吾有也。若然者，虽直而不病，是之谓与古为徒。若是则可乎？"

仲尼曰："恶，恶可！大多政法而不谍，虽固亦无罪。虽然，止是耳矣，夫胡可以及化！犹师心者也。"

颜回曰："吾无以进矣，敢问其方。"

仲尼曰："斋，吾将语若！有心而为之，其易邪？易之者，暤天不宜。"

颜回曰："回之家贫，唯不饮酒不茹荤者数月矣。如此，则可以为斋乎？"

曰："是祭祀之斋，非心斋也。"

回曰："敢问心斋。"

仲尼曰："若一志，无听之以耳而听之以心，无听之以心而听之以气！听止于耳，心止于符。气也者，虚而待物者也。唯道集虚。虚者，心斋也。"

颜回曰："回之未始得使，实自回也；得使之也，未始有回也。可谓虚乎？"

夫子曰："尽矣。吾语若！若能入游其樊而无感其名，入则鸣，不入则止。无门无毒，一宅而寓于不得已，则几矣。绝迹易，无行地难。为人使易以伪，为天使难以伪。闻以有翼飞者矣，未闻以无翼飞者也；闻以有知知者矣，未闻以无知知者也。瞻彼阕者，虚室生白，吉祥止止。夫且不止，是之谓坐驰，夫徇耳目内通而外于心知，鬼神将来舍，而况人乎！是万物之化也，禹舜之所纽也，伏羲几蘧之所行终，而况散焉者乎！"

[译文]

颜回拜见老师孔子，向他辞行。

孔子问："到哪里去呢？"

颜回答："打算去卫国。"

孔子问："去卫国干什么？"

颜回说："我听说卫国的国君，年轻气盛，办事专断；轻率地处理国事，却看不到自己的过失；轻率地役使百姓，使人民大量死亡，死人遍及全国不可称数，就像大泽中的草芥一样，百姓真是无处可走了。我曾经听老师说过：'治理得好的国家可以离开它，治理得不好的国家却要去到那里，就好像医生门前病人多一样。'我希望根据先生的这些教诲思考治理卫国的办法，也许这个国家还有救吧！"

孔子说："唉！你到卫国去恐怕会遭到杀害啊！推行大道不宜心杂，心杂乱就会事绪繁多，事多就会心生扰乱，自扰就会产生忧患，忧患多了也就自身难保，更何况拯救国家。古时候道德修养高尚的至人，先使自己日臻成熟，方才去扶助他人。如今在自己的道德修养方面还没有什么建树，哪里还有什么工夫到暴君那里去推行大道！

"况且你知道道德丧失、智慧外露的原因吗？道德的丧失在于追求名声，智慧的外露在于争辩是非。名声是互相倾轧的原因，智慧是互相争斗的工具。二者都像是凶器，不可以将它推行于世。

"而且一个人虽然德行纯厚，品性诚实，可未必符合别人的口味，即使不与别人争名声，但未必被他人所理解。如果你勉强用仁义规范的言论，陈述于暴君面前，这就好比用别人的丑行来显示自己的美德，而扣上'害人'的帽子。害别人的人，一定会被别人所害，你这样做恐怕会遭到别人的伤害的呀！

"假如说卫君真的喜好贤能而讨厌恶人，那么，哪里还用得着等待你去才有所改变？你除非不进谏，否则卫君一定会紧紧抓住你偶然说漏嘴的机会，向你展开争辩。到那时你会眼花缭乱，面色将会平顺下来，你说话自顾不暇，卑恭的容颜将会显露出来，内心就会屈从于卫君的错误主张了。这就好比用火救火、用水救水，可以称为错上加错。有了依顺他的开始，以后顺从他的旨意便会没完没了，假如你未能取信便深深进言，那么一定会死在这位暴君面前。"

"从前，夏桀杀害了敢于直谏的关龙逢，商纣王杀害了力谏的王子比干，这些贤臣他们都十分注重自身的道德修养，而以臣下的地位抚爱人君的百姓，同时也以臣下的地位违逆了他们的国君，所以他们的国君就因为他们道德修养高尚而排斥他们、杀害了他们。这就是喜好名声的结果。

"当年帝尧征伐丛枝和胥敖，夏禹攻打有扈，这些国家的土地变成废墟，人民全都死尽，而国君自身也遭受杀戮，原因就是他们不停地使用武力，贪求别国的土地和人口。这些都是求名求利的结果，你就没有听说过吗？名声和实利，就是圣人也不可能超越，何况是你呢？虽然这样，你肯定有你的想法，你不妨说给我听听！"

颜回说："我外表端正而内心谦虚，做事勤勉而心态专一，这样可以吗？"

孔子说："唉！这怎么可以呢！卫君骄横之气充溢张扬，喜怒之情无常，平常人都不敢违逆他，因而他压抑世人对他的进谏，来求得自己心里的畅快。这种人每天用小德渐渐感化他都不成，何况用大德来规劝呢！他必然会固执不化，即使表面附和而内心也不会接纳，你的做法怎么行得通呢？"

颜回说："那么我内心诚直而外表恭顺，援引成说而上比于古人。所谓内心诚直，就是与自然同类。与自然同类，便知道天子与我自己，都是天生的，这样，我哪里会期望别人称赞自己所讲的话为善，又哪里会期望别人指责为不善呢？像这样做法，世人就会称我是不失赤子之心的孩童，这就叫作与自然同类。所谓外表恭顺，就是与一般人一样。执笏跪拜，鞠躬行礼，这是做人臣的礼节。世人都这样做，我敢不这样做吗？做大家都做的事，别人也不会指责我了，这就叫作与世人同类。所谓援引成说而上比于古人，这是与古人同类。所说的虽是古人的教诲，其实是指责人君的过失，这种做法自古就有，并非是我的创造。像这样，虽然言语直率了一些，却也不会招来灾祸，这就叫作与古人同类。这样做可以吗？"

孔子说："唉！怎么可以呢！纠正人君的方法也太多了，又不太妥当。这些方法虽然浅陋，倒也不会获罪于卫君。然而，只不过如此而已，怎么能够感化他呢！这还是师法自己的成心啊。"

颜回说："我没有别的办法了，请问先生的高见。"

孔子说："你先斋戒，我再告诉你。你有心感化卫君，岂是易事？如果认为这样做容易，便与自然之理不符合了。"

颜回说："我颜回家贫穷，不饮酒、不吃肉食已经有好几个月了。这样做可以称为斋戒吗？"

孔子说："这是祭祀中要求的斋戒，并非是心斋。"

颜回说："请问什么是心斋？"

孔子说："专一你的心志，不要用耳去听，而要用心去听；进一步不要用心去听，而要用气去听。耳的作用只是听取外物，心的作用只是符合外物。'气'这个东西，才是能够以虚明无形之体来容纳万事万物。只有达到空明的虚境才能容纳道的聚集。这空明的虚境就是心斋。"

颜回说:"在我不曾听到'心斋'教诲的时候,确确实实感到我的存在;在得到'心斋'教诲之后,不曾再有我的感觉,这样可以算是空明的虚境吗?"

孔子说:"心斋的道理已尽于此!我可以告诉你了:你进入卫国境内去游说,不要为虚名而动心,人家能听进去的话就说,人家听不进去的话就闭口。不寻找门路去营求,心灵专一,了无二念,待人处世一切都不得已而为之,这就差不多了。人不走路是很容易做到的,但是要走路而不留下痕迹就很难了。为人的欲望所驱使就容易作伪,顺任自然而行就难以作伪。只知道有了翅膀才能飞翔,却不知道有不用翅膀而飞翔的;只知道用心智去获取知识,却不知道还有不用心智而获取知识的。观照那个空虚的境界,静寂的心室就会发出纯白的亮光,吉祥之光只止于虚寂空明之心。如果心境不能虚寂空明,这就叫作形坐而心驰。抛弃耳目的视听,让虚寂空明之心返听内视,而排除动用一切外在的心机,这样连鬼神都要依附,何况是人呢!这样万物都可以感化,这正是禹、舜处世的关键,也是伏羲、几蘧始终不移的行为准则,何况平庸之辈呢!"

二

[原文]

叶公子高将使于齐,问于仲尼曰:"王使诸梁也甚重,齐之待使者,盖将甚敬而不急。匹夫犹未可动,而况诸侯乎!吾甚栗之。子常语诸梁也曰:'凡事若小若大,寡不道以欢成。事若不成,则必有人道之患;事若成,则必有阴阳之患。若成若不成而后无患者,唯有德者能之。'吾食也执粗而不臧,爨无欲清之人。今吾朝受命而夕饮冰,我其内热与!吾未至乎事之情而既有阴阳之患矣!事若不成,必有人道之患。是两也,为人臣者不足以任之,子其有以语我来!"

仲尼曰:"天下有大戒二:其一,命也;其一,义也。子之爱亲,命也,不可解于心;臣之事君,义也,无适而非君也,无所逃于天地之间。是之谓大戒,是以夫事其亲者,不择地而安之,孝之至也;夫事其君者,不择事而安之,忠之盛也;自事其心者,哀乐不易施乎前,知其不可奈何而安之若命,德之至也。为人臣子者,固有所不得已。行事之情而忘其身,何暇至于悦生而恶死!夫子其行可矣。

"丘请复以所闻：凡交，近则必相靡以信，远则必忠之以言，言必或传之。夫传两喜两怒之言，天下之难者也。夫两喜必多溢美之言，两怒必多溢恶之言。凡溢之类妄，妄则其信之也莫，莫则传言者殃。故法言曰：'传其常情，无传其溢言，则几乎全。'且以巧斗力者，始乎阳，常卒乎阴，大至则多奇巧；以礼饮酒者，始乎治，常卒乎乱，大至则多奇乐。凡事亦然。始乎谅，常卒乎鄙；其作始也简，其将毕也必巨。

"夫言者，风波也；行者，实丧也。夫风波易以动，实丧易以危。故忿设无由，巧言偏辞。兽死不择音，气息茀然，于是并生心厉。克核大至。则必有不肖之心应之，而不知其然也。苟为不知其然也，孰知其所终！故法言曰：'无迁令，无劝成，过度益也。'迁令劝成殆事，美成在久，恶成不及改，可不慎与！

"且夫乘物以游心，托不得已以养中，至矣。何作为报也！莫若为致命，此其难者。"

[译文]

叶公子高将要出使齐国，他向孔子请教："楚王派我诸梁出使齐国，责任重大。齐国接待外来使节，总是表面恭敬而内心怠慢。平常老百姓尚且不易说服，何况是诸侯呢！我心里十分害怕。您常对我说：'事情无论大小，很少有人不喜欢成功。事情如果办不成功，那么必定会受到国君惩罚；事情如果办成功了，那又一定会忧喜交集酿出病害。事情办成功或者办不成功都不留下祸患，只有道德高尚的人才能做到。'我每天吃的都是粗茶淡饭，烹饪食物的人也就无须解凉散热。我今天早上接受国君诏命到晚上就想饮用冰水。恐怕是因为我内心焦躁担忧吧！我还不曾接触到事的真情，就已经有了忧喜交加所导致的病患；事情假如真办不成，那一定还会受到国君惩罚。成与不成这两种结果，做臣子的我都难以承受，先生你大概有什么可以教导我吧！"

孔子说："天下有两大守则：一是天命，一是道义。做儿女的敬爱双亲，这是自然的天性，是无法从内心解释的；臣子侍奉国君，这是人为的道义，天地之间无论何地都不会没有国君的统治，这是无法逃避的现实。这是大守则。所以侍奉双亲的人，无论什么样的境遇都要使父母安适，这是孝心的最高表现；侍奉国君的人，无论办什么样的事都要让国君放心，这是尽忠的极点。注重自我修养的人，悲哀和欢乐都不容易使他受到影响，知道世事艰难，无可奈何却又能安于处境、顺应自然，这就是道德修养的最高境界。

做臣子的原本就会有不得已的事情，遇事要能把握真情并忘掉自身，哪里还顾得上眷恋人生、厌恶死亡呢！你这样去做就可以了！

"不过我还是把我所听到的道理再告诉你：大凡与邻近国家交往一定要用诚信使相互之间和顺亲近，而与远方国家交往则必定要用语言来表示相互间的忠诚。国家间交往的语言须由使者传达。传递两国国君喜怒的言辞，乃是天下最困难的事。两国国君喜悦的言辞必定添加了许多过分的夸赞，两国国君愤怒的言辞必定添加了许多过分的憎恶。大凡过度的话语都类似于虚构，虚构的言辞其真实程度也就值得怀疑，国君产生怀疑传达信息的使者就要遭殃。所以古代格言说：'传达平实的言辞，不要传达过分的话语，那么也就差不多可以保全自己了。'况且以智巧相互较量的人，开始时平和开朗，后来就常常暗使计谋，达到极点时则大耍阴谋、倍生诡计。按照礼节饮酒的人，开始时规规矩矩合乎人情，到后来常常就一片混乱大失礼仪，达到极点时则荒诞淫乐、放纵无度。无论什么事情恐怕都是这样：开始时相互信任，到头来互相欺诈；开始时单纯细微，临近结束时便变得纷繁巨大。

"言语犹如风吹的水波，传达言语定会有得有失。风吹波浪容易动荡，有了得失容易出现危难。所以愤怒发作没有别的什么缘由，就是因为听信花言巧语、一面之词。猛兽临死时暴怒狂叫，气短喘粗，于是就想吃人。大凡过分苛责，必会产生不好的念头来应付，而他自己也不知道这是怎么回事。假如做了些什么而他自己却又不知道那是怎么回事，谁还能知道他会有怎样的结果！所以古代格言说：'不要随意改变已经下达的命令，不要勉强他人去做力不从心的事，说话过头一定是多余、添加的。'改变成命或者强人所难都很危险，成就一桩好事要经历很长的时间，坏事一旦做出悔改是来不及的。行为处世能不审慎嘛！

"至于顺应自然而使心志自在遨游，一切都寄托于无可奈何以养蓄神智，这就是最好的办法。有什么必要着意回报！不如原原本本地传达国君所给的使命，这样做有什么困难呢！"

三

[原文]

颜阖将傅卫灵公太子，而问于蘧伯玉曰："有人于此，其德天杀。与之为无方，则危吾国；与之为有方，则危吾身。其知适足以知人之过，而不知其所以过。若然者，吾奈之何？"

蘧伯玉曰："善哉问乎！戒之，慎之，正汝身也哉！形莫若就，心莫若和。虽然，之二者有患。就不欲入，和不欲出。形就而入，且为颠为灭，为崩为蹶。心和而出，且为声为名，为妖为孽。彼且为婴儿，亦与之为婴儿；彼且为无町畦，亦与之为无町畦；彼且为无崖，亦与之为无崖。达之入于无疵。

"汝不知夫螳螂乎？怒其臂以当车辙，不知其不胜任也，是其才之美者也。戒之，慎之！积伐而美者以犯之，几矣。

"汝不知夫养虎者乎？不敢以生物与之，为其杀之之怒也；不敢以全物与之，为其决之之怒也；时其饥饱，达其怒心。虎之与人异类而媚养己者，顺也；故其杀之者，逆也。

"夫爱马者，以筐盛矢，以蜄盛溺。适有蚊虻仆缘，而拊之不时，则缺衔毁首碎胸。意有所至而爱有所亡，可不慎邪！"

[译文]

颜阖将被请去做卫国太子的老师，他向卫国贤大夫蘧伯玉求教："如今有这样一个人，他的德行生就凶残嗜杀。跟他朝夕与共如果任他胡作非为，势必危害自己的国家；如果加以管束，那又会危害自身。他的智慧足以了解别人的过失，却不了解别人为什么会出现过错。像这样的情况，我将怎么办呢？"

蘧伯玉说："问得好啊！要警惕，要谨慎，首先要端正你自己！表面上不如迎合，内心里不如顺其禀性暗暗疏导。即使这样，这两种态度仍有隐患。迎合他不要同流合污，疏导他不要心意太露。迎合而同流合污，会招致颠仆毁灭，招致崩溃失败。内心顺性疏导显得太露，将被认为是为了名声，也会招致祸害。他如果像个天真的孩子一样，你也姑且跟他一样像个无知无识的孩子；他如果同你不分界限，那你也就跟他不分界限。他如果跟你无拘无束，那么你也姑且跟他一样无拘无束。慢慢地将他思想疏通引入正轨，就不会被他挑出毛病。

"你不了解那螳螂吗？奋起它的臂膀去阻挡滚动的车轮，不明白自己的力量全然不能胜任，还自以为才高智盛很有力量。警惕呀，谨慎呀！经常夸耀自己的才智而触犯了他，就危险了！

"你不了解那养虎的人吗？他从不敢用活物去喂养老虎，因为他担心扑杀活物会激起老虎凶残的怒气；他也从不敢用整个的动物去喂养老虎，因为他担心撕裂动物也会诱发老虎凶残的怒气。知道老虎饥饱的时刻，通晓老虎暴戾凶残的秉性。虽然老虎与人不同类，但养虎人却能让它摇尾乞怜，原因就是养老虎的人能顺应老虎的性子，而那些遭到虐杀的人，是因为触犯了老虎的性情。

"爱马的人，以精细的竹筐装马粪，用珍贵的蛤壳接马尿。刚巧一只牛虻叮在马身上，爱马之人出于爱惜随手拍击，但拍得不是时候，没想到马受惊便咬断勒口、挣断辔头、弄坏胸络。意在爱马却失其所爱，能够不谨慎吗！"

四

[原文]

匠石之齐，至于曲辕，见栎社树。其大蔽数千牛，絜之百围，其高临山，十仞而后有枝，其可以为舟者旁十数。观者如市，匠伯不顾，遂行不辍。

弟子厌观之，走及匠石，曰："自吾执斧斤以随夫子，未尝见材如此其美也。先生不肯视，行不辍，何邪？"

曰："已矣，勿言之矣！散木也，以为舟则沉，以为棺椁则速腐，以为器则速毁，以为门户则液樠，以为柱则蠹。是不材之木也，无所可用，故能若是之寿。"

匠石归，栎社见梦曰："女将恶乎比予哉？若将比予于文木邪？夫柤梨橘柚，果蓏之属，实熟则剥，剥则辱；大枝折，小枝泄。此以其能苦其生者也，故不终其天年而中道夭，自掊击于世俗者也。物莫不若是。且予求无所可用久矣，几死，乃今得之，为予大用。使予也而有用，且得有此大也邪？且也若与予也，皆物也，奈何哉其相物也？而几死之散人，又恶知散木！"

匠石觉而诊其梦。弟子曰："趣取无用，则为社，何邪？"

曰："密！若无言！彼亦直寄焉，以为不知己者诟厉也。不为社者，且几有翦乎！且也彼其所保与众异，而以义喻之，不亦远乎！"

[译文]

匠石前往齐国，到了曲辕，看见一棵为社神的栎树。这棵树大到可以给几千头牛来遮荫，用绳子一量足有一百多围，树身高出山头，八丈以上才长出枝条，其中可以造船的旁枝就有十来枝。观看的人就像赶集一样众多，然而匠石不屑一顾，照样往前走个不停。

弟子们在树边饱看一番，这才赶上匠石，问道："自从我们拿起斧头跟随先生以来，还没有见过这么好的木材。先生不肯看一眼，走个不停，这是为什么呢？"

匠石说："够了，不要再说下去了！那是无用的散木。用它来造船，船就很快会沉没；用它来做棺材，棺材很快会腐烂；用它来做器具，器具很快会毁坏；用它来做门户，门户就会渗出脂浆；用它来做柱子，柱子就会生出蛀虫。这是一棵没有任何材料价值的树木。正是它的没有任何作用，所以才能有这么长久的寿命。"

匠石回来后，社神栎树托梦说："你要用什么来和我相比呢？你要用质地细密的树和我相比吗？那山楂树、梨树、橘树、柚子树以及瓜果之类，果实熟了就要遭受击打，被击打就落个扭折。大枝被折断，小枝被扯下来。这都是由于它的才能害苦了自己的一生。所以不能享尽天年而中途夭折，这都是自己招来世俗人们的打击。万物莫非不是这个道理。况且我寻求无所可用的境地已经很久了！几乎遭到砍杀，到现在才幸而保全，这正是我的大用。假使我对人确实有用，我还能长得如此高大吗？况且，你与我都是天地间的物，为什么你把我视为散木这东西呢？你这将要死的散人，又怎能了解这无用之用的散木呢！"

匠石醒后把梦告诉了弟子。弟子说："它的志趣既然是寻求无用，为什么还要充当社树呢？"

匠石说："闭嘴！你不要再说了。它只是特意借社神寄托形体罢了！这才致使那些不了解真相的人辱骂它。如果不充当社树的话，几乎早就遭到剪伐之害了。况且，它的自我保全的方法与众不同，你从常理上去评论它，不是相差太远了吗？"

五

[原文]

南伯子綦游乎商之丘，见大木焉，有异，结驷千乘，将隐芘其所藾。子綦曰："此何木也哉？此必有异材夫？"仰而视其细枝，则拳曲而不可以为栋梁；俯而视其大根，则轴解而不可以为棺椁；咶其叶，则口烂而为伤；嗅之，则使人狂酲三日而不已。

子綦曰："此果不材之木也，以至于此其大也。嗟乎！神人以此不材！

"宋有荆氏者，宜楸柏桑。其拱把而上者，求狙猴之杙者斩之；三围四围，求高名之丽者斩之；七围八围，贵人富商之家求樿傍者斩之。故未终其天年，而中道之夭于斧斤，此材之患也。故解之以牛之白颡者与豚之亢鼻者，与人有痔病者不可以适河。此皆巫祝以知之矣，所以为不祥也。此乃神人之所以为大祥也。"

[译文]

南伯子綦在商丘一带游乐，看见长着一棵出奇的大树，上千辆驾着四马的大车，荫蔽在大树树荫下歇息。子綦说："这是什么树呢？必定是棵好材料！"仰头观看大树的树枝，弯弯扭扭的树枝无法用来做栋梁；低头观看大树的主干，树心直到表皮旋着裂口并不可以用来做棺椁；用舌舔一舔树叶，口舌溃烂受伤；用鼻闻一闻气味，使人像喝多了酒，三天三夜还醒不过来。

子綦说："这果真是不成材的树木，怪不得长到这么高大。唉，精神世界完全超脱物外的'神人'，就像这不成材的树木呢！

"宋国有个叫荆氏的地方，很适合楸树、柏树、桑树的生长。树干长到一两把粗，做系猴子的木桩的人便把树木砍去；树干长到三四围粗，地位高贵名声显赫的人家寻求建屋的大梁便把树木砍去；树干长到七八围粗，达官贵人富家商贾寻找整副的棺木又把树木砍去。所以它们始终不能终享天年，而是半道上被刀斧砍伐而短命。这就是成材带来的祸患。因此古人祈祷神灵消除灾害，总不把白色额头的牛、高鼻折额的猪以及患有痔瘘疾病的人沉入河中去用作祭奠。做巫师的也知道它们都是很不吉祥的。不过这正是'神人'所认为的世上最大的吉祥。"

六

[原文]

支离疏者，颐隐于脐，肩高于顶，会撮指天，五管在上，两髀为胁。挫针治繲，足以糊口；鼓筴播精，足以食十人。上征武士，则支离攘臂而游于其间；上有大役，则支离以有常疾不受功；上与病者粟，则受三钟与十束薪。夫支离其形者，犹足以养其身，终其天年，又况支离其德者乎！

[译文]

有个名叫支离疏的人，下巴隐藏在肚脐下，双肩高于头顶，后脑下的发髻指向天空，五官的出口也都向上，两条大腿和两边的胸胁并生在一起。他给人缝衣浆洗，足够糊口度日；又替人打卦算命，足可养活十口人。国君征兵时，支离疏捋袖扬臂在征兵人面前走来走去；国君有大的差役，支离疏因身有残疾而免除劳役；国君向残疾人赈济米粟，支离疏还领得三钟粮食十捆柴草。像支离疏那样形体残缺不全的人，还足以养活自己，终享天年，又何况像形体残缺不全那样的德行呢！

七

[原文]

孔子适楚，楚狂接舆游其门曰："凤兮凤兮，何如德之衰也！来世不可待，往世不可追也。天下有道，圣人成焉；天下无道，圣人生焉。方今之时，仅免刑焉。福轻乎羽，莫之知载；祸重乎地，莫之知避。已乎已乎，临人以德！殆乎殆乎，画地而趋！迷阳迷阳，无伤吾行！郤曲郤曲，无伤吾足！"

山木自寇也，膏火自煎也。桂可食，故伐之；漆可用，故割之。人皆知有用之用，而莫知无用之用也。

[译文]

孔子去到楚国，楚国隐士接舆有意来到孔子门前，唱道："凤鸟啊，凤鸟啊！你怎么怀有大德却来到这衰败的国家！未来的世界不可期待，过去的时日无法追回。天下得到了治理，圣人便成就了事业；国君昏暗天下混乱，圣人也只得顺应潮流苟全生存。当今这个时代，怕就只能免遭刑辱。幸福比羽毛还轻，而不知道怎么取得；祸患比大地还重，而不知道怎么回避。算了吧，算了吧！不要在人前宣扬你的德行！危险啊，危险啊！人为地画出一条道路让人们去遵循！遍地的荆棘啊，不要妨碍我的行走！曲曲弯弯的道路啊，不要伤害我的双脚！"

山上的树木皆因材质可用而自身招致砍伐，油脂燃起烛火皆因可以燃烧照明而自取熔煎。桂树皮芳香可以食用，因而遭到砍伐；树漆因为可以派上用场，所以遭受刀斧割裂。人们都知道有用的用处，却不懂得无用的更大用处。

秋　水

一

[原文]

秋水时至，百川灌河。泾流之大，两涘渚崖之间，不辨牛马。于是焉河伯欣然自喜，以天下之美为尽在己。顺流而东行，至于北海，东面而视，不见水端。于是焉河伯始旋其面目，望洋向若而叹曰："野语有之曰'闻道百，以为莫己若者'，我之谓也。且夫我尝闻少仲尼之闻而轻伯夷之义者，始吾弗信。今我睹子之难穷也，吾非至于子之门则殆矣，吾长见笑于大方之家。"

北海若曰："井蛙不可以语于海者，拘于虚也；夏虫不可以语于冰者，笃于时也；曲士不可以语于道者，束于教也。今尔出于崖涘，观于大海，乃知尔丑，尔将可与语大理矣。天下之水，莫大于海，万川归之，不知何时止而不盈，尾闾泄之，不知何时已而不虚；春秋不变，水旱不知。此其过江河之流，不可为量数。而吾未尝以此自多者，自以比形于天地，而受气于阴阳，吾在天地之间，犹小石小木之在大山也，方存乎见少，又奚以自多！计四海之在天地之间也，不似礨空之在大泽乎？计中国之在海内，不似稊米之在大仓乎？号物之数谓之万，人处一焉；人卒九州，谷食之所生，舟车之所通，人处一焉；此其比万物也，不似豪末之在于马体乎？五帝之所运，三王之所争，仁人之所忧，任士之所劳，尽此矣。伯夷辞之以为名，仲尼语之以为博，此其自多也，不似尔向之自多于水乎？"

[译文]

秋天的雨水使河水及时上涨，众多大川、小溪的水都灌注入黄河，水流汹涌河面宽阔，两岸与河中沙洲之间连牛马都分辨不清。于是河神欣然自得，认为天下的盛美都聚集在自己这里。他顺着水流向东而去，来到北海边，面朝东面瞭望，看不见水的边际，于是河神才改变自己先前扬扬自得的脸色，望着海洋对着海神而感叹说："俗语说，'听了上百条的道理，认为天下谁都不如自己'，说的就是我这样的人啊。而且我还曾听说过孔子懂得的东西太少，伯夷的义行不值得看重的言语，起初我不相信；如今我看见你这样博大、无边无际，我要不是亲自来到你的门前，可就危险了。我一定会永远被懂得大道的人所耻笑了。"

北海神说："井里的青蛙，不可能和它们谈论大海的事，是因为受到生活空间的局限；夏天的虫子，不可能和它们谈论冰冻的事，是因为受到生活时间的局限；乡下的书生，不可能和他们谈论大道，是因为受教养的束缚。如今你从河岸边出来，看到了大海，方才知道自己的丑陋，这才可以和你谈一些大道理了。天下的水，没有比海更大的，所有的河流都归向大海，不知道什么时候才会停歇，可是海水从不漫溢；海水从海底的尾闾泄漏出去，不知道什么时候才停止，然而海水从不曾减少；无论春天或秋天都不会有变化，无论水涝还是干旱都不会有感觉。这大海容量远远超过江河的水流，简直不可用数量来计算。但是我从不因此而自满，自以为从天地那里接受形体并且从阴阳那里秉承到生气，我存在于天地之间，就好像小石头小树木在大山上一样，只存了自以为小的念头，又怎么会自满呢？计算四海在天地之间，不就像那蚁穴在大泽里一样吗？计算中国在四海之内，不就像小米粒存在于大粮仓里一样吗？号称物类名称的数字有万种之多，而人类只是万物中的一种；人众聚集于九州，粮食生长在这里，舟车在这里通行，个人只是人类中的一员；个人与万物比较起来，不就像一根毫毛存在于一匹马身上吗？凡是五帝所运筹的，三王所争夺的，仁人所忧虑的，贤德之士所操劳的，全部不过如此而已罢了。伯夷辞让以取得名声，孔子谈论以显示渊博，他们这样的自夸与自傲，不就像你刚才在河水暴涨时扬扬自得吗？"

[原文]

河伯曰："然则吾大天地而小毫末，可乎？"

北海若曰："否，夫物，量无穷，时无止，分无常，终始无故。是故大知观于远近，故小而不寡，大而不多，知量无穷；证曏今故，故遥而不闷，掇而不跂，知时无止；察乎盈虚，故得而不喜，失而不忧，知分之无常也；明乎坦涂，故生而不说，死而不祸，知终始之不可故也。计人之所知，不若其所不知；其生之时，不若未生之时；以其至小求穷其至大之域，是故迷乱而不能自得也。由此观之，又何以知毫末之足以定至细之倪！又何以知天地之足以穷至大之域！"

河伯曰："世之议者皆曰：'至精无形，至大不可围。'是信情乎？"

北海若曰："夫自细视大者不尽，自大视细者不明。故异便，此势之有也。夫精，小之微也；垺，大之殷也；夫精粗者，期于有形者也；无形者，数之所不能分也；不可围者，数之所不能穷也。可以言论者，物之粗也；可以意致者，物之精也；言之所不能论，意之所不能致者，不期精粗焉。

"是故大人之行，不出乎害人，不多仁恩；动不为利，不贱门隶；货财弗争，不多辞让；事焉不借人，不多食乎力，不贱贪污；行殊乎俗，不多辟异；为在从众，不贱佞谄；世之爵禄不足以为劝，戮耻不足以为辱；知是非之不可为分，细大之不可为倪。闻曰：'道人不闻，至德不得，大人无己。'约分之至也。"

［译文］

河神说："既然这样，那么我把天地看作最大，把毫毛之末当成最小，可以吗？"

北海神回答："不可以。万物的量是不可穷尽的，时间的推移是没有止境的，得与失的禀分没有不变的常规，事物的终结和起始也没有定因。所以具有大智的人观察事物从不局限于一隅，因而体积小却不看作就是少，体积大却不看作就是多，这是因为知道事物的量是不可穷尽的；证验并明察古往今来的各种情况，因而寿命久远却不感到厌倦，生命只在近前却不会企求寿诞，这是因为知道时间的推移是没有止境的；洞悉事物有盈有虚的规律，因而有所得却不欢欣喜悦，有所失也不悔恨忧愁，这是因为知道得与失的禀分是没有定规的；明了生与死之间犹如一条没有阻隔的平坦大道，因而生于世间不会倍加欢喜，死离人世不觉祸患加身，这是因为知道终了和起始是不会一成不变的。算算人所懂得的知识，远远不如他所不知道的东西多，他生存的时间，也远远不如他不在人世的时间长；用极为有限的智慧去探究没有穷尽的境域，所以内心迷乱而必然不能有所得！由此看来，又怎么知道毫毛的末端就可以判定是最为细小的限度呢？又怎么知道天与地就可以看作是最大的境域呢？"

河神说："世间议论的人们总是说：'最细小的东西没有形体可寻，最巨大的东西不可限定范围。'这样的话是真实可信的吗？"

北海神回答："从细小的角度看庞大的东西不可能全面，从巨大的角度看细小的东西不可能真切。精细，是小中之小；庞大，是大中之大；不过大小虽有不同，却各有各的合宜之处。这就是事物固有的态势。所谓精细与粗大，仅限于有形的东西，至于没有形体的事物，是不能用计算数量的办法来加以剖解的；而不可限定范围的东西，更不是用数量能够精确计算的。可以用言语来谈论的东西，是事物粗浅的外在表象；可以用心意来传告的东西，则是事物精细的内在实质。言语所不能谈论的，心意所不能传告的，也就不限于精细和粗浅的范围了。所以修养高尚者的行动，不会出于对人的伤害，也不会赞赏给人以仁慈和恩惠；无论干什么都不是为了私利，也不会轻视从事守门差役之类的人。无论什么财物都不去争夺，也不推重谦和与辞让；凡事从不借助他人的力气，但也不提倡自食其力，同时也不鄙夷贪婪与污秽；行动与世俗不同，但不主张邪僻乖异；行为追随一般的人，也不以奉承和谄媚为卑贱；人世间的所谓高官厚禄不足以作为劝勉，刑戮和侮辱不足以看作是羞耻；知道是与非的界限不能清楚地划分，也懂得细小和巨大不可能确定清晰的界限。听人说：'能体察大道的人不求闻达于世，修养高尚的人不会计较得失，清虚宁寂的人能够忘却自己。'这就是约束自己而达到适得其分的境界。"

[原文]

河伯曰："若物之外，若物之内，恶至而倪贵贱？恶至而倪小大？"

北海若曰："以道观之，物无贵贱；以物观之，自贵而相贱；以俗观之，贵贱不在己。以差观之，因其所大而大之，则万物莫不大；因其所小而小之，则万物莫不小；知天地之为稊米也，知毫末之为丘山也，则差数睹矣。以功观之，因其所有而有之，则万物莫不有；因其所无而无之；则万物莫不无；知东西之相反而不可以相无，则功分定矣。以趣观之，因其所然而然之，则万物莫不然；因其所非而非之，则万物莫不非；知尧桀之自然而相非，则趣操睹矣。

"昔者尧舜让而帝，之哙让而绝；汤、武争而王，白公争而灭。由此观之，争让之礼，尧、桀之行，贵贱有时，未可以为常也。梁丽可以冲城，而不可以窒穴，言殊器也；骐骥骅骝，一日而驰千里，捕鼠不如狸狌，言殊技也；鸱鸺夜撮蚤，察毫末，昼出瞋目，而不见丘山，言殊性也。故曰，盖师是而无非，师治而无乱乎？是未明天地之理，万物之情者也。是犹师天而无地，师阴而无阳，其不可行明矣。然且语而不舍，非愚则诬也。

"帝王殊禅，三代殊继。差其时，逆其俗者，谓之篡夫；当其时，顺其俗者，谓之义之徒。默默乎河伯！女恶知贵贱之门，小大之家！"

河伯曰："然则我何为乎，何不为乎？吾辞受趣舍，吾终奈何？"

北海若曰："以道观之，何贵何贱，是谓反衍；无拘而志，与道大蹇。何少何多，是谓谢施；无一而行，与道参差。严严乎若国之有君，其无私德；繇繇乎若祭之有社，其无私福；泛泛乎其若四方之无穷，其无所畛域。兼怀万物，其孰承翼？是谓无方。万物一齐，孰短孰长？道无终始，物有死生，不恃其成；一虚一满，不位乎其形。年不可举，时不可止；消息盈虚，终则有始。是所以语大义之方，论万物之理也。物之生也，若骤若驰，无动而不变，无时而不移。何为乎，何不为乎？夫固将自化。"

河伯曰："然则何贵于道耶？"

北海若曰："知道者必达于理，达于理者必明于权，明于权者不以物害己。至德者，火弗能热，水弗能溺，寒暑弗能害，禽兽弗能贼。非谓其薄之也，言察乎安危，宁于祸福，谨于去就，莫之能害也。故曰，天在内，人在外，德在乎天。知乎人之行，本乎天，位乎得，蹢躅而屈伸，反要而语极。"

河伯曰："何谓天？何谓人？"

北海若曰："牛马四足，是谓天；落马首，穿牛鼻，是谓人。故曰，无以人灭天，无以故灭命，无以得殉名。谨守而勿失，是谓反其真。"

[译文]

河神说："如此事物的外表，如此事物的内在，从何处来区分它们的贵贱？又怎么来区别它们的大小？"

北海神说："从自然的常理来看，万物本没有贵贱的区分；从万物本身来看，它们都各自为贵而以它物为贱；从世俗的观点来看，贵贱不在于事物自己。从等差上来看，顺着事物体大的一面去看就认为它是大的，那么万物就没有一物不是大的；顺着事物体小的一面去看就认为它是小的，那么万物就没有一物不是小的；明白了天地如同一粒小米的道理，明白了毫毛之末如同高大的山丘的道理，那么万物的差别和数量也就看得很清楚了。从事物的功用上去看，顺着万物所具有的一面去看而认为它具有了这样的功能，那就没有一物不具有这样的功能；顺着万物所没有的一面去看而认为它不具有这样的功能，那就没有一物具有这样的功能；知道东方和西方的相互对立而又不可以缺少任何一方，而事物的功用与本分就可以确定。从人们对事物的趋向去看，顺着万物对的一面而认为它是对的，那就没有一物不是对的；顺着万物错的一面去看而认为它是错的，那就没有一物不是错的；知道唐尧和夏桀的自以为是而相互菲薄，那就可以看出人们的趋向和操守了。

"当年唐尧和虞舜因禅让而成为帝。燕王哙和燕相子之却因禅让而绝灭；商汤和周武王都争夺天下而成为帝王，白公胜却因争夺王位招致杀身。由这样看来，争斗与禅让的礼制，唐尧和夏桀的行为，认可还是鄙夷都会因时而异，不可以认为是不变的规律。栋梁之材可以用来冲击大城，然而不可以用来堵塞小洞，说的是器物的用途不一样；骏马、良驹一天奔驰一千里，捉老鼠还不如猫和黄鼠狼，说的是技能不一样；猫头鹰夜里可以捉住跳蚤，明察秋毫，可是在大白天大睁着眼睛却看不见丘山，说的是性能不一样。所以说：'怎么只看重对的一面而疏忽不对的一面、看重治理而忽视变乱呢？'这是不明白自然存在的道理和万物自身实际情况的说法。这就像只重视天而轻视地、重视阴而轻视阳，那行不通是很明显的了。然而人们还要谈论不已，不是愚笨就是乱说。

"远古时的帝王禅让各不相同，夏、商、周三代的继承也各有差别。不合时代，悖逆世俗的就被称为篡夺之徒；合于时代，顺应世俗，就被称为高义之士。沉默吧，河神！你哪里知道万物间贵贱的门径和大小的区别啊！"

河神说："那么我应该做什么，又应该不做什么？我将怎么推辞或接受、趋就或舍弃，到底应该怎么办呢？"

北海神说："用道的观点来观察，什么是贵什么是贱，这可称之为周而复始；不要束缚你的心志，弄到和人道相违碍。什么是少什么是多，这就叫作更替续延；不要偏执于事物的某一方面行事，弄到和大道不合。端庄、威严如一国的君主，没有一点偏私的恩惠；悠然自得如祭祀时的土地神，没有任何偏私的赐福；广大、遍布的样子如四方的无边无际，没有区分彼此的界限。兼蓄并包容万物，有谁承受或庇护？这就称作没有偏向。世上万物本是齐一的，谁为短谁为长呢？大道是没有终结和开始的，万物却有死有生的变化，因而不可以依赖一时的成功；万物时而虚，时而充实，从来没有固定不变的形态。年岁不能存留，时光不会停息；消灭、生长、充实、空虚、终结了再开始。这就是谈论大道的方向，评述万物的道理了。万物的生长，如同快马奔驰，没有一个动作不在变化，没有一个时刻不在移动，应该做什么，应该不做什么呢？万物必定自然地变化着。"

河神说："既然这样，那么为什么还要那样地看重大道呢？"

北海神说："了解大道的人必定通达事理，通达事理的人必定明白应变，明白应变的人不会因为外物而伤害自己。有极高道德修养的人，烈火不能烧灼他们，大水不能淹没他们，严寒酷暑不能侵扰他们，飞禽走兽不能伤害他们，并不是说他们逼近水火、寒暑的侵扰和禽兽的伤害而能意外地消除，而是说他们能洞察安危，安于祸福，谨慎地离弃与追求，所以没有什么外物能加害他们。因此说：'天机蕴含于内心，人事显露在身外，极高的修养合于自然。'明白人的行为，本于自然，处于自得的环境；进退不定而屈伸无常，这就返归于大道的中心而谈论极致的道理。"

河神说："什么称为天然？什么称作人为？"

北海神说："牛马出生就有四只脚，这叫作天然；用辔头络在马头上，用木钉穿过牛鼻子这就叫人为。所以说，不用人为去毁灭天然的东西，不用造作去毁灭性命，不因贪得去求名声。谨慎地持守着这些道理而不丧失，这就叫返归纯真的本性。"

二

[原文]

夔怜蚿，蚿怜蛇，蛇怜风，风怜目，目怜心。

夔谓蚿曰："吾以一足趻踔而行。予无如矣。今子之使万足，独奈何？"

蚿曰："不然。子不见夫唾者乎？喷则大者如珠，小者如雾，杂而下者不可胜数也。今予动吾天机，而不知其所以然。"

蚿谓蛇曰："吾以众足行，而不及子之无足，何也？"

蛇曰："夫天机之所动，何可易邪？吾安用足哉！"

蛇谓风曰："予动吾脊胁而行，则有似也。今子蓬蓬然起于北海，蓬蓬然入于南海，而似无有，何也？"

风曰："然。予蓬蓬然起于北海而入于南海也，然而指我则胜我，鰌我亦胜我。虽然，夫折大木，蜚大屋者，唯我能也，故以众小不胜为大胜也。为大胜者，唯圣人能之。"

[译文]

独脚的夔羡慕多脚的蚿，多脚的蚿羡慕无脚的蛇，无脚的蛇羡慕无形的风，无形的风羡慕明察外物的眼睛，明察外物的眼睛羡慕内在的心灵。

夔对蚿说："我依靠一只脚跳跃而行，没有谁再比我简便的了。现在你使用上万只脚行走，竟是怎么样的呢？"

蚿说："不对哩。你没有看见那吐唾沫的情形吗？喷出唾沫大的像珠子，小的像雾滴，混杂着吐落而下的不可以数计。如今我启动我天生的机能而行走，不过我也并不知道自己为什么能够这样。"

蚿对蛇说："我用众多的脚行走反倒不如你没有脚，这是为什么呢？"

蛇说："仰赖天生的机能而行动，怎么可以改变呢？我哪里用得着脚呢！"

蛇对风说："我启动我的脊柱和腰胁而行走，还是像有足而行的样子。如今你呼呼地从北海掀起，又呼呼地驾临南海，却没有留下有足而行的形迹，这是为什么呢？"

风说："是的，我呼呼地从北海来到南海。可是人们用手来阻挡我而我并不能吹断手指，人们用腿脚来踢踏我而我也不能吹断腿脚。即使这样，折断大树、掀翻高大的房屋，却又只有我能够做到，而这就是细小的方面不求胜利而求获得大的胜利。获取大的胜利，只有圣人才能做到。"

三

［原文］

孔子游于匡，卫人围之数匝，而弦歌不惙。子路入见，曰："何夫子之娱也？"

孔子曰："来！吾语女。我讳穷久矣，而不免，命也；求通久矣，而不得，时也。当尧舜之时而天下无穷人，非知得也；当桀纣之时天下无通人，非知失也，时势适然。夫水行不避蛟龙者，渔父之勇也；陆行不避兕虎者，猎夫之勇也；白刃交于前，视死若生者，烈士之勇也；知穷之有命，知通之有时，临大难而不惧者，圣人之勇也。由处矣，吾命有所制矣。"

无几何，将甲者进，辞曰："以为阳虎也，故围之。今非也，请辞而退。"

［译文］

孔子游宦到了卫国匡地，卫国人把他围了好几层，而孔子仍然抚琴歌吟，并不停止。子路进屋拜见孔子，说："先生为什么这样快乐呢？"

孔子说："过来，我告诉你。我避免穷厄的局面已经很久了，但是还是不可摆脱，这是命运不好啊！我追求通达已经很久了，而却一直没有实现，这是时运不好啊！当时在尧、舜的时代，天下没有困窘失志的人，并非他们的智慧高明；当时在桀、纣的时代，天下没有通达得志的人，并非他们的智慧低下，这都是时代形势造成的。在水中行走而不躲避蛟龙，这是渔夫的勇敢；在陆地上行走而不躲避兕虎，这是猎人的勇敢；刀剑逼近眼前而无所畏惧，视死如归，这是壮士的勇敢；明白困窘是命运的安排，知道通达是由时运所决定，面临大灾大难而无所畏惧，这是圣人的勇敢。仲由，你安心待着吧！我的命运自有一定的限数。"

没过一会儿，一个带兵的人进来，表示歉意说："我们还以为您是阳虎呢，所以就围了起来。现在知道弄错了，请让我表示歉意，随后我们退去。"

四

[原文]

公孙龙问于魏牟曰："龙少学先王之道，长而明仁义之行；合同异，离坚白；然不然，可不可；困百家之知，穷众口之辩，吾自以为至达已。今吾闻庄子之言，汒焉异之，不知论之不及与？知之弗若与？今吾无所开吾喙，敢问其方。"

公子牟隐机大息，仰天而笑曰："子独不闻夫坎井之蛙乎？谓东海之鳖曰：'吾乐与！出跳梁乎井干之上，入休乎缺甃之崖；赴水则接腋持颐，蹶泥则没足灭跗；还虷蟹与科斗，莫吾能若也。且夫擅一壑之水，而跨跱埳井之乐，此亦至矣。夫子奚不时来入观乎？'东海之鳖左足未入，而右膝已絷矣。于是逡巡而却，告之海曰：'夫千里之远，不足以举其大；千仞之高，不足以极其深。禹之时，十年九潦，而水弗为加益；汤之时，八年七旱，而崖不为加损。夫不为顷久推移，不以多少进退者，此亦东海之大乐也。'于是埳井之蛙闻之，适适然惊，规规然自失也。

"且夫知不知是非之竟，而犹欲观于庄子之言，是犹使蚊负山，商蚷驰河也，必不胜任矣，且夫知不知论极妙之言而自适一时之利者，是非坎井之蛙与？且彼方跐黄泉而登大皇，无南无北，奭然四解，沦于不测；无东无西，始于玄冥，反于大通。子乃规规然而求之以察，索之以辩，是直用管窥天，用锥指地也，不亦小乎！子往矣！且子独不闻夫寿陵余子之学行于邯郸与？未得国能，又失其故行矣，直匍匐而归耳。今子不去，将忘子之故，失子之业。"

公孙龙口呿而不合，舌举而不下，乃逸而走。

[译文]

公孙龙向魏牟问道："我年少的时候学习古代圣王的主张，长大以后懂得了仁义的行为能够把事物的不同与相同合而为一，把一个物体的质地坚硬与颜色洁白分离开来；能够把不对的说成是对的，把不应认可的看作是合宜的；能够使百家智士困惑不解，能够使众多善辩之口理屈词穷：我自以为是最为通达的了。如今我听了庄子的言谈，感到十分茫然。不知是我的论辩比不上他呢，还是我的知识不如他呢？现在我已经没有办法再开口了，冒昧地向你请教其中的道理。"

　　魏牟靠着几案深深地叹了口气，然后又仰头朝天笑着说："你不曾听说过那浅井里的青蛙吗？井蛙对东海里的鳖说：'我实在快乐啊！我跳跃玩耍于井口栏杆之上，进到井里便在井壁砖块破损之处休息。跳入水中井水漫入腋下并且托起我的下巴，踏入泥里泥水就盖住了我的脚背，回过头来看看水中的那些赤虫、小蟹和蝌蚪，没有谁能像我这样的快乐！再说我独占一坑之水、盘踞一口浅井的快乐，这也是极其称心如意的了。你怎么不随时来井里看看呢？'东海之鳖左脚还未能跨入浅井，右膝就已经被绊住。于是迟疑了一阵子之后又把脚退了出来，把大海的情况告诉给浅井的青蛙，说：'千里的遥远，不足以称述它的大；千仞的高旷，不足以探究它的深。夏禹时代十年里有九年水涝，而海水不会因此增多；商汤的时代八年里有七年大旱，而岸边的水位不会因此下降。不因为时间的短暂与长久而有所改变，不因为雨量的多少而有所增减，这就是东海最大的快乐。'浅井之蛙听了这一席话，惊惶不安，茫然不知所措。

　　"再说你公孙龙的才智还不足以知晓是与非的境界，却还想去察悉庄子的言谈，这就像驱使蚊虫去背负大山，驱使马蚿虫到河水里去奔跑，必定是不能胜任的。而你的才智不足以通晓极其玄妙的言论，竟自去迎合那些一时的胜利，这不就像是浅井里的青蛙吗？况且庄子的思想主张正俯极黄泉登临苍天，不论南北，释然四散通达无阻，深幽沉寂不可探测；不论东西，起于幽深玄妙之境，返归广阔通达之域。你竟拘泥浅陋地用察视的办法去探寻它的奥妙，用论辩的言辞去索求它的真谛，这只不过是用竹管去窥视高远的苍天，用锥子去测量浑厚的大地，不是太渺小了嘛！你还是走吧！而且你就不曾听说过那燕国寿陵的小子到赵国的邯郸去学习走步之事吗？未能学会赵国的本事，又丢掉了他原来的本领，最后只得爬着回去了。现在你若不尽快离开我这里，必将忘掉你原有的本领，而且也必将失去你原有的学业。"

　　公孙龙听了这一番话张大着口而不能合拢，舌头高高抬起而不能放下，于是快速地逃走了。

五

[原文]

庄子钓于濮水，楚王使大夫二人往先焉，曰："愿以境内累矣！"

庄子持竿不顾，曰："吾闻楚有神龟，死已三千岁矣。王巾笥而藏之庙堂之上。此龟者，宁其死为留骨而贵乎？宁其生而曳尾于涂中乎？"

二大夫曰："宁生而曳尾涂中。"

庄子曰："往矣！吾将曳尾于涂中。"

[译文]

庄子在濮水垂钓。楚威王派遣了两位大夫先去试探庄子的心意，说："大王愿意把国内的政务委托先生。"

庄子头也不回，仍然拿着鱼竿钓鱼，说："我听说楚国有一只神龟，已经死了三千年了。国王把它用丝巾包起来，安放在竹箱里，珍藏在庙堂中。请问这只龟，宁可死了留下一把骨头让人尊贵呢，还是愿意活着而拖着尾巴在泥巴里爬呢？"

两位大夫说："宁愿活着而拖着尾巴在泥巴里爬。"

庄子说："你们走吧！我也是愿意拖着尾巴在泥巴里爬。"

六

[原文]

惠子相梁，庄子往见之。或谓惠子曰："庄子来，欲代子相。"于是惠子恐，搜于国中三日三夜。

庄子往见之，曰："南方有鸟，其名为鹓鶵，子知之乎？夫鹓鶵发于南海而飞于北海，非梧桐不止，非练实不食，非醴泉不饮。于是鸱得腐鼠，鹓鶵过之，仰而视之曰：'吓！'今子欲以子之梁国而吓我邪？"

[译文]

惠子在梁国做宰相，庄子前往看望他。有人对惠子说："庄子来梁国，是想取代你做宰相。"于是惠子恐慌起来，在都城内搜寻庄子，整整三天三夜。

庄子前往看望惠子，说："南方有一种鸟，它的名字叫鹓鶵，你知道吗？鹓鶵从南海出发飞到北海，不是梧桐树它不会停息，不是竹子的果实它不会进食，不是甘美的泉水它不会饮用。正在这时一只鸱鹰寻觅到一只腐烂了的老鼠，鹓鶵刚巧从空中飞过，鸱鹰抬头看着鹓鶵，发出一声怒气：'赫！'如今你也想用你的梁国来怒叱我吗？"

七

[原文]

庄子与惠子游于濠梁之上。庄子曰："儵鱼出游从容，是鱼之乐也。"

惠子曰："子非鱼，安知鱼之乐？"

庄子曰："子非我，安知我不知鱼之乐？"

惠子曰："我非子，固不知子矣；子固非鱼也，子之不知鱼之乐，全矣。"

庄子曰："请循其本。子曰'汝安知鱼乐'云者，既已知吾知之而问我，我知之濠上也。"

[译文]

庄子和惠子一道在濠水的桥上游玩。庄子说："白儵鱼游得多么悠闲自在，这就是鱼儿的快乐。"

惠子说："你不是鱼，怎么知道鱼的快乐？"

庄子说："你不是我，怎么知道我不知道鱼儿的快乐？"

惠子说："我不是你，固然不知道你的想法；你也不是鱼，你不知道鱼的快乐，也是完全可以肯定的。"

庄子说："还是让我们顺着先前的话来说。你最初所说的'你怎么知道鱼的快乐'的话，就是已经知道了我知道鱼儿的快乐而问我，而我则是在濠水的桥上知道鱼儿快乐的。"

天　下

一

[原文]

天下之治方术者多矣，皆以其有为不可加矣。古之所谓道术者，果恶乎在？曰："无乎不在。"曰："神何由降？明何由出？""圣有所生，王有所成，皆原于一。"

不离于宗，谓之天人。不离于精，谓之神人。不离于真，谓之至人。以天为宗，以德为本，以道为门，兆于变化，谓之圣人。以仁为恩，以义为理，以礼为行，以乐为和，薰然慈仁，谓之君子。以法为分，以名为表，以参为验，以稽为决，其数一二三四是也，百官以此相齿，以事为常，以衣食为主，以蕃息畜藏为意，老弱孤寡皆有以养，民之理也。

古之人其备乎！配神明，醇天地，育万物，和天下，泽及百姓，明于本数，系于末度，六通四辟，小大精粗，其运无乎不在。其明而在数度者，旧法世传之史，尚多有之。其在于《诗》《书》《礼》《乐》者，邹鲁之士搢绅先生，多能明之。其数散于天下而设于中国者，百家之学时或称而道之。

天下大乱，贤圣不明，道德不一，天下多得一察焉以自好。譬如耳目鼻口，皆有所明，不能相通。犹百家众技也，皆有所长，时有所用。虽然，不该不遍，一曲之士也。判天地之美，析万物之理，察古人之全，寡能备于天地之美，称神明之容。是故内圣外王之道，暗而不明，郁而不发，天下之人各为其所欲焉以自为方。悲夫，百家往而不反，必不合矣！后世之学者，不幸不见天地之纯，古人之大体，道术将为天下裂。

[译文]

天下研究方术的人很多了，都认为自己所学的是无以复加，再好不过了。古时所谓的道术，到底在哪里？回答说："无所不在。"问说："（造化的）灵妙从哪里降下？（人类的）智慧从哪里出现？"回答说："圣有所生，王有所成，都导源于'一'。"

不离于宗本，称为天人。不离于精微，称为神人。不离于真质，称为至人。以天然为宗主，以德为根本，以道为门径，预见变化的征兆，称为圣人。以仁来施行恩惠，以义来建立条理，以礼来规范行动，以乐来调和性情，表现温和仁慈，称为君子。以法度为分守，以名号作表率，以比较为征验，以考稽作决定，好像数一二三四那样明白，百官以这样相列序位，以职事为常务，以衣食为主要，以生产储藏为意念，使老弱孤寡都能得到抚养，这是养民的道理。

古时的圣人不是很完备吗？配合造化的灵妙，取法天地，养育万物，均调天下，泽及百姓，明白道的根本，贯通于法度，六合通达四时顺畅，大小粗精，参与运化而无所不在。古代道术显明于礼乐制度的，旧时法规世代相传的史记上，还保存了很多，古时道术存在于《诗》《书》《礼》《乐》的，邹鲁的学者和士绅先生们大多能明晓。它的典章数度散布在天下而设施于中国的，百家学说时常称述它。

天下大乱的时候，圣贤隐晦，道德分歧，天下的人多各执一端以自耀。譬如耳目鼻口，都有它的功能，却不能互相通用。犹如百家众技一样，都有所长，时有所用。虽然这样，但不兼备又不周遍，只是偏于一端的人。割裂天地的纯美，离析万物的常理，偏得古人的全体，很少能具备天地的纯美，相称于神明的容状。所以内圣外王之道，暗淡不明，抑郁不发，天下的人各尽所欲而自为方术。可悲啊！百家往而不返，必定和道术不能相合了！后世的学者，不幸不能见到天地的纯美、古人的全体，道术将要为天下所割裂。

二

[原文]

不侈于后世，不靡于万物，不晖于数度，以绳墨自矫，而备世之急；古之道术有在于是者。墨翟、禽滑釐闻其风而说之。为之大过，已之大循。作为《非乐》，命之曰《节用》；生不歌，死无服。墨子泛爱兼利而非斗，其道不怒；又好学而博，不异，不与先王同，毁古之礼乐。

黄帝有《咸池》，尧有《大章》，舜有《大韶》，禹有《大夏》，汤有《大濩》，文王有《辟雍》之乐，武王周公作《武》。古之丧礼，贵贱有仪，上下有等，天子棺椁七重，诸侯五重，大夫三重，士再重。今墨子独生不歌，死不服，桐棺三寸而无椁，以为法式。以此教人，恐不爱人；以此自行，固不爱己。未败墨子道，虽然，歌而非歌，哭而非哭，乐而非乐，是果类乎？其生也勤，其死也薄，其道大觳；使人忧，使人悲，其行难为也，恐其不可以为圣人之道，反天下之心，天下不堪。墨子虽独能任，奈天下何！离于天下，其去王也远矣。

墨子称道曰："昔者禹之湮洪水，决江河而通四夷九州也，名川三百，支川三千，小者无数。禹亲自操橐耜而九杂天下之川；腓无胈，胫无毛，沐甚雨，栉疾风，置万国。禹大圣也，而形劳天下也如此。"使后世之墨者，多以裘褐为衣，以跂蹻为服，日夜不休，以自苦为极，曰："不能如此，非禹之道也，不足谓墨。"

相里勤之弟子，五侯之徒，南方之墨者苦获、己齿、邓陵子之属，俱诵《墨经》，而倍谲不同，相谓别墨；以坚白同异之辩相訾，以觭偶不仵之辞相应；以巨子为圣人，皆愿为之尸，冀得为其后世，至今不决。

墨翟、禽滑釐之意则是，其行则非也。将使后世之墨者，必自苦以腓无胈胫无毛，相进而已矣。乱之上也，治之下也。虽然，墨子真天下之好也，将求之不得也，虽枯槁不舍也，才士也夫！

[译文]

不以奢侈教后世，不靡费万物，不炫耀礼法，用规矩来勉励自己，以求备于当世的急需；古来的道术有属于这方面的，墨翟、禽滑釐听到这种风尚就喜好。但也实行得太过分，节制得也太过分。作《非乐》，讲《节用》，生时不作乐，死后无服饰。墨子主张博爱兼利而反对战争，他教人不恨怒；他又好学博闻，不求立异，也不和先王相同，毁弃古代的礼乐。

黄帝有《咸池》乐章，尧有《大章》，舜有《大韶》，禹有《大夏》，汤有《大濩》，文王有《辟雍》，武王、周公作《武》乐。古代的丧礼，贵贱有区别，上下有等差，天子的棺椁有七层，诸侯有五层，大夫有三层，士有两层。现在墨子独自主张生时不咏歌，死后无服饰，只用三寸的桐棺而没有外椁，以为定制。用这个来教人，恐怕不是爱人的道理；以这个来自己实行，也实在不算是爱自己。虽然这样，但是并不影响墨子的学说，然而应当歌唱时却反对歌唱，应当哭泣时却反对哭泣，应当奏乐时却反对奏乐，这样果真合于人情吗？他生时勤劳，死后菲薄，他的学说太苛刻了，使人忧苦，使人悲愁。他的主张难以实行，实行起来很困难，恐怕不能成为圣人之道，违反了天下人的心愿，天下的人不堪忍受。墨子虽然独自能担当，可是天下人不能履行。背离了天下人，距王道也远了。

墨子宣扬说："从前禹堵塞洪水，疏导江河而沟通四夷九州，大川三百，支流三千，小溪无数。禹亲自拿着盛土器和锄头而汇合天下的河流，腿肚子没有肉，小腿没有毛，骤雨淋身，强风梳发，设置了万国。禹是大圣人，而为了天下，这般的劳苦。"所以使后代的墨者，多用羊皮粗布做衣裳，穿上木屐草鞋，日夜不息，以自苦为原则，说："不能这样，就不是禹的道，不足称墨者。"

相里勤的弟子，伍侯的门徒，南方的墨者苦获、己齿、邓陵子一派，都诵读《墨经》，却认识理解得并不相同，互相斥称对方是"别墨"，用"坚白""同异"的辩论互相诋毁，用"奇偶"不合的言辞互相论辩；以钜子当作圣人，都愿意奉他为主师，希望继承他的事业，到现在还纷争不决。

墨翟、禽滑釐的心意是很好的，他们的做法却太过分了。这会使得后世的墨者，必定要劳苦自己到腿肚没肉、小腿上没毛，以此互相争胜罢了。这是扰乱天下的罪多，治理天下的功少。虽然这样，墨子算是天下最美善的人了，这种人实在求不可得，他纵使弄得形容枯槁也不放弃自己的主张，确是救世才能之士啊！

三

[原文]

不累于俗，不饰于物，不苟于人，不忮于众，愿天下之安宁以活民命，人我之养毕足而止，以此白心，古之道术有在于是者。宋钘、尹文闻其风而悦之。作为华山之冠以自表，接万物以别宥为始，语心之容，命之曰心之行，以聏合欢，以调海内，请欲置之以为主。见侮不辱，救民之斗，禁攻寝兵，救世之战。以此周行天下，上说下教，虽天下不取，强聒而不舍者也，故曰上下见厌而强见也。

虽然，其为人太多，其自为太少；曰："请欲固置五升之饭足矣。"先生恐不得饱，弟子虽饥，不忘天下。日夜不休，曰："我必得活哉！"图傲乎救世之士哉！曰："君子不为苛察，不以身假物。"以为无益于天下者，明之不如已也。以禁攻寝兵为外，以情欲寡浅为内，其小大精粗，其行适至是而止。

[译文]

不为世俗所牵累，不用外物来矫饰，不苛求于人，不违逆众情，希望天下安宁以保全人民的性命，人与我的奉养都满足就行了，以这种观点来表白自己的心意，古来的道术有属于这方面的。宋钘、尹文听到这种风尚就喜好。制作一种上下均平像华山一样的帽子，表示提倡人类生活的平等，应接万物以去除隔蔽为先，称道心的容受，名之为心的行为，以柔和态度迎合他人的欢心，调和海内，请求以心容万物为行为之主。受到欺侮不以为辱，解救人民的争斗，禁防攻伐平息干戈用兵，解救世间的战争。本着这种意旨来周行天下，对上劝说诸侯，对下教育百姓，虽然天下的人并不接受，但他依然劝说不停，所以说：上上下下的人都厌烦但仍强求会见。

然而他们为别人做得太多，替自己打算太少；他们说："我们只请求有五升米的饭就够了。"不仅宋、尹先生们吃不饱，弟子们也常在饥饿之中，可是他们仍不忘天下人。他们日夜不休地为人民，他们说："我们大家必得活命呀！"高大的救世之士啊！他们说："君子不求苛刻计较，不使自己为外物所役使。"认为对天下没有益处的，不如干脆停止不做。他们以禁攻息兵为对外活动，以情欲寡浅为内在修养，他们学说的小大精粗，他们的所行所为如此而已。

四

[原文]

公而不党，易而无私，决然无主，趣物而不两，不顾于虑，不谋于知，于物无择，与之俱往，古之道术有在于是者。彭蒙、田骈、慎到闻其风而悦之。齐万物以为首，曰："天能覆之而不能载之，地能载之而不能覆之，大道能包之而不能辩之。"知万物皆有所可，有所不可，故曰："选则不遍，教则不至，道则无遗者矣。"

是故慎到弃知去己，而缘不得已，泠汰于物，以为道理，曰："知不知，将薄知而后邻伤之者也。"謑髁无任，而笑天下之尚贤也；纵脱无行，而非天下之大圣。椎拍辌断，与物宛转，舍是与非，苟可以免。不师知虑，不知前后，魏然而已矣。推而后行，曳而后往，若飘风之还，若落羽之旋，若磨石之隧，全而无非，动静无过，未尝有罪。是何故？夫无知之物，无建己之患；无用知之累，动静不离于理，是以终身无誉。故曰："至于若无知之物而已，无用贤圣，夫块不失道。"豪桀相与笑之曰："慎到之道，非生人之行而至死人之理，适得怪焉。"

田骈亦然，学于彭蒙，得不教焉。彭蒙之师曰："古之道人，至于莫之是莫之非而已矣，其风窢然，恶可而言？"常反人，不见观，而不免于魭断。其所谓道非道，而所言之韪不免于非。彭蒙、田骈、慎到不知道。虽然，概乎皆尝有闻者也。

[译文]

公正而不相互吹捧，平易而没有偏私，去除私意而没有主见，随物变化而不起两意，不起思虑，不求智谋，对于事物没有主观选择。参与事物的变化活动，古来的道术有属于这方面的。彭蒙、田骈、慎到听到这种风尚就喜好。以齐同万物为首要，说："天能覆盖万物却不能承载，地能承载万物却不能覆盖，大道能包含万物却不能分辨。"知道万物都有它可以的地方，有它不可以的地方，所以说："选择就不能普遍，教诲就不能周全，顺着大道就无所遗漏了。"

所以慎到摒弃聪明，去除自我中心，而顺随于不得已的事，听任于物，而作为他的道理，说："强求知其所不知，就会为知所迫而结果损伤自己。"随物顺情无所专任，而讥笑天下的尚贤；放纵解脱不拘形迹，而非难天下的大圣。顺随旋转，与物推移变化，舍去是和非，或许可以免于牵累。不运用智巧谋虑，不瞻前顾后，巍然独立罢了。推动而后前行，拖动而后前往，像飘风的往还，像落羽的旋转，像磨石的回转，保全自己而不受责难，动静适度而没有过失，从不会有罪。这是为什么？像那没有知虑的东西，就没有建立自己的忧患；没有使用知虑的牵累，动静就不离开自然之理，因此终身没有毁誉。所以说："达到像没有知虑的东西那样罢了，不需要圣贤，那土块也不失于道。"豪杰们互相讥笑他说："慎到的学说，不是活人所能行而是死人的道理。适足使人觉得怪异罢了。"

田骈也是一样，求学于彭蒙，学到不言之教。彭蒙的老师说："古来得道的人，达到不受是和非所左右的境界罢了。他的风教寂静无形，哪里可以用语言表达出来呢？"常违反人意，不为人所称赏，仍不免于随物宛转。他所说的道不是道，而所说的是不免于非。彭蒙、田骈、慎到不明白大道。不过，他们都还听闻过道的概要。

五

[原文]

以本为精，以物为粗，以有积为不足，澹然独与神明居，古之道术有在于是者。关尹、老聃闻其风而悦之。建立以常无有，主之以太一，以濡弱谦下为表，以空虚不毁万物为实。

关尹曰："在己无居，形物自著。其动若水，其静若镜，其应若响。芴乎若亡，寂乎若清。同焉者和，得焉者失。未尝先人而常随人。"

老聃曰："知其雄，守其雌，为天下谿；知其白，守其辱，为天下谷。"人皆取先，己独取后，曰受天下之垢；人皆取实，己独取虚，无藏也故有余；其行身也，徐而不费，无为也而笑巧；人皆求福，己独曲全，曰苟免于咎。以深为根，以约为纪，曰坚则毁矣，锐则挫矣。常宽于物，不削于人，可谓至极。

关尹、老聃乎！古之博大真人哉！

[译文]

以根本的道为精微，以有形的物为粗杂，以储积为不足，恬淡地独与造化灵妙共处，古来道术有属于这方面的。关尹、老聃听到这种风尚就喜好。建立常无常有的学说，归本于最高的"太一"，以柔弱谦下为外表，以空虚不排斥万物为实质。

关尹说："自己不存私意，有形之物各自彰著。动时如流水，静时如明镜，反应如回响。恍惚如无有，寂静如清虚。相同则和谐，贪得便有失。从不争先而常顺随别人。"

老聃说："认识雄强，持守雌弱，成为天下的溪涧；认识明亮，持守暗昧，成为天下的山谷。"人人都争先，他独自居后，说"承受天下的诟辱"；人人都求实在，他独自守虚空，不敛藏反而有多余。他立身行事，宽缓而不耗费，无所作为而嗤笑机巧；人人都求福，他独立委曲求全，说："但求避免祸害。"以精深为根本，以俭约为纲纪，说："坚硬的就容易毁坏，锐利的就容易挫折。"常宽容待物，不侵削别人，可以说达到了顶点。

关尹、老聃，古来博大真人呀！

六

[原文]

芴漠无形，变化无常，死与生与，天地并与，神明往与！芒乎何之，忽乎何适，万物毕罗，莫足以归，古之道术有在于是者。庄周闻其风而悦之。以谬悠之说，荒唐之言，无端崖之辞，时恣纵而不傥，不以觭见之也。以天下为沈浊，不可与庄语，以卮言为曼衍，以重言为真，以寓言为广。独与天地精神往来而不敖倪于万物，不谴是非，以与世俗处。其书虽瑰玮而连犿无伤也。其辞虽参差而諔诡可观。彼其充实不可以已，上与造物者游，而下与外死生无终始者为友。其于本也，弘大而辟，深闳而肆；其于宗也，可谓稠适而上遂矣。虽然，其应于化而解于物也，其理不竭，其来不蜕，芒乎昧乎，未之尽者。

[译文]

恍惚茫昧而没有形迹，变化而没有常规，死呀生呀，与天地并存，与造化同往！恍惚茫昧往哪里去，包罗万物，不知归宿，古来道术有属于这方面的。庄周听到这种风尚就喜好。以悠远的论说，广大的言论，没有限制的言辞，常放任而不拘执，不持一端之见。认为天下沉浊，不能讲严正的话，用无心之言来推衍，引用重言使人觉得真实，运用寓言推广道理。独自和天地精神往来而不傲视万物，不拘泥是非，和世俗相处。他的书虽然奇特却宛转叙说无伤道理。他的言辞虽然变化多端却特异可观。他充实而无止境，上与造物者同游，下与忘生死无终始分别的人做朋友。他讲到道的根本，宏大而开旷，深远而广阔；他讲到道的宗旨，可说和谐切适而上达最高点。虽然这样，他适应于变化而解脱于物的束缚，他的道理是不穷尽的，来处不离于道，恍惚茫昧，没有穷尽。

七

[原文]

惠施多方，其书五车，其道舛驳，其言也不中。历物之意，曰："至大无外，谓之大一；至小无内，谓之小一。无厚，不可积也，其大千里。天与地卑，山与泽平。日方中方睨，物方生方死。大同而与小同异，此之谓小同异；万物毕同毕异，此之谓大同异。南方无穷而有穷，今日适越而昔来。连环可解也。我知天下之中央，燕之北、越之南是也。泛爱万物，天地一体也。"

惠施以此为大，观于天下而晓辩者，天下之辩者相与乐之：卵有毛。鸡三足。郢有天下。犬可以为羊。马有卵。丁子有尾。火不热。山出口。轮不蹍地。目不见。指不至，至不绝。龟长于蛇。矩不方，规不可以为圆。凿不围枘。飞鸟之景，未尝动也。镞矢之疾，而若不行不止之时。狗非犬。黄马骊牛三。白狗黑。孤驹未尝有母。一尺之棰，日取其半，万世不竭。辩者以此与惠施相应，终身无穷。

桓团公孙龙辩者之徒，饰人之心，易人之意，能胜人之口，不能服人之心，辩者之囿也。惠施日以其知与人之辩，特与天下之辩者为怪，此其柢也。

然惠施之口谈，自以为最贤，曰天地其壮乎！施存雄而无术。南方有倚人焉曰黄缭，问天地所以不坠不陷，风雨雷霆之故。惠施不辞而应，不虑而对，遍为万物说，说而不休，多而无已，犹以为寡，益之以怪。以反人为实，而欲以胜人为名，是以与众不适也。弱于德，强于物，其涂隩矣。由天地之道观惠施之能，其犹一蚊一虻之劳者也。其于物也何庸！夫充一尚可，曰愈贵道，几矣！惠施不能以此自宁，散于万物而不厌，卒以善辩为名。惜乎！惠施之才，骀荡而不得，逐万物而不反，是穷响以声，形与影竞走也。悲夫！

[译文]

惠施的学问广博多面，他的藏书有五车之多，他的学说驳杂不纯，他的言论也往往不合道理。他观察分析事物的道理，说："极大的东西没有外围，可以叫作'大一'；极小的东西没有内核，可以叫作'小一'。薄到没有厚度时，不可以累积，但其广大可以延伸千里之远。天空与地面一样的低下，高山与水泽一样的低平。太阳刚处于正中位置的同时也就是偏斜的开始，万物刚刚生出就开始走向死亡。'大同'与'小同'是相异的，这个称为'小同异'；万物都是相同的也都是相异的，这个称为'大同异'。南方是无限远的也是有限远的。今天方去越国而昨天就已经到达。封闭的连环是可以解开的。我知道天下的中央，在燕地的北边，也在越地的南边。要普遍地热爱万物，因为天地万物都是一样的。"

惠施以此诸多命题当作伟大的发现，显示于天下，并让那些善辩者知晓，而天下的善辩者都喜欢和他谈论这些问题。他们论辩的课题很多，诸如，卵中有毛；鸡有三只脚；郢都包括楚国；犬可以是羊；马为卵生；蛤蟆有尾巴；火不是热的；山从口里出来；轮子不着地；眼睛看不见东西；所指事物的概念不能达到实质上，即使对实质有所反映，也不能穷尽；用矩尺画出的并不方，圆规画出的也不圆；凿出的榫眼与榫头不可能完全吻合；飞鸟的身影不曾移动；疾飞的箭头，却存在着静止和不静止的时候；狗不是犬；黄马黑牛合起来为三；白狗是黑的；孤驹未曾有母亲；一尺长的杖，每天截取一半，一万年都截取不完。好辩的人们用这些论题和惠施辩论，终生没有了结。

桓团、公孙龙等善辩之流，蒙蔽人们的思想，改变人们的心意，能够堵住别人的嘴，却不能折服人心，这就是辩者的局限。惠施每天用其心智跟人辩论，独自跟天下的辩者制造出这么多奇谈怪论，而上述就是他们论争的大体情况。

不过惠施的口总是说个没完，自以为最有才气，说："天地伟大啊！"他实在是心存压倒他人的雄心而又不真正懂得道术。南方有个奇异的人名叫黄缭，向他询问天为什么不会坠落、地为什么不会塌陷，询问风雨雷霆形成的原因。惠施一点也不谦逊立即回应，不假思索地就做出答复，广泛阐述事物的规律与原理，说起来絮絮不绝，话多而无休止，还认为说得太少，把许多奇异的东西也添加进去。他处处违反人的实情，却一心求取超人的名声，因此他总是跟众人不合时宜。他内心修养十分薄弱，而追逐外物的欲念却又十分强烈，他所走的道路真是弯曲狭窄的哩。用阴阳交媾化育万物的道术来考察惠施的能耐，不过就像是一只蚊虻在徒劳地嗡嗡作响。他的言论对于万物有什么用处！不过充分了解事理的某一部分还是可以说十分突出的，如果能够尊崇于道也就接近于道术了！惠施不能够在这方面安下心来认真下点功夫，离散心神于外界事物又从不知道倦怠，最终只不过得到善辩的美称。可惜啊！惠施的才气，放荡不羁而无所获，驰逐于外物而不知返归本真，这就像用声音来遏止回声，又像是为了使身形摆脱影子而拼命地奔跑，实在是可悲啊！

附录 卷

毛泽东品《列子》

毛泽东在1945年党的七大期间的一次会议上说：

> 有一个愚公移山的故事，……这个故事是书上讲的，并不是我编造的。（《毛泽东在七大的报告和讲话集》，中央文献出版社1995年版，第130页）

申明愚公移山故事是"书上"讲的，所谓"书上"，即《列子·汤问》。由此可以推知，毛泽东是读过《列子》这部书的，并熟记着《愚公移山》的故事。

相传列御寇撰《列子》。列子，名御寇，战国前期思想家和寓言文学家，是继老子和庄子之后的又一位道家思想代表人物。列子心胸豁达，贫富不移，荣辱不惊，终生致力于道德学问，主张清静无为。

列御寇，郑国人，他的生卒年月已不可考，大约先于庄子。《庄子》一书不仅多次称道他，还专有《列御寇》一篇。他的生平，后代知道得也很少。《庄子》里涉及他的，大多是寓言，不是事实。其他诸书说他穷困有饥色，当时郑国执政子阳曾派官给他送米，他推却不受，后来郑国人民起事，杀掉子阳，列御寇因为跟子阳没有联系，所以没有受到牵累（见《庄子·让王》篇）。在郑国为韩国所灭后，韩国人史疾学习了他的学说，又出使到楚国，曾向楚王做过宣传（见《战国策·韩策》）。

《列子》一书的著录，最早见汉刘歆《七略别录》，共八篇。后汉史学家班固在他的《汉书·艺文志》里著录当时流传的各家学派的著作，在道家学派里有《列子》八篇，注明作者叫列圄（御）寇，生活时代比庄子早。班固著录《列子》也是八篇，但是早已佚失。这八篇即《天瑞》《黄帝》《周穆王》《仲尼》（一曰《极知》）、《汤问》《力命》《杨朱》（一曰《达生》）、《说符》，与今日传本相同。但从今本内容和语言使用来考核，知道它出于晋人的收集，不是原本。原本在魏晋之世早已亡佚了。

从内容看，《列子》这部书题材体裁多样，保存了不少先秦时代民间故事、寓言和神话传说。今本《列子》全书共载文一百三十四则。由此也可以判断，列御寇创作它时，应在先秦。

晋人张湛作《列子注》八卷。湛，字处度，高平（在今宁夏固原）人，官光禄勋，能医。注时分为八卷，所引证诸籍，亦多与古本相同，唯《杨朱》一篇，注佚其半，惜无别本可补。湛所著《列子》，曾述及《列子》在当时的流传情况，又说明这部书的大略是：往往与佛经相参，大归同于老庄，属辞引类特与《庄子》相似。因此，他为这部书作注，不仅诠明训诂，兼又疏解其义，借此可以窥见东晋时期的学术风气。唐人殷敬顺又为作《释文》，卢重玄又为作《解》，这都便利后人阅读研究。

《列子》版本很多，元明以后刊本，多以释文入注，遂使张湛注与殷敬顺释文混杂不分。清汪继培始为厘正，参订缺错，刻入《湖海楼丛书》。清有《四部备要》本、《四部丛刊》本，后者又作《冲虚至德真经》，两本都有东晋张湛注。

今人杨伯峻作《列子集释》，中华书局本。此本取宋元明以及《道藏》诸善本，对《列子》本文，晋人张湛的《注》，唐人卢重玄的《解》，唐人殷敬顺所撰、宋人陈景元所补的《释文》，加以校勘，订正讹误。又参考各种类书和古籍传注，附注重要异文，也甄录了有关《列子》的训释考证并附以己意。书末附录了《张湛事迹辑略》一篇，重要序论汇录共七篇，辨伪文字辑略二十一篇，是一部阅读《列子》较好的参考书。《列子集释》作于1930 年以前，1958 年由龙门联合书局排印出版，1978 年又有所增订，1979年10 月出版。现今，国学大兴，整理、笺注、翻译本《列子》书，很容易见到，也方便阅读使用。

《列子》一百三十四则故事、寓言和神话，思想内容复杂多样：有言太易的，有言神仙的，有融通佛老之说的，有反映封建统治阶级个人享受主义的，有包含道家的朴素唯物主义观点的，有对自然现象提出许多疑问的，有对于儒家及传统礼教表现出反对精神的，有价值，有意义。在中国思想史上，有不少值得重视研究之处。

列子的学说近于老聃和庄周。《列子》书里所宣扬的是"主正""贵虚"等学说。主正是他接受了儒家的正名思想，要求名义跟实际一致；贵虚是他承继了道家的虚无学说，主张虚无，一切听其自然，不要有所作为。他的虚无思想，有时也反映在他的寓言故事里。如在《杞人忧天》的后一半，就有这种思想。《列子》与《老子》《庄子》被后世视为道家的三部经典著作，它们在思想体系上有密切联系。所以，在这里把"品《列子》"作为"品《庄子》"的"附录卷"。《列子》有些篇章还受了佛教思想的影响，而封建统治阶级的个人享受主义、宿命论的糟粕，也夹杂其间，如《杨朱》讲子产的兄弟过着酒色荒淫的生活，忘掉一切，却称赞他们为真人。类似这些，都是糟粕，在书中占有不少分量，应予批判抛弃。

《列子》的文章，体裁清新活泼，设喻浮想联翩。《列子》中的民间故事、寓言和神话有很高的思想价值。这部书的精华部分是寓言，收录的一些具有浓厚文学色彩的短文，很有教育作用，对后世有一定的影响。《愚公移山》《儿童辩日》《歧路亡羊》《薛谭学讴》《纪昌学射》《齐人攫金》《杞人忧天》等寓言故事，最为脍炙人口而又富有教育作用。

《愚公移山》比喻不怕困难、坚持到底的精神；《儿童辩日》说明作者非凡的观察力；《歧路亡羊》启发我们观察事物要注意精神实质，不要被表象所迷惑，也不要强调一点，以偏概全，做事要专注专一；《薛谭学讴》《纪昌学射》说明学习要虚心，要有毅力，要能坚持，不可浅尝辄止，否则很难做到妙悟透彻，应变多方；《齐人攫金》说明了戴着有色眼镜观察事物，就不可能看到事物的本质或全貌，甚至主观到极点，利令智昏，对客观现实视而不见、听而不闻，或只见树木而不见森林；《杞人忧天》嘲笑了不必要的担心，对那些顾虑重重、忧心忡忡，害怕新事物，不相信人民自己力量，患有懦弱顽症的人，给予了辛辣的讽刺。

如此等等，不一而足。这部书里的故事、寓言和神话，对人们思想有很大启迪作用。善于阅读，可以获得教益，为我们新的事业服务。

下决心挖掉这两座大山

——毛泽东九谈愚公移山

　　《愚公移山》的寓言故事虽然早在两千多年前就被列御寇记载在《列子》一书卷五的《汤问》，但并不是因为很有名气。秦汉以降的古代典籍和诗词歌赋用典，也很少提到它。这并不是说这个寓言典故写得不好，寓意不深，而是《列子》一书的地位不如《老子》《庄子》那样有影响，所以老愚公也不为人熟知罢了。

　　但是，到了 20 世纪 30 年代末期抗战军兴，老愚公被毛泽东从古籍中寻找出来，他再次抖擞精神，走上了抗日战场，加入到民族抗战和反对帝国主义和封建主义的行列，迅速"走红"，成为革命队伍尽人皆知的古典"红人"。到了新中国成立后的 50 年代，这个寓言故事被选入语文课本，于是同学少年，皆可背诵。"文革"的特殊年代，《毛选》中的《为人民服务》《纪念白求恩》和《愚公移山》被名之为"老三篇"，人人阅读，个个会背，一时之间，老愚公、张思德和白求恩，可谓家喻户晓，老少皆知。

　　《汤问·愚公移山》寓言故事原文如下：

　　　　太行、王屋二山，方七百里，高万仞。本在冀州之南，河阳之北。

　　　　北山愚公者，年且九十，面山而居。惩山北之塞，出入之迂也，聚室而谋曰："吾与汝毕力平险，指通豫南，达于汉阴，可乎？"杂然相许。

　　　　其妻献疑曰："以君之力，曾不能损魁父之丘，如太行、王屋何？且焉置土石？"杂曰："投诸渤海之尾，隐土之北。"

遂率子孙荷担者三夫，叩石垦壤，箕畚运于渤海之尾。邻人京城氏之孀妻，有遗男，始龀，跳往助之。寒暑易节，始一反焉。

河曲智叟笑而止之，曰："甚矣，汝之不惠！以残年余力，曾不能毁山之一毛，其如土石何？"

北山愚公长息曰："汝心之固，固不可彻，曾不若孀妻弱子。虽我之死，有子存焉；子又生孙，孙又生子；子又有子，子又有孙。子子孙孙，无穷匮也；而山不加增，何苦而不平？"河曲智叟亡以应。

操蛇之神闻之，惧其不已也，告之于帝。帝感其诚，命夸娥氏二子负二山，一厝朔东，一厝雍南。自此，冀之南，汉之阴，无陇断焉。

把它译成现代文字，其大意是说：

太行山与王屋山这两座大山，方圆有七百里，高达几千丈。本来坐落在冀州的南部，河阳的北边。

有一位名叫北山愚公的老人，年纪将近九十岁，面对着太行、王屋两山居住着。他苦于山北的交通阻塞，进出都要绕很远的路，于是召集全家的人来商议说："我和你们一同尽力来铲掉这两座大山，开辟一条直通豫州南部和汉水南边的路，可以吗？"大家纷纷表示赞成。

他的老伴表示怀疑说："用您的力量，连魁父这样的小土堆都对付不了，又怎能搬得掉太行、王屋这两座大山呢？并且挖出来的泥土石块又放到哪呢？"大家异口同声地说："把它扔到渤海边上和隐土的北边去！"

于是，愚公便带领着他的子孙能挑担子的三人，打石头，挖土块，用撮箕和条筐运到渤海边上。他的邻居京城氏的寡妇，有个遗腹子，刚七八岁，也蹦跳着去帮助他们。从冬到夏，才能往返一次。

河曲地方有个叫智叟的人，讥笑地阻止愚公说："算了，你怎么这样不聪明！凭你这衰老的年岁所剩的一点力量，连山上的一根草都拔不掉，对这些泥土石块你能怎么样？"

愚公长叹一声说："你的心太固执，固执得一窍不通，还不如一个寡妇和不懂事的小孩子。即使我死了，还有儿子在呀！儿子生孙子，孙子又生儿子；儿子又有儿子，儿子又有孙子。子子孙孙，没有穷尽啊。这两座山虽然高，却不会再增高了，挖一点就会少一点，为什么怕挖不平呢？"河曲智叟被说得无话可答。

山神听说了，害怕愚公他们没完没了地挖下去，于是报告了上帝。上帝被愚公的诚心所感动，就命令夸娥氏的两个儿子背着这两座大山，一座放在朔方的东部，一座放在雍州的南端。自此以后，冀州的南部，汉水的南边，再没有山脉阻碍交通了。

《愚公移山》故事塑造了愚公和智叟这样两个对立的人物形象，其实愚公不愚、智叟不智，作者对其命名就深含寓意，是反其意而道之。"愚公移山"反映了我国古代劳动人民的勤劳、勇敢和智慧，愚公形象成了劳动人民勤劳、智慧的典范。这个寓言典故比喻抱定某一宗旨，便要坚持不懈，顽强地干下去的必胜信念和坚毅精神。

毛泽东熟悉和喜爱《愚公移山》这则寓言故事，在中国革命斗争最为艰苦的岁月里，他开始引用愚公移山的故事来鼓舞人民的革命斗志，以后他又多次引用这个故事激励士气，来克服大大小小的困难，使革命队伍始终保持着旺盛的"精气神"，昂然奋进，取得无数个艰苦辉煌！

愚公移山与持久抗日

抗日战争前期，毛泽东经常到延安抗日军政大学、陕北公学等学校去讲演。在这些讲演中，他几次讲述《愚公移山》这则寓言故事，教育学员们对革命事业抱有必胜的信念。

1931年九一八事变，日本野蛮侵占我国东北。蒋介石国民党政府对日寇妥协退让，将东北大好河山拱手让给了日本。

1935年，日寇又将侵略的矛头指向华北，利用当时各地方势力与南京政府之间的矛盾，阴谋策划"华北五省自治"。7月6日，日本以武力威胁南京政府何应钦签订了《何梅协定》，将国民党的中央势力逼离了河北。随之，谋划"华北五省（河北、山东、山西、察哈尔、绥远）自治"。1936年2月，河北、察哈尔两省部分自治，日本无形中占领了华北地区。

1937年7月7日，驻华日军悍然发动卢沟桥事变，炮轰宛平城，挑起事端，中国守军第二十九军奋起反抗，予以还击，掀开了中国全面抗日战争的序幕。日本派大批援军向天津、北平大举进攻。7月天津沦陷。至此，日本蓄谋已久的全面侵华战争开始，中华民族全面抗战爆发。

在中华民族命悬一线之际，中国共产党顾全大局，以民族利益为重，捐弃前嫌，倡导和推动第二次国共合作。七七事变的第二天，中共中央发布通电号召全中国军民团结起来，抵抗日本帝国主义的侵略。

在共产党的催促下，直到 9 月 22 日，国民党中央通讯社发表了《中共中央为公布国共合作宣言》。23 日，蒋介石发表"庐山谈话"，实际上承认了共产党的合法地位。至此，抗日民族统一战线正式形成。这时，日军已开始进攻上海，直接威胁到了南京。

1937 年 8 月 13 日，日军向上海发动大规模进攻。炮击闸北一带，中国军民奋起反击。双方激战 3 个月。11 月 12 日，日军占领上海，直接威胁国民党统治中心南京，同时也威胁到英、美帝国主义的在华利益，这就使国民政府不得不增调军队，实行抗战政策。

全面抗战初期，由于国民党的片面抗战路线和单纯防御方针，正面战场节节败退。南京也终于不守。

武汉会战是抗日战争中时间最长、规模最大的战役。南京失守后，武汉成为国民政府的中心。武汉重镇，对于日军尤为重要。日军大本营的战略筹划是：攻占武汉，即是攻占中国战略枢纽要地；拿下武汉，中原全部收入囊中；再拿下广东，中国可定。故倾其日本当时全部能调集的兵力，集全国之力进攻武汉。

国民党军也投入一百多万兵力，在蒋介石的直接指挥下保卫武汉。从 1938 年 6 月到 10 月，与日军苦战了四个半月，至 10 月 26 日，武汉三镇全部沦于敌手，武汉会战以国民党军队失败告终。在武汉沦陷的同时，10 月 21 日，国民党军以"保存实力"的名义弃守广州。

1938 年 10 月，武汉撤退后，中国军队主力都退往了西南山区，抗战进入了最艰难的阶段。但是，日军获得武汉之后，也没占到多大的便宜，反而因为深入中国内地，战区扩大，补给线延长，兵力不敷分配，一时无力再对中国军队发起全面进攻。

从此，抗日战争进入了相持阶段。

1938 年 12 月 1 日，毛泽东应邀在抗大第四期一、三、四大队十五个队毕业典礼大会上讲话。

当时，日寇处于战略进攻阶段，而中国的抗战则处于战略防御阶段。日寇数路大军攻取武汉，广州失守，华中危急，华南告急，全国震惊，消息传到延安，人们也议论纷纷。

毛泽东审时度势，认真分析了敌我战争态势，在讲话中以雄辩的口才，滔滔不绝，他告诫大家抗日是长期战争，他说：

早几天有几个同学哭脸，武汉、广州失掉了，因为不愿意地方失掉，爱国，这个哭脸是好的，那些汉奸才不会掉泪哩。但我们要知道今天失掉个把城市是不要紧的，因为我们是长期战争，那些城市总归要失掉的。今天还有长沙、南昌，西安也差不多了，它要来，有什么办法呢？我们就是打下去！要打多少年？五年还是六年我们不算数目，问问日本帝国主义要多少年？我们总归打下去，一直到胡子白了，于是把枪交给儿子，儿子的胡子又白了，再把枪交给孙子，孙子再交给孙子的儿子，再交给孙子的孙子……总要打下去。日本帝国主义倒不倒？不倒也差不多了。中国古时候有个故事，有一个老头子他要搬山，因为一座山挡在他家的门口，讨厌得很，所以要搬掉它；他的儿子也跟着他挖。他的隔壁也有一个老头子，说："你要搬掉这个山，真是太笨了。"他回答说："你才是太笨哩。你想想，我现在来搬这个山，我搬不完还有儿子，儿子搬不完，还有儿子的儿子，还有儿子的孙子……我的儿子是不断的，是生的，是长的，然而山却是不长的。"……我们要走下去，不半路上开小差，不像张国焘半路上忽然不见了。……我们将来要永远以革命的面目相见。现在我们就订一个条约：不开小差，坚持长期斗争，长期学习，不怕艰苦，与我们的朋友长期合作下去，我们一定要建立一个自由幸福的新中国！（刘益涛：《十年纪事：1937—1947年毛泽东在延安》，中共党史出版社2007年版，第80页）

讲演中，毛泽东说"中国古时候有个故事"，显然是指《列子》中的《愚公移山》故事。在国难当头战局不利的情况下他讲这个故事，在于启发抗大学员：日寇是凶残强暴的，他们的侵略进攻日益严重，我们还要准备丢掉一些像武汉、广州、长沙那样的大城市；抗日战争是个长期的战争，抗战将是持久战；我们要有长期斗争的思想准备，不能像张国焘那样半路"开小差"逃跑，而要像愚公子孙相继长期搬山不止那样，一直打下去，一直打到日本帝国主义滚回去，打出一个自由幸福的新中国！

老愚公首次出场，就是长期坚持抗战到底的英雄形象。

这个道理是古时候一个老头儿发明的

1939 年 1 月 28 日，在延安清凉山抗大第五期开学典礼上，毛泽东重申：

> 我们是长期抗战，现在同志们都没有长胡子，等长了胡子了，抗战还未胜利，就交枪给儿子，儿子长胡子了，就交枪给儿子的儿子，这样下去，何愁抗战不胜、建国不成？这个道理是古时候一个老头儿发明的，我们打日本，也是这条道理。（曲一曰：《毛泽东评说中国文学》，吉林人民出版社 1998 年版，第 81 页）

这里毛泽东运用了愚公移山的主题意蕴，虽然没有把故事完整地叙述出来，但已把抗日斗争的新意寓于其中了。

毛泽东引用愚公移山这则寓言故事，意在说明我们必须准备打持久战。正是由于毛泽东对《愚公移山》这则寓言故事有自己独到的见解，所以他才能把愚公移山与中国人民的革命事业紧密结合在一起，来认识中国的抗战问题，就如同移"太行、王屋"两座大山一样，要有长期作战的心理准备，要准备长期作战。不要企图一个早晨就赶走了日本鬼子。也不要失去信心，抗战是一场硬战，一场恶战，一场持久战，所以，要取得最后的胜利，就要有愚公移山的精神。

抗战时期，面对日本侵略者来势汹汹的气势，在国民党内有人抛出"亡国论"，有人则过于乐观，提出"速胜论"，毛泽东通过对于局势的深入分析，对于两种观点进行了尖锐批评，提出对日"持久战"的著名战略观念：由于实力悬殊，中国对日不可能速胜；由于中国地大物博，民众具有坚忍不拔的精神，日本不可能征服中国，所以这是一场持久的战争。抗日战争是持久战，中国军民要长期坚持，抗战到底，这与愚公持之以恒挖山不止有着精神境界的一致性和血脉联系：愚公移山是要子子孙孙不停地挖下去，直到挖完，这样一种坚持不放弃的韧性，正是持久作战所需要的精神。抗战精神与愚公精神的关系，在毛泽东的报告中有机地联系了起来。

《愚公移山》这则古老的寓言告诉我们，不管困难有多大，看起来多么难以克服，只要敢于同它展开斗争，锲而不舍，坚持到底，最终一定能够取得胜利——抗战也是这样！

愚公移山与自卫反击

抗日战争中，八路军、新四军一方面要与日伪军作战，另一方面还要时刻提防国民党顽固派制造的"摩擦"。反"摩擦"斗争是抗日战争期间特有的政治斗争内容，是国共合作统一战线的内部矛盾，毛泽东在党的七大期间再次阐述了这个问题。

1945 年 4 月 23 日，中国共产党第七次全国代表大会在延安杨家岭的中央大礼堂开幕。

党的七大的召开，正值世界反法西斯战争和中国抗日战争处在最后胜利的前夜。当时是中国人民面临着两个前途、两种命运斗争的关键时刻。

当时摆在中国人民面前的有两条道路，即和平与内战。国民党如果继续执行"摩擦"政策，就很可能导致抗战胜利后的全面内战。

为了团结全党、团结全国人民，打败日本侵略者，建设一个光明的新中国，中国共产党在延安正式召开了七大。

4 月 24 日，毛泽东向大会提交了《论联合政府》的书面政治报告。同时，又在大会上作了口头报告。具体讲解《论联合政府》这个报告中没有充分展开和没有提到的问题。他在口头报告中阐述了在国民党进攻情况下的自卫立场：

关于自卫与反击。我们要站在自卫的立场反击国民党的进攻，一个是自卫，一个是反击。一切国民党的大小进攻，必须给以反击，给以回答。不论是文的也好，武的也好，特别是武的，只要它进攻，就要把它消灭干净。我们曾经提出，要坚决、彻底、干净、全部消灭之。……好比说，我们有一百条枪，你们缴了我们九十九条，我们当然不高兴，但是不怪你们，因为你们本领大，高明得很。但是，就是只剩一条枪，我们也要打到底的。只要我们手里还有一条枪，我们被打倒了，就把枪交给我们的儿子，儿子再交给孙子。有一个愚公移山的故事，说在山西有一座太行山和一座王屋山，现在这两座山比较矮，从前比较高，不大好走路。有一个人名叫愚公，是一个很笨的老头，在他附近还住着一个老头名叫智叟，是一个很聪明的老头。有一天他们两个人吵起架来了，为什么吵架呢？因为愚公要把太行山、王屋山移掉，带着他的儿子孙子挖山、挑土。那个聪明的老头就告诉他不必挖了，太行山、王屋山这样高，怎么能挖掉呢？愚公说：这两座山虽然高，但是我死了还有儿子，儿子死了还有儿子的儿子，儿子的儿子死了还有儿子的儿子的儿子，父而子，子而孙，孙孙子子，子子孙孙无尽，而山是不会再增高的。后来，有一个神仙为愚公的精神所感动，报告了上帝，上帝就派人把山移走了！这个故事是书上讲的，并不是我编造的。

世界上的反革命，日本侵略者和中国的反动派，不把他们打倒是不行的。对于国民党的进攻，我们是站在自卫立场上反击的。超过这个自卫的立场，我们就要犯错误。但有些同志劲来了，就忘记了这一点，这是不好的。基本是自卫的立场，有了这样的立场，就不会犯错误。自卫就是有理，局部就是有利，暂时就是有节，这就是有理、有利、有节。违反了这个方针，就会犯错误。麻烦是很多的，我们和国民党的麻烦更多得很。（《毛泽东在七大的报告和讲话集》，中央文献出版社 1995 年版，第 129—131 页）

233

附录卷

这是毛泽东在阐述对待国民党顽固派抗战中搞"摩擦"、抗战胜利后可能发动内战的自卫立场。抗战中，国民党虽然承认和接受了抗日民族统一战线，但是照样发动了三次反共高潮。党的七大召开之时，已临近抗战最后胜利的到来。可种种迹象表明，国民党在抗战胜利后有发动全面内战的可能——内战是"摩擦"政策的继续和必然结果。

为此，毛泽东在党的七大上向代表们阐述自卫与反击的正确立场。

共产党人的自卫与反击，是被迫的、克制的、有限度的。

毛泽东认为，对于国民党的进攻，我们是站在自卫立场上反击的。超过这个自卫的立场，我们就要犯错误。忘记了自卫的立场是不好的。自卫要做到有理、有利、有节：自卫就是有理，局部就是有利，暂时就是有节。

毛泽东在报告中指出：我们要用各种方法制止内战。现在的揭露就是一种方法，我们要经常揭露，在大会文件上、在报纸上、在口头上揭露。此外，还要用别的办法来制止内战。内战越推迟越好，越对我们有利。全面抗战八年以来，我们的政策就是使蒋介石既不能投降又不能"剿共"。我们的政策还要这样继续下去，使他不敢轻易地发动内战，但是我们要准备他发动内战。毛泽东认为，如果蒋介石果真发动内战，我们用各种方法也无法避免的话，那我们就采取有理、有利、有节的斗争方针，实行"人不犯我，我不犯人；人若犯我，我必犯人"的斗争原则。

根据八年全面抗战的经验，毛泽东估计到国民党中顽固派发动进攻的可能性，也指出这种斗争的长期性。因此，对自卫和反击也要有足够的思想准备，要有愚公移山的精神，斗争到底，坚持到底。毛泽东的本意，不是把这种"摩擦"子子孙孙地斗下去，而是在"摩擦"与反"摩擦"斗了六七年的情况下，要有长期斗争的思想准备。这也是他"往最坏处着想，向最好处努力"的预见思想的具体体现。

毛泽东此次讲这则寓言故事讲得很详细，并且申明"这个故事是书上讲的，并不是我编造的"。所谓"书上讲的"，即《列子·汤问》中讲的故事。由此可以推知，毛泽东是读过《列子》这部书的，并熟记着愚公移山故事。

我多次讲愚公移山的故事

使得愚公移山故事产生更大影响的是中共七大上毛泽东的多次报告。

如前所述，在党的七大以前，毛泽东就几次讲过愚公移山的故事。

我们看到，1939年毛泽东在抗大演讲的时候，愚公移山的故事只是讲到子子孙孙挖下去的情节；到了1945年，这个故事得到了发挥，故事情节也较完整了一些。但是子子孙孙挖下去还是被首先强调的，并强调说这个故事是书上讲的，因为政治报告，还是要讲究严谨性。

1945年5月31日，毛泽东在中国共产党第七次全国代表大会上作"结论"报告。临近结束时，他说：

> 我们这次大会强调团结精神，就是要在一个原则下团结起来，在正确路线的基础上团结起来，是头脑清醒的团结，不是盲目的团结。同志们！我多次讲愚公移山的故事，就是要大家学习愚公的精神，我们要把中国反革命的山挖掉！把日本帝国主义这个山挖掉！（《毛泽东文集》第三卷，人民出版社1996年版，第419页）

讲愚公移山故事的目的就是要求"学习愚公精神"；而振奋愚公移山精神是为了挖掉"中国反革命"和"日本帝国主义"这两座山。实质也就是挖掉帝、封两座大山！

毛泽东的工作方法：一旦认准了有价值有作用的事情，就抓得很紧，抓出成效。多次讲愚公故事，也是这种方法使然：多讲在于强化。

毛泽东的讲话是在为党的七大作"结论";结尾这段话,也是在为他多次讲愚公移山故事作"结论"。这是一个言简意赅的"结论"!

下决心挖掉这两座大山

党的七大进入尾声已是仲夏时节。伴随着季节的步伐,大会的气氛也不断地变得热烈起来。代表们为党新的奋斗目标的确立、为新的中央领导集体的产生而欢欣鼓舞。

6月11日,大会第二十一次全体会议举行大会闭幕式,彭德怀任大会执行主席。在任弼时宣布候补中央委员选举结果、介绍到会的新当选的中央委员后,大会依次表决:基本通过《关于军事问题的决议》,一致通过《中国共产党党章》和关于以七大名义召开中国革命死难烈士追悼大会的决定。接着,由毛泽东致闭幕词及新当选的中央委员朱德、吴玉章、徐特立发表演讲。

新当选的三位中央委员在演讲中,盛赞大会的成功和意义。朱德指出,全党要在大会制定的政治路线的基础上,更加紧密地团结起来,去争取胜利。军事干部要无条件地服从共产党的领导。另一方面,因为现在这个时候是军事斗争时代,我们党的领导机关,一定要把军事放在第一位。吴玉章指出,大会的三个报告,是我们建国、建军、建党三个很重要的文件。这些报告都是根据毛泽东的思想,就是马克思主义的普遍真理同中国革命的具体实践相结合而发挥出来的。这是我们革命中最伟大的收获,这是我们革命成功的基础。徐特立说,这次大会,是一个空前胜利的大会。大会的三个报告,是我们争取胜利战斗的一个武器,是全面性的、比较带有长期性的东西,是一直要执行到党的八大的。

在一片热烈的掌声中,毛泽东精神饱满地站立在主席台上,代表中共中央致闭幕词。

毛泽东说:"我们开了一个很好的大会。我们做了三件事:第一,决定了党的路线,这就是放手发动群众,壮大人民力量,在我党的领导下,打败日本侵略者,解放全国人民,建立一个新民主主义的中国。第二,通过了新的党章。第三,选举了党的领导机关——中央委员会。今后的任务就是领导全党实现党的路线。我们开了一个胜利的大会,一个团结的大会。代表们对三个报告发表了很好的意见。许多同志作了自我批评,从团结的目标出发,经过自我批评,达到了团结。这次大会是团结的模范,是自我批评的模范，又是党内民主的模范。"

他又说："大会闭幕以后，很多同志将要回到自己的工作岗位上去，将要分赴各个战场。同志们到各地去，要宣传大会的路线，并经过全党同志向人民作广泛的解释。"

毛泽东继续说："我们宣传大会的路线，就是要使全党和全国人民建立起一个信心，即革命一定要胜利。首先要使先锋队觉悟，下定决心，不怕牺牲，排除万难，去争取胜利。但这还不够，还必须使全国广大人民群众觉悟，甘心情愿和我们一起奋斗，去争取胜利。"

讲到这里，毛泽东再次生动而详尽地引用了愚公移山的故事：

> 要使全国人民有这样的信心：中国是中国人民的，不是反动派的。中国古代有个寓言，叫作"愚公移山"。说的是古代有一位老人，住在华北，名叫北山愚公。他的家门南面有两座大山挡住他家的出路，一座叫作太行山，一座叫作王屋山。愚公下决心率领他的儿子们要用锄头挖去这两座大山。有个名叫智叟的老头看了发笑，说是你们这样干未免太愚蠢了，你们父子数人要挖掉这样两座大山是完全不可能的。愚公回答说：我死了以后有我的儿子，儿子死了，又有孙子，子子孙孙是没有穷尽的。这两座山虽然很高，却是不会再增高了，挖一点就会少一点，为什么挖不平呢？愚公批驳了智叟的错误思想，毫不动摇，每天挖山不止。这件事感动了上帝，他就派了两个神仙下凡，把两座山背走了。现在也有两座压在中国人民头上的大山，一座叫作帝国主义，一座叫作封建主义。中国共产党早就下了决心，要挖掉这两座山。我们一定要坚持下去，一定要不断地工作，我们也会感动上帝的。这个上帝不是别人，就是全中国的人民大众。全国人民大众一齐起来和我们一道挖这两座山，有什么挖不平呢？（《愚公移山》，《毛泽东选集》第三卷，人民出版社1991年版，第1102页）

致辞中，毛泽东还勾画了中国革命取得全国胜利的进程。指出，中国革命的发展，可能有这样三个发展阶段，即从小半个中国，到大半个中国，到全中国。小半个中国，即从党的一大到七大，革命力量发展到已有一万万人口、一百万军队，有许多块根据地。但是这些根据地是被分割的，没有连成一片，没有大城市，因此还是不巩固的。大半个中国，即七大以后，打败日本侵略者，取得连成一片的华北、东北以及其他地方，打下若干大城市。这就有了夺取新民主主义革命在全国胜利的巩固基础。全中国，即人民最后挖掉帝国主义和封建主义两座大山，取得革命在全国的胜利。他说，从民主革命转变到社会主义革命：一是长期的；二可能和平转变，和平的与浴血的两种可能都有，但和平转变的可能性大；三是由人民来决定何时转变。

讲话临近结束时，毛泽东说："现在中国正在开着两个大会，一个是国民党的第六次代表大会，一个是共产党的第七次代表大会。两个大会有完全不同的目的：一个要消灭共产党和中国民主势力，把中国引向黑暗；一个要打倒日本帝国主义和它的走狗中国封建势力，建设一个新民主主义的中国，把中国引向光明。这两条路线在互相斗争着。我们坚决相信，中国人民将要在中国共产党领导之下，在中国共产党第七次大会的路线的领导之下，得到完全的胜利，而国民党的反革命路线必然要失败。"

毛泽东在党的七大闭幕词的主要内容，后经修改以"愚公移山"为题，收入《毛泽东选集》第三卷。从此，"愚公移山"精神成为鼓舞共产党人和人民群众战胜困难、争取胜利的重要思想武器。

作为政治家、思想家与演说家的毛泽东，此次引述《愚公移山》这篇寓言，不仅讲得生动活泼，生动细致，通俗有趣，而且运用历史唯物主义观点，赋予一种全新的解释，增添了新的思想内涵，升华了《列子》的思想层次。他把帝国主义和封建主义形象地比喻为压在中国人民头上的"两座大山"，把"上帝"解释为觉悟起来的中国人民群众，从而把愚公精神从人与大自然做斗争的领域推进到社会斗争的领域。把它们与中国革命的现实形象化地结合在一起，用以阐明中国共产党实行民主革命，并将最终取得胜利的坚定信念，借以启发广大人民的革命觉悟，激励人民的革命斗争热情。为在中国革命重要的历史转变关头，引导全党和全国人民贯彻党的七大决定的路线，打败日本帝国主义，建立一个新民主主义的中国，起到了动员和鼓舞的作用。

作为马克思主义的唯物论者，毛泽东不相信天堂有位无所不能的"上帝"。但是，在毛泽东的心目中也有着自己的"上帝"，这就是人民大众。这是他对《愚公移山》故事的深入理解和革命性改造，这也是他能把这个典故发挥得如此成功的原因。

毛泽东喜欢把人民大众喻为"上帝"。他是农民的儿子，他从事革命之始就是搞农民运动的。他相信群众的力量，他依靠群众的力量，他提出和执行了一条群众路线，认为只要紧紧依靠人民群众这个"上帝"，就没有什么办不到的事，就没有克服不了的困难，我们的事业就会无往而不胜。

"愚公移山"从此成为表现中国共产党人坚忍不拔、不懈奋斗精神的典型用语和口号。而愚公移山精神针对的目标在党的七大的报告里面，也从过去单一的打倒日本帝国主义的目标，转为打倒日本帝国主义和推翻封建主义的双重目标，在一定程度上，愚公移山的故事既是中国人民打倒日本侵略者的思想武器，也是解放战争的思想工具。

中国共产党第七次全国代表大会从 1945 年 4 月 23 日开幕，至 6 月 11 日闭幕，历时近 50 天。这是一次非常重要的会议。毛泽东在党的七大上，先后有三次讲话，均引用了"愚公移山"这个典故，尤其在闭幕式上他直接以"愚公移山"为命题作了演讲，几乎全文阐释了《愚公移山》这个古代寓言。这不仅看出他对这个典故的喜爱和重视，更重要的在于他借用这个典故来表达和阐明自己的思想。

毛泽东讲愚公在于号召全党和全国人民发扬"愚公移山"的精神，"下定决心，不怕牺牲，排除万难，去争取胜利"。要人们学习愚公移山这种精神，要使全党和全国人民建立起一个信心，推倒压在中国人民头上的帝国主义和封建主义这两座大山。要挖掉这两座山，这是我党早就下了决心的。只要我们共产党人也像愚公那样下定决心，挖山不止，不断地坚持下去，不断地工作，我们也会感动上帝。这个上帝不是别人，就是全中国的人民大众，就能动员起全国人民把压在自己头上的两座大山挖掉。

愚公移山，兴修水利

进入新中国的建设时期，毛泽东再说"愚公移山"，既不是抗击日寇，也不是反击"摩擦"，而是向大自然宣战，根治穷山恶水，组织经济建设。

1956 年 7 月的一天晚上，毛泽东乘专列到达徐州，要听徐州地委工作汇报。在车厢里，毛泽东接见了徐州地委第一任书记胡宏等人。

毛泽东问道：徐州专区管辖几个县，有多少耕地和人口啊？

胡宏逐项作了回答。

接着，毛泽东问徐州专区的农业生产情况怎么样。

胡宏回答说：西部的几个县，基础条件较好；东部的几个县，由于地处沂河、沭河、泗河下游，地势低洼，经常受水灾。1953 年、1954 年连续两年秋季发大水，邳县数十万亩农田被淹，平地水深数尺，陆上交通中断，靠空运和水运救济灾民。

毛泽东听后指示说：

> 水利是农业的命脉。你们要制定一个包括近期和长远的治水规划，把全专区 500 万人民动员起来，发扬愚公移山、大禹治水的精神，办好兴修水利这件大事，变水害为水利。兴修水利搞好了，涝能排，旱可灌，这样一来，农业丰产就有了基本保证。(《毛泽东在江苏》，中共党史出版社 1993 年版，第 71 页)

新中国成立初的农业，面临的最大问题是江河水患肆虐。全国大大小小上千条河流，每年都会发生多场洪水泛滥，河堤决口，洪水淹没和冲毁良田，村庄房屋倒塌，百姓流离失所，甚至家破人亡等，成为广大人民群众的最大祸患。

出身于农民家庭的毛泽东，成长在水灾较为频繁的湖南，深知水灾的危害。旧时代旧社会遗留下来的水患很多：水利连年失修，水旱灾害频繁发生。这引起毛泽东的高度警觉，根治水患成为他思考的一个重要问题。

在毛泽东看来，水利不仅是农业的命脉，更是兴国安邦的大事。因此下决心治水。

新中国成立不久，毛泽东就做出从根本上解决淮河水患的指示。治淮与抗美援朝成为 20 世纪 50 年代初的两件大事。以治淮工程为标志，新中国由此开始了一场向大自然宣战，治理江河洪水，兴修水利的声势浩大的人民战争。

1951 年 5 月毛泽东亲笔题词"一定要把淮河修好"，大大推动了当时的水利建设。治淮工程持续到 60 年代初，初步形成了蓄泄兼顾的中游干流防洪工程体系。历史上多灾多难的淮河两岸人民，在从新中国成立初治淮以后到 70 年代末虽然发生过多次大洪水，但却再没有酿成重大水患。

1952 年 10 月毛泽东视察黄河，发出"要把黄河的事情办好"的号召，从此根治黄河的工程提到日程。1955 年 7 月，国务院会议通过关于根治黄河水害和开发黄河水利综合规划的报告。1956 年 3 月新华社报道，全国兴修农田水利的五年计划提前、超额完成，经过五年的努力，不仅大大减少了水患，而且实现了扩大农田灌溉面积。这标志着治水工作取得了阶段性胜利。

1954 年夏，长江、淮河中下游由于雨量特别集中，均超过历史最高水位，长江岸边的大城市武汉告急。但由于几年来治水工程的成效，以及当地党政军民的奋力抗洪，终于使洪水没有酿成灾害，确保了武汉的安全。事后毛泽东题词："庆贺武汉人民战胜了一九五四年的洪水。"

1958 年以后，大型水利工程不再受原来县乡区划的局限，能够进行统一规划和部署，增强了劳动力和资源的统一调配，开展大规模协作，因此使水利建设的规模进一步扩大，促进了全国的水利化建设。在新中国水利建设史上，有许多治水的大工程、大建设是在此后三年时间实施的。

愚公移山，大禹治水，寓言故事也罢，传说故事也罢，都是中华民族勤劳勇敢战胜自然灾害的象征和传统。毛泽东在 20 世纪 50 年代新中国成立初期兴修水利工程中，让移山的愚公和治水的大禹并肩走来，让他们的不朽精神焕发华夏子孙战天斗地的信心、斗志和干劲，创造出如此多的人间奇迹！

"愚公移山，改造中国"

"愚公移山，改造中国，厉家寨是一个好例。"1957 年 10 月 9 日，毛泽东的一则批示，使山东省莒南县一个名叫厉家寨的小山村一举名扬全国。

这个村在成立合作社以后，依靠集体的力量，开山劈岭，填沟整地，改造自然，使山乡面貌焕然一新，粮食产量逐年提高，提前八年实现农业发展目标，成为当时全国农业战线上的一颗新星。

从莒南县城东去 35 公里，有一座海拔五百多米的山，名字就叫大山。山脚下散布着厉家寨、张家寨、徐家寨、大山河、寨子河五个山村。当年闻名全国的厉家寨公社大山农业社就是由这五个山村组成的。西面是怪石嶙峋的大山，中间是葡萄山，东面有座秋牧山。自西而东排列着东岭、小岭、魏家岭、东北岭、水红岭五道沙岭。山洪在山坡上冲出了一百多条干沟，大山河、寨子河分别从大山北和葡萄山东蜿蜒而下。人们称大山农业社的自然形势是："三山环抱，五岭起伏，沟壑纵横，两河贯穿。"

这里的 6500 亩耕地，被这些山、岭、河、沟分割得零零碎碎，"瓢一块，碗一块"，有的十几块才能凑成一亩地。在这些土地中，有 5400 亩是歪歪斜斜的山岭梯田，只有 1100 亩地比较平展。有九成的土地是青石渣子、黄石渣子、红石渣子地，土层只有二三寸厚。

过去这里的山上，经过世世代代的栽种，曾经有许多树木。但是经过残酷的战争洗礼，到新中国成立前后，树木已被砍伐殆尽。巍峨的大山上，只剩下一些耸立的巨大黑石，成了刀削般的悬崖峭壁。由于水土保持不好，这里的土地既不抗旱又不抗涝。每逢下大雨，山洪暴发，河沟漫溢，洪水卷石挟沙，横冲直撞，常常有一间屋那么大的石块，从山上滚落到沟底，石山撞击，地动山摇。因此，年年都有三五百亩地连庄稼带熟土被水冲走。

有一年，一场大雨过后，农民厉永谦家租种的五亩地，全部变成了沙滩，只好全家出走要饭。厉月秀的五亩地被冲毁，全家被迫逃荒到东北。大山河从前只是一条十几米宽的水沟，几十年的时间就冲成了一条百多米宽的大河，河床淤高了五米。当地的"农民诗人"厉守禄这样描绘厉家寨当时的自然环境：

> 穷山恶水种地难，
> 又怕涝，又怕旱，
> 十年就有九年歉。
> 沙子岭，旱龙岗，
> 石头渣子上种谷粮；
> 耕地碰断犁，
> 锄地叮当响。

在这样的地里种庄稼，产量很低。种麦子每亩不过收四五十斤，种高粱也不过打百十斤，农民生活极为贫困。有 70 户常年要饭，180 户当雇工，90 多户逃荒到东北，大多数农民都是半年糠菜半年粮，能够吃饱瓜干、高粱的就算是富裕户了。十冬腊月里，十家就有三四家没有被子，百分之三十的妇女穿不上棉裤。当时的农民都说：穷人有三条棍——先放羊，后放牛，拉几年要饭棍到了头。

医治贫穷靠奋斗。新中国成立后，厉家寨农民以空前高涨的热情投入到社会主义建设事业中来。1953 年厉家寨成立农业合作社以后，向自然界展开了大规模斗争的积极性更高。他们在极其困难的条件下，兴修水利，发展生产，与自然抗争。

寨里有个叫厉月举的农民，带领社员开始搞农田水利基本建设，使当年粮食亩产显著增长。1955 年，厉家寨由十三个初级社合并成大山农业社，厉月举被推选为社长兼党支部书记。为了夺取全社农业高产，他提出"让河流改道，叫土地翻身"的口号，掀开了整山治水战天斗地的新篇章。

是年冬，他看到高级社比初级社具有更大优越性，土地归集体所有，打破了原来的地界、山界、河界，大牲畜、生产农具等归集体所有，劳动更加集中，生产更加齐全，实行按劳计酬。过去想办但办不到的事，现在依靠集体的力量和智慧就可以办到了。他以更大的决心决定大规模地更高质量治岭整地、治山治水。

随后，他带领全社干部群众齐上阵。厉家寨人先是治水，在大山河上游修建了两座水库——东风水库和龙门水库，并建成了长140多米的地下拦河坝，抬高水位修成石渠，把河水引出来流入村南一片平原地浇灌农田。经过努力，清清的河水穿村而过，把几百年的灾害河变成兴利河。1955年年底，厉家寨人苦战一个冬春，在三座岭上凿通四条溢洪道，修建四座连环水库，迫使竖水横流。四座连环库里的余水流往寨子河，座座水库能蓄、能排、能灌，既留住了水，又保住了土。当时的口号是："冰冻三尺，雪下一丈，寒风刺骨，不当败将。"

竖水横流工程让厉家寨人尝到了甜头，接着治山，削岭，修梯田。无论是炎炎的夏日，还是浓浓的雨夜，厉家寨人头戴草帽，或戴着苇笠、身披蓑衣，肩扛铁锨，筑河坝、修水库，改河道，开山辟地，治理旧山河。当时，没有任何机械动力，没用一斤炸药，厉家寨人凭着"愚公移山"的精神，全靠每个人的一双手，两个肩，一把镐头，一张铁锨，车推人挑，大干苦干拼命干，兴修农田水利，完善综合性水土保持工程。

厉家寨几年艰苦奋斗，取得了辉煌的成绩：凿通了三道岭，削平十一个岭头，填平二十一个大汪（坑）、三百多道水沟，将五条山河改道，把上千块零碎土地连接成片，扩大耕地面积192亩。修水库10座，砌成86眼井，闸山沟2000多条，整成高标准"三合一"梯田1520亩，粮食由互助组的亩产230斤到初级社的亩产400斤再到高级社的亩产550斤。

厉月举是个好带头人。他带领群众改河道，削岭头，建水库，闸山沟，砌石井，并地块，整梯田，科学种田，实行山、水、林、田、路综合治理。通过兴修水利，大搞梯田和生物措施紧密结合，把4000多亩山岭地变成了水平化、绿化、水利化的"三化"梯田。农田面貌大为改观，粮食产量大幅度提高。1956年，全社粮食亩产达到276公斤，提前十年实现全国农业发展纲要指标，被誉为"英雄的大山社"。

1956年年底，厉家寨农业社社长厉月举出席了山东省首届社会主义农业建设积极分子大会。1957年2月，他光荣地出席了全国首届农业劳动模范代表会议，荣获"全国农业劳动模范"称号，受到毛泽东、周恩来、陈云、邓小平、彭德怀、邓子恢等党和国家领导人的亲切接见，并合影留念。

显然，这是一个现代"愚公移山"的故事。

厉家寨人开山辟地的豪气和经验，引起了各级政府的重视。1957年，厉月举参加全国农业劳动模范代表会议回来后，根据会议要求，制订了本社增产计划，编写了厉家寨治山治水事迹材料，上报到县委办公室，县委将这两份材料合并整理成《山东省莒南县厉家寨大山农业社千方百计争取丰收再丰收》的报告，并以中共莒南县委工作组的名义逐级上报。

同年10月9日，毛泽东看了这个报告后欣然批示道：

> 此件值得一阅。愚公移山，改造中国，厉家寨是一个好例。请同志们在今冬明春每县选一个好例寄给我，准备编一本书。请在1958年2月底以前直接寄我。要的是经过考察无虚假内容的一个合作社的生动叙述。如蒙做到，十分感谢。此外，省、地、县三级的农业计划纲要，也请你们同时寄给我。尚未做好的，可在1958年5月1日寄给我。（《建国以来毛泽东文稿》第六册，中央文献出版社1992年版，第599页）

当时，中共中央八届三中全会正在北京举行。毛泽东同时批示：把中共莒南县委工作组的报告和他对这一报告的批语，立即付印，发给与会代表每人一份。

1957年12月，继毛泽东的批示后，国务院授予厉家寨"英雄社战胜了穷山恶水"的锦旗。在国务院召开的全国农业工作会议上，莒南县委书记杨雷介绍了大山农业社的先进事迹，还展览了莒南县制作的《英雄社战胜穷山恶水》的沙盘模型。厉家寨人民战天斗地的事迹，先后被新华社、《人民日报》《红旗》《大众日报》多次报道。中央新闻纪录电影制片厂、海燕电影制片厂拍摄了厉家寨事迹的专题片。

全国各地各级组团到厉家寨参观的人群络绎不绝。

《人民日报》1957年10月13日长篇报道是：《开山劈岭填沟挖渠改造自然——大山农业社做出建设山区的好榜样》。这个报道是在毛泽东做出批示4天后上报的，所附编者按是这样写的：

> 大山农业社成功的事实，使我们更加相信：只要加强党的领导，发挥合作制度的优越性，只要无限地发扬广大群众的集体力量和集体智慧，只要有愚公移山的坚强的毅力，任何贫困、落后的山区面貌，都可以从根本上改变过来。

毛泽东的批示传到厉家寨，人们欢喜若狂，奔走相告。"农民诗人"厉

守禄高兴地编了这样一段快板:

> 毛主席表扬咱移山，咱要更把干劲添。
> 愚公精神代代传，永不骄傲不自满。
> 前段成绩算开头，挖山不止永向前。

勤劳、智慧、勇敢的厉家寨人，面对恶劣的自然环境和极度的贫困，敢于整山治水，战天斗地，在山岭薄地上修整创造出"三合一"梯田，使粮食亩产量大幅度上升，赢得粮食大丰收，提前十年实现国家粮食发展纲要指标，创造了令人瞩目的辉煌业绩。他们发扬愚公移山精神，为全国的山区农田基本建设闯出了一条新路。

"愚公移山，改造中国，厉家寨是一个好例"的批语，传播到各地。后来，人们截取了"愚公移山，改造中国"八个字，作为治山治水的口号，响遍全国，至今给人以震撼和力量。

愚公尽扫饕蚊日

1958 年 12 月 21 日 10 时，毛泽东在广州，看到文物出版社同年刻印出版的大字本《毛主席诗词十九首》，觉得有些注解不对，有必要予以说明或纠正。

于是，便在《毛主席诗词十九首》的天头书眉上，写下说明和再注十三条。其中第一条是:

> 我的几首歪词，发表以后，注家蜂起，全是好心。一部分说对了，一部分说得不对，我有说明的责任。1958 年 12 月，在广州，见文物出版社 1958 年 9 月刊本，天头甚宽，因而写了下面的一些字，谢注家，兼谢读者。鲁迅 1927 年在广州，修改他的《古小说钩沉》，然后说道:于时云海沉沉，星月澄碧，饕蚊遥叹，予在广州。从那时到今天，31 年了，大陆上的饕蚊灭得差不多了，当然，革命尚未全成，同志仍须努力。港台一带，饕蚊尚多，西方世界，饕蚊成阵。安得起全世界各民族千百万愚公，用他们自己的移山办法，把蚊阵一扫而空，岂不伟哉! 试仿陆放翁日:
> 人类今娴上太空，但悲不见五洲同。

愚公尽扫饕蚊日，公祭无忘告马翁。

（《毛泽东诗词集》，中央文献出版社1996年版，第241—243页）

中央文献研究室编《毛泽东诗词集》，本处附有编者按，云：这是毛泽东凭记忆写的。鲁迅1927年在广州编校《唐宋传奇集》后，作《序例》，文末题记说："时大夜弥天，璧月澄照，饕蚊遥叹，余在广州。"《唐宋传奇集》上册1927年12月由北新书局出版，次年二月续出下册。

毛泽东记忆鲁迅1927年在广州修改的是《古小说钩沉》，实际上鲁迅编校的是《唐宋传奇集》。毛泽东此处记忆有误，他凭记忆录下鲁迅的话，意思差不多，文字有出入。"饕蚊遥叹"这关键性的一句，则是没错的。

毛泽东的说明，由鲁迅说"饕蚊遥叹"一语荡开去，抚今追昔，感慨系之。"饕蚊遥叹"的现实，使他进而联想到了当时港台一带及全世界还有许多地方没有解放，于是长期存在于脑际里的实现世界大同的理想，一下子涌上了心头。他豪情万丈地写道："安得起全世界各民族千百万愚公，用他们自己的移山办法，把蚊阵一扫而空，岂不伟哉！"接下来，毛泽东仿照陆游（放翁）的《示儿》诗，作了一首表达大同心志的绝句。

陆游的七绝《示儿》诗是："死去元知万事空，但悲不见九州同。王师北定中原日，家祭无忘告乃翁。"

陆放翁是南宋的一位著名的爱国诗人，他生于北宋亡国之际，少年时深受父辈师友爱国思想的熏陶。从政后因"喜论恢复"，为秦桧所黜；中年投军，此后流转四川，前后九年，由于坚决主张抗敌，在政治上受到投降派的压制，晚年退居家乡，但收复中原报国的信念始终不渝。一生创作九千多首诗歌。抒发政治抱负，关怀社会命运，风格豪迈，气象雄浑，表现出强烈的爱国感情。《示儿》是陆游临终前的绝笔诗，是古代著名爱国诗歌中最为广泛传诵的一篇，表达了诗人至死念念不忘"北定中原"、统一祖国的强烈的爱国之心。

毛泽东的"试仿陆放翁"诗，把陆游的爱国情怀发散为"大同理想"：

首句"人类今娴上太空"。娴作"娴熟"理解。1957年10月4日，苏联成功地发射了世界上第一颗人造地球卫星（"人造卫星一号"）。11月3日，又发射了第二颗人造地球卫星（"人造卫星二号"），卫星带着一只活着的狗进入外层空间。1958年2月1日，美国也成功地发射了一颗人造地球卫星（"探险者一号"）。首句可解释为：人类今天已经能娴熟地上太空了。在当时阿波罗登月还是首次，说"娴熟"似乎还谈不上，不过也能说得过去。必定这是在作诗，不要刻求与实际相符。

"但悲不见五洲同"，五洲：指世界上亚洲、非洲、欧洲、美洲、大洋洲五大洲，这里用来概括全世界。同：大同，原指儒家宣扬的理想社会。《礼记·礼运》："大道之行也，天下为公。"这里指建立一个没有阶级，没有剥削，人人自由平等的共产主义社会。第二句可解释为：只是哀痛如今全世界还没有实现大同。

"愚公尽扫饕蚊日"，此处愚公喻指革命人民。这里的愚公不仅仅是中国革命人民，而且是"全世界各民族千百万愚公"。陆游"北定中原"寄希望于"王师"，毛泽东"尽扫饕蚊"寄希望于"愚公"。饕，贪（财食），贪得无厌。饕蚊：贪嗜人血的蚊虫。这里喻指帝国主义和各国反动派。"愚公"与"饕蚊"的对立，是赢得世界大同与阻碍世界大同的对立。

"公祭无忘告马翁"，公祭：公共团体或社会人士举行祭奠，向死者表示哀悼。马翁：指马克思主义学说的创始人马克思。

毛泽东是马克思主义者，全人类的"大同"，是马克思主义的理想，所以毛泽东时时不忘马克思提出的"全世界无产者联合起来"的号召，他时时都在希望：全世界各族人民（全世界各民族千百万愚公）能够一齐起来，把地球上的"蚊阵"一扫而空，使全世界的人民都能得到解放，使人类大同的理想真正能够实现。他叮嘱人们，到全世界各族人民扫尽饕蚊实现大同理想那一天，一定不要忘记告诉马克思他老人家。

愚公形象再次被放大，成为全世界无产阶级和各民族人民群众的代表；愚公精神再次被升华，成为走向和实现世界大同理想的动力源泉。

王屋山是愚公移山的地方

太行山和王屋山，是《愚公移山》寓言故事的发祥地。这一点可说没什么重要，可毛泽东还是牢牢记住了老愚公的"故乡"。

1958 年 10 月 31 日下午，新乡地委接到河南省委通知：毛泽东赴郑州参加会议途中，专列当晚到达新乡时将作短暂停留，毛泽东要接见新乡地委主要领导人。

毛泽东准备在列车上召开一个座谈会，新乡地委第一书记耿起昌，带领参加座谈的十名县委书记登上了专列。在列车会议室里，毛泽东同上车的同志一一握手。看到大家都入座后，他点燃了一支香烟，环视了一周，对大家说："今天把各位父母官请来，想听听你们那里人民公社和'大跃进'

的情况，大家有什么说什么，随便谈。"

县委书记们都是第一次见到毛泽东主席，心情既兴奋又激动，一时不知道说什么好。毛泽东见没人说话，便展开手中的名单看了看，然后抬起头问道："延津县委书记苗润生，你是苗族？"

苗润生迅速站起来回答："我姓苗，是汉族。"

毛泽东又问："温县县委书记李树林，温县是司马懿的故乡，现在他那个练兵洞还在不在？"

李树林回答："还在，基本上完好！"

点到济源县委书记侯树堂时，毛泽东深情地说：

> 济源有个王屋山，是愚公移山的地方。（孙雷，孙宝义：《毛泽东衍名艺术》，辽宁人民出版社1996年版，第41页）

侯树堂马上站起来，说："请毛主席放心，我们一定要发扬愚公移山的精神，把济源县建设好！"

还是在1958年，党的八届六中全会在武汉召开。曾担任过毛泽东警卫员的翟作军即在武汉工作。毛泽东在工作之余接见了他。

毛泽东高兴地握住翟作军的手，仔细端详、上下打量着。过了许久才说："翟作军啊，你还是那样年轻。"并亲切地拉着他的手，让他坐在旁边的沙发上。毛泽东和翟作军愉快地拉家常，谈工作，忆延安。

毛泽东还兴致勃勃地谈起翟作军的家乡河南省济源县的历史和现状，毛泽东说：

> 你们县所以叫济源，这与济水有关系。济水发源于济源县王屋山。王屋山就是我在《愚公移山》一文中引证的"愚公移山"寓言故事的发祥地。沁河也流经你们济源县，源于沁源县太岳山东麓。你们济源附近许多县名都与河水相联系，如沁水、沁源、济源、沁阳等。你们济源近年水利搞得很好，今年小麦丰收了。（《毛泽东在湖北》，中共党史出版社1993年版，第292页）

《愚公移山》寓言故事的发祥地！确如毛泽东所言，在今天河南济源西北，还有很多有关愚公的古迹，如愚公泉、尊愚阁等。

毛泽东看似与警卫员翟作军随意谈"愚山移山"故事，细琢磨他的一路发挥还在治山治水上，最后归结到"济源近年水利搞得很好"，因此"小麦丰收了"。说到底，他内心里激赏的还是愚公移山精神。

毛泽东一生关注全国水利建设。新中国成立后，以改造山河的英雄气概，直接领导了大江大河的治理和规划，为新中国水利事业倾注了大量心血。无论是离京视察还是外出开会，他都不失时机地了解和掌握当地的水文及相关农业情况，倡导以愚公移山精神兴修水利，以解除群众的灾害和疾苦。

正因为在毛泽东的亲自关心下，全国各地的水利工程不计其数，气势豪迈，兴建了许许多多的大型水利工程，可谓功绩卓著。毛泽东提倡发扬愚公移山和大禹治水的精神，办好兴修水利这件大事，变水害为水利。中国人民同大自然做斗争的实践证明，不管水患有多大，只要依靠人民群众这个"上帝"，只要勇于和它展开斗争，只要有坚持到底的精神，就一定能够根除水患，人定胜天，变害为利。这就是愚公移山精神创造的价值。

愚公移山是有道理的

"北山愚公"与"河曲智叟"本是虚拟的人物，他们却各有寓意：愚公愚中有智，智叟智中有愚，愚公不愚，智叟不智，《列子》用的是反语。列子本意，是在褒奖愚公而嘲讽智叟。

毛泽东品《列子》，论愚公，看透了这一点。

1964年，他与国务院副总理薄一波谈到要多读书时，说过这样的话：

> 愚公移山，是有道理的，在一百万年或者几百万年以内，山是可以平的。愚公说得对，他死后有他的儿子，子子孙孙一直发展下去，而山不增高，总有被铲平的一天。（曲一曰：《毛泽东评说中国文学》，吉林人民出版社1998年版，第82页）

愚公移山"是有道理的"！道理何在？一曰山可以铲平；二曰子子孙孙长期坚持。引申开去，就是困难是可以克服的，只要坚持不懈地努力；帝国主义的侵略是可以战胜的，只要能够持久地战斗；反动派的军事进攻是可以粉碎的，只要始终保持警惕，进行有理、有利、有节的斗争；穷山恶水是可以治理制伏的，"让高山低头，让河水让路"，只要敢于战天斗地降龙伏虎；"尽扫饕蚊"是可以做到的，只要真正调动起"全世界各民族千百万愚公"

同心干。

毛泽东在《愚公移山》一文中把愚公移山精神概括为十七个字：下定决心，不怕牺牲，排除万难，去争取胜利。这曾经激励和树立了全国人民把反帝反封建斗争进行到底的信心与决心，并把这种信心和决心化作埋葬旧世界、建立新中国的巨大物质力量。

这也从一个侧面说明了毛泽东的重要思想：只要我们的路线、方针、政策是正确的，是为了人民大众的利益的，我们就会感动这个"上帝"，赢得全国广大人民群众这个"上帝"的支持，就会团结依靠"上帝"去搬掉横亘在我们面前的各式各样的"大山"。

愚公，虽然是寓言里的人物，但两千年来，它已成了中国人民不畏艰难的象征。经毛泽东阐释的《列子·愚公移山》这则古代寓言，形象化地说明中国人民在中国共产党领导之下的坚忍不拔的战斗毅力。今天，重温这则寓言，仍然在鼓舞着我们为祖国的现代化建设而奋斗，而满怀信心，而埋头苦干，勇于克服一切困难，去争取更大的胜利。本着这种精神来读《愚公移山》，更有意义，更有价值。

二十四史都没说天掉下来

——毛泽东五谈"杞人忧天"

"杞人忧天"作为成语典故，平时常听到，使用很普遍。只要有人表现出没有根据的忧虑忧愁，就会有人说：你这是杞人忧天！

《杞人忧天》出自《列子·天瑞》：

> 杞国有人忧天地崩坠，身亡所寄，废寝食者。又有忧彼之所忧者，因往晓之，曰："天，积气耳，亡处亡气。若屈伸呼吸，终日在天中行止，奈何忧崩坠乎？"
>
> 其人曰："天果积气，日月星宿，不当坠耶？"
>
> 晓之者曰："日月星宿，亦积气中之有光耀者，只使坠，亦不能有所中伤。"
>
> 其人曰："奈地坏何？"
>
> 晓者曰："地积块耳，充塞四虚，亡处亡块。若躇步跐蹈，终日在地上行止，奈何忧其坏？"
>
> 其人舍然大喜，晓之者亦舍然大喜。
>
> 长庐子闻而笑之曰："虹蜺也，云雾也，风雨也，四时也，此积气之成乎天者也。山岳也，河海也，金石也，火木也，此积形之成乎地者也。知积气也，知积块也，奚谓不坏？夫天地，空中之一细物，有中之最巨者。难终难穷，此固然矣；难测难识，此固然矣。忧其坏者，诚为大远；言其不坏者，亦为未是。天地不得不坏，则会归于坏。遇其坏时，奚为不忧哉？"

子列子闻而笑曰："言天地坏者亦谬，言天地不坏者亦谬。坏与不坏，吾所不能知也。虽然，彼一也，此一也。故生不知死，死不知生；来不知去，去不知来。坏与不坏，吾何容心哉？"

　　把这个文言的寓言典故译成白话，大意则是：

　　春秋的时候，中原诸侯杞国有一个人，忧虑天会崩塌，地会陷落，自己无处安身，便整天地饭也吃不下、觉也睡不着。另外有个人，又替这个人的忧虑担心，就跑到他那儿去向他解释道："天不过是堆积起来的气体，没有一个地方没有气，你一屈一伸，一呼一吸，处处接触着气，整天在天里面活动，为什么还怕天会崩塌呢？"

　　杞国的那个人说："天假若真是气积成的，那么日月星辰不会掉下来吗？"

　　解释的人说："日月星辰也不过是堆积起来的气体中会发光的罢了，即使它掉下来，也绝不会伤害什么。"

　　杞国的那个人说："如果地要陷下去呢？"

　　解释的人说："地不过是堆积起来的土块罢了，它充满四处。没有一个地方没有土块。你践踏，踩步，整天在地上来往活动，为什么要忧虑它会陷落下去呢？"

　　经过这个人一解释，那个人像放下了重担似的，满心高兴，那个解释的人也像放下了重担似的，满心高兴。

　　长庐子听到了这件事，笑他们说："虹蜺、云雾、风雨、四时，都是堆积起来的气体，这就形成了天；山岳、河海、金石、火木，都是堆积起来的形体，这就形成了地。既然知道天是堆积起来的气体，地是堆积起来的土块，那么怎么能说它们不会坏呢？天地在无限广大的空间里只不过是一个小小的东西，可是在有限的范围里又是最大的。人们很难了解它们的终结，很难追究它们的根底，道理本来是这样的。人们难以揣测它们，难以认识它们，道理也本来是这样的。忧愁它们会坏，那实在也忧虑得太远了；若说它们根本不会坏，那也不一定正确。总之，天地不能不坏，结果总是要坏的，倘若真遇着了天崩地陷，那怎么能使人不发愁呢？"

　　列子听到了这些人的话，笑道："说天会崩地会陷是荒谬的，说不会崩陷也是荒谬的。它们的崩与不崩，陷和不陷，不是我所能知道的。不过有一点是很明白的，崩和陷是一件事，不崩和不陷又是一件事，这两件事是不能相提并论的。这犹如活着的人不会知道死后是怎么一回事，死去的人也不会知道活着是怎么一回事，未来的不知道过去，过去的也不知道未来一样。天地的崩或者不崩，陷或者不陷，我们又何必把它放在心上呢！"

杞，古国名，位置大概在今河南杞县一带。"杞人忧天"的故事，一定程度上反映了春秋时代人类对宇宙空间即自然之天的初步认识。杞人、晓者、长庐子、列子讨论天地、生死、来去等"天道"问题，尤其是所谓天塌地陷问题。说宇宙"难终难穷"，是正确的命题，这与今人说宇宙是无限的很接近；说天地宇宙"难测难识"，则是错误的命题，这与今人所说的"不可知论"很接近。

由这个寓言所概括出的成语"杞人忧天"，是说杞国有一个人，总是担心天会塌下来、地会陷下去，自己无处安身，因而竟愁得茶饭不进、睡眠不安，以比喻那种不必要的或无根据的忧虑和担心。这是此条成语思想内容的规定性。

对于《列子·天瑞》中的"杞人忧天"这则寓言以及由此形成的成语，毛泽东不仅熟悉，而且常在他的文章和讲话中加以运用。

谓之"杞人忧天"

抗日战争接近全面胜利的1944年，中共中央认为做出党的若干历史问题决议的时机已经成熟，召开党的七大即刻提上日程。

同年5月10日，毛泽东主持中央书记处会议讨论召开党的七大问题。

会议决定立即着手各方面的准备。决定组织七大各报告的准备委员会：党内历史问题决议准备委员会由任弼时负责召集，军事问题报告准备委员会由朱德负责召集，组织问题报告准备委员会由刘少奇负责召集，统一战线工作报告准备委员会由周恩来召集。

会议提出：各种公开的决议及发表的演讲，内容必须是能给党员、民众和中外人士看的，必须是说理的、人家驳不倒的，必须是成熟的中心问题。

经过数月的努力，为党的七大准备的各项报告相继起草完成。

起草"历史决议"，在整风运动的基础上全面总结党的历史经验，是为准备七大所做的一项重要工作。在任弼时的主持下，有刘少奇、周恩来、博古（秦邦宪）、洛甫（张闻天）等七人参加的专门委员会负责起草和修改。1944年5月，任弼时在毛泽东1941年起草的《关于四中全会以来中央领导路线问题结论草案》的基础上写成了"决议"的草稿，并分送政治局委员征求意见，又由政治局秘书胡乔木作了比较大的修改。然后，中央指定张闻天对"历史决议"稿做了认真的修改和补充。这一决议的起草，多次讨论，数易其稿。1945年春，毛泽东在张闻天修改后的稿子上先后进行了七次修改。在第一次修改中，毛泽东将题目定为《关于若干历史问题的决议》。在"决议"起草过程中，党的高级干部进行了数次讨论，提出许多重要的修改意见，其中很多意见被吸收到了《决议》中去，形成《关于若干历史问题的决议》草案。

讨论通过"历史决议"，原本是要作为党的七大的一项重要日程。1945年3月25日，中共六届七中全会主席团决定将这个决议改在六届七中全会上讨论通过，不提交大会。为此，3月31日，毛泽东在七中全会的全体会议上作了些说明，他说：总结经验可以说是算账。不采用大会这个形式来算账，才能使大会集中注意力于当前问题。他要求参加六届七中全会的同志说服七大的代表们，把过去党的历史问题委托七中全会解决比较好，以便自己集中力量来解决抗战建国的任务。

毛泽东同时还讲道：草案中没有说"左"倾错误造成白区损失百分之百、苏区损失百分之九十的问题，也没有说教条宗派、经验宗派问题。这些不说，我看至多是缺点；说得过分，说得不对，却会造成错误。对《决议》草案中没有就抗战时期党的路线问题作结论，毛泽东指出：七大的方针是只解决已经成熟的历史问题，没有成熟的问题都不必急于作结论。

1945年4月20日，党的六届七中全会举行最后一次全体会议，任弼时报告"历史决议"起草经过，毛泽东作决议草案说明。全会一致决定，原则通过《关于若干历史问题的决议》，个别意见委托党的七大以后的中央去采纳修改。

《决议》详尽地总结了建党20多年来的历史，特别是党的六届四中全会至遵义会议前这一段党的历史及其基本经验教训。全面详尽地阐述了历次"左"倾错误在政治、军事、组织、思想方面的表现和造成的严重危害，并着重分析了产生错误的社会根源和思想根源，对党在历史上的若干问题作了结论。《决议》强调，坚持"惩前毖后，治病救人"的方针，指出对那些犯错误的同志应采取分析的态度，不要否定一切。

《决议》高度评价了毛泽东运用马列主义基本原理解决中国革命问题的杰出贡献，肯定了确立毛泽东在全党的领导地位的重大意义。《决议》的通过，增强了全党在毛泽东思想基础上的团结和统一，为党的七大的召开创造了充分的思想条件。

1945年4月21日，抗日战争即将取得最后胜利的前夜，中国共产党第七次全国代表大会预备会议在延安召开。

在预备会议上，毛泽东作《中国共产党第七次全国代表大会的工作方针》的报告。报告中，讲到形成《关于若干历史问题的决议》的指导思想是谦虚谨慎时，他说：

> 我们现在学会了谨慎这一条。搞了一个历史决议案，三番五次，多少对眼睛看，单是中央委员会几十对眼睛看还不行，七看八看看不出许多问题来，而经过大家一看，一研究，就搞出许多问题来了。很多东西在讨论中你们提出来了，这很好，叫作谨慎从事。要慢慢来，天塌不下来的。从古以来，天都没塌下来过。以前有一个杞国，有人怕天掉下来，天天忧愁，谓之"杞人忧天"。到现在几千年了，二十四史都没说天掉下来过。就是掉下来，我们同志当中也有几个很高的可以撑住，不要紧。(《毛泽东在七大的报告和讲话集》，中央文献出版社1995年版，第10—11页)

"我们现在学会了谨慎这一条。"写历史决议案经过充分讨论，多次修改，确实很谨慎。

毛泽东用"杞人忧天"这个典故来告诫党的高级干部们，要谨慎从事，不要急躁，也不要担心和害怕决议案中可能还存在的漏洞。意在提醒人们对决议案中未做结论的一些东西还需要采取耐心的、谨慎的态度，这不仅是符合当时历史现实的一种要求，而且也是党在政治上进一步成熟的表现。

在报告中毛泽东还说，若干历史问题的决议是不是还会有漏洞呢？还可能有。经过十年八年之后，修中共党史的时候可以看出来，如果有漏洞，就说"这一条历史过去搞掉了，不对，要重新添上"。这没有什么，比如积薪，后来居上，我们对前人也是这样的。有漏洞就改，原则是坚持真理、修正错误。

毛泽东引用"杞人忧天"寓言故事，也意在说明谨慎不出漏洞，就是天"掉下来"也不可怕，有大个"可以撑住"，漏洞可以弥补。他形象、风趣、辩证地说明了"天塌不下来"（谨慎不出漏洞）与天"就是掉下来"（决议案有漏洞）这两种情况的处理办法。

一条宝贵的历史经验，一个严肃的政治问题，毛泽东把那位忧心忡忡的、可笑的杞人搬出来，就议论得风生水起、诙谐幽默，令听众耳目一新。

有些同志"怕天塌下来"

1956年，毛泽东在政治局扩大会议上作了《论十大关系》的讲话，提出了"百花齐放，百家争鸣"的方针（后来概括为"双百方针"）。

同年11月，党的八届二中全会决定从1957年起开展党内整风运动。

1957年5月开始整风。5月1日，《人民日报》刊载了中共中央在4月27日发出的《关于整风运动的指示》，决定在全党进行一次以正确处理人民内部矛盾为主题，以反对官僚主义、宗派主义和主观主义为内容的整风运动，号召党外人士"鸣放"，鼓励群众提出自己的想法、意见，也可以给共产党和政府提意见，帮助共产党整风。

这得到了广大群众、党外人士和全体党员的积极响应。于是，在很短期间内，各界人士，主要是知识分子向党和政府提出了很多建议和意见，有些意见很尖锐。新闻界也跟进，刊出各种声音。这段时期被称为"大鸣大放"。

在"大鸣大放"后期，一些对共产党和中共政府批评的言辞十分激烈、尖锐，有些言论甚至提出"共产党与民主党派轮流坐庄"等论调。再加上此前苏联的赫鲁晓夫上台后发表反对斯大林的秘密报告。国际国内局势堪忧。

对此，5月15日，毛泽东撰写《事情正在发生变化》一文，发给党内同志阅读。要求认清形势，注意右派的进攻。

6月8日的《人民日报》发表《这是为什么？》的社论，提示人们"少数的右派分子在'帮助共产党整风'的名义之下，企图乘机把共产党和工人阶级打翻，把社会主义的伟大事业打翻"，但是社论在最后还指出"共产党仍然要整风，仍然要倾听党外人士的一切善意批评"。

鉴于这种情况，党内个别领导对"大鸣大放"也产生了不同意见，担心这样下去会不会出乱子，影响党的形象。

1957年7月9日，南巡的毛泽东在上海干部会议上有针对性地发表讲话。他说：

我们党里头有些同志，就是怕天下大乱。我说，这些同志是忠心耿耿，为党为国，就是没有看见大局面，就是没有估计到大多数人，即百分之九十几的人是好人。不要怕群众，他们是跟我们一块的。他们可以骂我们，但是他们不用拳头打我们。右派只有极少数。

毛泽东在讲话中引用"杞人忧天"这一成语典故，他接着说：

有什么可怕呢？我们有些同志，就有那么一些怕，又怕房子塌下来，又怕天塌下来。从古以来，只有"杞人忧天"，就是那个河南人怕天塌下来。除了他以外，从来就没有人怕天塌下来的。总而言之，无论什么地方，百分之九十几的人是我们的朋友、同志，不要怕。怎么怕群众呢？怕群众是没有道理的。（1957年7月9日毛泽东在上海干部会议上的讲话）

毛泽东在这里借用《杞人忧天》的寓言故事，在于说明群众的绝大多数是拥护党的，怕群众是没有道理的。担心"天下大乱"，就像"杞人忧天"一样是没有根据的。这反映了毛泽东的人民群众是真正的英雄，是历史发展的真正动力的唯物史观，反映了他充分相信群众、紧紧依靠群众、放手发动群众推动社会主义建设事业的群众路线。相信群众的毛泽东无所畏惧，不怕"乱子"，不怕"天塌下来"，没有"杞人"之忧。

毛泽东在讲话中告诫人们要正确对待缺点和错误。他说：我们每一个同志，都有一点毛病，哪有没有毛病的呢？"人非圣贤，孰能无过"，总要讲错一点话，办错一点事，就是什么官僚主义之类。这些东西往往是不自觉的。同时，他也告诫人们要清醒对待"大鸣大放"，他认为这是对党的一种锻炼和考验，并在讲话中列举《西游记》中孙悟空的故事，他说，孙悟空在太上老君的八卦炉里头一锻炼就更好了。孙悟空不是很厉害的人物吗？人家说是"齐天大圣"呀，还要在八卦炉里头烧一烧。不是讲锻炼吗？这一回就是一次锻炼。一个时期天昏地黑，日月无光。就是两股风来吹：一是大多数好人，他们讲共产党有缺点，要改；另外是极少数右派，他们是攻击我们的。两方面进攻是一个方向。但是多数人的进攻是应当的，攻得对。这对我们是一种锻炼。右派的进攻，对我们也是一种锻炼。

在"大鸣大放"后期，运动性质发生了变化，由整风变成了"反右"。这也违背了毛泽东的初衷。

对于1957年的"反右运动"，1981年6月21日，中共十一届六中全会通过的《关于建国以来党的若干历史问题的决议》中是这样说的：

这一年（指1957年）在全党开展整风运动，发动群众向党提出批评建议，是发扬社会主义民主的正常步骤。在整风过程中，极少数右派分子乘机鼓吹所谓"大鸣大放"，向党和新生的社会主义制度放肆地发动进攻，妄图取代共产党的领导，对这种进攻进行坚决的反击是完全正确和必要的。但是反右派斗争被严重地扩大化了，把一批知识分子、爱国人士和党内干部错划为"右派分子"，造成了不幸的后果。

《决议》还是肯定整风中"发动群众向党提出批评建议，是发扬社会主义民主的正常步骤"。这个结论与毛泽东引用"杞人忧天"典故，阐述"怕群众是没有道理的"观点，基本思路是一致的。

怕群众者才"杞人忧天"！

依靠群众者"天塌不下来"！

不该怕的他也怕

1961年10月，中共代表团因赫鲁晓夫再次反对斯大林，便中止参加苏共二十二大的会议，提前离开苏联回国。这意味着中国共产党亲苏"一边倒"的政策结束，两个拳头打帝修国际战略开始。

毛泽东于1949年6月30日发表的著名的《论人民民主专政》一文中明确地声明："'你们一边倒'，正是这样。……中国人民不是倒向帝国主义一边，就是倒向社会主义一边，绝无例外。骑墙是不行的，第三条道路是没有的。"

新中国成立初期，毛泽东访问苏联，签订了《中苏友好同盟互助条约》。从中苏同盟互助条约到其他一系列协定的签订，不仅在中国国内，在国际上也是影响很大的。在经济上和政治上都是很有利的。

当时以美国为首的帝国主义国家，对中国采取封锁禁运政策，只有苏联和东欧几国愿意支持帮助中国，中苏合作期间，西方国家造了不少谣言，说什么"苏联正在将中国北部地区实行合并""企图控制中国"，等等。这些条约和协定一经签订公布，表明了中国是独立地充分行使着主权的，中国同苏联的关系是平等的，连西方国家官方人士和通讯社也惊呼中苏条约"必然会成为反殖民地宣传的强有力武器""拆了美国对华政策的台"，美国"国务院方面伤心地承认了这是一个事实"，说这是"最黑暗的噩梦"。

这说明，中苏会谈及其结果，使帝国主义者的挑拨离间阴谋不攻自破，为新生的中华人民共和国赢得很好的声誉。

当时，与中国建立了外交关系的国家一共只有二十来个，其中主要是苏联、东欧几国和蒙古、朝鲜、越南等兄弟国家，其余是亚洲的缅甸、印度、巴基斯坦和印度尼西亚等邻邦。欧洲的各个主要国家，只有英国出于本国在华利益的需要同中国有个代办关系，还有瑞典、瑞士、芬兰、丹麦等几个中立国家，同中国建立了外交关系。法国、意大利、比利时和西德等国还不承认中国，南、北美洲和澳非诸国，同中国更是一点官方往来也没有，所以那时中国的外交工作，相当一部分是同苏联和东欧几国打交道。

按照中苏同盟条约，旅顺和大连的苏军基地及其财产设施，应于1952年末以前移交中国，但是鉴于当时的国际形势，朝鲜战争正在进行，对日和约尚未缔结，经两国协议将移交期限适当延长，驻旅大苏军也暂缓撤出，那时有中国"背靠沙发"一说。

在世界两大阵营中，中国是倒向苏联的，尽管中苏友好期间也有矛盾。但是，在赫鲁晓夫上台以后，中苏矛盾日益明显激化。

赫鲁晓夫集团对中国施加压力，企图压服中国追随苏联的路线。1960年6月，赫鲁晓夫在布加勒斯特会议上向中共发起突然攻击。接着于7月16日，苏联政府片面撕毁了600个合同，撤走在华全部专家1300多人，终止派遣专家900多人。苏联领导人背信弃义，使中国250多个企业和事业单位处于停顿、半停顿状态，更有甚者，苏联还向中国逼债，要中国偿还朝鲜战争期间的借款，这都加重了中国经济困难。

毛泽东从来不曾在任何屈辱的环境中低头，他的意志是与他的追求精神相适应的。

1962年1月14日，毛泽东会见一个兄弟国家政府访华代表团时，他说：

> 有斗争，斗争是有困难的。有一件事是肯定的，天是塌不下来的。过去河南有个小国叫杞国，那里的人怕天塌下来，杞人忧天，不该怕的他也怕。我们出版了一本书，叫《不怕鬼的故事》，有英文版和法文版，你们看过吗？如找到英文版和法文版的可以送给你们，这是第一本这样的故事书，很有意思。（陈晋：《毛泽东读书笔记解析》下册，广东人民出版社1996年版，第1626页）

毛泽东此次引用"杞人忧天"故事，说的是斗争"有困难"，不要像杞国那个忧天者，要一不怕难，二不怕鬼。越有困难越有鬼，毛泽东越是迎难而上敢斗鬼。他坚信"天是塌不下来的"，他反对"不该怕的他也怕"。这里毛泽东对兄弟国家政府访华代表团说的难，就是国际国内形势方面的困难；这里说的鬼，就是"帝修反"势力。毛泽东在事关国家主权、民族利益大事面前，历来是"敢同魔鬼争高下，不向霸王让寸分"。那位"怕天塌下来"的杞国人，是他所鄙视的。

敢于同各种各样的"魔鬼"较量，是毛泽东的战斗豪情。20世纪50年代末60年代初，他让中国科学院文学研究所所长何其芳编写一本《不怕鬼的故事》。他曾经同苏联等十一个社会主义国家的代表团和驻华使节谈话说"不怕鬼"，他说：

> 世界上有人怕鬼，也有人不怕鬼。鬼是怕它好呢，还是不怕它好？中国的小说里有一些不怕鬼的故事。我想你们的小说里也会有的。我想把不怕鬼的故事、小说编成一本小册子。经验证明鬼是怕不得的。越怕鬼就越有鬼，不怕鬼就没有鬼了。有狂生夜坐的故事。有一天晚上，狂生坐在屋子里。有一个鬼站在窗外，把头伸进窗内来，很难看，把舌头伸出来，头这么大，舌伸得这么长。狂生怎么办呢？他把墨涂在脸上，涂得像鬼一样，也伸出舌头，面向鬼望着，一小时，二小时，三小时，望着鬼，后来鬼就跑了。
>
> 今天世界上鬼不少。西方有一大群鬼，就是帝国主义。在亚洲、非洲、拉丁美洲也有一大群鬼，就是帝国主义的走狗、反动派。
>
> ……我们的策略是使亚洲、非洲、拉丁美洲的劳动人民得到一次教育，使这些国家的共产党也学会不怕鬼。(《世界上有人怕鬼，也有人不怕鬼》，《毛泽东外交文选》，中央文献出版社、世界知识出版社1994年版，第374—375页)

20世纪60年代初期，毛泽东鄙视杞人敢斗鬼，顶住了国际霸权主义的压力，维护了民族的尊严和国家的长远利益。

"天塌"何足虑，魔鬼何足惧！这就是毛泽东的性格。

公开论战"天塌不下来"

20世纪60年代初，中苏两党公开论战不可避免地爆发了。

1962年，毛泽东在中南海住所接见苏联驻中国大使契尔沃年科。在谈到苏方挑起的中苏两党之间公开论战时，毛泽东毫不畏缩地说：

你们这个做法我赞成，赞成你们的公开论战。我说，第一、天塌不下来；二、树木照样长；三、河里的鱼照样游；四、女人照样生孩子。这个公开论战不过打笔墨仗而已，一个人也死不了。所以，我赞成你们那个公开论战。（陈东林：《毛泽东诗词背后的人生》，九州出版社 2010 年版，第 228 页）

毛泽东认为"公开论战"阻止不了革命形势的发展，像自然界天塌不下来、树木生长、鱼游河水、女人生产一样，一切都照常发展。

毛泽东说的第一条"天塌不下来"，是对"杞人忧天"的反用。

以后，苏联领导人曾托罗马尼亚领导人向中国转达，要求停止公开论战，各自不支持对方的派别活动。

毛泽东断然予以拒绝。他的态度是，"因为有许多问题大概要用公开论战的方式来搞清楚"。而且，论战一旦由你们挑起，要想停战就由不得你们了。他说：停止论战要到一万年以后，少了不行。

1963 年 1 月 9 日，毛泽东在广州读到了郭沫若 1 月 1 日在《光明日报》上发表的《满江红》词：

> 沧海横流，方显出英雄本色。人六亿，加强团结，坚持原则。天垮下来擎得起，世披靡矣扶之直。听雄鸡一唱遍寰中，东方白。
>
> 太阳出，冰山滴，真金在，岂销铄？有雄文四卷，为民立极。桀犬吠尧堪笑止，泥牛入海无消息。迎东风革命展红旗，乾坤赤。

郭词"天垮下来擎得起，世披靡矣扶之直"，是对毛泽东"天塌不下来"精神的诗化解读，是对毛泽东"弥天大勇"奋斗豪情的由衷激赏。

毛泽东也被诗中"沧海横流，方显出英雄本色"的壮怀激烈引起共鸣。当晚，他在房里踱来踱去，时而紧锁眉头，苦苦沉思，时而昂首吟哦。忽然，他停住脚步，坐到桌前写上几句，又摇摇头，几下把纸揉成一团，忽地掷进纸篓。次日清晨，工作人员发现纸篓中已装满大半。

在不断的思绪连缀中，在不断的奋笔疾书中，一篇壮丽的词作产生了。经过以后反复修改的这首《满江红·和郭沫若同志》词曰：

> 小小寰球，有几个苍蝇碰壁。嗡嗡叫，几声凄厉，几声抽泣。

蚂蚁缘槐夸大国，蚍蜉撼树谈何易。正西风落叶下长安，飞鸣镝。

　　多少事，从来急；天地转，光阴迫。一万年太久，只争朝夕。

四海翻腾云水怒，五洲震荡风雷激。要扫除一切害人虫，全无敌。

　　这首《满江红》纵情讴歌了"山雨欲来风满楼"的民族解放浪潮，高昂激奋，汇成了时代的强音。

　　从第二次世界大战以后到1963年，亚非拉美国家的民族独立和人民解放运动风起云涌，一浪高过一浪，五十多个亚洲和非洲的国家获得了独立，昔日殖民主义的体系土崩瓦解，成为历史的陈迹。这些新独立的国家都与中国有着良好的关系，把中国看作他们的朋友和榜样。这不仅因为中国一贯支持他们的斗争，更因为中国的国情与他们相似——都曾受过多年的屈辱和压迫；中国的道路最切近他们——走独立自主、自力更生的路；中国的领袖毛泽东，与他们中的大多数人一样——是农民的儿子。

　　毛泽东在词中无情地嘲弄了企图主宰世界的几个大国，只不过是"几个苍蝇"，表示了要与帝国主义、修正主义斗争下去的决心。

　　读此词，要理解词句"多少事，从来急；天地转，光阴迫。一万年太久，只争朝夕"的深邃含义——这是毛泽东多次申明的战斗宣言！

　　1964年1月，他解释说："你要慢，我就要快，反其道而行之。你想活一万年？没有那么长。我要马上见高低，争个明白，不容许搪塞。但其实时间在我们这边，'只争朝夕'，我们也没有那么急。"

　　这就是"一万年太久，只争朝夕"的来历。

　　1964年10月，赫鲁晓夫下了台。次年2月，苏联部长会议主席柯西金来访中国，与毛泽东会谈，又提出停止公开论战的问题。柯西金说，你说的让我们团结起来的局势，可能要一万年以后，这没法解释。毛泽东坚决地回答：有些人要我们停止争论，但我们还没有答复完，就要停止公开争论，那不行。至于帝国主义发动战争时，我们站在一起，那是另一回事。最后，毛泽东笑着表示，看在你的面子上，减去一千年。

　　1970年，毛泽东在与为苏联说项的罗马尼亚领导人波德纳拉希会谈时，又诙谐地说，为了你的任务，再减去一千年，不能再让了，一减就是一千年呀！

　　他认为，一万年以后的团结是遥远的事情，现在我们就要将原则问题争个清楚。

　　真理愈辩愈明，这是他的一贯态度。

论战毕竟没有等到一万年以后才停止。

1980 年 5 月 31 日，邓小平在同中共中央有关部门负责人谈话中说：各国党的国内方针、路线是对还是错，应该由本国党和本国人民去判断。最了解那个国家情况的，毕竟还是本国的同志。这应该成为一条重要的原则。

1989 年 5 月，随着苏共中央总书记戈尔巴乔夫的来访，中苏两党宣布实现关系正常化。

其实，"天塌不下来"表明了毛泽东面对大国霸权主义敢斗敢拼的勇敢精神，"争论一万年"表明了毛泽东争论到底、斗争到底的决心意志，"一万年太久，只争朝夕"则表明了他斗争的灵活性。

倾听毛泽东的申明，吟诵毛泽东的词句，令人为其折服：为他不屈不挠的反抗精神，为他毕生勇敢地护卫真理。"天不会塌下来""天垮下来擎得起"，是他精神世界里有擎天柱。

我们不要学那位杞国人

1969 年中共召开九大之后，召开四届人大的事情被提到议事日程上来。

这引起新一轮最高权力之争。林彪集团与江青集团之间，围绕承不承认"天才"和要不要设国家主席两个问题展开斗争。

召开人大要准备政府工作报告和修改宪法报告。

起草政府工作报告，理所当然由周恩来总理主持。

修改宪法工作呢？毛泽东指定由康生主持，陈伯达参加。

一天晚上，在怀仁堂康生主持讨论修改宪法会。吴法宪与张春桥吵起来。事后陈伯达问吴法宪吵什么。吴法宪说，张春桥否认毛主席是"天才"。

陈伯达当时认为，毛主席是一个天才人物，虽然他在过去似乎没有这样说过。马克思、恩格斯、列宁、斯大林都承认历史上有天才人物。说毛主席是"天才"并不错。

怀仁堂修宪争吵，拉开了两个集团暗中争权夺利的序幕。

修改宪法，怎么会忽然争起了"天才"问题？

原来，这次修改宪法，要在序言中提及毛泽东。关于毛泽东的评价，在当时，最"权威"的莫过于林彪为《毛主席语录》所写的《再版前言》中的一段话：

"毛泽东同志是当代最伟大的马克思列宁主义者。毛泽东同志天才地、创造性地、全面地继承、捍卫和发展了马克思列宁主义，把马克思列宁主义提高到一个崭新的阶段。"

"天才地、创造性地、全面地"这三个副词，自《再版前言》问世之后，几乎成了毛泽东"专用"的了。几乎所有的社论、文章，一提到毛泽东，便要用这三个副词。

可是，后来情况变化了。诚如毛泽东1970年12月18日跟美国记者斯诺谈话时所说："在过去几年中，有必要搞点个人崇拜。现在没有这种必要了，应当降温了。"斯诺写道："今天，情况不同了。主席说，所谓'四个伟大'——对毛本人的称号——'伟大的导师、伟大的领袖、伟大的统帅、伟大的舵手'讨嫌。总有一天要统统去掉。"

正因为这样，毛泽东圈去了中共九大政治报告以及新党章中那三个副词，只剩下"继承、捍卫和发展"三个动词。康生、张春桥、姚文元参与起草，深知毛泽东这一变化了的"政治行情"。

林彪、陈伯达当然也知道这一"政治行情"。那"四个伟大"，那三个副词，都深深打上"林"字印记。毛泽东说"四个伟大"讨嫌，三个副词讨嫌，实际上是说林彪讨嫌！

林彪在他的多次讲话中，一再称颂毛泽东为天才。陈伯达也论述过天才问题。

什么是天才？可以讨论。问题在于，林彪一伙此时维护"天才论"，目的并不是探讨哲学，而是维护林彪的地位。诚如毛泽东早在1966年7月8日那封写给江青的信中所一语道破的："我猜他们的本意，为了打鬼，借助钟馗。我就在二十世纪六十年代当了共产党的钟馗了。"

修改宪法时，为了"天才地"这个副词，引起怀仁堂内一番论战。这是政治格斗！

在修改宪法时，关于要不要写上国家主席的条文，也爆发了一场激烈的论战。

谁继任国家主席呢？按照当时的政治形势，只有两人可担此任：要么毛泽东，要么林彪。

如果毛泽东不当国家主席，则非林彪莫属了！

林彪对国家主席所拥有的权力发生很大兴趣。他企望当国家主席。

毛泽东当然对林彪的心态一清二楚。

林彪明知毛泽东不可能再出任国家主席，可是却再三"提议"：国家主席请毛泽东"兼任"。

毛泽东自己不愿再当国家主席，也不愿意提名林彪担任国家主席。于是，他干脆建议在修改宪法时，删去原宪法中的第二章第二节，来个"不设国家主席"！

1970年3月8日，毛泽东正式提议，召开四届人大，并修改宪法。毛泽东同时提议，改变国家体制，不设国家主席。这是毛泽东第一次明确提出不设国家主席。

3月9日，中共中央政治局根据毛泽东的意见，开始了修改宪法的准备工作。

于是，陈伯达与张春桥在起草宪法修改方案中，产生了争论：陈伯达主张应当放入有关国家主席的条文，张春桥则主张删去原有的有关国家主席的条文。

林彪在苏州。他在3月9日让叶群给在北京的黄永胜、吴法宪说："林副主席赞成设国家主席。"毛泽东未予理睬。

林彪只得自己出面，让秘书给毛泽东秘书打电话说："林副主席建议，毛主席当国家主席。"

毛泽东的答复很巧妙。他让秘书回电苏州："问候林彪同志好！"

4月11日夜11时30分，林彪在苏州让秘书于运深给中共中央政治局挂电话。当时于运深记下的林彪原话全文如下：

一、关于这次"人大"国家主席的问题，林彪同志仍然建议由毛主席兼任。这样做对党内、党外、国内、国外人民的心理状态适合。否则，不适合人民的心理状态。

二、关于副主席问题，林彪同志认为可设可不设，可多设可少设，关系都不大。

三、林彪同志认为，他自己不宜担任副主席的职务。

林彪这三条意见，第一条是假话，第三条是真话，第二条是无所谓的话，他确实是不愿"担任副主席"了！

就在接到林彪电话的翌日，中共中央政治局给毛泽东写了请示报告。毛泽东对此作了批示："我不再作此事，此议不妥。"这是毛泽东第二次毫不含糊地否定了关于设国家主席的意见。

4月下旬，在中共中央政治局会议上，毛泽东借用《三国演义》中的典故，告诫林彪："孙权劝曹操当皇帝。曹操说，孙权是要把他放在炉火上烤。我劝你们不要把我当曹操，你们也不要做孙权。"毛泽东谈笑风生，但笑声中饱含着尖刻的讽喻。这是他第三次表明了不设国家主席的意见。

林彪仍一意孤行。据吴法宪在1971年10月21日亲笔交代：

（一）1970 年 4 月中旬和下旬，主席两次告诫林彪不要再提国家主席之后，5 月中旬有一次我见林彪时，我问他对宪法修改有什么意见，他说：他主张要设国家主席。不设国家主席，国家没有一个头，名不正言不顺。林彪要我和李作鹏在宪法工作小组会上，提出写上国家主席一章。

（二）1970 年 7 月，叶群曾向我当面说过：如果不设国家主席，林彪怎么办，往哪里摆？

（三）1970 年 8 月初叶群打电话对我说：林彪的意见还是要坚持设国家主席，你们应在宪法工作小组提议写上这一章。

……

7 月中旬，在中央修改宪法起草委员会开会期间，毛泽东第四次提出不设国家主席。毛泽东指出：设国家主席，那是形式，不要因人设事。

1970 年 8 月，中共九届二中全会在庐山召开。这次会议议程有三项：讨论修改宪法问题；国民经济计划问题；战备问题。

8 月 21 日上午，林彪、叶群飞抵九江机场，上了庐山。

下午，陈伯达去林彪那里，谈了一个多小时。他们商量了如何对"陆定一式的人物"发动攻击。"陆定一式的人物"是暗指张春桥。

黄昏前，叶群邀吴法宪、李作鹏、邱会作去游仙人洞。叶群说：设国家主席还要坚持。

22 日下午，中共中央政治局在庐山召开常委会。林彪又一次提出在宪法中要有国家主席的条文，遭到毛泽东当面否定。林彪很不高兴，没有表示要在明天的开幕式上讲话。政治局常委会决定：中共九届二中全会定于 23 日下午 3 时举行开幕式。

政治局常委会议结束之后，陈伯达又去林彪那里。因为许多机密要事在电话中谈甚为不便，陈伯达与林彪的私下接触变得异常频繁。

23 日上午，陈伯达又去林彪那里。

中午，陈伯达叫来史敬棠，口授了对 1954 年版《中华人民共和国宪法》第二章第二节"中华人民共和国主席"条的若干修改意见。

下午近 4 时，中共九届二中全会开幕。周恩来宣布完三项议程，林彪突然在大会上讲话，完全出人意料。

林彪在讲话中，继续鼓吹"天才论"。他说："我们说毛主席是天才，我还是坚持这个观点。毛主席的天才，他的学问，他的实际经验，不断地发展出新的东西来。"

鼓吹了一番"天才论"之后，林彪很含蓄地谈及了国家主席问题。有碍于昨天毛泽东已当面否决了设国家主席，林彪不便于正面冲锋，来了个"迂回进攻"。他说：

"这次我研究了这个宪法，表现出这样的一个情况的特点，一个是毛主席的伟大领袖、国家元首、最高统帅的这种地位，毛泽东思想作为全国人民的指导思想，这一点非常重要，非常重要，是宪法的灵魂。"

林彪所说的"国家元首"，也就是"国家主席"的另一种提法罢了。他的这段话，婉转地重申了设国家主席的主张。

散会以后，陈伯达来到林彪住处，问讲话是否得到毛主席的同意。林彪说，他的讲话是毛主席知道的。

当晚，陈伯达连夜编好《恩格斯、列宁、毛主席关于称天才的几段语录》，在电话中念给吴法宪听，吴法宪记录后，马上要打字员打印……

吴法宪对于"天才"问题劲头十足，那是因为他在怀仁堂跟张春桥就这个问题吵过一架，他很想能够从经典著作中找到理论根据，以驳倒张春桥。

林彪讲话之后，叶群对陈伯达、吴法宪、李作鹏、邱会作说：这是对"陆定一式人物不点名的点名"！

当天晚上，政治局开会，讨论国民经济计划，吴法宪突然提出："明天全会听林副主席讲话录音，学习林副主席讲话，进行讨论！"会后，吴法宪马上得到林彪表扬，说他"立了一功"。

24 日的黎明悄然来临，林彪一伙处于亢奋之中。"副统帅"昨日一马当先，今日他们便要上阵厮杀了。一早，叶群便把林彪的意思转告他们。她说："今天下午要分组讨论，你们要在各组发言。如果你们不发言，林副主席的讲话就没有根据了。"

叶群谈了以下"注意事项"：

一、要表态拥护林副主席讲话，坚持天才观点。

二、要坚持设国家主席。但是，因为常委会已作了决定，设国家主席的问题暂时不要提了，以免被动。

三、林副主席在讲话中没有点名，你们在发言中也不要点名。

四、集中火力攻"陆定一式人物"，不要讲康生反对"四个伟大"的提法，打击面宽了，主席那里通不过。虽然张春桥的后台就是江青，但在发言中半个字也不能涉及江青，否则就要碰壁，问题暴露了，什么也搞不成。

五、你们在发言时，要用眼泪表示自己的感情。

"导演"如此详细规定了"演员"们的台词以至表情，到了下午分组讨论的时候，"演员"们一齐动作起来了。那份连夜赶印的论"天才"的语录，出现在各小组会会场。

陈伯达在华北组讨论时再次说到"天才"问题。他把批判的锋芒直指张春桥：竟然有个别的人把毛泽东同志天才地、创造性地、全面地继承、捍卫和发展了马克思列宁主义这句话说成"是一种讽刺"。

叶群在中南组用很气愤的神情说："林彪同志在很多会议上都讲了毛主席是最伟大的天才，说毛主席比马克思、列宁知道的多、懂得的多，难道这些都要收回吗？坚决不收回，刀搁在脖子上也不收回！"

吴法宪在西南组以猛烈的炮火攻击张春桥："这次讨论修改宪法中有人对毛主席天才地、创造性地发展了马列主义的说法说是个讽刺。我听了气得发抖。如果这样，就是推翻八届十一中全会，是推翻林副主席的《再版前言》，要警惕和防止有人利用毛主席的伟大谦虚来贬低伟大的毛泽东思想。"

李作鹏在中南组提出一系列的"有人""有人"，暗指张春桥："本来林副主席一贯宣传毛泽东思想是有伟大功绩的，党章也肯定了的，可是有人在宪法上反对林副主席。所以党内有股风，是什么风？是反马列主义的风，是反毛主席的风，是反林副主席的风，这股风不能往下吹，有的人想往下吹，有人连'中国人民解放军是毛主席亲自缔造和领导的，林副主席直接指挥的'他都反对，说不符合历史。"

邱会作在西北组同样来了个"不点名的点名"："对毛主席思想态度问题，林副主席说'毛主席是天才，思想是全面继承、捍卫……'这次讲话仍然坚持这样观点。为什么在'文化革命'胜利、（九届）二中全会上还讲这问题，一定是有人反对这种说法，有人说天才、创造性发展……是一种讽刺，就是把矛头指向毛主席、林副主席。"

由于"副统帅"事先统一过口径，所以属下们步调是那么的整齐，全线出击。

不过，比起几员武将来，陈伯达终究是"宣传老手"。他迅速地改定自己的发言记录稿，作为华北组的二号简报付印（总号为六号）。这样他在华北组上的一席话，化为铅字，马上会使所有出席会议的中共中央委员看到。这期简报由华北组组长李雪峰在24日晚10时多签发付印，25日晨向与会者分发，庐山震动了！

简报称赞林彪在开幕式上的讲话"非常重要，非常好，语重心长"，代表了全党的心愿，代表了全军的心愿，代表了全国人民的心愿。

简报强烈要求：毛泽东同志当国家主席，林彪同志当国家副主席（注：

这是用特殊的语言和方式坚持设国家主席）。

简报对陈伯达在讲话中提到的所谓"妄图否认我们伟大领袖毛主席是当代最伟大的天才"的人，表示最大、最强烈的愤慨；表示对这种人，应该"揪出来"，"应该斗倒斗臭，应该千刀万剐！"

这份简报，一下子使庐山的政治气温骤然上升。

林彪听了秘书念简报，笑了。林彪说："听了那么多简报，数这份有分量，讲到了实质问题。比较起来，陈伯达讲得更好些。"

吴法宪一看简报，后悔让陈伯达抢了头功。他急令西南组也出简报，吴法宪在自己的发言记录里补加了许多"尖端性"的词语，诸如"篡党夺权的野心家、阴谋家""定时炸弹""罪该万死""全国共讨之，全党共诛之"。

李作鹏一看简报，也着急了。他对邱会作说："你看人家登出来了，你们西北组温度不够。"邱会作赞同道："要加温，要加温！"

正在林彪一伙觉得大功告成之时，事物开始走向反面。

25日上午，江青带着张春桥、姚文元找毛泽东告急！江青一见到毛泽东，就尖声大叫："主席，不得了哇！他们要揪人！"

下午，按原定日程，仍是分组讨论。不过，毛泽东临时通知，召开中共中央政治局常委及各组组长会议。

笑容从毛泽东脸上消失，他严肃地做出三项指示：

第一，立即休会，停止讨论林彪在开幕式上的讲话；

第二，收回华北组二号简报；

第三，不要揪人，要按九大精神团结起来，陈伯达在华北组的发言是违背九大方针的。

毛泽东的目光射向陈伯达，十分严肃地说："你们继续这样，我就下山，让你们闹。设国家主席的问题不要再提了。要我早点死，就让我当国家主席！谁坚持设，谁就去当，反正我不当！"

毛泽东的话，使陈伯达丢魂丧胆，使林彪极为难堪。大概为了给林彪留点面子，毛泽东对林彪说："我劝你也别当国家主席。谁坚持设，谁去当！"

毛泽东的一席话，使庐山的政治气温骤降。林彪和陈伯达都意识到，这一回他们输了！

政治局常委扩大会结束之后，各组组长便紧急向小组传达毛泽东的指示。于是，各组急刹车，不再讨论林彪讲话，收回华北组二号简报。

毛泽东找林彪个别谈话。毛泽东用了一个典故，比喻林彪道："纣之不善，不如是之甚也！"

林彪听不懂，又不敢当面问毛泽东。

林彪让叶群打电话到北京毛家湾，要人查找这句话的出处和含义。

北京回电："这句话的意思是'纣王虽然不好，但并不如人们所说的那样坏'。"

惨矣！在毛泽东的眼里，林彪已经成了"纣王"。当然，也有值得安慰的："并不如人们所说的那样坏。"

8月31日，毛泽东开始反击。他针对陈伯达所编的《恩格斯、列宁、毛主席关于称天才的几段语录》，写下那篇著名的《我的一点意见》：

这个材料是陈伯达同志搞的，欺骗了不少同志。第一，这里没有马克思的话。第二，只找了恩格斯一句话，而《路易·波拿巴特政变记》这部书不是马克思的主要著作。第三，找了列宁的有五条。其中第五条说，要有经过考验，受过专门训练，和长期教育，并且彼此能够很好地互相配合的领袖，这里列举了四个条件。别人且不论，就我们中央委员会的同志来说，够条件的不很多。例如，我跟陈伯达这位天才理论家之间，共事三十多年，在一些重大问题上就从来没有配合过，更不去说很好的配合。仅举三次庐山会议为例。第一次，他跑到彭德怀那里去了。第二次，讨论工业七十条，据他自己说，上山几天就下山了，也不知道他为了什么原因下山，下山之后跑到什么地方去了。这一次，他可配合得很好了，采取突然袭击，煽风点火，唯恐天下不乱，大有炸平庐山，停止地球转动之势。我这些话，无非是形容我们的天才理论家的心（是什么心我不知道，大概是良心吧，可决不是野心）的广大而已。至于无产阶级的天下是否会乱，庐山能否炸平，地球是否停转，我看大概不会吧。上过庐山的一位古人说："杞国无事忧天倾。"我们不要学那位杞国人。最后关于我的话，肯定帮不了他多少忙。我是说主要地不是由于人们的天才，而是由于人们的社会实践。我同林彪同志交换过意见，我们两人一致认为，这个历史家和哲学史家争论不休的问题，即通常所说的，是英雄创造历史，还是奴隶们创造历史，人的知识（才能也属于知识范畴）是先天就有的，还是后天才有的，是唯心论的先验论，还是唯物论的反映论，我们只能站在马列主义的立场上，而决不能跟陈伯达的谣言和诡辩混在一起。同时我们两人还认为，这个马克思主义的认识问题，我们自己还要继续研究，并不认为事情已经研究完结。希望同志们同我们一道采取这种态度，团结起来，争取更大的胜利，不要上号称懂得马克思，而实际上根本不懂马克思那样一些人的当。（《建国以来毛泽东文稿》第十三册，中央文献出版社1998年版，第114—115页）

9月1日，毛泽东的《我的一点意见》印发，中央委员人手一份。

毛泽东在《我的一点意见》中加了"我们两人一致认为""我们两人还认为"，保护了林彪，使林彪依然保持着"副统帅"的地位。

这封信虽然是在盛怒之下一挥而就，不失嬉笑怒骂皆成文章的鲁迅杂文风格，但是仍然保持着旁征博引挥洒自如的毛式文章特色。此次"杞人忧天"典故是借李白诗句再次登场的。唐代诗人李白在《梁甫吟》中运用了《列子·汤问》这一典故，有"白日不照吾精诚，杞国无事忧天倾"的诗句。意思是，唐玄宗看不见他的一片赤诚之心，使他在政治上遭到排挤，但他还像杞国人怕天塌下来一样，关心着国家大事。毛泽东取李白后一句。他首先形容陈伯达（实际是林彪一伙人）的进攻态势："采取突然袭击，煽风点火，唯恐天下不乱，大有炸平庐山，停止地球转动之势。"极力描摹其气势汹汹，不可一世。接着设问：天下是否会乱，庐山能否炸平，地球是否停转？他的结论是：我看大概不会吧！进而引出到过庐山的李白的名句，最终告诉人们：不要学那位杞国人。那么，谁是杞国人？在毛泽东的内心世界里，陈伯达和林彪一伙是妄图天下大乱、炸平庐山、停转地球者，而盲目上当、惊慌失措、恐怖不安者，才是"无事忧天倾"的"杞国人"。

毛泽东五谈"杞人忧天"，实质体现了一种精神：那就是不怕天，不怕地，不怕神，不怕鬼，敢于斗争，敢于胜利的大无畏革命精神。什么帝国主义，什么封建主义，什么霸权主义，以及党内的什么教条主义、冒险主义，统统不在话下，无奈我何。总之，"天塌不下来！"

毛泽东鄙视毫无根据就忧心忡忡、疑虑重重的"杞人"，今天怕天塌下来，明天怕地陷下去，悲观主义，失败主义，感伤主义，结果是只看到一片黑暗，看不到前途无限光明；只在前怕狼后怕虎中徘徊不前，不相信没有过不去的"火焰山"和"通天河"。

子期竟早亡，牙琴从此绝

——毛泽东引用《列子》典故和成语

纪昌者又学射于飞卫

从现在已经披露的文献史料看，毛泽东最早读《列子》的记载，是1913年12月他在《讲堂录》中对老师讲"纪昌学射"这则寓言的记录。

那一年，毛泽东在湖南省立第四师范学校读书（后转入长沙湖南第一师范学校）。这年的12月，国文老师袁仲谦、伦理老师杨昌济分别开讲国文和修身课。

12月13日，上国文课时，毛泽东的课堂笔记《讲堂录》有如下记载：

> 射虱 《列子》：飞卫学射于甘蝇，而巧过其师；纪昌者又学射于飞卫，视虱如车轮，矢贯其胸而悬不绝。（《毛泽东早期文稿》，湖南出版社1995年版，第605页）

学生毛泽东所记，为寓言故事"纪昌学射"，出自《列子·汤问》：

> 甘蝇，古之善射者，彀弓而兽伏鸟下。弟子名飞卫，学射于甘蝇，而巧过其师。

> 纪昌者，又学射于飞卫。飞卫曰："尔先学不瞬，而后可言射矣。"纪昌归，偃卧其妻之机下，以目承牵挺。二年之后，虽锥末倒眦，而不瞬也。

以告飞卫，飞卫曰："未也，必学视而后可。视小如大，视微如著，而后告我。"

昌以牦悬虱于牖，南面而望之。旬日之间，浸大也；三年之后，如车轮焉。以睹余物，皆丘山也。乃以燕角之弧、朔蓬之簳射之，贯虱之心，而悬不绝。以告飞卫。

飞卫高蹈抚膺曰："汝得之矣！"

纪昌既尽卫之术，计天下之敌己者，一人而已，乃谋杀飞卫。相遇于野，二人交射，中路矢锋相触，坠于地，而尘不扬。飞卫之矢先穷，纪昌遗一矢。既发，飞卫以棘刺之端扞之，而无差焉。

于是二子泣而投弓，相拜于涂，请为父子。克臂以誓，不得告术于人。

《讲堂录》是毛泽东在长沙求学期间的笔记，现在保存下来的很少，只有四十七页，一万多字。

毛泽东读《论语》《孟子》等"四书五经"，早在韶山乡下就开始了，而读《老子》《庄子》和《列子》要晚得多，因后者不在"四书五经"之列。有文字记载的毛泽东读"老庄"和《列子》，始于长沙求学期间。

1913年春季，二十岁的毛泽东考入了湖南省立第四师范。12月，毛泽东还是一年级八班预料学生（第二年春季，第四师范合并于长沙湖南第一师范），听袁仲谦的国文课，在《讲堂录》中记下《列子》内容。

从《讲堂录》所记内容分析，是对"射虱"一词语作解，表示出自《列子》。所记内容"飞卫学射于甘蝇，而巧过其师；纪昌者又学射于飞卫，视虱如车轮，矢贯其胸而悬不绝"，大抵是他自己对"纪昌学射"这则寓言的扼要概括和理解。

《列子·汤问》篇中讲的纪昌拜飞卫为师学习射箭的故事，它告诉人们纪昌在名师飞卫的指导下，经过坚持不懈的努力，终于成为射箭高手。故事中人物个性鲜明，勤奋好学的纪昌，堪称名师的飞卫，都给人留下很深的印象。

故事从字面上看似乎浅显，实则文意深刻。它以十分生动的事例阐明了一个道理：无论学什么技术都没有捷径可走，都要从学习这门技术的基本功入手，扎扎实实，锲而不舍，才能尽得其巧，干成一番事业。同时也说明，只要刻苦学习，有恒心，有毅力，踏踏实实，精益求精，就一定能实现自己的梦想。

从这本薄薄的《讲堂录》中能看到《列子》的内容，不仅仅说明毛泽东这时已经开始学《列子》，也说明他对"纪昌学射"这则寓言有所偏爱。纪昌学技非常刻苦、执着、专心；珍惜时间，坚持不懈，达到精益求精的程度，这大概为青年毛泽东所欣赏；或许纪昌近乎神奇的箭技为毛泽东所钦佩，所以，工工整整地把它记录下来。

学习一定要下功夫，扎扎实实地打好基础。在学习过程中要不怕苦、不怕累、不怕枯燥无味。要想获得真正的知识和技术，要练成一身真功夫，需要克服无数困难，需要付出无数心血和努力。"冬练三九，夏练三伏"绝非虚言。这也是这则寓言给人们的启发。

子期竟早亡，牙琴从此绝

易咏畦（？—1915），又名易昌陶，湖南衡山人。毛泽东在长沙湖南第一师范求学读书时，同为八班学生，是同窗和挚友。易昌陶工书善文，不幸于1915年3月病逝于家中，毛泽东痛心不已。

毛泽东此时正在湖南第一师范八班学习。在此前后，中国发生了一系列的大事变：

1913年3月，袁世凯派人在上海暗杀了准备进京活动、组织"责任内阁"的宋教仁。4月，袁世凯为了扩充军队，镇压民主力量，同英、法、德、日、俄五国银行团签订《善后借款合同》，借款二千五百万英镑，以盐税做抵押。6月至9月，孙中山在南方发动"二次革命"，举兵讨袁，被袁世凯军队打败，孙中山、黄兴流亡日本。10月，袁世凯以军警包围国会，迫使国会选他为正式大总统。11月，袁世凯政府与沙俄妥协，签订《中俄声明》，承认外蒙古"自治"。

1914年7月，英国勾结由卖国分子充当的西藏地方代表，私自非法签订了《西姆拉条约》，妄图将西藏从我国分割出去，同时捏造了一条所谓规定中印东段边界的"麦克马洪线"，非法地偷偷地把九万平方公里的中国领土划归当时英属殖民地印度。9月，日军在山东半岛龙口登陆，相继占领济南、青岛等地，代替了德国在山东的侵略地位。

1915年，国际国内形势异常黑暗。1月，日本国政府令其驻华公使向袁世凯提出阴谋灭亡中国的"二十一条"秘密条款，作为支持袁世凯称帝的条件，欲借机独占中国。

5月7日下午3时，日本政府以解决中日间"悬案"为名，向袁世凯民国政府发出最后通牒，限9日下午六时前答复是否接受日本提出的"二十一条"。两天后，袁世凯为了做皇帝，卖国求荣，接受了丧权辱国的"二十一条"，这是中国的奇耻大辱。

国际上，第一次世界大战爆发。

祖国，内忧外患！民族，危机深重！

消息传出，全国悲恸，全民愤慨。学生们纷纷集会演说，抗议日本的强暴、政府的孱弱。

湖南一师毛泽东及师生们极为愤怒，纷纷写文章谴责，揭露日本侵略中国的罪行，并在教习石润山先生的主持下，集资刊印为《明耻篇》。

毛泽东仔细地阅读并写下批语。在封面上，毛泽东义愤填膺地写下四言诗：

> 五月七日，民国奇耻；
> 何以报仇？在我学子！

毛泽东亲笔签名后，在"附言"中说：

> 此文为第一师范学校教习石润山先生作。先生名广权，宝庆人。当中日交涉解决之顷，举校愤激，先生尤痛慨，至辍寝忘食，同学等爰集资刊印此篇，先生则为序其端而编次之，云云。《救国刍言》亦先生作。
>
> （《〈明耻篇〉题志》，《毛泽东早期文稿》，湖南出版社1995年版，第11页）

《明耻篇》收七篇文章和一个附件，即：（一）救国刍言；（二）中日交涉之前后状况；（三）已签字之中日新约及交换照会；（四）请看日本前此计灭朝鲜之榜样；（五）日本祸我中国数十年来之回顾；（六）高丽亡国后归并日本之惨酷情形；（七）越南亡国惨状略述。附件为：中日贸易出入额之比较。教习石润山在卷首写有《感言》。

毛泽东仔细阅读了此书，并密加圈点、着重号，多处写了批语。在目次第二、第三、第四、第五和附件篇名上方，毛泽东画了圈，并批："圈出五篇为最要紧者，其余不阅可也。"

这首四言诗用《诗经》的形式，融现代国耻内容，是勇敢的创新。这首诗标志着青年毛泽东作诗从求学上进的个人情感而转到对民族危亡的关注！

5月23日，正值国家蒙耻之时，由校长张干、学监王季范、教员杨昌济发起，召开追悼易昌陶大会，举校同哀，师生共送挽诗挽联256幅（篇），编成《易君咏畦追悼录》，中心内容是"悼念学友，毋忘国耻"。

毛泽东特作一副挽联和一首五古长诗痛悼挚友。其联其诗，凄楚哀怨，情深意切，抒发出国耻友亡之痛。

其联云：

> 胡虏多反复，千里度龙山，腥秽待湔，独令我来何济世；
> 生死安足论，百年会有役，奇花初茁，特因君去尚非时。

（《悼友人易咏畦》，《毛泽东早期文稿》，湖南出版社1995年版，第6页）

其诗曰：

> 去去思君深，思君君不来；愁杀芳年友，悲叹有余哀。
> 衡阳雁声彻，湘滨春溜回；感物念所欢，踟蹰南城隈。
> 城隈草萋萋，涔泪侵双题；采采余孤景，日落衡云西。
> 方期沉灡游，零落匪所思；永诀从今始，午夜惊鸣鸡。
> 鸣鸡一声唱，汗漫东皋上；冉冉望君来，握手珠眶涨。
> 关山蹇骥足，飞飙拂灵帐；我怀郁如焚，放歌倚列嶂。
> 列嶂青且蒨，愿言试长剑；东海有岛夷，北山尽仇怨。
> 荡涤谁氏子，安得辞浮贱；子期竟早亡，牙琴从此绝。
> 琴绝最伤情，朱华春不荣；后来有千日，谁与共平生？
> 望灵荐杯酒，惨淡看铭旌；恫怅中何寄，江天水一泓。

（《五古·挽易昌陶》，《毛泽东早期文稿》，湖南出版社1995年版，第8页；《毛泽东诗词集》，中央文献出版社1996年版，第155页）

此联此诗，毛泽东愤世嫉俗，有感而发，再次表现出强烈的救国愿望。

五言长诗《挽易昌陶》引用典故不少，都很好地服务于抒发雪耻悼友的思想情感，其中最著者莫过于明用"钟期知音"典故，创作成诗句。此典出自《列子·汤问》篇：

> 伯牙善鼓琴，钟子期善听。
>
> 伯牙鼓琴，志在登高山。钟子期曰："善哉，峨峨兮若泰山！"
>
> 志在流水。钟子期曰："善哉，洋洋兮若江河！"
>
> 伯牙所念，钟子期必得之。
>
> 伯牙游于泰山之阴，卒逢暴雨，止于岩下；心悲，乃援琴而鼓之。初为霖雨之操，更造崩山之音。曲每奏，钟子期辄穷其趣。
>
> 伯牙乃舍琴而叹曰："善哉！善哉！子之听夫！志想象犹吾心也。吾于何逃声哉？"

伯牙是春秋时代晋国的上大夫，著名的琴师，擅弹古琴，技艺高超。既是弹琴能手，又是作曲家，被人尊为"琴仙"。伯牙自出道以来，从未遇到知音。今日得遇钟子期，伯牙兴奋极了，激动地说："知音！你真是我的知音。"从此二人成了非常要好的朋友。

成语"高山流水"即出于此，比喻知己或知音。

伯牙抚琴"高山流水遇知音"的故事流传千古，"知音"一词因此传诵。人言世间知音，莫过于钟子期和伯牙。

青年毛泽东把他与同学易昌陶的友谊比作伯牙与钟子期，炼出诗句："子期竟早亡，牙琴从此绝。"两人不仅有同窗共读之交，而且有志同道合之谊，虽然是青年学子，但忧国忧民，呼吸与共，志趣相同，谓之"知音"。事业未竟，知音先死，岂不痛心！

面对危在旦夕的祖国，毛泽东心急如焚。他很早就对日本帝国主义保持高度的警惕性，1916年，他在给学友萧子升的信中就指出：

> 思之思之，日人诚我国劲敌。
>
> 二十年内无一战不足以图存。
>
> 愚意吾侪无他事可做，欲完自身以保子孙，只有磨砺以待日本。（《毛泽东早期文稿》，湖南出版社1995年版，第51页）

毛泽东统观形势，对易昌陶的不幸逝世，扼腕叹息，痛惜好友去世太早，社会失去了一个人才，更感到国家命运艰难，生者责任重大。

毛泽东撰写的挽联，抒发了在国难当头之际，在需要担当救国救民的重要责任之时，一个大有作为的英才却英年早逝的惋惜之情。由此，使生者更感责任之重大，充分地表现了毛泽东为救中华民族于水深火热之中，要置生死于度外的雄心壮志和爱国情怀。

毛泽东撰联作诗，痛悼知音早亡，不是抒发一般的友情，而是立足于与友人共同抵抗外敌入侵，振兴中华。

挽联和挽诗都贯彻着这种精神。先看挽联：

上联是讲列强多次入侵，日本帝国主义又想吞并我山河领土，要洗仇雪耻，驱除外敌，独我一人难以济事。下联是讲生与死哪里需要这样多的议论，即使活一百年也会辞世。昌陶是位奇才，正茁壮成长，年轻轻地去世太不是时候了。

毛泽东把忧国、悼友、明志三者赋为一联，颇能代表当时毛泽东的心境。

既写挽联，又赋挽诗。这不仅仅是诗人毛泽东与易昌陶两个同学之间的相知相许，它更衬托出毛泽东为拯救中国与世界而爱惜人才的胸襟。诗人从悲中跃起，激抒壮志，独上雄关，挑起理想的重任走向未来。

再看挽诗：

作者借诗言明亡友之哀和爱国之志。1915 年 5 月 7 日为"国耻日"，青年毛泽东借悼念亡友以示铭记国耻。他想到"东海有岛夷，北山尽仇怨"，深感欲雪国家奇耻，"在我学子"。列强的铁蹄对中华锦绣河山的践踏，使得青年毛泽东"我怀郁如焚"。

易昌陶生前与毛泽东志向相同，都有强烈的救国忧民抱负。所以，当此时，国难友哀，一齐涌上心头，更加使人悲痛，超过一般的挽诗。诗中"踯躅南城隈"一句回顾了两人在长沙南门外的湖南第一师范漫步谈心，纵论天下的时光。"方期沆瀁游，零落匪所思。"说的是两人曾经相约一道远游，考察社会，却因易君的突然离世而使一人零落。诗人心怀抑郁，忧心如焚，还不仅仅是因为自己失去了好友，更想到了国势，想到了一直侵略我国的日本和帝俄："东海有岛夷，北山尽仇怨。"当此国势危急之时，有谁来荡涤这些寇仇呢？重温"愿言试长剑"的誓言，面对"岛夷"日本和"北山"沙俄的虎视眈眈，当"荡涤"外侮的任务正需千百万学子奋起之时，竟失挚友，不能不令人嗟叹："子期竟早亡，牙琴从此绝。琴绝最伤情，朱华春不荣；后来有千日，谁与共平生？"可见，易君的早逝，使青年毛泽东感到失去了知音，大有"微斯人，吾谁与归"之哀。正是"去去思君深，思君君不来；愁杀芳年友，悲叹有余哀"，抒发了对亡友的哀悼和深切怀念之情。

毛泽东运用"钟期知音"这个典故，这个历来写知音最著名的故事，将易昌陶比作钟子期，将自己比作伯牙，以喻早失御侮雪耻知音的伤痛，这是挽诗的核心内容。

悼诗比挽联意境更深远，可谓苍凉彻骨！读之催人泣下，迂回婉转，九曲回肠，似杜鹃啼血于郊野；同时又不是一味哀伤，因为友亡之外，尚有国耻！催人奋起，以试长剑！

毛泽东的挽联与悼诗，情调一致。国耻之恨，友亡之痛，水乳交融。

这里有一点需要说清楚，有的文章讲"钟期知音"典故出自《吕氏春秋·本味》，其实《列子》一书产生于战国初期，比《吕氏春秋》要早一二百年，故本文以《列子·汤问》为此典出处。

假手于人是不行的

"假手于人"也作"假力于人"。语出《列子·汤问》中的寓言故事"孔周论剑"：

> 魏黑卵以昵嫌杀丘邴章，丘邴章之子来丹谋报父之仇。丹气甚猛，形甚露，计粒而食，顺风而趋。虽怒，不能称兵以报之。耻假力于人，誓手剑以屠黑卵。

这个寓言故事比较生僻，人们很少提起，文章中也极少引用。寓言说魏国的黑卵挟私仇杀死了丘邴章，丘邴章的儿子邱来丹想报杀父之仇。但是，丘来丹虽然胆气十分勇猛，身体却很羸弱，数着饭粒进食，顺着风才能行走。尽管他怒火满腔，却不能提起兵器去报仇。可是他耻于依靠别人的力量，发誓要亲手用剑杀死黑卵。

"假手于人"意为借别人的力量做事。"耻假力于人，誓手剑以屠黑卵"表明丘来丹报仇的信心和意志。

1930年5月，毛泽东写作了《调查工作》（后改题《反对本本主义》）一文。这篇文章的结尾是第七点，讲"要自己作记录"，其中用到源于《列子》的成语"假手于人"：

> 调查不但要自己当主席，适当的指挥调查会的到会人，而且要自己做记录，把调查的结果记下来。假手于人是不行的。（《毛

泽东选集》第一卷，人民出版社1991年版，第118页）

毛泽东用"假手于人"这一成语，说明在做调查研究时，要自己亲自去做，借别人之手去做往往达不到目的。

在20世纪30年代土地革命初期，由于红军工作的中心主要是在井冈山地区，调查工作也偏于农村，没有注意城市，以致使许多人对城市贫民和商业资产阶级的策略模糊不清。

1929年1月，毛泽东和朱德率领红军第四军主力，从井冈山茨坪出发，进入江西南部和福建西部平原地区，开辟赣南闽西革命根据地。随之先后解放了一些城镇，因而迫切需要掌握城镇中各阶级的经济、政治的状况，以便及时制定正确的方针、政策，管理城镇，发展城镇的生产和商业，解决革命根据地军民的物资供应。为了解决革命实践中提出的新任务，毛泽东一直想调查城镇中的商业和手工业，但总是没有找到一个适当的机会。

1930年春，红军部队分散在赣南的安远、寻乌和粤东北的平远一带宣传群众，发动群众，组织群众，打土豪分田地，这就为寻乌调查提供了有利的机会。

对此，毛泽东说："我是下决心要了解城市问题的一个人，总是没有让我了解这个问题的机会，就是找不到能充足地供给材料的人。""这回到寻乌，因古柏同志的介绍，找到了郭友梅和范大明两位老先生。多谢两位先生的指点，使我像小学生发蒙一样开始懂得一点城市商业情况，真是不胜欢喜。"

寻乌县城，位于闽粤赣三省交界处，明了这个县的情况，三省交界各县的情况相差不远，都可以有一个大略的了解。于是，毛泽东就以寻乌为调查点，在中共寻乌县委书记古柏的帮助和组织下，对寻乌进行了一次大规模的调查。

毛泽东在寻乌调查中，对于调查对象的选择范围比较广泛，各行各业的人都有。从职业上说，有县、区、乡的干部，有普通农民、工人，有做过县署钱粮兼征柜办事员的，有农村穷秀才，有小学教员，还有当过兵、做过小生意的。从年龄上说，有老年、中年、青年，最大的是62岁，最年轻的是23岁。在这些人当中，尤其是郭友梅（59岁，杂货店主，曾做过商会会长）和范大明（51岁，贫农，县苏维埃委员），为这次调查提供了丰富的材料。

在调查时，毛泽东采取了登门访问、直接观察和调查会的方式。其中主要是找了十一个人，在寻乌县的马蹄冈，开了十多天的调查会。开会时，毛泽东亲自主持，亲手记录，亲自提问题。除了开调查会外，他还做了二十多天的实际调查，深入到商店、作坊、集市，找商人、工人、小贩、游民谈话，还到城郊农村，同农民一边干活，一边调查，广泛了解各行各业群众的生活和思想状况。这样广泛的调查对象、深入群众、深入实际的调查方法，就使得调查到的材料真实、具体、丰富、生动，得出的结论切合实际。

6月初，毛泽东、朱德率领红四军从寻乌出发，再次进入闽西，经武平到上杭，继续分兵发动群众。在上杭县才溪乡，毛泽东进行了社会调查之后，召开区乡工作人员和耕田队长会议，号召群众组织起来搞生产，要求把耕田队改为互助组；教育区、乡工作人员依据群众自愿入股原则，创办出售油、盐、布匹和收购土特产的合作社，以促进物资交流，解决农民生活的必需品。

10月下旬，毛泽东、朱德率红一方面军总部抵达江西新余罗坊。一天，他派人请八连连长温奉章和指导员傅济庭，告诉他们，自己打算在兴国搞些调查，要他们帮忙找几位兴国籍出身农民的红军战士。

按照毛泽东的要求，温、傅二人很快确定了人选，他们是李昌英、陈贞山、种德玉、黄大春、陈兆平、雷汉香，加上他们俩，一共8个人。

调查会是从10月28日开始的，开会的地点就是毛泽东所住楼下的店里。毛泽东先是对这8个人的家庭情况作详细的调查，从家庭成员的政治面貌、经济情况、家庭内部团结等问题一一做了询问。接着又对兴国县第十区（永丰区）各阶级在土地斗争中的表现做了详细的调查。调查进行了一个星期，每天开会两到三次，有时开到半夜三更，但大家都不觉得疲劳。毛泽东仔细地调查了这个区土改前后的土地情况及苏维埃政权的建设、农村军事化等情况。

按照原定的调查提纲，毛泽东本来还要对这里的儿童状况、妇女状况、交易状况和物价比较以及土地分配后的农业生产状况进行调查，但这时，蒋介石已调集10万兵力开始对中央苏区发动第一次大规模的军事"围剿"，其先头部队已进抵罗坊附近，红一方面军主力于11月4日撤离罗坊，东渡赣江。兴国调查就在这种极为严峻的形势下提前结束。

在进行兴国调查的同时，毛泽东还听取了王怀、陈正人关于永新及中共赣西南特委所属北路行委管辖地区的富农与贫农雇农在土地革命中斗争情况的报告。从他们的反映中毛泽东得知，富农在春荒时期，主要采取囤积粮食和贩卖工业品的方式，使春荒加重以剥削城乡劳动人民。

11 月初，毛泽东等同江西省行委、省苏维埃政府沿赣江西岸后撤，到吉安布置苏区军民撤退。去吉安途中，毛泽东在吉水、吉安境内对东塘、大桥、李家坊、西逸亭等处，做了一点简略调查，了解了土地革命的进展状况，村、乡两级苏维埃政府在土地革命斗争中的组织和活动情况，以及存在的一些问题。

毛泽东在寻乌、才溪和吉安等地进行他"最大规模"的调查研究前后，赣南闽西一带的土地斗争也汹涌澎湃，不断向前发展。1930 年 2 月 7 日，毛泽东在赣南陂头主持召开红四军前委、赣西特委和红五、红六军军委联席会议，会议的中心议题是扩大赣西南革命根据地和地方武装，深入土地革命。会上通过的《土地法》明确规定，"分田以抽多补少为原则"，"男女老幼平均分配"。

陂头会议后，赣南闽西革命根据地内轰轰烈烈地全面展开了分田运动，分得土地的农民热烈拥护共产党和工农红军，极大地调动了他们支持革命战争、保卫和建设革命根据地的积极性。此间，中共赣西南特委、赣西南苏维埃政府相继宣告诞生；同时，红六军和红二十二军也相继建立。新的局面迅速打开了，毛泽东信心百倍。

然而正当这个时候，一种无法回避的干扰，也正向毛泽东袭来。这种干扰来自于中共中央。由于城市暴动的接连失败，瞿秋白在中共六大上被解职，取而代之的是向忠发，而实权则掌握在李立三手中。4 月 3 日，李立三以中央的名义向红四军发出指令。命令毛泽东和红四军立即放弃那种"严重错误的""分散的去武装农民的策略"，而要他们以最快的速度，在最大范围内扩大主力红军，要把每一支枪都集中到红军手里，做好攻打城市的准备。

此时的毛泽东，并不十分清楚党中央领导同志的变更情况，但从一封封辗转而来的指示信和文件中，他敏锐地感觉到，中央领导"左"的思潮越来越严重。怎么办呢？寻乌调查得来的事实说明：形势很好，但任务仍很艰巨啊！这种在党内盛行的"左"倾教条主义思想不肃清，革命要遭损失啊！

毛泽东决意写篇文章，给头脑发热的人的头上浇点"冷水"，清醒一下。

在寻乌进行的调查研究让他了解了很多实际的情况，也让他更深刻地体会到了调查研究的重要性，毛泽东干脆把文章的题目叫作"调查工作"。

《寻乌调查》，八万余字，除"前言"外，分为九章三十九节。从调查的内容看，对寻乌县的地理交通、经济、政治、各阶级的历史和现状，进行了全面系统的考察分析。毛泽东称这是他当时做的一次"最大规模"的调查。他不仅调查了农村，还第一次调查了城镇，尤其调查了城镇的商业和手工业状况及其历史发展过程和特点。

油灯下，毛泽东首先提出了"没有调查，没有发言权"这一振聋发聩的口号。他写道："你对于某个问题没有调查，就停止你对某个问题的发言权。""许多同志都成天闭着眼睛在那里瞎说，这是共产党的耻辱。岂有共产党员可以闭着眼睛瞎说一顿的嘛！"

他大声疾呼："要不得！要不得！注重调查！反对瞎说！"

毛泽东强调，调查就是解决问题。"一切结论产生于调查情况的末尾，而不是在它的先头。"他联系当时一些忽视调查研究的不良现象指出："许多巡视员，许多游击队的领导者，许多新接任的工作干部，喜欢一到就宣布政见，看到一点表面，一个枝节，就指手画脚地说这也不对，那也错误。这种纯主观地'瞎说一顿'，实在是最可恶没有的。他一定要弄坏事情，一定要失掉群众，一定不能解决问题。"他精辟地得出结论："调查就像'十月怀胎'，解决问题就像'一朝分娩'。调查就是解决问题。"

联想到当时党中央在李立三"左"倾教条主义的影响下，脱离中国实际，动不动就照搬马列"本本"和苏联模式，要在中国各革命根据地开展"反富农斗争"，组织什么"国营集体农庄"等教条主义倾向，毛泽东一针见血地指出："马克思主义的'本本'是要学习的，但是必须同我国的实际情况相结合。我们需要'本本'，但是一定要纠正脱离实际情况的本本主义。"

毛泽东强调："必须努力做实际调查，才能洗刷唯心精神。"调查的对象是社会各阶级的历史和现状。要明了整个社会各阶级的政治经济情况，而不是各种片段的社会现象，不是看到一点表面、一个枝节就自以为是地指手画脚，瞎说一顿。文章指出："我们调查工作的主要方法是解剖各种社会阶级，我们的终极目的是要明了各种阶级的相互关系，得到正确的阶级估量，然后定出我们正确的斗争策略，确定哪些阶级是革命斗争的主力，哪些阶级是我们应当争取的同盟者，哪些阶级是要打倒的。我们的目的完全在这里。"

毛泽东语重心长地告诫大家，中国革命斗争的胜利要靠中国同志了解中国情况，而"共产党的正确而不动摇的斗争策略，绝不是少数人坐在房子里所能够产生的，它是要在群众的斗争过程中才能产生的，这就是说要在实际经验中才能产生"。

这篇题为"调查工作"的文章写成后，当时曾在红四军和中央苏区印成小册子，起了很大的教育作用，形成了一股调查研究之风。遗憾的是，由于敌人的多次"围剿",《调查工作》这篇文章失传了。

直到 1957 年 2 月,福建省上杭县茶山乡官山村农民赖茂基把自己珍藏多年的《调查工作》献了出来,经中央革命博物馆鉴定确认,才使这篇文章重放光彩。

1961 年 1 月,当毛泽东再次看到这篇失而复得的文章时,喜出望外,高兴异常,激动地说:找到它就像找到我失散的孩子一样重要。

1964 年,中央决定将这篇文章收入《毛泽东著作选读》甲种本,毛泽东同意了,将文章的题目改为《反对本本主义》,并专门写了一篇按语,说:"这是一篇老文章,是为了反对当时红军中的教条主义思想而写的,那时没有用'教条主义'这个名称,我们叫它做'本本主义'。"

1991 年编辑出版《毛泽东选集》一至四卷第 2 版时,补上了这篇《反对本本主义》。

《调查工作》(《反对本本主义》)一文,的确是毛泽东红军时代的一篇力作,它是毛泽东在认识过程中出现的一个"飞跃"。这个"飞跃"所形成的理论,反过来又指导着更自觉地展开调查研究工作。

在这篇文章中,毛泽东运用《列子》成语"假手于人",要求调查者亲自做笔记。这看似无关紧要的技术问题,实际上这是毛泽东在强调中国革命的同志尤其是各级领导者必须亲自做调查,调查的人事先要准备好调查纲目,按照纲目发问,要自己口问手记。要同与会者一起讨论,开成一个讨论式的调查会,这样,才能抽取概括出正确的结论。他非常强调领导干部要亲身出马做调查,凡担负指导工作的人,从乡政府主席到全国中央政府主席,从大队长到总司令,从支部书记到总书记,一定都要亲身从事社会经济的实际调查,而不能单靠书面报告。搞调查工作一定要深入,只有深入地了解一个地方或者一个问题,然后了解别处地方、别个问题,便容易找到门路了。

《调查工作》(《反对本本主义》)是毛泽东系统论述调查研究问题最早的一篇专著,它集中了毛泽东调查研究思想的核心和精华,标志着他的调查研究理论的形成,并且反映出毛泽东思想活的灵魂的三个基本点即实事求是、群众路线、独立自主的思想雏形,从而丰富了马克思主义的认识论和方法论。

你要解决问题吗?你要调查研究吗?你就"不要假手于人"!

神话中千变万化的故事

成语"千变万化"，形容事物或现象变化非常多，没有穷尽。

1937 年 8 月，毛泽东在他的哲学著作《矛盾论》一文中，引用过"千变万化"这个成语典故。他说：

> 所谓矛盾在一定条件下的同一性，就是说，我们所说的矛盾乃是现实的矛盾、具体的矛盾，而矛盾的互相转化也是现实的、具体的。神话中的许多变化，例如《山海经》中所说的"夸父追日"，《淮南子》中所说的"羿射九日"，《西游记》中所说的孙悟空七十二变和《聊斋志异》中的许多鬼狐变人的故事，等等，这种神话中所说的矛盾的互相变化，乃是无数复杂的现实矛盾的互相变化对于人们所引起的一种幼稚的、想象的、主观幻想的变化，并不是具体的矛盾所表现出来的具体的变化。马克思说："任何神话都是用想象和借助想象以征服自然力，支配自然力，把自然力加以形象化。因而，随着这些自然力之实际上被支配，神话也就消失了。"这种神话中的（还有童话中的）千变万化的故事，虽然因为它们想象出人们征服自然力等，而能够吸引人们的喜欢，并且最好的神话具有"永久的魅力"（马克思），但神话并不是根据具体的矛盾之一定的条件而构成的，所以它们并不是现实之科学的反映。（《毛泽东选集》第一卷，人民出版社 1991 年版，第 330—331 页）

《千变万化》出自《列子·汤问》：

> 周穆王西巡狩。越昆仑，不至弇山。反还，未及中国，道有献工人名偃师。穆王荐之，问曰："若有何能？"偃师曰："臣唯命所试。然臣已有所造，愿王先观之！"穆王曰："日以俱来，吾与若俱观之！"
>
> 翌日，偃师谒见王。王荐之，曰："若与俱来者何人邪？"对曰："臣之所造能倡者。"穆王惊视之，趋步俯仰，信人也。巧夫领其颐，则歌合律；捧其手，则舞应节；千变万化，惟意所适。王以为实人也，

《汤问》这个故事说，周穆王西巡时，偃师献上一个"机器人"：歌舞伎疾走缓行，弯腰抬头，完全像个真人。它抑低下巴就歌唱，歌声合乎乐律；抬起两手就舞蹈，舞步符合节奏。其动作千变万化，随心所欲。穆王以为他是个真人。

这大概是中国关于"机器人"最古老的记载，形容它"惟意所适"的"千变万化"，也固化为成语流传久远。

《矛盾论》是毛泽东哲学代表作。它是作者继《实践论》之后，为了克服存在于中国共产党内的严重的教条主义思想而写的。毛泽东曾于1937年七八月就此在延安抗日军政大学作过演讲。

在《矛盾论》中，毛泽东在谈到矛盾的同一性时说："同一性、统一性、一致性、互相渗透、互相贯通、互相依赖（或依存）、互相联结或互相合作，这些不同的名词都是一个意思，说的是如下两种情形：第一，事物发展过程中的每一种矛盾的两个方面，各以和它对立着的方面为自己存在的前提，双方共处于一个统一体中；第二，矛盾着的双方，依据一定的条件，各向着其相反的方面转化。这些就是所谓同一性。"

他还说：一切矛盾着的东西，互相联系着，不但在一定条件之下共处于一个统一体中，而且在一定条件之下互相转化，这就是矛盾的同一性的全部意义。

所谓矛盾在一定条件下的同一性，就是说，我们所说的矛盾乃是现实的矛盾、具体的矛盾，而矛盾的互相转化也是现实的、具体的。接着毛泽东列举了神话中的许多变化，例如《山海经》中所说的"夸父追日"，《淮南子》中所说的"羿射九日"，《西游记》中所说的孙悟空七十二变和《聊斋志异》中的许多鬼狐变人的故事，等等。这种神话中所说的矛盾的互相变化，乃是无数复杂的现实矛盾的互相变化对于人们所引起的一种幼稚的、想象的、主观幻想的变化，并不是具体的矛盾所表现出来的具体的变化。

显然，毛泽东在这里对现实的矛盾互相转化与神话中的许多变化做了区别。明确指出，神话故事中的许多变化，就不是现实的、具体的。而是人们的一种想象，一种主观幻想。而这种想象、幻想，不是凭空而来的，是无数复杂的现实矛盾的互相变化引起的（或者说产生的）。毛泽东列举《山海经》中《夸父追日》的神话故事，《淮南子》中《羿射九日》的神话故事，《西游记》中所说的孙悟空七十二变的神话故事以及《聊斋志异》中狐仙变人故事等来说明这个问题。

　　《西游记》是一部幻想成分十分浓烈的神魔小说。小说中描写了许多神、佛、妖、魔的形象，离奇古怪和变幻莫测的故事，什么"天宫""地府""龙宫""西天"，看来是很荒诞的，在现实社会中是不存在的，但它却有着强烈的现实性。如果没有现实生活做基础，像《西游记》的内容、情节，绝不会凭空幻想得出来。也就是说，神话往往是作者以自己的生活为依据来创造的。神话中的神总是穿着人的外衣，过着与人相似的生活，神与神之间的关系也总是人与人之间的关系的反映。这一切都说明神话本身具有现实性。但是，我们也必须知道，神话的许多东西都是现实生活中不存在的，有些甚至是很荒唐的。正如毛泽东在《矛盾论》中所说：神话"并不是现实之科学的反映"。可以说这是神话的一个基本特点。

　　毛泽东在这里用"千变万化"形容神话故事的丰富多彩和它们纷繁复杂的变化。《西游记》作者吴承恩描写的孙悟空就极善变化。神猴有七十二变的法术，能够随意变成各式各样的鸟兽虫鱼草木器物或者人形。《西游记》中描写了大量的形形色色的妖精，他们都是孙悟空直接斗争的对象。由于取经路上九九八十一难由四十多个故事组成，妖精又是那么众多，因而作者竭力发挥了他天才的想象力，都写得千奇百怪，活灵活现，各有千秋，是那样绚烂多彩，变化多端。"千变万化"一语生动地表达了神话中异彩纷呈的变化。

附：

《汤问》译文

[按语]

　　毛泽东品《列子》，对《汤问》情有独钟。他在谈话和文章中引用的愚公移山、钟期知音、偃师造倡、纪昌学射、孔周论剑等寓言故事，皆出此篇。故将此篇附以原文和译文，以方便读者查阅。

　　《列子》一书以寓言故事见长，本篇这个特点更为显明。列子收罗和虚构了十七个诙诡奇谲的各类故事，多用问答方式表达，谈天说地，道绝称奇，旨在展示大千世界的恢宏万有，其中不乏自然科学知识，朴素辩证思想，做人处世的道理。这些，对于人们认识自然、认识社会、认识自身、开阔视野、增长见识都有益处。

　　"殷汤问物"故事，列子先借殷汤与夏革的对话，畅谈时空的无极无尽，并且难能可贵地表达了"天地亦物"的宇宙观。试图以科学的思维方式来认识宇宙万物，用宏观思维方式认识浩瀚的宇宙的无限性。提出"物之始终，初无极已"，宇宙"无极无尽""无始无终"，"四海之内"万物"大小相含，无穷极也"等重要科学观点，丰富了人们对宇宙的认知。

　　"愚公移山""夸父追日"两个故事则告诫人们不应急功近利，应以愚公为范型，"无心而为功"；以夸父为借鉴，切忌"恃能以求胜"。有褒有贬，二者的差别在于违道与顺道。

　　"大禹迷途""小儿辩日""火浣之布"等故事说明天下之大，虽圣人也有不知之事，亦有被难倒之时。人断不可固执己见，徒凭经验，自以为是。

"造父习御""师文鼓琴""薛谭学讴""纪昌学射""偃师造倡"等故事旨在说明山外有山、人上有人，学习技能是无止境的，正确的态度是不断进取、精益求精。

列子又以"詹何持钓""扁鹊换心""钟期知音"等寓言故事来譬喻为人处世所必须保有的平衡状态，亦即"均"。"均"于术，则可以内得于心，外应于器；"均"于技，则可聆高山流水，响遏行云。这里包含着很深刻的朴素辩证法思想。

"圣人其通"中，大禹和夏革论圣人的"能通"与"非通"，说明自然界的生息变幻以及人世间的寿夭祸福都是无所待而成，无所待而灭，即使博学多识的圣人也未必能够通晓其中的规律与奥秘。就好比四方八荒的政风民俗，彼此相异却不足为奇，因为它们都是在不同的人文地理环境下"默而得之，性而成之"，属于自然而然的产物。

《汤问》篇旨在说明：万事万物既然不可以凭借有限的耳闻目见来臆断其是非有无，那么通达大道的至理名言自然也无法按照惯常思维去理解其深刻内涵。掌握"道"最大的障碍便是囿于一孔之见，固执于名言概念。打破人们的智力局限，消除流于表象的认知，达于"道"的境界，"乃可与造化者同功"。否则，就会命同孔周三剑，虽为代代相传的至尊之宝，却只能"匣而藏之"，即使偶现其光也被疑为了无一用的废物，或是荒诞虚妄的谣传，从而被迫"无施于事"，遁形避世。

《汤问》篇原不分段，也无小标题。为一目了然，特予标题分段，并在文前标目标序：

（一）殷汤问物

（二）愚公移山

（三）夸父追日

（四）圣人其通

（五）大禹迷途

（六）南国之人

（七）小儿辩日

（八）詹何持钓

（九）扁鹊换心

（十）师文鼓琴

（十一）薛谭学讴

（十二）钟期知音

（一）殷汤问物

［原文］

殷汤问于夏革，曰："古初有物乎？"

夏革曰："古初无物，今恶得物？后之人将谓今之无物，可乎？"

殷汤曰："然则物无先后乎？"

夏革曰："物之终始，初无极已。始或为终，终或为始，恶知其纪？然自物之外，自事之先，朕所不知也。"

殷汤曰："然则上下八方有极尽乎？"

革曰："不知也。"

汤固问。

革曰："无则无极，有则有尽；朕何以知之？然无极之外复无无极，无尽之中复无无尽。无极复无无极，无尽复无无尽。朕以是知其无极无尽也，而不知其有极有尽也。"

汤又问曰："四海之外奚有？"

革曰："犹齐州也。"

汤曰："汝奚以实之？"

革曰："朕东行至营，人民犹是也。问营之东，复犹营也。西行至豳，人民犹是也。问豳之西，复犹豳也。朕以是知四海、四荒、四极之不异是也。故大小相含，无穷极也。含万物者，亦如含天地。含万物也故不穷，含天地也故无极。朕亦焉知天地之表不有大天地者乎？亦吾所不知也。然则天地亦物也。物有不足，故昔者女娲氏炼五色石以补其阙；断鳌之足以立四极。其后共工氏与颛顼争为帝，怒而触不周之山，折天柱，绝地维；故天倾西北，日月辰星就焉；地不满东南，故百川水潦归焉。"

汤又问："物有巨细乎？有修短乎？有同异乎？"

革曰："渤海之东不知几亿万里，有大壑焉，实惟无底之谷，其下无底，名曰归墟。八纮九野之水，天汉之流，莫不注之，而无增无减焉。其中有五山焉：一曰岱舆，二曰员峤，三曰方壶，四曰瀛洲，五曰蓬莱。其山高下周旋三万里，其顶平处九千里。山之中间相去七万里，以为邻居焉。其上台观皆金玉，其上禽兽皆纯缟。珠玕之树皆丛生，华实皆有滋味，食之皆不老不死。所居之人皆仙圣之种；一日一夕飞相往来者，不可数焉。而五山之根无所连箸，常随潮波上下往还，不得暂峙焉。仙圣毒之，诉之于帝。帝恐流于西极，失群仙圣之居，乃命禺强使巨鳌十五举首而戴之。迭为三番，六万岁一交焉。五山始峙而不动。而龙伯之国有大人，举足不盈数步而暨五山之所，一钓而连六鳌，合负而趣，归其国，灼其骨以数焉。于是岱舆、员峤二山流于北极，沉于大海，仙圣之播迁者巨亿计。帝凭怒，侵减龙伯之国使阨，侵小龙伯之民使短。至伏羲神农时，其国人犹数十丈。从中州以东四十万里得僬侥国，人长一尺五寸。东北极有人名曰诤人，长九寸。荆之南有冥灵者，以五百岁为春，五百岁为秋。上古有大椿者，以八千岁为春，八千岁为秋。朽壤之上有菌芝者，生于朝，死于晦。春夏之月有蠓蚋者，因雨而生，见阳而死。终北之北有溟海者，天池也。有鱼焉，其广数千里，其长称焉，其名为鲲。有鸟焉，其名为鹏，翼若垂天之云，其体称焉。世岂知有此物哉？大禹行而见之，伯益知而名之，夷坚闻而志之。江浦之间生么虫，其名曰焦螟，群飞而集于蚊睫，弗相触也。栖宿去来，蚊弗觉也。离朱、子羽方昼拭眦扬眉而望之，弗见其形；𪉷俞、师旷方夜擿耳俛首而听之，弗闻其声。唯黄帝与容成子居空峒之上，同斋三月，心死形废；徐以神视，块然见之，若嵩山之阿；徐以气听，硁然闻之，若雷霆之声。吴楚之国有大木焉，其名为櫾，碧树而冬生，实丹而味酸；食其皮汁，已愤厥之疾。齐州珍之，渡淮而北而化为枳焉。鹳鹆不逾济，貉逾汶则死矣；地气然也。虽然，形气异也，性钧已，无相易已。生皆全已，分皆足已。吾何以识其巨细？何以识其修短？何以识其同异哉？"

[译文]

商汤问夏革说："远古之初有物存在吗？"

夏革答道："如果远古之初没有物的存在，现在怎么会有物呢？未来的人们要是说我们现在没有物的存在，可以吗？"

商汤问："那么事物的产生就没有先后吗？"

夏革答道："事物的终结与开始，本是没有什么界定的。开始或许就是终结，终结或许就是开始，又怎么弄清这些头绪呢？至于物之外、事之先的情况，我就不知道了。"

商汤问："那么天地八方有尽头吗？"

夏革答道："不知道。"

商汤坚持问下去。

夏革答道："虚空自然没有极限，实有自然不会穷尽；我怎么知道这些的呢？没有极限之外更是连没有极限都没有，没有穷尽之中更是连没有穷尽都没有。没有极限再加上没有没有极限，没有穷尽再加上没有没有穷尽。我因此知道它们是没有极限、没有穷尽的，而不知道它们是有极限、有穷尽的。"

商汤又问道："四海之外还存在什么？"

夏革答道："就像四海之内一样。"

商汤问道："你凭什么证明是这样呢？"

夏革说："我向东走到营州，看见那儿的人们也像这里一样。问他们营州的东面怎么样，说是也像营州一样。我向西走到豳州，看见那儿的人们也像这里一样。问他们豳州的西面怎么样，说是也像豳州一样。我因此知道，四海之内、四方边荒、世界尽头都和这儿没什么两样。所以大小事物互相包含，没有尽头和极限。包含万物，就像包含天地一样。包含万物所以就没有穷尽，包含天地所以就没有极限。我又怎么知道天地之外没有比天地更大的存在呢？这也是我所不知道的。然而天地也不过是物。既然是物，必定会有不足之处，所以从前女娲氏采炼五色石来修补天空的缺损；拗断大龟的四肢来支撑四方极边。那以后共工氏和颛顼争夺帝位，他失败之后恼羞成怒，一头撞在不周山上，撞崩了擎天柱，弄断了系地绳。所以天空就朝西北方向倾斜，日月星辰也跟着移向那里；大地在东南方向塌陷，百川积水也就全部汇集到了那里。"

商汤又问："事物有大小之分吗？有长短之别吗？有同和异的分辨吗？"

夏革答道："在渤海东面不知道几亿万里远的地方，有片浩瀚的海洋，其实是一个无底的深谷，它下面没有底，所以名叫归墟：天上地下八极九方的滔滔流水，银河的滚滚波浪，无不灌注到这里，而归墟的水位并不曾因此而增高或减退。浩瀚的海洋中有五座山：第一座叫岱舆，第二座叫员峤，第三座叫方壶，第四座叫瀛洲，第五座叫蓬莱。每座山高低方圆达三万里，山顶有九千里平地。山与山之间相隔七万里，相邻分布在海上。山上的亭台楼观都是金玉所筑，奔驰的飞禽走兽都是皮毛雪白。珍珠宝玉一般的树木在山上遍地生长，花朵和果实都滋味鲜美，吃过之后就能长生不老。山上住着的都是神仙、圣人一流；朝朝暮暮在空中飘飞着互相往来的人，难以计数。但是，那五座山的根基无所维系着落，常常随着波涛起伏，上下颠簸，来回漂移，没有片刻的安定。仙圣们为此非常苦恼，便向天帝申诉此事。天帝担心那五座山漂流到西极，使神仙圣人们流离失所，于是命令禺强指挥十五只大鳌抬起头来顶住仙山。他把大鳌分作三批，六万年交接一次。五座山这才安顿下来不再漂动。可是龙伯之国有个巨人，抬起脚没几步就来到五座山前，垂钓一次，就连钓起六只大鳌，他把它们一块儿背在肩上赶路，回了自己的国家，还烧灼大龟的甲骨来占卜。于是岱舆、员峤两座大山便失去依托，漂流到北极，沉到大海中去了，为此流离迁徙的神仙、圣人数以亿计。天帝勃然大怒，逐步削减龙伯之国的版图，使之慢慢狭小，又渐渐缩短了龙伯之国的人的身高，让他们变得矮小。即便如此，到了伏羲、神农的时代，他们国家的人还有数十丈高呢。从中州往东四十万里，有一个僬侥国，人们的身高只有一尺五寸。东北极地有种人名叫诤人，身高只有九寸。荆州南边有种冥灵树，以五百岁为一春，以五百年为一秋。上古时候有种大椿树，以八千岁为一春，以八千岁为一秋。朽木腐壤上有一种菌芝，早晨才出生，夜里就死去。春夏之际有蠓蚋那类小飞虫，碰上下雨就会出生，见到阳光立刻死亡。终北国的北边有一片溟海，叫作天池。那儿有种鱼，鱼背就宽数千里，身体长短也与之相称，鱼的名字叫鲲。那儿有种鸟，名字叫鹏，它的翅膀如同天空中无边的云彩，身体大小也同翅膀相称。世人哪里知道有这些东西呢？大禹巡行时见到了它们，伯益知道后为它们命名，夷坚听说后将它们记载下来。江边生长着一种极细小的虫子，名叫焦螟。它们成群飞舞，聚集在蚊子的睫毛上，互相也不会触及。它们在那儿栖息、停宿，蚊子也不会有所察觉。离朱、子羽在大白天擦拭眼睛瞪着眼仔细观察，看不见它们的身影；俞、师旷在深夜里俯首搔耳地倾听，也听不见它们的声响。只有黄帝与容成子，居住在空峒山上，一块儿斋戒三个月，达到心如死灰形同废木的境界；然后缓缓地用心神去观察，才看到焦螟的形躯，仿佛有嵩山的丘陵一般大；再缓缓地用元气去聆听，才听到它们砰然作响，仿佛天上的雷电轰鸣。吴楚两国有种大树，名字叫柚，满树碧绿，冬夏常青，它的果实是丹红的，略带酸味；服用它的果皮和果汁，能够治愈体内气郁而引发的痉挛和昏厥。中原一带十分珍视它，但一旦种植到淮河北岸去，柚就变成了酸涩难食的枳。八哥不能飞越济水，狗獾渡过岷江就要死亡，都是各地水土气候不同的缘故。尽管万物的形体气质有所差异，但各自的习性相对于各自生长环境而言都是平衡均等的，没法互相转换。生存条件都已完备，天分条件也都充足。我又如何识别它们的大小？

如何识别它们的长短？如何识别它们的同异呢？”

（二）愚公移山

[原文]

太行、王屋二山，方七百里，高万仞；本在冀州之南，河阳之北。

北山愚公者，年且九十，面山而居。惩山北之塞，出入之迂也，聚室而谋，曰："吾与汝毕力平险，指通豫南，达于汉阴，可乎？"杂然相许。其妻献疑曰："以君之力，曾不能损魁父之丘，如太行、王屋何？且焉置土石？"杂曰："投诸渤海之尾，隐土之北。"遂率子孙荷担者三夫，叩石垦壤，箕畚运于渤海之尾。邻人京城氏之孀妻有遗男，始龀，跳往助之。寒暑易节，始一反焉。

河曲智叟笑而止之，曰："甚矣汝之不惠！以残年馀力，曾不能毁山之一毛，其如土石何？"北山愚公长息曰："汝心之固，固不可彻，曾不若孀妻弱子。虽我之死，有子存焉；子又生孙，孙又生子；子又有子，子又有孙：子子孙孙，无穷匮也，而山不加增，何苦而不平？"河曲智叟亡以应。

操蛇之神闻之，惧其不已也，告之于帝。帝感其诚，命夸蛾氏二子负二山，一厝朔东，一厝雍南。自此，冀之南、汉之阴无陇断焉。

[译文]

太行、王屋两座大山，方圆七百里，高达一万仞；原本在冀州的南面，河阳的北面。

北山有个老头叫作愚公，年纪将近九十岁了，面对着大山居住。他苦于山北道路堵塞，进进出出要绕许多弯路，就召集全家人商量说："我同你们竭尽全力去削平险阻，让大路直通豫州南边，达到汉水南面，行吗？"大家纷纷表示赞同。他的妻子却提出了疑问："凭你的力量，连魁父这类小土丘也没法对付，还能拿太行、王屋这两座山怎么样呢？况且，那些挖出来的泥土、石块，又能放哪儿去呢？"大家七嘴八舌地说："把它们扔到渤海边上、隐土北面去。"于是，愚公率领着儿孙中能够挑担子的三个人，敲石头、挖土块，用畚箕装上，运到渤海边上去。邻居京城氏家的寡妇有个遗腹子，才刚换牙，也跑来帮忙。寒来暑往，一年忙到头，才回来一趟。

河曲有个叫智叟的老头，笑着劝阻愚公说："你也太不明智啦！凭着你风烛残年余下的那点力气，连山上一株小草也动不了，还能拿那些泥土、石块怎么样呢？"北山愚公长叹一声说："你的思想实在顽固，顽固得不能开窍，还不如人家寡妇家的小孩子。就算我死了，还有儿子在啊；儿子又生孙子，孙子又有儿子；孙子的儿子又有他的儿子，他的儿子又有孙子。子子孙孙，无穷无尽，而山是不会再增高了的，还愁不能挖平吗？"河曲智叟无话可答。

山神听闻此事，怕他们没完没了地挖下去，就去禀告天帝。天帝感动于愚公的诚心，于是下令夸蛾氏的两个儿子背走了两座大山，一座安放到朔方东部，一座安放到雍州南面。从此以后，冀州南部直到汉水的南面就没有大山的阻隔了。

（三）夸父追日

[原文]

夸父不量力，欲追日影，逐之于隅谷之际。渴欲得饮，赴饮河、渭。河渭不足，将走北饮大泽。未至，道渴而死。弃其杖，尸膏肉所浸，生邓林。邓林弥广数千里焉。

[译文]

夸父自不量力，想去追逐太阳的影子，一直追到太阳落山之处的隅谷。他口渴了想要喝水，就奔赴黄河、渭河喝水。黄河、渭河的水不够喝，就预备跑到北面去喝大泽里的水。还没到达，就在路上渴死了。他扔弃的手杖，浸润在他尸体的脂膏血肉之中，生长出一片桃林。桃树林绵延弥漫，方圆达好几千里。

（四）圣人其通

[原文]

大禹曰："六合之间，四海之内，照之以日月，经之以星辰，纪之以四时，要之以太岁。神灵所生，其物异形；或夭或寿，唯圣人能通其道。"

夏革曰："然则亦有不待神灵而生，不待阴阳而形，不待日月而明，不待杀戮而夭，不待将迎而寿，不待五谷而食，不待缯纩而衣，不待舟车而行。其道自然，非圣人之所通也。"

[译文]

大禹说："上下四方，四海之内，日月照耀，星辰漫布，四时更替，又有太岁星的循环来规定纪年。神灵所孕育产生的万物，外形性质各不相同，有的短命，有的长寿，只有圣人能够通晓其中的道理。"

夏革说："然而也有不靠神灵的孕育而产生的，不需要阴阳交合就形成的，不倚赖日月的照耀就光亮的，不遭到杀戮就夭亡的，不特意调养就长寿的，不食用五谷就饱腹的，不穿着丝绵就暖身的，不凭借车船就行路的。这一切都是自然而然，不是圣人所能够通晓的。"

（五）大禹迷途

[原文]

禹之治水土也，迷而失涂，谬之一国。滨北海之北，不知距齐州几千万里，其国名曰终北，不知际畔之所齐限。无风雨霜露，不生鸟兽、虫鱼、草木之类。四方悉平，周以乔陟。当国之中有山，山名壶领，状若甂甄。顶有口，状若员环，名曰滋穴。有水涌出，名曰神瀵，臭过兰椒，味过醪醴。一源分为四埒，注于山下。经营一国，亡不悉遍。土气和，亡札厉。人性婉而从物，不竞不争；柔心而弱骨，不骄不忌；长幼侪居，不君不臣；男女杂游，不媒不聘；缘水而居，不耕不稼；土气温适，不织不衣；百年而死，不夭不病。其民孳阜亡数，有喜乐，亡衰老哀苦。其俗好声，相携而迭谣，终日不辍音。饥倦则饮神瀵，力志和平。过则醉，经旬乃醒。沐浴神瀵，肤色脂泽，香气经旬乃歇。

周穆王北游过其国，三年忘归。既反周室，慕其国，俶然自失。不进酒肉，不召嫔御者，数月乃复。

管仲勉齐桓公因游辽口，俱之其国，几克举。隰朋谏曰："君舍齐国之广，人民之众，山川之观，殖物之阜，礼义之盛，章服之美，妖靡盈庭，忠良满朝。肆咤则徒卒百万，视撝则诸侯从命，亦奚羡于彼而弃齐国之社稷，从戎夷之国乎？此仲父之耄，奈何从之？"桓公乃止，以隰朋之言告管仲。仲曰："此固非朋之所及也。臣恐彼国之不可知之也。齐国之富奚恋？隰朋之言奚顾？"

[译文]

大禹治理水土，迷失了道路，错走到一个国家。它临近北海的北边，不知道距离中国有几千万里远，国家的名字叫终北，不知道它辽阔的边疆到哪儿为止。这里终年没有风雨霜露，也不生长鸟兽、虫鱼、草木之类的动植物。四面都是一马平川，周围还环绕着崇山峻岭。国土中央有一座山，名叫壶领，模样就像小口的陶罐。山顶上有个口子，形状像个圆环，名叫滋穴。滋穴里有水不断涌出，名叫神瀵，它的气息香过兰草花椒，它的滋味醇于甘泉美酒。一股源头分为四道水流，倾注到山下。泉水在全国曲折萦回，遍及这儿的每个角落。终北国土地丰润，气候温和，没有瘟疫的侵害。人们性格委婉和顺，随遇而安，不竞争也不夺取；心地柔美，气质谦和，不骄傲也不猜忌；老老少少同居共处，不分君主与臣下；男男女女一处游玩，无需媒妁和聘礼；沿着河岸居住，不耕田也不收获；土质气候温润适宜，不织布也不穿衣；长命百岁方才死去，不夭折也不病痛。这里的人们繁衍无数，人丁兴旺，只有喜悦与欢乐，没有衰老和痛苦。这里的风俗爱好声乐，大家结伴而行，轮番歌唱，歌声整天都不停歇。肚子饿了，精神倦了，就啜饮神瀵的泉水，气力心神便能平和如初。啜饮过度则会醉倒，十多天后方能苏醒。拿神瀵之水来洗澡，皮肤就会滋润而有光泽，浑身的香气也要十多天才消散。

周穆王去北方游历时经过终北国，住了三年，流连忘返。回到国内，依然思慕着那儿，以至于怅然若失，精神恍惚。他既不饮酒也不食肉，连嫔妃侍女也不召见，过了好几个月才恢复正常。

管仲鼓动齐桓公趁着巡游辽口的机会，一并去终北国，几乎就要成行了。这时隰朋劝谏道："君王您舍弃的可是广袤的齐国，众多的百姓，秀丽的山川，丰茂的物产，隆盛的礼义，华美的服饰，还有满后宫的妖艳美女，满朝廷的忠臣良将。您一声叱咤，就能召集百万雄师，一声令下，则诸侯莫不听命，又为什么要羡慕那儿而抛弃齐国的江山社稷，跑到边远落后的戎夷之国去呢？仲父现在老糊涂了，怎么能听他的呢？"齐桓公这才打消了念头，并把隰朋的话转告给管仲。管仲说："这本来就不是隰朋所能理解的。我恐怕那个国家是没法去考察了。齐国的富饶有什么值得留恋？隰朋的话语又有什么可顾忌的呢？"

（六）南国之人

[原文]

南国之人祝发而裸，北国之人鞨巾而裘，中国之人冠冕而裳。九土所资，或农或商，或田或渔；如冬裘夏葛，水舟陆车，默而得之，性而成之。

越之东有辄沐之国，其长子生，则鲜而食之，谓之宜弟。其大父死，负其大母而弃之，曰：鬼妻不可以同居处。

楚之南有炎人之国，其亲戚死，朽其肉而弃之，然后埋其骨，乃成为孝子。

秦之西有仪渠之国者，其亲戚死，聚柴积而焚之。燻则烟上，谓之登遐，然后成为孝子。

此上以为政，下以为俗。而未足为异也。

［译文］

南方人剃去头发，赤身裸体；北方人裹上头巾，披着皮袄；中原人头戴冠巾，身穿衣裙。九州大地提供各种资源，人们或是务农或是经商，或是耕田或是捕鱼，就好比冬天穿裘皮，夏天穿丝葛，水上乘船，路上行车一般，生活里潜移默化就学会了，依照本性自然而然就形成。

越国东面有一个辄沐之国，那儿的人生下长子，就献上来吃掉，说是这样能多生儿子。祖父死了，他们就背上祖母，把她抛弃在荒郊野外，说：不可以和鬼的妻子住在一起。

楚国的南面有个炎人之国，那儿的人死了父母，就把尸体上的腐肉剔除，然后把尸骨埋葬起来，这样才能成为孝子。

秦国的西面有一个仪渠之国，那儿的人死了父母，就堆起柴草，焚烧尸体。烈焰和浓烟升腾直上，就说是死者登天了，这么做才能成为孝子。

这些做法都是当政的人推行了，老百姓就作为风俗履行，并不足以感到奇怪。

（七）小儿辩日

［原文］

孔子东游，见两小儿辩斗。问其故。

一儿曰："我以日始出时去人近，而日中时远也。"

一儿以日初出远，而日中时近也。

一儿曰："日初出大如车盖，及日中，则如盘盂：此不为远者小而近者大乎？"

一儿曰："日初出沧沧凉凉，及其日中如探汤：此不为近者热而远者凉乎？"

孔子不能决也。两小儿笑曰："孰为汝多知乎？"

[译文]

孔子到东方去游历，半路上碰到两个小孩儿在争论。孔子问他们争论什么。

一个小孩儿说："我认为太阳刚出来的时候离人最近，而到了中午就离人远。"

另一个小孩儿却说，太阳刚刚出来时离人最远，而到了中午则离人最近。

前一个小孩儿说："太阳刚出来时像车盖一样大，到了中午却只像一个菜盘子那样小，这不正是因为离得远看着就小，离得近所以看着就大吗？"

后一个小孩说："太阳刚出来时还有些凉飕飕的，等到中午就热得像伸手到滚热的汤锅里去一样，这不正是因为离我们近的就感到热，离我们远的就感到凉吗？"

孔子听了半天，也一时无法判断谁对谁错。两个小孩儿笑着说："谁说你是知识丰富的人呢？"

（八）詹何持钓

[原文]

均，天下之至理也，连于形物亦然。均发均县，轻重而发绝，发不均也。均也，其绝也莫绝。人以为不然，自有知其然者也。

詹何以独茧丝为纶，芒针为钩，荆篠为竿，剖粒为饵，引盈车之鱼于百仞之渊、汩流之中；纶不绝，钩不伸，竿不挠。楚王闻而异之，召问其故。

詹何曰："臣闻先大夫之言，蒲且子之弋也，弱弓纤缴，乘风振之，连双鸧于青云之际。用心专，动手均也。臣因其事，放而学钓。五年始尽其道。当臣之临河持竿，心无杂虑，唯鱼之念；投纶沉钩，手无轻重，物莫能乱。鱼见臣之钩饵，犹沉埃聚沫，吞之不疑。所以能以弱制强，以轻致重也。大王治国诚能若此，则天下可运于一握，将亦奚事哉？"

楚王曰："善。"

[译文]

均衡，是天下最高的真理，涉及有形的具体事物也是一样。譬如发丝均匀，用力得当，悬挂的重物就不会跌落，如若轻重不均，发丝就会断绝，这是头发受力不均的缘故。如果受力均衡，本来会断绝的也不会断绝了。有人认为不是这样，但自有明白这道理的人。

詹何把一根蚕丝作为钓线，拿细如麦芒的针作钓钩，再用细小的荆竹作钓竿，剖开饭粒作诱饵，从百仞深渊和滔滔激流之中，钓起能装满一车的鱼，而且钓线不断，钓钩不弯，钓竿不折。楚王听闻此事，十分惊异，召见詹何询问其中的缘故。詹何说："我曾听先父说起，蒲且子射鸟的时候，操起柔弱的弓箭，系上纤细的丝绳，顺风振弓发射，一箭射中两只在高空飞翔的黄鹂。这是他用心专一、用力均衡的缘故。我从中得到启发，仿效他射鸟的技法来学习钓鱼。经过五年苦练方才完全掌握其中的道理。当我在河边持起钓竿后，不存丝毫杂念，一心只想着钓鱼；我投出钓线，沉下钓钩，手中用力轻重均衡，外界事物不能扰乱我的心神。水中鱼儿看见我的钓饵，就好像是下落的尘埃，聚集的泡沫，毫不犹豫就吞了下去。这就是我能够用柔弱制胜刚强，用轻盈事物招来沉重事物的缘故。如果大王治理国家真的也能照这个道理，那么整个天下就可以像掌中之物运控自如，还用得着再做其他事吗？"

楚王说："好。"

（九）扁鹊换心

[原文]

鲁公扈、赵齐婴二人有疾，同请扁鹊求治，扁鹊治之。既同愈。

谓公扈、齐婴曰："汝曩之所疾，自外而干府藏者，固药石之所已。今有偕生之疾，与体偕长；今为汝攻之，何如？"

二人曰："愿先闻其验。"

扁鹊谓公扈曰："汝志强而气弱，故足于谋而寡于断。齐婴志弱而气强，故少于虑而伤于专。若换汝之心，则均于善矣。"

扁鹊遂饮二人毒酒，迷死三日，剖胸探心，易而置之；投以神药，既悟如初。二人辞归。

于是公扈反齐婴之室，而有其妻子；妻子弗识。齐婴亦反公扈之室，有其妻子；妻子亦弗识。二室因相与讼，求辨于扁鹊。扁鹊辨其所由，讼乃已。

[译文]

鲁国的公扈、赵国的齐婴俩人患病，一起去请扁鹊医治，扁鹊便替他们治疗。不久病就好了。

扁鹊对公扈、齐婴说："你们以往的疾病，是由于外界风邪侵扰腑脏，本是药物针石能够治愈的。而现在你们还有与生俱来的疾病，随着身体的生长而发展。如今我来为你们根治，怎么样？"

公扈、齐婴二人说："我们想先听听这病的症状。"

扁鹊就对公扈说："你心志强盛而气质柔弱，所以善于谋略却缺乏决断。齐婴心志柔弱而气质刚强，所以欠缺谋虑而过于专断。如果把你们的心交换一下，那么大家得到平衡，就都好了。"

于是，扁鹊让两人服下麻醉用的药酒，使他们昏迷了三天，他剖开他们的胸膛，取出心脏，交换安放；再施以特效神药，俩人便醒了过来，同先前没什么两样。然后他们俩就向扁鹊告辞，回家去了。

于是公扈回到齐婴家里，要据有齐婴的妻子孩儿；齐婴的妻子孩儿却不认识他。齐婴回到公扈家里，要据有公扈的妻子孩儿；公扈的妻子孩儿也不认识他。两家因此闹上公堂，要求扁鹊为他们辨明原委。扁鹊辨明了整件事的缘由，两家的争吵才得以停止。

（十）师文鼓琴

[原文]

匏巴鼓琴而鸟舞鱼跃，郑师文闻之，弃家从师襄游。柱指钩弦，三年不成章。师襄曰："子可以归矣。"

师文舍其琴，叹曰："文非弦之不能钩，非章之不能成。文所存者不在弦，所志者不在声。内不得于心，外不应于器，故不敢发手而动弦。且小假之，以观其后。"

无几何，复见师襄。

师襄曰："子之琴何如？"

师文曰："得之矣。请尝试之。"

于是当春而叩商弦以召南吕，凉风忽至，草木成实。及秋而叩角弦以激夹钟，温风徐回，草木发荣。当夏而叩羽弦以召黄钟，霜雪交下，川池暴沍。及冬而叩徵弦以激蕤宾，阳光炽烈，坚冰立散。将终，命宫而总四弦，则景风翔，庆云浮，甘露降，澧泉涌。

师襄乃抚心高蹈曰:"微矣子之弹也! 虽师旷之清角,邹衍之吹律,亡以加之。彼将挟琴执管而从子之后耳。"

[译文]

相传匏巴弹琴,能让飞鸟飞舞,游鱼欢跃。郑国的师文听说此事,就抛弃家业,跟从鲁国的乐官师襄游学。他定音位、调琴弦,学了三年还奏不出一支完整的乐曲。师襄说:"你可以回家了。"

师文放下琴,叹道:"我不是不能调和琴弦,不是不能奏成乐章。我的思虑不放在琴弦上,我的志趣也不在于单纯的声音。现在我对内还不能控制心境,对外也无法适应乐器,所以不敢贸然拨动琴弦。姑且假以时日,再看看我今后的表现吧。"

没多久,师文又来拜见师襄。

师襄问:"你的琴弹得怎么样了?"

师文说:"已经得心应手了。请让我试着弹给您听吧。"

于是,正当春天的时候,师文扣动属于金音的商弦来呼应八月的南吕乐律,秋日的凉风忽地吹来,花草树木都结出丰硕的果实。等到秋天,他又扣动属于木音的角弦来激发二月的夹钟乐律,柔和的春风便徐徐迂回,枯黄的草木开始萌芽开花。面对盛夏,师文扣动属于水音的羽弦来呼应十一月的黄钟乐律,顿时霜雪交加,河流与池塘都冻结起来。待到寒冬,他又扣动属于火音的徵弦来激发五月的蕤宾乐律,炽烈的阳光普照大地,河上的坚冰迅速消融。乐曲进入尾声,师文再换用宫调,合奏商、角、羽、徵四弦,于是祥和之风吹拂而来,吉祥彩云浮现空中,清新甘露从天而降,甜美泉水源源涌出。

师襄听了,高兴得拍胸雀跃道:"真高妙啊,你的琴声! 纵然是师旷吹奏的清角乐曲,邹衍吹奏的管乐声律,也没法超越你。他们都要挟着弦琴,拿着箫管,跟在你后面讨教呢。"

(十一) 薛谭学讴

[原文]

薛谭学讴于秦青,未穷青之技,自谓尽之,遂辞归。秦青弗止,饯于郊衢。抚节悲歌,声振林木,响遏行云。薛谭乃谢求反,终身不敢言归。

秦青顾谓其友曰:"昔韩娥东之齐,匮粮,过雍门,鬻歌假食。既去而馀音绕梁欐，三日不绝，左右以其人弗去。过逆旅，逆旅人辱之。韩娥因曼声哀哭，一里老幼悲愁，垂涕相对，三日不食。遽而追之。娥还，复为曼声长歌，一里老幼喜跃抃舞，弗能自禁，忘向之悲也。乃厚赂发之。故雍门之人至今善歌哭，放娥之遗声。"

[译文]

薛谭向秦青学习唱歌，还没完全学会秦青的技艺，就自以为彻底掌握了，于是便向秦青告辞回家。秦青并不挽留，送他到郊外大路，为他设宴饯行。席间，秦青拍打着竹制的乐器，慷慨悲歌，激越的歌声震撼着林间树木，清亮的回响遏止了天空飘动的浮云。薛谭听了，连忙道歉谢罪，请求继续在门下学习，终身都不敢再提学成回家的话。

秦青回头对他的朋友说："从前韩娥往东到齐国去，路上粮食吃完了，就在经过雍门的时候，卖唱求食。离开以后，袅袅的余音萦绕在屋梁上，三天都没有停歇，附近的人们还以为她没有离开。韩娥经过旅馆的时候，旅馆里的人欺负她。韩娥便长声哀哭起来，全乡的老老少少都感到万分悲伤，彼此泪眼相对，三天吃不下饭。他们赶忙去追赶韩娥。韩娥回来以后，又用曼妙的歌声为他们放声长歌，全乡的老老少少统统欢欣雀跃，手舞足蹈，不能自禁，忘却了往日的悲愁。于是大家赠给韩娥丰厚的财物，送她离开。所以雍门的人直到现在还善于歌唱与悲哭，就是仿效了韩娥遗留下来的歌声啊。"

（十二）钟期知音

[原文]

伯牙善鼓琴，钟子期善听。伯牙鼓琴，志在高山。钟子期曰："善哉！峨峨兮若泰山！"志在流水。钟子期曰："善哉！洋洋兮若江河！"伯牙所念，钟子期必得之。

伯牙游于泰山之阴，卒逢暴雨，止于岩下；心悲，乃援琴而鼓之。初为霖雨之操，更造崩山之音。曲每奏，钟子期辄穷其趣。伯牙乃舍琴而叹曰："善哉，善哉，子之听夫！志想象犹吾心也。吾于何逃声哉？"

[译文]

伯牙善于弹琴，钟子期善于聆听。伯牙弹琴，内心向往着登临高山。

钟子期便说:"好啊!巍峨雄壮如同泰山耸立!"内心向往着流水。钟子期便说:"好啊!汪洋恣肆如同江河奔流!"只要是伯牙心中所念,钟子期必定能够领会。

伯牙在泰山北麓游玩,突然遇上暴雨,就在岩石底下躲避;他心中十分悲苦,便取过琴来弹奏。起初弹奏的声调如同哀怨的大雨,接着更是奏出了山崩地裂一般的声音。每奏一支乐曲,钟子期都能立刻领会其中的旨趣。伯牙于是放下琴,感叹道:"好啊,好啊,你的欣赏力!你的志趣和想象就和我的心一样。我又怎么能在琴音中隐匿自己的心声呢?"

(十三)偃师造倡

[原文]

周穆王西巡狩,越昆仑,(不)至弇山。反还,未及中国,道有献工人名偃师,穆王荐之,问曰:"若有何能?"

偃师曰:"臣唯命所试。然臣已有所造,愿王先观之。"

穆王曰:"日以俱来,吾与若俱观之。"

越日偃师谒见王。王荐之,曰:"若与偕来者何人耶?"

对曰:"臣之所造能倡者。"

穆王惊视之,趣步俯仰,信人也。巧夫锁其颐,则歌合律;捧其手,则舞应节。千变万化,惟意所适。王以为实人也,与盛姬内御并观之。技将终,倡者瞬其目而招王之左右侍妾。王大怒,立欲诛偃师。偃师大慑,立剖散倡者以示王,皆傅会革、木、胶、漆、白、黑、丹、青之所为。王谛料之,内则肝、胆、心、肺、脾、肾、肠、胃,外则筋骨、支节、皮毛、齿发,皆假物也,而无不毕具者。合会复如初见。王试废其心,则口不能言;废其肝,则目不能视;废其肾,则足不能步。

穆王始悦而叹曰:"人之巧乃可与造化者同功乎?"诏贰车载之以归。

夫班输之云梯,墨翟之飞鸢,自谓能之极也。弟子东门贾、禽滑釐闻偃师之巧以告二子,二子终身不敢语艺,而时执规矩。

[译文]

周穆王西行巡查,越过昆仑山,直到日落之处的弇山。返回时,尚未抵达中国,在路上遇见一名自愿奉献技艺的人,名叫偃师,穆王便接见了他,问他说:"你有什么本领?"

偃师答道:"我对大王唯命是从。只是我已经造好了一件东西,愿请大王先观赏一下。"穆王说:"改天把它带来,我和你一起观赏。"

第二天,偃师拜见穆王。穆王接见了他,并问道:"和你一块儿来的是什么人啊?"

偃师答道:"是我制作的能歌善舞的艺人。"

穆王惊讶地注视着它,快跑、慢走、低头、仰首,完全就是真人模样。更巧妙的是,揿动它的脸颊,它就会唱出合于音律的歌;抬起它的手来,它就会跟着节拍跳舞。实在是千变万化,随心所欲。穆王以为它是一个真人,就招呼宠爱的盛姬和官内嫔妃一同观赏。伎艺表演即将结束的时候,那艺人眨动自己的眼睛去勾引穆王身边的侍妾。穆王勃然大怒,立时要诛杀偃师。偃师大为恐惧,立刻拆散了伎艺人给穆王看,原来都是用皮革、木块、胶水、油漆、白垩、黑炭、丹砂、靛青等组合而成的。穆王仔细地加以审查,体内有肝、胆、心、肺、脾、肾、肠、胃,体外也有筋骨、肢节、皮毛、牙齿和头发,虽然都是用其他东西做成的,但没有一样不具备。再把它重新组装整合以后,又像原先见到的那个伎艺人了。穆王试着拿掉它的心脏,它的嘴就不会说话了;试着拿掉它的肝,它的眼睛就看不见了;试着拿掉它的肾,它的脚就不会走路了。

穆王这才高兴地赞叹道:"人的技巧竟然可以和自然造化有着同等的功效吗?"并下令副车载着伎艺人带回国去。

班输制造了云梯,墨翟做成了飞鸢,都自以为技能技巧已经登峰造极。而他们的弟子东门贾和禽滑釐听闻了偃师巧制伎艺人的故事,转告给自己的老师。这两人就终身不敢再谈论技艺,只有老实地守着他们做工用的规和矩。

(十四)纪昌学射

[原文]

甘蝇,古之善射者,彀弓而兽伏鸟下。弟子名飞卫,学射于甘蝇,而巧过其师。

纪昌者,又学射于飞卫。飞卫曰:"尔先学不瞬,而后可言射矣。"

纪昌归,偃卧其妻之机下,以目承牵挺。二年之后,虽锥末倒眦,而不瞬也。以告飞卫。

飞卫曰:"未也,必学视而后可。视小如大,视微如著,而后告我。"

昌以牦悬虱于牖，南面而望之。旬日之间，浸大也；三年之后，如车轮焉。以睹馀物，皆丘山也。乃以燕角之弧，朔蓬之簳射之，贯虱之心，而悬不绝。以告飞卫。

飞卫高蹈拊膺曰："汝得之矣！"

纪昌既尽卫之术，计天下之敌己者，一人而已；乃谋杀飞卫。相遇于野，二人交射；中路矢锋相触，而坠于地，而尘不扬。飞卫之矢先穷。纪昌遗一矢；既发，飞卫以棘刺之端扞之，而无差焉。

于是二子泣而投弓，相拜于涂，请为父子。尅臂以誓，不得告术于人。

[译文]

甘蝇是古时候一位射箭的能手，只要他一拉弓发箭，野兽就会吓得趴下，飞鸟就会受惊落地。甘蝇的学生名叫飞卫，跟着甘蝇学习射箭，本领却超过了老师。

有个名叫纪昌的人，又向飞卫学习射箭。飞卫说："你先学会不眨眼，然而再来谈论射箭的事。"

纪昌回到家，仰卧在妻子的织布机下，眼睛注视着一上一下的踏板。两年之后，就算锥尖刺到眼眶边，他也能够不眨眼睛。于是就禀告飞卫。

飞卫说："还不行，一定得练好眼力才能学射箭。等你看小东西就像大东西一样，看细微的东西就像显著的东西，再来告诉我。"

纪昌就用牛毛系上一只虱子，挂在窗口，面朝南方注视它。十来天后，那虱子越看越觉得大；三年之后，大得就像一个车轮。再去看其他东西，都像山丘那么大了。于是纪昌操起燕国牛角做的弓，楚国蓬梗制的箭，向虱子射去，一箭穿过虱子的心，而悬虱子的牛毛没被射断。于是再去禀告飞卫。

飞卫听了，手舞足蹈，拍着胸脯说道："你掌握箭术的奥秘了！"

纪昌完全学到飞卫的箭术之后，估摸着天下能够与自己匹敌的，不过飞卫一个人而已，就图谋杀死飞卫。一次，两人在郊野相遇，便张弓对射；半路上彼此的箭锋相互碰击，落到地上，却不扬起一点尘土。飞卫的箭先射完了。纪昌还剩下一支箭；发出后，飞卫用荆棘刺的尖端来抵御他的利箭，竟毫无差失。

于是，两人激动得热泪盈眶，纷纷扔掉手中的弓箭，在路上对拜起来，请求结成父子。他们在手臂上刻下标记，盟誓永远不把射箭的绝技告诉别人。

（十五）造父习御

［原文］

造父之师曰泰豆氏。造父之始从习御也，执礼甚卑，泰豆三年不告。造父执礼愈谨，乃告之曰："古诗言：'良弓之子，必先为箕；良冶之子，必先为裘。'汝先观吾趣。趣如吾，然后六辔可持，六马可御。"

造父曰："唯命所从。"

泰豆乃立木为涂，仅可容足；计步而置，履之而行。趣走往还，无跌失也。

造父学之，三日尽其巧。

泰豆叹曰："子何其敏也？得之捷乎！凡所御者，亦如此也。曩汝之行，得之于足，应之于心。推于御也，齐辑乎辔衔之际，而急缓乎唇吻之和，正度乎胸臆之中，而执节乎掌握之间。内得于中心，而外合于马志，是故能进退履绳而旋曲中规矩，取道致远而气力有馀，诚得其术也。得之于衔，应之于辔；得之于辔，应之于手；得之于手，应之于心。则不以目视，不以策驱；心闲体正，六辔不乱，而二十四蹄所投无差；回旋进退，莫不中节。然后舆轮之外可使无馀辙；马蹄之外可使无馀地。未尝觉山谷之崄，原隰之夷，视之一也。吾术穷矣。汝其识之！"

［译文］

造父的老师名叫泰豆氏。造父刚开始跟从他学习驾驭术的时候，礼数极为恭敬谦卑，但泰豆氏三年里并没有向他传授一点技术。造父的待师礼数愈发恭谨，泰豆氏这才告诉他："古诗说：'要做制弓好手，先学编织簸箕；要做打铁良匠，先学缝纫皮衣。'你先观察我如何疾步快走。等到能像我一样疾走了，那么就可以手持六条缰绳，驾驭六匹骏马了。"

造父说："一切听您安排。"

于是，泰豆氏立起一排木桩作为道路，每根木桩上仅能容下一只脚；他算好步幅来放置这些木桩，然后踩着木桩行走。只见他来回奔走，没有跌跤或者闪失。

造父学他的样子，三天后就完全掌握了这种技巧。

泰豆氏赞叹道："你怎么这么聪敏啊？掌握得如此迅速！但凡驾御马车，也是这个道理。刚才你在木桩上走，落脚得当，与心相应。用到驾御马车上，就要在缰绳和嚼子之间协调好马匹，并通过或轻或重的吆喝来掌握马匹奔驰的快慢，心中要有一定的分寸，手握缰绳，也要掌握一定的节奏。在内得之于心，在外合乎马群的意愿，所以才能进退如同踩着准绳，而盘旋迂回都像遵循着规矩一样，即使跑到遥远的地方，马匹的气力也绰绰有余，这才算是掌握了驾驭术。马嚼子掌握好了，马缰绳就能与之相应；马缰绳掌握好了，执掌缰绳的手就能与之相应；手处置得当了，内心就能与之相应。这样就能够不用眼睛看，不用马鞭驱赶；心神安闲，身体端正，六根缰绳丝毫不乱，而六匹马的二十四蹄起落无差；迂回盘旋，前进后退，无不合于节度。然后就可以在车轮之外不留下其他车辙；马蹄之外也不用更多的落脚地方。根本不觉得山谷是险峻的，原野洼地是平坦的，都把它们当作一回事。我的驾驭术都在这儿了，你好好记住吧！"

（十六）孔周论剑

[原文]

魏黑卵以昵嫌杀丘邴章，丘邴章之子来丹谋报父之仇。

丹气甚猛，形甚露，计粒而食，顺风而趋。虽怒，不能称兵以报之。耻假力于人，誓手剑以屠黑卵。黑卵悍志绝众，力抗百夫。筋骨皮肉，非人类也。延颈承刀，披胸受矢，铓锷摧屈，而体无痕挞。负其材力，视来丹犹雏鷇也。

来丹之友申他曰："子怨黑卵至矣，黑卵之易子过矣，将奚谋焉？"

来丹垂涕曰："愿子为我谋。"

申他曰："吾闻卫孔周其祖得殷帝之宝剑，一童子服之，却三军之众，奚不请焉？"

来丹遂适卫，见孔周，执仆御之礼，请先纳妻子，后言所欲。

孔周曰："吾有三剑，唯子所择；皆不能杀人，且先言其状。一曰含光，视之不可见，运之不知有。其所触也，泯然无际，经物而物不觉。二曰承影，将旦昧爽之交，日夕昏明之际，北面而察之，淡淡焉若有物存，莫识其状。其所触也，窃窃然有声，经物而物不疾也。三曰宵练，方昼则见影而不见光，方夜见光而不见形。其触物也，騞然而过，随过随合，觉疾而不血刃焉。此三宝者，传之十三世矣，而无施于事。匣而藏之，未尝启封。"

来丹曰："虽然，吾必请其下者。"

孔周乃归其妻子，与斋七日。晏阴之间，跪而授其下剑，来丹再拜受之以归。

来丹遂执剑从黑卵。时黑卵之醉偃于牖下，自颈至腰三斩之。黑卵不觉。来丹以黑卵之死，趣而退。遇黑卵之子于门，击之三下，如投虚。黑卵之子方笑曰："汝何蚩而三招予？"来丹知剑之不能杀人也，叹而归。

黑卵既醒，怒其妻曰："醉而露我，使我嗌疾而腰急。"

其子曰："畴昔来丹之来，遇我于门，三招我，亦使我体疾而支强，彼其厌我哉！"

[译文]

魏国的黑卵挟私仇杀死了丘邴章，丘邴章的儿子来丹想报杀父之仇。

来丹胆气十分勇猛，身体却很羸弱，数着饭粒进食，顺着风才能行走。虽然怒火满腔，却不能提起兵器去报仇。他耻于依靠别人的力量，发誓要亲手用剑杀死黑卵。黑卵凶悍勇猛，力量超常，独自可以抵挡一百个人。筋骨皮肉，都和普通人不一样。他伸长脖子承受刀斧，袒露胸膛任凭箭射，竟然能使刀口卷曲、箭锋摧折，身上却没有一丝伤痕。黑卵仗着自己的体质气力，把来丹看成嗷嗷待哺的雏鸟。

来丹的朋友申他说："你仇恨黑卵到了极点，而黑卵也太过轻视你了，你打算怎么办？"

来丹流着泪说："希望你能替我出出主意。"

申他说："我听说卫国孔周的祖先得到了商代帝王的宝剑，一个小孩子佩在身上，就能吓退三军将士，为什么不去向他请求帮助呢？"

于是来丹到了卫国，拜见孔周，行最为谦恭的礼节，请求孔周先接受自己的妻子儿女做抵押，然后才说出自己的要求。

孔周说："我有三把剑，任你选择；但它们都不能杀死人，姑且先说说它们的情况。第一把剑叫含光，看上去见不到形状，挥动时觉不得它的存在。剑锋过处，毫无缝隙，刺过人的身体也不会有所察觉。第二把剑叫承影，在天色将亮未亮的黎明时分，或是光线半明半暗的黄昏，对着北面观察它，隐隐约约好像有什么东西存在，但也不能辨认它的形状。剑锋过处，发出轻微的声响，刺过人的身体也不会感到疼痛。第三把剑叫宵练，白天时只见影子而不见光芒，夜晚时只见光芒而不见影子。剑锋触物，迅速划过，伤口随即划裂随即愈合，虽然疼痛，剑上却不沾血迹。这三把宝剑，从祖上到现在已经传了十三世，却从来没有使用过。放在匣子里珍藏，未曾启封过。"

来丹说："即使这样，我也一定要借用最下等的那一把。"

孔周便归还了来丹的妻子儿女，和他一同斋戒了七天。在天气半晴半阴的时候，跪着将那把下等的宝剑授予来丹，来丹又拜了两次，然后受剑而归。

于是，来丹提着宝剑跟踪黑卵。等到黑卵喝醉了仰面躺在窗下的时候，来丹进去，从头颈到腰部连砍三剑。黑卵没有察觉。来丹以为黑卵已经死了，就急忙退了出来。在门口遇到黑卵的儿子，就挥剑砍了他三下，好像砍在虚空里一般。黑卵的儿子笑着说："你干什么傻乎乎地向我招三次手？"来丹知道这剑不能杀死人，就叹息着回去了。

黑卵醒来以后，对他妻子发怒道："我喝醉了，却让我躺在露天，使我喉咙也痛，腰也酸。"

黑卵的儿子说："刚才来丹到这儿来，在门口遇见我，向我招了三次手，也使我身体疼痛，四肢僵硬。他大概对我们施了巫术吧！"

（十七）火浣之布

［原文］

周穆王大征西戎，西戎献锟铻之剑、火浣之布。其剑长尺有咫，练钢赤刃，用之切玉如切泥焉。火浣之布，浣之必投于火；布则火色，垢则布色；出火而振之，皓然疑乎雪。

皇子以为无此物，传之者妄。

萧叔曰："皇子果于自信，果于诬理哉！"

［译文］

周穆王大举征伐西北戎族，西戎敬献锟铻剑、火浣布。锟铻剑长一尺八寸，由纯钢制成，锋利无比，用它来切玉石，就像切泥土那么容易。火浣布清洗时一定要投入火中；布色如同火色，污垢则呈现出布色；从火里取出来抖一下，顿时光洁如新，洁白似雪。

皇子认为世上并没有这样的事物，传说的人一定是胡言乱语。

萧叔说："皇子太过自信，太过怀疑实际了。"

主要参考书目

毛泽东著作

《毛泽东选集》（1—4卷），人民出版社1991年版。

《毛泽东文集》（1—8卷），人民出版社1993—1999年版。

《建国以来毛泽东文稿》（1—13卷），中央文献出版社1987—1998年版。

《毛泽东军事文集》（1—6卷），军事科学出版社、中央文献出版社1993年版。

《建国以来毛泽东军事文稿》（上、中、下卷），军事科学出版社、中央文献出版社2010年版。

《毛泽东早期文稿》，湖南出版社1990年版、1995年版。

《毛泽东外交文集》，中央文献出版社、世界知识出版社1994年版。

《毛泽东文艺论集》，中央文献出版社2002年版。

《毛泽东诗词集》，中央文献出版社1996年版。

《毛泽东书信选集》，人民出版社1984年版。

《毛泽东致韶山亲友书信集》，中央文献出版社1996年版。

《毛泽东读文史古籍批语集》，中央文献出版社1993年版。

《毛泽东哲学著作批注集》，中央文献出版社1988年版。

《毛泽东西藏工作文选》，中央文献出版社、中国藏学出版社2001年版。

《毛泽东新闻工作文选》，新华出版社1983年版。

《毛泽东在七大的报告和讲话集》，中央文献出版社1995年版。

《毛泽东著作选读》（上、下册），人民出版社1986年版。

研究毛泽东专著

《毛泽东传（1893—1949）》，金冲及主编，中央文献出版社1996年版。

《毛泽东传（1949—1976）》（上、下册），逄先知、金冲及主编，中央文献出版社2003年版。

《毛泽东年谱（1893—1949）》（上、中、下卷），逄先知主编，人民出版社、中央文献出版社1993年版。

《毛泽东年谱（1949—1976）》（1—6卷），逄先知、冯蕙主编，中央文献出版社 2013 年版。

《毛泽东经济年谱》，顾龙生编著，中央党校出版社 1993 年版。

《东方巨人毛泽东》，李捷、于俊道主编，解放军出版社 1996 年版。

《毛泽东大观》，高凯、于玲主编，中国人民大学出版社 1993 年版。

《毛泽东大典》（三卷），李峰华主编，沈阳出版社 1993 年版。

《毛泽东全书》（六卷），蒋建农主编，河北人民出版社 1998 年版。

《毛泽东研究全书》（六卷），张静如主编，长春出版社 1997 年版。

《历史选择了毛泽东》，叶永烈，上海人民出版社 1992 年版。

《从井冈山走进中南海——陈士榘老将军回忆毛泽东》，刘恩营整理，中共中央党校出版社 1993 年版。

《历史的真迹——毛泽东风雨沉浮五十年》，邸延生，新华出版社 2002 年版。

《历史的真言——李银桥在毛泽东身边工作纪实》，邸延生著，新华出版社 2000 年版。

《历史的情怀——毛泽东生活纪事》，邸延生著，新华出版社 2008 年版。

《历史的真知——"文革"前夜的毛泽东》，邸延生著，新华出版社 2006 年版。

《十年纪事：1937—1947 年毛泽东在延安》，刘益涛，中共党史出版社 2007 年版。

《红都纪事》，舒云，河南人民出版社 1997 年版。

《1957：大转弯之谜——整风反右实录》，朱地著，山西人民出版社、书海出版社 1995 年版。

《大跃进亲历记》，李锐，南方出版社 1999 年版。

《庐山会议实录》，李锐，河南人民出版社 1994 年版。

《神火之光》，陈晓东，中共中央党校出版社 1995 年版。

《缅怀毛泽东》（上、下册），编辑组，中央文献出版社 1993 年版。

《中国第一人——毛泽东》，胡真编著，湖南人民出版社 1999 年版。

《毛泽东轶事》，刘继兴，中国文史出版社 2011 年版。

《毛泽东珍闻录》，黄允升主编，中央文献出版社 2000 年版。

《毛泽东的幽默故事》，谭谔松等编，同心出版社 1996 年版。

《毛泽东的幽默》，陈祥明等编，中国电影出版社 1994 年版。

《毛泽东人际交往实录》，贾思楠编，江苏文艺出版社 1989 年版。

《毛泽东与名人》（上、下册），孙琴安、李师贞著，江苏人民出版社 1993 年版。

《毛泽东与中共早期领导人》，黄允升等著，中共中央党校出版社 1997 年版。

《毛泽东与十大元帅》，李智舜，中共中央党校出版社1994年版。

《毛泽东与党外人士》，谭玉琛主编，河北人民出版社1993年版。

《毛泽东尊师风范》，黄露生著，中央文献出版社2011年版。

《毛泽东和他的父老乡亲》，赵志超，湖南文艺出版社1992年版。

《毛主席教我们当省委书记》，陶鲁笳，中央文献出版社1996年版。

《毛泽东和省委书记们》，李约翰等著，中央文献出版社2000年版。

《领袖情·毛泽东与周世钊》，陈明新编著，中央党校出版社1997年版。

《毛泽东与周世钊》，周彦瑜等，吉林人民出版社1993年版。

《警卫毛泽东纪事》，阎长林著，吉林人民出版社1992年版。

《我和毛泽东的一段曲折经历》，肖瑜，昆仑出版社1989年版。

《毛泽东的感情世界》，彬子编，吉林人民出版社1990年版。

《毛泽东与著名艺术家》，孙琴安，重庆出版社2000年版。

《传统下的毛泽东》，汪澍白，中国青年出版社1996年版。

《说不尽的毛泽东》（上、下册），张素华、边彦军、吴晓梅，中央文献出版社、辽宁人民出版社1993年版。

《一代巨人毛泽东》，侯树栋主编，中国青年出版社1993年版。

《百折不回的毛泽东》，杨庆旺，中央文献出版社2003年版。

《毛泽东思想方法导论》，石仲泉、刘武生编，中央文献出版社1992年版。

《文人毛泽东》，陈晋著，上海人民出版社1997年版。

《毛泽东之魂》，陈晋著，吉林人民出版社1993年版。

《毛泽东的领导艺术》，陈登才主编，军事科学出版社1989年版。

《毛泽东的语言艺术——妙用成语典籍》，陈琦等编，辽宁人民出版社1993年版。

《毛泽东衍名艺术》，孙雷、孙宝义，辽宁人民出版社1996年版。

《毛泽东的精辟比喻》，施善玉编著，中国物资出版社1993年版。

《毛泽东口才》，柏桦编著，海南出版社1996年版。

《跟毛泽东学口才》，陈冠任编著，中央文献出版社2003年版。

《毛泽东的智慧》，林治波主编，中共中央党校出版社1998年版。

《一代伟人与古代智慧》，含章编著，红旗出版社1998年版。

《毛泽东家书》，谢柳青编著，中原农民出版社出版。

《毛泽东读书笔记解析》（上、下册），陈晋主编，广东人民出版社1996年版。

《毛泽东读书生活》，龚育之、逢先知、石仲泉著，三联书店1986年版。

《毛泽东读书生涯》，王炯华著，长江文艺出版社1998年版。

《毛泽东的读书生涯》，孙宝义编，知识出版社1993年版。

《毛泽东怎样读书》，石玉山著，中国大百科全书出版社1991年版。

《博览群书的毛泽东》，范忠诚主编，湖南出版社1993年版。

《跟毛泽东学读书》，莫志斌、陈特水编著，中央文献出版社2003年版。

《毛泽东治国先治学》（上、下），徐文钦、沈凤霞，江苏文艺出版社2011年版。

《毛泽东晚年读书纪实》，徐中远著，中央文献出版社2012年版。

《毛泽东的学习思想与实践》，胡小林、于云才，山东人民出版社2003年版。

《毛泽东读史》，张贻玖，当代中国出版社2005年版。

《跟毛泽东学史》，薛泽石主编，红旗出版社2000年版。

《听毛泽东讲史》，薛泽石主编，中央文献出版社2003年版。

《毛泽东与中国史学》，王子今著，中共中央党校出版社1993年版。

《毛泽东读古书实录》，黄丽镛编著，上海人民出版社1994年版。

《毛泽东评说中国历史》，赵以武主编，广东人民出版社2000年版。

《毛泽东评说中国历史》，景有权、迟力主编，吉林人民出版社1998年版。

《毛泽东历史笔记解析》，唐汉主编，红旗出版社1998年版。

《毛泽东引古论事》，曾珺编著，国际文化出版公司2011年版。

《毛泽东谈古论今》，吴江雄，安徽人民出版社1998年版。

《毛泽东这样学习历史，这样评点历史》，盛巽昌、欧薇薇、盛仰红，人民出版社2005年版。

《毛泽东评点古今人物》，（上、下卷），周溯源编著，红旗出版社1998年版。

《毛泽东评点古今人物》，（上、中、下册），周溯源编著，红旗出版社2002年版。

《毛泽东评述中国历史名人名著》，邸延生著，人民出版社2013年版。

《毛泽东评述诸子百家》，邸延生著，人民出版社2013年版。

《毛泽东评点历代王朝》（上、下），胡长明，山西人民出版社2011年版。

《毛泽东评点中国皇帝》（上、下），唐汉、振肖，红旗出版社1998年版。

《毛泽东评说历代帝王》，毕桂发主编，解放军出版社2002年版。

《毛泽东瞩目的文臣武将》，陈铎、王翰主编，长江文艺出版社2001年版。

《毛泽东瞩目的巾帼红颜》，陈铎、王翰主编，长江文艺出版社2002年版。

《毛泽东妙评帝王将相鉴赏》，刘修铁，新疆人民出版社2002年版。

《毛泽东评点二十四史》（人物精选）（上、中、下卷），邓振宇主编，时事出版社1997年版。

《毛泽东和中国文学》，董学文著，春风文艺出版社 1994 年版。

《毛泽东与中国文学》，孙琴安著，重庆出版社 2000 年版。

《毛泽东评说中国文学》，曲一曰，吉林人民出版社 1998 年版。

《毛泽东读评五部古典小说》，徐中远著，华文出版社 1997 年版。

《毛泽东晚年过眼诗文录》上、下卷，王守稼、吴乾兑、许道勋、董进泉、刘修明检点注释，花山文艺出版社 1993 年版。

《毛泽东欣赏的古典散文》，郑小军编，浙江古籍出版社 1994 年版。

《毛泽东评说中国古代散文赏析》，毕桂发主编，中央文献出版社 2003 年版。

《跟毛泽东学文》，周宏让主编，红旗出版社 2002 年版。

《毛泽东妙评古诗书鉴赏》，刘修铁编著，新疆人民出版社 2002 年版。

《毛泽东评点古今诗书文章》，柳文郁、唐夫主编，红旗出版社 1998 年版。

《毛泽东圈注史传诗文集成·文赋卷》，费振刚、董学文，吉林人民出版社 1996 年版。

《毛泽东妙用诗词》，吴直雄著，京华出版社 1998 年版。

《毛泽东诗话词话书话集观》，刘汉民编著，长江文艺出版社 2002 年版。

《毛泽东诗词鉴赏》，臧克家主编，河北人民出版社 1991 年版。

《毛泽东谈文说艺》，刘汉民，长江文艺出版社 1992 年版。

《毛泽东的艺术世界》，李树谦，辽宁教育出版社 1993 年版。

《毛泽东与中国文学艺术》，余飘主编，河南人民出版社 1993 年版。

《毛泽东谈作家与作品》，白金华编，吉林人民出版社 1993 年版。

《毛泽东楹联艺术鉴赏》，吴直雄，当代世界出版社 1995 年版。

《毛泽东楹联、名句、趣事》，路浩编著，解放军文艺出版社 2003 年版。

《1975：文坛风暴纪实》，夏杏珍著，中央党史出版社 1995 年版。

《〈毛泽东选集〉典故》，陈钧编著，中国广播电视出版社 1992 年版。

《毛泽东著作典故集注》，王玉琮，中国工人出版社 1992 年版。

《毛泽东在江苏》，中共党史出版社 1993 年版。

《毛泽东在湖北》，中共党史出版社 1993 年版。

研究先秦诸子著作

《诸子集成》（1—8 册），上海书店 1986 年版。

《诸子通考》，蒋伯潜，浙江古籍出版社 1985 年版。

《生秦诸子系年》（上、下册），钱穆著，中华书局 1985 年版。

《先秦诸子的若干研究》，杜国庠著，三联书店 1955 年版。

《论语》（定州汉墓竹简），文物出版社 1997 年版。

《论语》（名著名家导读），蔡尚思，巴蜀书社 1996 年版。

《新论语》，孔子述、孔门弟子撰、钱宁重编，三联书店 2012 年版。

《论语评注》，杨伯俊译注，中华书局 1980 年第 2 版。

《论语新解》，钱穆注，三联书店 2002 年版。

《论语外编——孔子佚语汇编》，裴传永汇释，济南出版社 1995 年版。

《孔子集语译注》，薛安勤注译，吉林文史出版社 1996 年版。

《孔子集语校补》，〔清〕孙星衍等辑，郭沂校补，齐鲁书社 1998 年版。

《孔子评传》，匡亚明，南京大学出版社 1990 年版。

《孔子新传》，金景芳、吕绍纲、吕文郁著，湖南出版社 1991 年版。

《孟子》（中华经典藏书），万丽华、蓝旭译注，中华书局 2008 年版。

《孟子译注》（上、下册），杨伯俊编著，兰州大学中文系孟子注释小组修订，中华书局 1963 年版。

《孟子》（名著名家导读），杨伯俊著，巴蜀书社 1996 年版。

《孟子评传——走向内圣之境》，杨国荣著，广西教育出版社 1994 年版。

《孟子评传》，吕涛著，山西人民出版社 1987 年版。

《大儒列传·孟子》，吴乃恭著，吉林文史出版社 1997 年版。

《国学大师说孔孟》，章太炎、康有为、陈独秀等著，云南人民出版社 2009 年版。

《老子》（马王堆汉墓帛书），马王堆汉墓帛书整理小组编，文物出版社 1976 年版。

《老子》，饶尚宽译注，中华书局，2006 年版。

《老子校诂》，马叙伦著，古籍出版社 1956 年版。

《老子注译》，高亨著、华钟彦校，河南人民出版社 1980 年版。

《老子校释》，朱谦之撰，中华书局 1984 年版。

《老子译话》，杨柳桥著，古籍出版社 1958 年版。

《老子新译》（修订本），任继愈译著，上海古籍出版社 1985 年第 2 版。

《老子全译》，沙少海、徐子宏译注，贵州人民出版社 1989 年版。

《重订老子正诂》，高亨著，古籍出版社 1956 年版。

《中国古代哲学家老子及其学说》，〔苏〕杨兴顺著，杨超译，科学出版社 1957 年版。

《老子评注及评介》，陈鼓应著，中华书局 1984 年版。

《老子外传·老子百问》，孙以楷、钱耕森、李仁群著，安徽人民出版社1992年版。

《发现老子》，杨润根注，华夏出版社2007年版。

《老子正宗》，马恒君，华夏出版社2007年版。

《老子的帮助》，王蒙，华夏出版社2009年版。

《道德经》（图文版），夏华等编译，万卷出版公司2012年版。

《庄子》（中华经典藏书），孙通海译注，中华书局2007年版。

《庄子今注今译》，陈鼓应注释，中华书局1983年版。

《自事其心——重读庄子》，李牧恒、郭道荣，四川人民出版社1996年版。

《庄学研究》，崔大华著，人民出版社1992年版。

《庄子通论》，孙以楷、甄长松著，东方出版社1995年版。

《列子》（中华经典藏书），景中评注，中华书局2007年版。

《列子》（全本全注全译丛书），叶蓓卿译注，中华书局2011年版。

《列子译注》，严北溟、严捷，上海古籍出版社1986年版。

《老庄论道》，罗安宪，沈阳出版社2012年版。

《道家文化与现代文明》，葛荣进主编，中国人民大学出版社1991年版。

《道教与传统文化》，文史知识编辑部编，中华书局1992年版。

《道家及其对文学的影响》（修订本），李生龙著，岳麓出版社2005年版。

《道教——中国道教文化百科999问》，铁梅编著，青海人民出版社2012年版

《商君书韩非子》，岳麓出版社1990年版。

《韩非子集释》（上、下册），陈奇猷校注，上海人民出版社1974年版。

《韩非子选》，王焕镳选注，上海人民出版社1974年版。

《韩非的智慧》，黄浩，延边大学出版社1992年版。

《荀子简注》，章诗同注，上海人民出版社1974年版。

《白话荀子》，杨任之译，缪礼治校订，岳麓出版社1991年版。

《荀子的智慧》，廖名春著，延边大学出版社1992年版。

《管子白话今译》，滕新才、荣挺进评注，中国书店1994年版。

《商君书注释》，高亨注释，中华书局1974年版。

《商君书选注》，注释组，辽宁人民出版社1975年版。

《墨子闲诂》（上、下册），（清）孙诒让撰，中华书局1986年版。

《白话墨子》，梅季、林金保校释，岳麓书社1991年版。

《墨子研究》，曹强胜、孙卓彩主编，中国社会科学出版社2008年版。

《墨学研究》，徐希燕著，商务印书馆2001年版。

《纵横家的智慧》，谢挺、陈慧、郭震编著，延边大学出版社1992年版。

《孙子兵法》（银雀山汉墓竹简），整理小组编，文物出版社1976年版。

《孙子兵法新译》（银雀山汉墓竹简校本），李兴斌、杨玲注译，齐鲁书社2001年版。

《〈孙子〉古本研究》，李零著，北京大学出版社1995年版。

《十一家注孙子》，〔春秋〕孙武撰，〔三国〕曹操等注，上海古籍出版社1978年版。

《（今译新编）孙子兵法》，郭化若编译，中华书局1962年版。

《孙子今译》，〔春秋〕孙武撰，郭化若译，上海人民出版社1977年版。

《孙子译注》（二十二子详注全译本），蒋玉斌，黑龙江人民出版社2003年版。

《孙子兵法新论》，吴如嵩著，解放军出版社1989年版。

《孙子今论》，邱复兴著，白山出版社1998年版。

《孙子兵学艺术》，万怀玉著，白山出版社2005年版。

《孙子新探——中外学者论孙子》，解放军出版社1990年版。

《毛泽东与孙子兵法》，苟君历编著，中国档案出版社2008年版。

《孙子兵法研究史》，于汝波主编，军事科学出版社2001年版。

《孙子学文献提要》，于汝波主编，军事科学出版社1994年版。

《孙武传》，刘春志著，河北人民出版社1997年版。

《兵圣孙武》，谢祥皓、李政教主编，军事科学出版社1992年版。

《孙子评传》，杨善群著，南京大学出版社1992年版。

《孙子兵法辞典》，吴如嵩主编，白山出版社1993年版。

《孙子兵法辞典》，赵国华、刘项、刘国建主编，湖北人民出版社1995年版。

《孙子兵学大典》（1—10卷），邱复兴主编，北京大学出版社2004年版。

《孙子兵法 孙膑兵法》（中华经典藏书），骈宇骞、王建宇、牟虹、郝小刚译注，中华书局2009年版。

《孙膑兵法》（银雀山汉墓竹简），整理小组编，文物出版社1975年版。

《孙膑兵法校理》，张震泽撰，中华书局1984年版。

《孙膑兵法注译》（内部资料），沈阳军区后勤部《孙膑兵法》注释组1975年版。

《齐孙子兵法解》，李京撰，中国书店1990年版。

《孙膑兵浅说》，霍印章著，解放军出版社1986年版。

主要参考书目